ÉTUDES
TALMUDIQUES

PREMIÈRE PARTIE.

PARIS. — TYP. L. GUÉRIN, 26, RUE DU PETIT-CARREAU.

LA
GÉOGRAPHIE
DU
TALMUD

MÉMOIRE COURONNÉ

PAR L'ACADÉMIE DES INSCRIPTIONS ET BELLES-LETTRES

PAR

ADOLPHE NEUBAUER

PARIS
MICHEL LÉVY FRÈRES, LIBRAIRES ÉDITEURS
RUE VIVIENNE, 2 BIS, ET BOULEVARD DES ITALIENS, 15
A LA LIBRAIRIE NOUVELLE
1868
Droits de reproduction et de traduction réservés

A Gift:
Rec'd. through Rev. Prof. J. H. Thayer.
Dec. 14, 1869.

A LA MÉMOIRE

DE M. S. MUNK

MEMBRE DE L'INSTITUT

PROFESSEUR D'HÉBREU AU COLLÉGE DE FRANCE

HOMMAGE DE RESPECT

DE RECONNAISSANCE ET D'ADMIRATION.

PRÉFACE

L'Académie des Inscriptions et Belles-Lettres, dans sa séance du 10 juillet 1863, avait proposé pour sujet de prix la question suivante :

« Réunir toutes les données géographiques, topographiques et historiques sur la Palestine, disséminées dans les deux Talmuds, dans les Midraschim et dans les autres livres de la tradition juive (Meguillath Taanith, Séder Olam, Siphra, Siphri, etc.). Présenter ces données dans un ensemble systématique, en les soumettant à une critique approfondie et en les comparant à celles que renferment les écrits de Josèphe, d'Eusèbe, de saint Jérôme et d'autres auteurs ecclésiastiques et profanes. »

La partie relative à la Palestine dans le travail que j'offre aujourd'hui au public a eu l'honneur d'être couronnée par ce corps savant.

J'exposerai la méthode que j'ai cru devoir suivre, et j'apprécierai la valeur des documents que j'ai consultés, sans oublier les difficultés qu'on rencontre toujours en abordant un sujet talmudique ; mais auparavant, je veux donner un court aperçu de la composition ainsi que du contenu des livres talmudiques que j'ai dû citer à chaque ligne. Dans cette étude préliminaire, je n'ai nulle prétention d'apprendre aux érudits quelque chose de neuf [1] ; je m'adresse aux lecteurs qui ne connaissent le Talmud que de nom, sans avoir pu pénétrer dans ses arcanes, faute de savoir la langue dans laquelle cet ouvrage est écrit.

Mais avant d'arriver au Talmud lui-même, il est nécessaire de jeter un coup d'œil sur l'état littéraire des Juifs, depuis leur retour de la captivité de Babylone jusqu'à l'époque où nous pouvons voir se former le premier noyau du Talmud. On ne sait rien de certain touchant les parties de l'Ancien Testament que les Juifs apportèrent avec eux à Babylone. A leur retour, Esdras, appelé « l'écrivain habile, » forma des disciples qui portaient le nom de *Sopherim* « scribes, » et qui avaient pour mission de multiplier les copies du Pentateuque et de l'expliquer. Écrivain et savant étaient à cette époque synonymes.

---

[1] Il serait superflu de rappeler ici tous les travaux disséminés dans les différents ouvrages et recueils ; j'en rendrai compte dans mon second volume. Il doit suffire de citer, en premier lieu, l'excellent livre de M. Zunz, *Die gottesdienstlichen Vortræge der Juden*, qui sera toujours le véritable guide quand on traitera la matière agadique. En outre, je veux mentionner les travaux de M. Rappoport dans son *Erekh Millin* (aux mots Agadah et Amora) ; l'ouvrage de M. Z. Frankel, *Hodegetica in Mischnam* ; le *rabbinische Blumenlese* de M. Dukes ; le *Kultur- und Literaturgeschichte der Juden in Asien*, par M. Fürst ; et les savants travaux sur la *Halakha*, par M. Geiger, surtout dans son livre *Die Urschrift und Uebersetzungen der Bibel*.

Les lois, chez toutes les nations, ont été rédigées dans un style trop concis pour ne pas laisser de place aux ambiguïtés, et elles ont toujours été le sujet des interprétations les plus différentes. Celles de Moïse ne font pas exception à cette règle. Citons un exemple. On lit au chapitre XII du Deutéronome, verset 21 : « Tu égorgeras de ton gros bétail et de ton menu bétail. » Ces simples mots ne nous apprennent nullement de quelle façon l'animal doit être tué. Ici, comme dans d'autres cas, les Sopherim avaient, disaient-ils, une tradition orale transmise à Moïse sur le Sinaï, et c'est à cette tradition que devaient s'astreindre les fidèles. Nous retrouvons le même fait dans les traditions qui servent d'explication au Zend-Avesta ; on y fait remonter également ces traditions jusqu'au législateur Zoroastre [1]. Dans la littérature indienne, les noms des auteurs des principaux *Upanishads* sont même inconnus. » Cela doit être, dit M. Max Müller [2], pour ces sortes d'ouvrages ; car ils contiennent des traités sur les questions les plus élevées, lesquels traités perdraient toute autorité, si on les présentait aux yeux du peuple comme le résultat de l'imagination humaine. »

On ne peut douter que les *Cohanim* (sacrificateurs, prêtres) n'aient possédé en grande partie le pouvoir d'interprétation, surtout en ce qui concernait les sacrifices. « Tu iras consulter le *Cohen* qui sera de ton temps, dit expressément le Pentateuque [3]. » Il est impossible de

---

[1] M. Spiegel, *Erân*, p. 365.
[2] *History of ancient sanskrit literature* (2ᵉ éd.), p. 327.
[3] Deutéronome, XVII, 9.

préciser quelles sont les plus anciennes parmi ces interprétations des Sopherim ; les documents font complétement défaut. La grande synagogue elle-même, ce corps qu'on prétend avoir suivi l'école d'Esdras, est un mystère pour nous. Le Talmud n'en parle que dans des termes fort vagues : il ne mentionne que quelques institutions d'Esdras, des Sopherim et des membres de la grande synagogue ; mais quant aux interprétations proprement dites du Pentateuque, on ne trouve dans les livres talmudiques, aucune preuve qui les fasse remonter jusqu'à cette époque.

Une des plus sérieuses occupations que le Talmud attribue à la grande synagogue est celle de fixer le canon biblique[1] ; la tâche n'était pas facile. En effet, on peut diviser l'Ancien Testament en trois parties, savoir : Les lois, la narration et la mystique. Les lois sont représentées dans le Pentateuque ; celui-ci était, quand il sortit des mains de la grande synagogue, tel que nous le possédons aujourd'hui, sauf quelques variantes qui ne changent rien au sens des lois elles-mêmes. La narration, dans laquelle il faut faire entrer la partie morale, est contenue dans les livres des Prophètes et dans une grande partie des Hagiographes. La mystique, à laquelle appartient la philosophie, si toutefois il y en a dans l'Ancien Testament, se trouve dans le Livre d'Ézéchiel, dans le Cantique des cantiques et dans l'Ecclésiaste. Pour ces livres on craignait qu'on n'en fît une interprétation

---

[1] Je ne peux m'occuper ici ni de l'époque ni de la manière de la fixation du canon biblique ; je donnerai les passages talmudiques concernant ce sujet dans mon second volume.

trop hardie et on refusa d'abord de les introduire dans le canon biblique. En effet, les sectes ne se sont en général multipliées que grâce aux interprétations mystiques des textes sacrés. Néanmoins, après de longues hésitations, ces trois livres furent insérés dans le Canon; mais ce qu'on avait redouté arriva : Ezéchiel est devenu la base du mysticisme, du char de Dieu (Mercaba); en d'autres termes, de la Cabbale; le Cantique des cantiques est devenu une allégorie représentant l'union du peuple juif avec Dieu.

La première production littéraire chez le peuple juif, après le retour en Palestine, fut, selon toute apparence, le Targoum ou traduction chaldéenne du Pentateuque[1]. La masse du peuple juif, peu instruit à toutes les époques, revenait d'un pays dont il avait adopté la langue, le chaldéen, en oubliant l'hébreu. Il lui fallait donc une version en cet idiome, pour qu'il pût continuer la lecture du Pentateuque. Depuis Esdras, selon le Talmud, cette lecture avait lieu dans les synagogues trois fois par semaine. Il est possible que pendant un certain espace de temps, sans doute très-court, les interprètes aient été d'accord, puisqu'ils sortaient tous de l'école d'Esdras. Mais peut-on dompter à jamais l'imagination des hommes? Peut-on supposer que d'obscures prophéties, dont on faisait également lecture sous le nom de *Haphtara*, aient été constamment exposées de la même façon dans toutes les synagogues? Evidemment non. Nous n'avons qu'à consulter les explications de l'Apocalypse de saint Jean par les Pères de

[1] Il est possible que la paraphrase d'Onkelos contient même une grande partie de ce Targoum.

l'Église, ou celles de quelques passages du Coran par les Sounnites (propagateurs de la tradition musulmane), pour nous convaincre que l'accord ne peut subsister longtemps sur de pareils sujets.

La fantaisie du Methourgoman (on appelait ainsi les interprètes à l'époque talmudique[1]) trouvait un vaste champ dans l'application d'un passage des Prophètes à un événement contemporain. Le pays commençait à s'inquiéter peu à peu : Alexandre chassait les Perses, la dynastie syrienne remplaçait Alexandre; des querelles intestines dévoraient l'État; en somme, le temps de calme fut assez court pour les Juifs après leur retour de la captivité. Quoi de plus naturel, que de voir les chefs des différentes synagogues, ou quelques érudits sortis du peuple, s'élever pour consoler les habitants chassés de leur foyer, pour encourager les débris des familles massacrées par l'étranger, et leur faire entrevoir un avenir plus heureux? Et quels sujets se prêtaient le mieux à cet usage? Assurément, c'étaient les sujets bibliques, comme par exemple, Joseph en Égypte, la sortie des Israélites de ce pays, la délivrance par les juges, et d'autres narrations semblables accommodées aux circonstances de l'époque et assaisonnées de paraboles adressées au peuple illettré de la campagne. Ces sortes d'interprétations sont connues sous le nom de l'*Agadah*[2]; elle fait le sujet des *Midraschim* et

---

[1] Je dois faire remarquer que j'emploie le mot « talmudique » pour toute l'époque qui s'est écoulée depuis la grande synagogue jusqu'à la clôture du Talmud de Babylone.

[2] Ce mot vient probablement de la racine *nagad* « dire, réciter; » on dit aussi *Haggadah*.

remplit plus du tiers du Talmud de Babylone. Le Talmud mentionne des traités spécialement agadiques sous le nom de *Siphré Agadatha* (livres de l'Agadah). A cette même classe appartiennent d'autres écrits qu'il cite, un livre d'Adam, le rouleau des dévôts (*Meguillath Hassidim*) et d'autres ouvrages semblables.

Les livres apocryphes, tels que les *Macchabées*, le Livre de *Tobie*, celui de *Baruc*, le troisième livre d'*Esdras* et d'autres de ce genre, appartiennent au domaine de l'Agadah. A cette catégorie il faut encore ajouter les livres contenant des préceptes moraux, tels que *Sirach*, que le Talmud cite souvent, et le livre de *la Sagesse de Salomon*.

L'agadiste est l'homme qui s'occupe de ces sortes d'interprétations; il a toute liberté dans l'application des textes des Prophètes et, en général, des textes contenant un sujet narratif, aussi longtemps qu'il ne se met pas en contradiction avec la loi proprement dite. Les docteurs ne trouvaient généralement rien de nuisible dans l'Agadah, de manière qu'on permettait même de copier ces sortes de livres. Cette littérature devait prendre des développements rapides en raison de la liberté dont elle jouissait. L'Agadah fut surtout cultivée par les juifs d'Alexandrie : les écrits d'Aristobule, d'Aristéas, les Sybilles et surtout les ouvrages de Philon sont remplis de ces productions de pure imagination. Il est cependant très-douteux que les agadistes du Talmud aient jamais connu ces productions littéraires écrites en grec.

Quittons la partie agadique de cette époque, et voyons ce qui se passait dans le domaine des interprétations de la loi, sorte de littérature qu'on désigne sous le nom de *Halakha* (tradition qui passe oralement d'une génération à l'autre[1]).

La Halakha est l'opposé de l'Agadah; elle s'appuie en général sur le texte du Pentateuque, puisqu'elle interprète la loi. Il ne pouvait y avoir là de liberté complète comme pour l'Agadah. L'exégète devait suivre constamment une autorité reconnue. La Mischna fait remonter cette autorité jusqu'à la révélation orale que Moïse avait reçue sur le Sinaï. Voici comment elle s'exprime sur ce point : « Moïse reçut la loi du Sinaï, il la transmit à Josué, Josué la remit aux anciens, les anciens la passèrent aux prophètes, et ces derniers la transmirent aux hommes de la Grande Synagogue. » Siméon le Juste est le dernier de ce grand corps (226-200); son disciple Antigone porte un nom grec, chose fréquente chez les Juifs à l'époque des Macchabées. De ces docteurs, il n'est resté que quelques préceptes moraux, mais on n'a conservé d'eux aucune interprétation de la loi.

Quand a-t-on commencé à employer le mot *halakha*? quelles ont été les premières *halakhoth*? Rien de positif là-dessus; il faut se borner aux conjectures. Tout ce que nous savons, c'est qu'on cite quelques institutions halachiques de Yosé ben Yoézer qui vivait au commencement de la guerre des Macchabées (180-170). Toutefois, il est certain qu'une partie de la Mischna, notamment celle qui concerne les sacrifices, les prélèvements pour le Temple et les purifications, contient d'anciennes *ha-*

---

[1] Peut-être de la racine *halakh* « aller. »

lakhoth[1]. Nous disons « ancienne » parce que la Halakha, comme M. Geiger l'a ingénieusement prouvé [2], a subi des changements imposés par la nécessité des temps. C'est justement le grand mérite de l'école talmudique, qu'on se plaît à désigner par le nom « d'école pharisienne, » de ne jamais être demeurée stationnaire, et d'avoir toujours transigé avec les besoins manifestes des différents âges, même au point d'altérer les préceptes cérémoniels.

Pendant la guerre des Macchabées toute activité littéraire avait probablement cessé; une fois l'État rétabli, les rois asmonéens présidèrent, sinon en personne, du moins par leur influence royale, au tribunal institué par eux sous le nom de *Sanhédrin*. Nous trouvons en effet quelques institutions halachiques du roi *Jean Hyrcan*. Sous ce roi, la rupture entre les pharisiens et les saducéens devint flagrante. Le germe de ces deux sectes avait certainement existé précédemment, mais on ne saurait préciser exactement jusqu'à quel point elles s'étaient développées. Nous ne nous occuperons pas des différends entre ces deux sectes, ni par conséquent des *halakhoth* que cette division a produites. Nous ne prétendons pas traiter ici à fond une matière aussi riche et aussi difficile que la Halakha;

---

[1] On ne possède aucun traité, soit agadique, soit halachique, plus ancien que la Mischna; il serait donc tout à fait hasardeux de vouloir donner dans une préface une idée de la première conception de ces sortes de livres. Je reviendrai sur ce sujet dans mon second volume, où je pourrai appuyer mes conjectures sur des passages talmudiques.

[2] *Jüdische Zeitschrift*, année 1863, p. 13 et suiv.; cf. surtout le chapitre sur les saducéens et les pharisiens dans le *Urschrift*.

cette étude trouvera sa place dans notre second volume. Toutefois, nous devons rappeler que les saducéens possédaient un code écrit, tandis que les pharisiens n'admettaient pas qu'on écrivît la tradition orale. Était-ce pour avoir la supériorité de la science, à l'exemple des prêtres égyptiens, ou bien craignaient-ils que, par des fautes de copistes ou par des falsifications volontaires, on ne vît se produire un autre schisme? Il est difficile de se prononcer sur ce point. La mémoire jouait un grand rôle dans les écoles; cette faculté est très-développée chez les peuples orientaux. Dès l'enfance, l'éducation consistait probablement à apprendre avant tout par cœur les interprétations de la loi. Aujourd'hui encore, les vrais élèves du Talmud connaissent ce vaste livre presque entièrement de mémoire. Qu'on leur demande un passage, ils indiquent à l'instant la page où il se trouve. Il en a été sans doute de même chez les Indiens : une partie de leur littérature n'a été conservée que par des efforts de mémoire. » On ne peut se faire une idée, dit M. Max Müller[1], des puissantes facultés qu'acquiert la mémoire dans une organisation sociale aussi éloignée de la nôtre que les *Parishad* indiens le sont de nos universités. La force de la mémoire, telle que nous la voyons et l'entendons souvent, montre que nos notions des limites de cette faculté sont tout à fait arbitraires. Notre mémoire a été affaiblie systématiquement de temps immémorial... Aujourd'hui encore, où les manuscrits ne sont ni rares ni chers, les jeunes brahmans qui apprennent les

---

[1] *Op. cit*, p. 504.

chants des Védas, les Brâhmanas et les Sûtras, le font invariablement par la tradition orale et les savent par cœur. »

Le mot Halakha paraît pour la première fois à propos de Hillel (32 ans avant notre ère). Il fut nommé président du Sanhédrin, tout en étant étranger (il venait de la Babylonie), parce qu'il sut donner des explications sur une *halakha* que le président d'alors ignorait.

Avec l'époque de Hillel commence la véritable discussion scolastique et subtile que nous trouverons dans le Talmud. Tout ce qui est rapporté de ce docteur, modèle de modestie, de probité, de bonté et de patience, nous autorise a croire que ces sortes de discussions n'étaient pas du goût de Hillel. Était-il obligé de les subir comme étranger, ou le goût scolastique était-il déjà développé chez ses élèves? On ne nous en dit rien. Les discussions entre les écoles de Hillel et de son co-président Schammaï devaient être ardentes, et elles amenaient souvent des scissions complètes dans l'interprétation de la Halakha. Voici comment le Talmud s'exprime lui-même sur ce point : « Avant Hillel et Schammaï, il n'y avait qu'une sorte d'interprétation de la loi (Thora). Ces deux écoles ont fait de la *Thora* deux versions différentes. » La Mischna contient un grand nombre des décisions halachiques de ces deux docteurs.

Quand on admet [1], avec M. Jost, que la politique ne jouait presque aucun rôle chez les pharisiens, on comprend facilement comment ces discussions, stériles pour le moment, mais avantageuses pour la conservation de

[1] *Geschichte des Judenthums und seiner Secten*, t. I, p. 225.

la société juive, devaient prendre le dessus. Déjà les pharisiens disent à Jean Hyrcan : « Tu peux garder la couronne, mais laisse la supériorité de la Kehouna (dignité de prêtre) aux autres. » A plus forte raison, les pharisiens abandonnèrent-ils tout projet de reconstitution politique à leur profit, quand ils virent arriver sur le trône l'étranger Hérode, soutenu par des étrangers qui étaient les Romains.

En effet, on ne citerait guère un fait qui prouvât que les pharisiens aient participé à un soulèvement politique ; tout ce qu'ils osèrent, ce fut de défendre aux Juifs d'être les percepteurs des Romains, et cela est, comme on le voit, bien loin encore de refuser l'impôt.

La tranquillité dans les discussions trop ardentes semble avoir été rétablie un moment sous la présidence de R. Gamaliel l'aîné, qui jouit d'une grande autorité. Ce docteur est connu par sa modération à l'égard des premiers prédicateurs de la foi chrétienne ; son fils, R. Siméon, lui succéda au patriarchat. Plusieurs autres célébrités vivaient à cette époque si funeste au peuple juif. R. Yohanan ben Zaccaï, ainsi que R. Siméon, fils de Gamaliel, ont vu la destruction du Temple. La dernière étincelle de la nationalité juive s'étant politiquement éteinte, on s'efforça de sauver au moins son existence spirituelle. R. Yohanan forma une école à Yabneh, dont R. Gamaliel le second fut plus tard le chef. Dans le voisinage de cette ville, se trouvaient les écoles de R. Akiba, de R. Eliézer ben Azaryah et d'autres docteurs célèbres. Toutes ces écoles ajoutaient des décisions aux *halakhoth* antérieures, ou y introduisaient même des changements. La matière s'accumulait de plus en plus, et on ne pouvait plus s'en fier pour l'exactitude de ces textes à la simple mémoire. Déjà on rapportait une seule et même halakha à des docteurs différents ; il était facile de voir que fatalement la loi orale ne pourrait plus s'appuyer rigoureusement sur des autorités reconnues. R. Akiba et R. Eliézer écrivaient déjà leurs décisions halachiques.

Après la guerre de Bar Coziba (130 de notre ère), quand le siége de l'école dut être transporté en Galilée, et, même dans ce pays, changer successivement de lieu, R. Yehouda, surnommé le Saint, descendant du fameux Hillel et chef de l'école de Tibériade, essaya (180 de notre ère), probablement malgré bien des résistances, de réunir les diverses *halakhoth* dans un seul et même livre. La *Mischna,* qui signifie « étude, » est le nom de ce fameux recueil ; il ne contient presque point d'Agadah, si on en excepte les « Articles des Pères » (*Pirké Aboth*), qui renferment les sentences morales des différents docteurs. La Mischna[1] se compose de six parties, appelées *Sedarim.*

Voici les noms de ces six parties de la Mischna :

1° La partie dite des semences (*Seder Zeraïm*), contenant les formules des bénédictions qui doivent être prononcées sur les différents aliments, et les règles qui concernent les dîmes et les offrandes à prélever sur les produits de la terre ;

2° La partie dite des fêtes (*Seder Moëd*), renfermant les prescriptions pour le sabbath et les fêtes de l'année ;

---

[1] Pour les éditions des livres talmudiques, je renvoie le lecteur aux ouvrages bibliographiques de MM. Fürst et Steinschneider.

3° La partie des femmes (*Seder Naschim*), qui traite des lois sur le mariage, sur le levirat et sur les ablutions et purifications ;

4° La partie des dommages (*Seder Nezikin*), comprenant le droit civil et criminel avec un traité sur les crimes de l'idolâtrie ;

5° La partie des oblations destinées au Temple (*Seder Kodaschim*) ;

6° Enfin la partie des purifications (*Seder Tohoroth*), applicable aux ustensiles devenus impurs et aux purifications pour différents cas de maladies.

Chacune de ces parties de la Mischna a des subdivisions sous le nom de *Massekheth*, mot à mot « tissu, » mais l'énumération exigerait un développement trop étendu pour que je la donne ici. Il y a deux rédactions de la Mischna ; elles diffèrent peu entre elles, mais l'une sert de base au Talmud de Jérusalem et l'autre au Talmud de Babylone.

A la même époque où fut rédigée la Mischna, R. Hiya composait en Babylonie un ouvrage analogue, que nous possédons sous le nom de la *Tosiftha* ou *Toseftha* (collection[1]). Ce R. Hiya était originaire de la Palestine ; mais on peut ranger également son travail parmi les productions babyloniennes. La Tosiftha renferme déjà plusieurs éléments agadiques.

Avant la rédaction même de la Mischna et de la Tosiftha, nous l'avons dit, on possédait d'anciennes mischnas, dont il y a quelques citations, mais qui ne sont pas parvenues jusqu'à nous. Siméon ben Gamaliel

---

[1] De la racine *asaf* « rassembler, collectionner. »

(166 de notre ère) avait commencé aussi une révision de la loi orale ; néanmoins l'honneur de la rédaction définitive du livre de la Mischna qui contenait cette loi, revient à R. Yehouda le Saint.

Trois autres traités, dont la rédaction est postérieure à la Mischna et à la Tosiftha, forment une sorte de commentaire halachique et agadique sur le Pentateuque, selon que le texte se prête à l'une ou à l'autre interprétation.

Ces trois traités sont :

1° La *Mekhiltha* (mesure), commençant au chapitre XIV de l'Exode ;

2° Le *Sifra* (le livre par excellence), commentaire sur le Lévitique ;

3° Le *Sifré* (les deux livres), commentaire sur les Nombres et le Deutéronome.

Les deux derniers sont censés appartenir à l'école de Rab en Babylonie (190-240 de notre ère). Bien que postérieurs à la Mischna et à la Tosiftha, ces trois ouvrages offrent des traces plus complètes de l'ancienne Halakha et de l'ancienne Agadah.

Dans les discussions de la Mischna, les docteurs devaient nécessairement s'appuyer sur des passages bibliques ; chaque opinion interprétait donc le texte sacré à sa guise. Il est facile de s'imaginer à quelles subtilités d'exposition on dut arriver. On raisonnait sur un pléonasme, sur une particule superflue ; on tirait des inductions d'une lettre qui n'était pas indispensable, même des lettres qui, par un hasard quelconque, avaient des dimensions différentes des autres ; méthode d'interprétations minutieuses qu'on retrouve aussi dans les Brâhmanas. La Mischna n'est pas envahie par ces subtilités ; le texte ne contient que la décision finale de la Halakha, selon l'opinion des différents docteurs. Dans les écoles on reprenait les raisonnements sur lesquels se fondaient les décisions de la Mischna ; chaque école, avec le temps, en ajoutait de nouvelles.

Ainsi se formait peu à peu la *Guémare* (qui veut dire étude), espèce de commentaire sur une grande partie de la Mischna, entremêlé d'observations de toutes espèces en dehors de la Halakha.

Quelques docteurs talmudiques ne se bornaient pas à ces études ; ils cultivaient aussi les autres sciences. Samuel avait étudié l'astronomie, Thodos la médecine, R. Yosé ben Halaphtha la chronologie ; mais tout cela était encore subordonné à une discussion halachique. L'astronomie servait surtout à fixer la nouvelle lune, et c'est à propos de cette détermination qu'on cite incidemment quelques notions sur la matière. S'occupe-t-on du règlement du sabbath, discute-t-on la permission de faire du feu ce jour-là pour un malade, le sujet amène quelques remarques médicales. Traite-t-on de prélèvements des produits de la terre, il intervient accidentellement quelques observations sur la botanique. Quant à la géographie et à l'histoire, comme pour le reste, il n'en est question qu'indirectement, quand on parle d'une institution religieuse établie par un personnage historique ou dans un lieu précis. Aussi ces notions sont-elles des plus vagues et très-souvent des plus erronées. Telle est la Guémare ou commentaire de la Mischna.

Nous avons deux Guémares. La Guémare de Jérusalem, comme son nom l'indique, est l'œuvre des écoles de la Palestine; elle a été rédigée à Tibériade et achevée probablement vers la fin du quatrième siècle de notre ère. Elle contenait les commentaires sur les cinq premières parties de la Mischna; le commentaire sur la cinquième partie ne nous est pas parvenu. Les quatres autres parties ont aussi quelques traités incomplets. Cette Guémare était négligée dans les études des écoles juives du moyen âge. Elle a subi le sort des écoles où elle avait pris naissance, et qui avaient été éclipsées par celles de la Babylonie. Si les éditions du Talmud de Jérusalem sont moins bonnes, c'est qu'on n'a pas encore découvert un manuscrit de cet ouvrage, à l'aide duquel on pût rétablir les passages nombreux qui ont été mutilés par les copistes. Ce Talmud offre en outre beaucoup de difficultés à cause de l'idiome étrange dans lequel il est écrit, et qui est entremêlé d'un grand nombre de termes grecs. Il n'en est pas moins d'une importance considérable pour la géographie et l'histoire de la Palestine. Les discussions qu'il contient ne sont pas aussi souvent entrecoupées de sujets agadiques que celles du Talmud de Babylone.

Je m'occupe maintenant de celui-ci. Il a au moins quatre fois l'étendue de l'autre. Les discussions y sont plus développées, car il a été clos plus tard (c'est-à-dire à la fin du cinquième siècle). Il renferme même les débats des écoles palestiniennes, outre ceux des nombreuses écoles babyloniennes. Il abonde en notions agadiques de différentes sortes. Les élèves qui affluaient à Babylone de tous les pays, de l'Arménie, de l'Asie mineure, de |la Perse, de la Syrie et de la vaste région conquise entre l'Euphrate et le Tigre, y apportaient non-seulement les décisions de leurs écoles particulières, mais encore des notions de différentes sciences, des renseignements sur les coutumes des habitants de leurs pays, des théories de mysticisme propres aux païens. Chacune de ces écoles était souvent représentée dans un idiome particulier. C'est là ce qui explique comment nous trouvons dans le Talmud de Babylone des pages entières consacrées aux sujets les plus bizarres, totalement étrangers à la discussion dogmatique, et qui sont souvent intercalés sans aucune raison entre deux *halakhoth*.

On traitait dans l'école une question dogmatique quelconque, et on y rattachait un sujet agadique qui ne s'y rapportait que de très-loin. Cette première agadah en entraînait une autre d'un genre analogue, qui se rapportait à un pays différent, et ainsi de suite. Il en résulte qu'il n'y a dans la composition de l'ensemble, ni enchaînement logique, ni traces d'une suite régulière de faits ou d'idées. Citons-en quelques exemples : Dans le traité *Guittin* (fol. 55 *b*), qui s'occupe des formalités de divorce, la mischna parle sur la loi des sicaires ; la Guémare, en quelques lignes seulement, pose une question à ce sujet et un docteur y répond. Comme les sicaires existaient pendant la première guerre contre les Romains, sous Vespasien, on rattache à cette discussion une longue agadah historique concernant la même guerre. Une fois sur ce sujet, on y joint quelques traits de la guerre contre Adrien ; on fait arriver à cette époque l'histoire de la mère avec ses sept enfants qui ne voulaient pas se prosterner devant l'idole, légende qui est rapportée ailleurs à l'époque des guerres des Macchabées. Les anachronismes historiques et les erreurs géographiques abondent, car l'agadiste cite probablement de mémoire. D'ailleurs, il n'a d'autre but que de stimuler le sentiment religieux de son auditoire par des exemples du dévouement de leurs ancêtres. C'est ainsi que nous trouvons une longue agadah intercalée entre deux sujets halachiques.

Dans une mischna du traité *Berakhoth*, traité qui est rempli de l'Agadah, on parle des bénédictions qu'on doit prononcer à l'aspect de différents phénomènes de la nature, etc. La Guémare arrive à l'énumération d'une suite de dictons qui concernent toujours trois objets sur lesquels Dieu se prononce lui-même : la famine, l'abondance et les besoins quotidiens de l'homme. Cette agadah finissant par un texte biblique du Livre de Daniel, où il est question de rêves, on y rattache aussitôt une longue agadah qui parle de la signification de différents rêves.

Dans les écoles, suivait-on comme une règle cet ordre ou plutôt ce désordre de rédaction? Ce désordre vient-il de ceux qui ont mis la dernière main à la rédaction des Guémares? C'est là une question très-difficile à résoudre. J'inclinerais vers la dernière opinion, parce que les Guémares sont le recueil des décisions de différentes écoles, qui certainement n'adoptaient pas toutes la même méthode d'enseignement.

Voilà donc déjà deux catégories distinctes de livres talmudiques.

J'arrive maintenant à la troisième, ce sont les *Midraschim*, qui, sauf quelques exceptions, sont purement agadiques. *Midrasch* vient du mot *darasch* « rechercher minitieusement, » et dans le langage postbiblique, ce mot signifie « expliquer. » On explique donc dans les *Midraschim*, d'une manière subtile, les versets bibliques, pour en tirer des solutions pratiques selon les circonstances. Rigoureusement parlant, l'explication des noms propres dans l'Ancien Testament est déjà un commencement d'interprétation agadique. Le Livre de Daniel applique, par exemple, les visions des prophètes aux événements de son temps; le Livre des Chroniques est plutôt un commentaire agadique qu'un livre historique. Les Apocryphes, nous l'avons dit, sont remplis de légendes et d'explications sur les paroles des prophètes. Le Nouveau Testament abonde en paraboles et en citations des prophètes appliquées aux faits contemporains. Enfin, les œuvres d'Aristéas, de Philon et de Josèphe, contiennent une foule d'indications agadiques, que nous retrouvons quelquefois sous une autre forme dans l'Agadah juive. Celle-ci est donc d'une origine ancienne, et ce n'est pas s'aventurer trop que de la faire remonter jusqu'au siècle d'Esdras. A cette époque, le sentiment patriotique ne pouvait être plus vivement excité que par des récits légendaires remplis d'actes d'héroïsme et d'abnégation des anciens Juifs. Cette interprétation spéciale des paroles des prophètes poursuivait son développement en même temps que la Halakha, avec cette différence que pour l'Agadah, sa diffusion ne rencontrait aucune résistance, car elle ne touchait presque jamais aux préceptes religieux.

Ainsi, les *Midraschim* contiennent le développement de l'Agadah, qui s'est toujours conservée parmi les Juifs, et qui règne, même de nos jours, dans les communautés dont les membres se vouent exclusivement aux études talmudiques. Cependant ces *Midraschim*, tels que nous les possédons aujourd'hui, sont d'une rédaction postérieure au Talmud de Babylone ; mais le fond en est ancien, et une critique minutieuse pourrait y retrouver les intercalations postérieures.

Il est presque inutile de dire que les *Midraschim* forment une collection agadique de différents docteurs, et qu'ils ne sont nullement l'œuvre d'un rédacteur unique. La tradition juive attribue les *Midraschim* à des autorités talmudiques. Voici les principaux ouvrages qui appartiennent à cette troisième catégorie des monuments talmudiques :

1° La *Pesiktha*, qui contient des discours agadiques pour les différentes solennités sabbatiques de l'année. On en cite trois, savoir : la *Pesiktha* par excellence, la *Pesiktha rabbathi* (la grande Pesiktha) et la *Pesiktha zoutratha* (la petite Pesiktha). De ces trois Pesikthas, il n'y a que la seconde qui soit imprimée, et encore est-elle incomplète. L'idiome dans lequel elle est écrite, indique une origine palestinienne. L'auteur en est, à ce qu'on croit, R. Cahana.

2° Le Midrasch *rabba*, attribué à R. Hoschéa rabba ; il est relatif au Pentateuque et aux cinq *Meguilloth*.

3° Le Midrasch *Tanhouma* ou *Yelamdenou*; il se rapporte au Pentateuque et commence par un sujet halachique avec le mot : *Yelamdenou Rabbenou,* « Que notre maître nous enseigne. »

4° Le Midrasch *Schoher tob*, commentaire agadique sur les Psaumes, les Proverbes et quelques chapitres des livres de Samuel. Dans ce dernier ouvrage, les intercalations qui se rapportent à l'époque posttalmudique sont très-considérables. Les ouvrages des rabbins du onzième au quinzième siècle citent des *Midraschim* sur Isaïe, Esdras et les Chroniques, qui ne nous sont pas parvenus. On composait aussi de petits *Midraschim* sur certains sujets bibliques, sur l'aspect du ciel, sur l'angélologie, etc. Ils sont souvent cités, et nous devons à l'érudition de M. Jellinek une collection de cette espèce de *Midraschim*, tirés de différentes bibliothèques.

Nous devrions peut-être mentionner encore une collection agadique intitulée *Tana de Bé-Eliah rabba* (grande) et *zouta* (petite). Le prophète Elie, d'après la tradition, aurait communiqué ce livre à son disciple Anan. Cette collection date de la fin du neuvième ou du commencement du dixième siècle; mais elle renferme certainement des anciennes pièces agadiques.

Au douzième siècle, un rabbin du nom de Siméon fit une compilation de plusieurs *Midraschim*, dont nous ne connaissons l'existence que par cet ouvrage, intitulé *Yalkout Schiméoni* (collection de Siméon); c'est un ouvrage très-précieux pour la littérature agadique.

Je puis encore mentionner un livre du même genre, attribué à R. Éliézer ben Hyrcanos, contemporain de Josèphe. Ce livre a pour titre *Pirké* ou *Boraïtha* de R. Éliézer; il est d'un caractère tout mystique. L'histoire de la création en est le sujet favori. La rédaction de cet ouvrage, tel que nous le possédons, est également postérieure au Talmud de Babylone.

Un petit traité chronologique, connu sous le nom de *Seder Olam*, doit trouver place ici; l'auteur en est R. Yosé bar Halaftha. Ce livre contient des dates chronologiques depuis la création jusqu'à Bar Coziba (130 de notre ère). On désigne habituellement ce traité par le nom de Seder Olam *rabba*, pour le distinguer d'un autre ouvrage du même genre du onzième siècle, intitulé Seder Olam *zouta*.

Le rouleau des jeûnes (*Meguillath Taanith*) traite des jours où il n'est pas permis de jeûner, à cause de la délivrance et des bienfaits que Dieu avait envoyés ces jours-là. Ce petit traité, un des plus anciens de la littérature talmudique, est d'une très-grande importance pour l'histoire; je le citerai souvent dans le second volume de cet ouvrage.

Nous avons compris tous ces livres, à savoir la Mischna, les deux Guémares et les différents *Midraschim*, sous la dénomination commune de Talmud. D'ordinaire on ne donne ce nom qu'aux deux Guémares, et l'on dit Talmud de Jérusalem et Talmud de Babylone.

Le nom « Talmud » vient du mot *lamad* « apprendre, enseigner; » Talmud signifie donc en général, comme Mischna et Guemare, « enseignement. » L'étymologie n'est pas trompeuse, car cet ouvrage, comme nous l'avons vu, traite magistralement des sujets les plus divers, et il justifie parfaitement le nom qu'il porte. Il se compose, ainsi que nous l'avons déjà exposé, de deux parties ; la Halakha et l'Agadah. Celle-ci est l'interprétation libre, tandis que la Halakha est une tradition orale de maître à élève, qui représente la pensée de l'école, pendant que l'Agadah représente celle des simples individus. La Halakha est la prescription formelle et obligatoire pour quiconque se reconnaît juif, l'Agadah est accommodée aux besoins moraux d'une fraction peu nombreuse de la nation juive. La Halakha est une autorité fixe et durable, l'Agadah n'est qu'une application momentanée. Tout ce qui n'est pas halachique dans le Talmud appartient au domaine de l'Agadah. Ce domaine de l'Agadah est aussi large que varié : on y trouve des notions de tout genre sur la médecine, l'astronomie, la cosmographie, le mysticisme, la géographie et l'histoire; l'Agadah abonde surtout en paraboles et en préceptes de morale et de conduite pratique.

La Mischna et le Sifra sont complétement halachiques; les *Midraschim* sont complétement agadiques. Les autres livres talmudiques, tels que les deux Guémares, les Pesikthas et le Sifré, sont à la fois halachiques et agadiques; aussi la méthode y devient-elle de plus en plus illogique, et l'exposition y est-elle souvent dérangée par des digressions en dehors du sujet qu'on se propose de traiter.

« Dans le Talmud, dit M. Renan[1] avec beaucoup de justesse, la forme n'a aucun prix; » *rédaction*, pour les Guémares (la Mischna suit une certaine méthode), est un mot déplacé. On ne peut pas se faire une idée de la manière avec laquelle les derniers rédacteurs, Rabina (R. Abina) et R. Asché, sont arrivés à cet étrange classement, où d'ailleurs le désordre est si majestueux. La Guémare de Babylone est à la fois trop régulière pour être un simple amas de hasards, et trop embrouillée, pour qu'on puisse y supposer la main d'un rédacteur attentif et intelligent.

Si l'on demande à quelle production littéraire on

---

[1] *Vie de Jésus* (13e éd.), p. XLVI.

pourrait comparer le Talmud, on doit nécessairement répondre qu'il n'a de rapport avec aucune de celles qui nous sont parvenues. Pour les détails, on trouve certainement quelques ressemblances dans des ouvrages très-différents : Ainsi, saint Ambroise, par exemple, a la même subtilité que les docteurs du Talmud pour l'application des versets bibliques aux sujets agadiques ou mystiques ; les traités des sacrifices ne sont pas sans analogie avec les Brâhmanas ; la finesse recherchée des traditions ressemble à la Sounna. Mais le Talmud pris dans son ensemble, est un monument unique en son genre. Une analyse en serait impossible, et l'on pourrait plutôt dire ce qu'il n'est pas que ce qu'il est. Il suffit d'en traduire la première page venue pour comprendre avec quelle irrégularité étonnante il a été composé. Je dis étonnante, car dans une même page il contient souvent des axiomes et des observations sur des matières absolument différentes et complétement étrangères les unes aux autres.

Quant à la langue talmudique, composée de plusieurs idiomes, elle est tantôt trop concise pour un développement logique, et d'autres fois trop surchargée de particules pour que la phrase puisse être suffisamment serrée. La véhemence orientale dans la dispute et la discussion, où le mot de bonne foi n'a guère de sens, ne cherchant que des contradictions systématiques, c'étaient là des éléments inconciliables avec une sérieuse méthode. Puis les attaques personnelles, qui ne sont pas rares dans le Talmud, devaient nécessairement aussi transporter la discussion sur un autre terrain. N'oublions pas non plus que, dans la rédaction du Talmud (si toutefois nous pouvons nous servir de ce mot de rédaction), on admettait sans examen toute sentence prononcée par qui que ce fût. Nous trouvons ainsi les idées les plus justes et les plus élevées à côté des absurdités les plus choquantes.

Mais, pour prendre le bon côté des choses, c'est peut-être la grandeur d'un livre que cette impartialité, et l'on ne voit vraiment pas une raison suffisante d'attaquer l'œuvre dans son ensemble, parce qu'il a plu à tel docteur, sous l'impression du moment, de se montrer ardent et intolérant envers les païens, ou parce qu'on a inséré dans ce vaste ouvrage des formules de sorcellerie ou de magie apportées par quelque autre rabbin de son pays natal.

Longtemps encore le Talmud restera un fond inépuisable de notions précieuses sur un long espace de sept ou huit siècles (150 av. J.-C., 470 ap. J.-C.), sur des peuples divers et sur des coutumes les plus opposées. Le Talmud, comme nous l'avons vu, est le travail de sept à huit siècles et un recueil de notions apportées de tous les pays. L'Agadah, par les proverbes, les paraboles et les formules magiques, servira plus d'une fois à faire des études comparatives. La philologie sémitique ne peut se passer de ce trésor où figurent tant d'idiomes; on peut même dire que le Talmud serait aussi d'une certaine utilité pour la philologie aryenne. On a retrouvé des mots talmudiques dans différentes inscriptions sémitiques, « mais, comme M. Renan le remarque [1], le dépouillement lexicographique et l'analyse grammaticale de la langue talmudique, d'après les principes de la philosophie moderne, sont encore à faire. » « On ne peut nier,

---

[1] *Histoire générale des langues sémitiques* (3ᵉ éd.), p. 233.

dit encore M. Renan, que l'étude de la langue talmudique ait une véritable importance. Cette langue remplit une lacune dans l'histoire des idiomes sémitiques. »

Mais nous ne devons pas pousser plus loin cette description concise du Talmud, et nous la quittons pour parler de la littérature des *Targoumim*.

Outre cette vaste collection composée de la Mischna, de la Tosiftha, des deux Guémares et des *Midraschim*, j'ai dû faire usage pour le mémoire demandé par l'Académie des Inscriptions et Belles-Lettres, des *Targoumim* ou traductions chaldéennes de différents livres bibliques, qui, dans une certaine mesure, appartiennent aussi à la littérature agadique. Nous en possédons quatre sur le Pentateuque :

1° La version *samaritaine,* version littérale.

2° Le Targoum d'*Onkelos* ; c'est en général une traduction fidèle, ne renfermant que peu d'agadah.

3° Le Targoum du *Pseudo-Jonathan*, qui est attribué par la tradition juive à Yonathan ben Ouziel, élève de Hillel, et qui est rempli d'explications agadiques.

4° Enfin, le Targoum de *Jérusalem*, qui est incomplet, et qui paraît être une seconde rédaction du précédent.

Le Targoum de Yonathan ben Ouziel sur les Prophètes, celui des Hagiographes, fait en général sur la traduction syriaque de la Peschito, ainsi que le Targoum sur les cinq *Meguilloth*, n'ont dû être que rarement cités dans mon travail.

Quelques œuvres liturgiques et plusieurs élégies portent également le caractère agadique. C'est surtout

***

de l'élégie du fameux Éléazar *Hakalir* que j'ai fait usage, car l'auteur a puisé dans d'anciens *Midraschim*.

Un autre ouvrage posttalmudique, le *Halakhoth guedoloth* de R. Siméon de Kaïrowan, écrit dans le style de la Mischna, est un résumé des discussions halachiques du Talmud; ce livre renferme de nombreux passages utiles à l'histoire et à la géographie.

Après avoir énuméré les ouvrages dont je me suis servi, je dois parler des difficultés que m'offrent les documents talmudiques et de la méthode que j'ai employée.

Les Talmuds ne donnent point des indications très-directes pour la géographie, si l'on en excepte 1° pour la Palestine, les passages qui concernent les frontières, les mers, la distribution physique des trois pays, la Judée, la Galilée et la Pérée, et quelques villes bibliques avec l'énumération de leurs noms contemporains; 2° pour la Babylonie, le passage où l'on parle des frontières de ce pays. Même dans ces textes, les docteurs n'ont nullement en vue la géographie elle-même, ils donnent simplement des indications géographiques en fixant les règlements religieux applicables à ces différents lieux. Ainsi, par exemple, pour la Palestine et la Syrie, les docteurs parlent de la géographie en traitant des prélèvements pour le Temple et pour les Lévites; pour la Babylonie, en disant dans quel district les Juifs sont moins mélangés avec les païens.

Ainsi, je l'ai déjà fait pressentir, les Talmuds ne forment point une encyclopédie régulière, où les différentes branches de la science soient classées dans un ordre quelconque ; ils ne sont que des traités halachiques ou agadiques, et c'est le hasard qui amène les docteurs à parler d'autre chose. Ceci suffit à nous faire comprendre pourquoi on ne trouve souvent dans les Talmuds aucune donnée sur telle ou telle ville très-importante; pourquoi on ne parle jamais dans les Talmuds des fortifications et des grandes constructions de Jérusalem; pourquoi des époques entières de l'histoire juive sont passées sous silence, et que d'autres sont mentionnées seulement par quelques mots. Si la discussion dogmatique ne force pas un docteur à soutenir ses arguments par le récit d'un fait historique ou par l'indication d'une localité, il n'y a aucune trace d'histoire ou de géographie dans les livres talmudiques. Habituellement on joint aux noms des docteurs celui du lieu de leur naissance; grâce à cette coutume, la désignation de bon nombre d'endroits nous a été conservée dans les Talmuds, mais l'identification en reste toujours douteuse, puisqu'on ne peut s'appuyer que sur la similitude de prononciation. L'Agadah offre beaucoup de données géographiques, mais ces données ne sont pas toujours authentiques; l'Agadah aime jouer sur les mots et sur les noms des localités, et ce serait une faute que de prendre toutes ces indications au sérieux [1].

Une autre difficulté considérable se présente encore

---

[1] Ainsi, R. Joseph dit (Tal. de Bab., *Erakhin*, 32 *b*) qu'il y avait *deux* Jérusalem ; on explique (Tal. de Jér., *Schekalim*, VI, 2) les mots « *velo yeraphou* » (Ezéchiel, XLVII, 11) par le nom d'un endroit ; le mot *leat* (Isaïe, VIII, 6) est d'après la Pesiktha (msc.) un nom propre.

pour la géographie et pour l'histoire dans les livres talmudiques : les variantes d'une même indication sont très-fréquentes, et nous n'avons très-souvent aucun indice de nature à nous guider dans le choix. Il est certain encore que les textes talmudiques renferment pour les noms géographiques, plus que pour tous les autres, une multitude de fautes de copistes. A notre connaissance, il n'existe pour le Talmud de Jérusalem, le plus important, et que les éditeurs ont le plus négligé, aucun manuscrit, à l'aide duquel on pourrait s'assurer de la véritable leçon. Pour le Talmud de Babylone, nous avons des manuscrits nombreux; mais on ne les a pas encore examinés minutieusement [1].

On doit comprendre facilement, d'après tout ce qui précède, que je ne peux employer les données géographiques et historiques des Talmuds qu'en y joignant des conjectures que le lecteur rencontrera, peut-être trop souvent, dans le courant de ce travail. Si l'on considère depuis combien de temps déjà les savants s'occupent de Josèphe, qui avait cependant le dessein formel d'écrire l'histoire des Juifs; si l'on veut bien se rappeler que de manuscrits ils avaient à leur disposition pour établir un texte correct, et que de noms de villes restent toujours à expliquer avec certitude, on ne s'étonnera pas trop que la géographie du Talmud, étu-

---

[1] M. Raphaël Rabbinowitz a entrepris ce travail difficile de collationner les manuscrits talmudiques de la bibliothèque de Munich et d'autres en Allemagne; le *Seder Zeraïm* vient d'être publié sous le titre de *Dikdouké Sopherim*. J'ai pu collationner, surtout pour le deuxième livre de ma géographie, les manuscrits talmudiques à Oxford; mais il reste à faire encore le même travail pour le manuscrit du Vatican et celui de Florence.

diée pour la première fois dans *toute son étendue*, n'offre fréquemment que des résultats douteux. Je ne me flatte donc pas de présenter un travail définitif; je pourrais presque dire que je n'ébauche ici qu'un essai, et j'accepterai avec la plus sincère reconnaissance les critiques que les savants voudront bien m'adresser pour compléter mon œuvre.

Malgré toutes ces difficultés, je me suis rendu au désir de l'Académie qui demandait, si j'ai bien compris la question, un traité méthodique sur la Palestine, d'après les Talmuds. J'ai adopté, sur les traces de Josèphe, quatre divisions principales de la Palestine : la Judée, la Samarie, la Galilée et la Pérée; néanmoins le Talmud lui-même ne reconnaît pas la Samarie. Pour chaque pays, j'ai conservé autant que possible la distinction physique adoptée par les Talmuds, en pays montagneux, en pays de plaine et en vallées; cependant je n'ai pu conserver fidèlement cette distinction que pour la Galilée. J'ai ajouté un chapitre spécial pour les noms d'endroits douteux que je crois situés en Palestine. Le résumé que j'y ait joint est le résultat de mes conjectures personnelles. Voilà tout ce que contient le premier livre de mon ouvrage.

Le deuxième livre (qui n'a pas été présenté à l'Académie) traite des notions géographiques données par le Talmud sur les pays qui sont hors de la Palestine. J'ai classé ces pays sous cinq chapitres : le premier concerne la Syrie, pays regardé à certains égards comme faisant partie de la Palestine; le deuxième chapitre traite de l'Asie mineure; le troisième traite de la Mésopotamie; pour ces trois pays les Talmuds nous fournissent le plus de documents ; le quatrième, des autres pays de l'Asie ; le cinquième chapitre est relatif à l'Afrique et à l'Europe ; mais ici les données talmudiques se réduisent presque à rien.

J'ai ajouté un premier appendice sur les différents peuples mentionnés dans les Talmuds. J'ai cru bien faire aussi de mettre un second appendice sur la manière dont le Targoum du Pseudo-Jonathan explique les frontières de la Palestine, indiquées dans le Pentateuque, car ce Targoum est contemporain des Talmuds.

J'ai compulsé pour ce travail Josèphe, Eusèbe, saint Jérôme, et d'autres Pères de l'Église, les voyageurs, soit du moyen âge, soit des temps modernes, enfin les nombreux articles des savants sur la géographie du Talmud, disséminés dans différents recueils.

Il n'y a point de règle pour la prononciation des noms géographiques dans les Talmuds, ce recueil étant rédigé sans points-voyelles. J'ai donc dû me décider pour une prononciation arbitraire que le lecteur pourra modifier selon son opinion, puisque l'original se trouve à côté de la transcription.

Avant de finir, je dois exprimer ma sincère gratitude envers M. Renan, pour les observations critiques qu'il a bien voulu m'adresser, et pour ses conseils, dont j'ai profité du mieux que je l'ai pu.

TABLE DES CHAPITRES

LIVRE PREMIER. — LA PALESTINE

CHAPITRE PREMIER. — Géographie générale de la Palestine.
§ 1. Nom..Pages 1
§ 2. Situation et étendue............................. 3
§ 3. Frontières... 5
§ 4. Mers et lacs....................................... 24
§ 5. Fleuves et rivières, eaux thermales........ 29
§ 6. Montagnes... 38
§ 7. Plaines.. 45
§ 8. Division de la Palestine....................... 54

CHAPITRE II. — De la géographie de la Judée.
§ 1. De la Judée en général........................ 59
§ 2. Les villes le long de la côte.................. 67
§ 3. Les villes au nord-est et au sud-ouest de Jérusalem dans le pays montagneux............. 97
§ 4. Les villes vers le sud-ouest, sud et sud-est de Jérusalem.. 117
Jérusalem et ses environs......................... 134
§ 5. Les villes au nord-est, nord et nord-ouest de Jérusalem.. 154
§ 6. Les villes de la vallée de la Judée.......... 160

CHAPITRE III. — La Samarie....................... 165
Les villes de la Samarie............................ 168

CHAPITRE IV. — La Galilée............................	177
§ 1. La Galilée inférieure............................	188
§ 2. Le cercle de Tibériade ou le pays de la vallée....	207
§ 3. La Galilée supérieure..........................	226
CHAPITRE V. — Le pays Transjordanique ou la Pérée	241
CHAPITRE VI. — Noms des localités douteuses.......	258
CHAPITRE VII. — Résumé............................	281

LIVRE SECOND. — PAYS HORS DE LA PALESTINE

CHAPITRE PREMIER. — La Sourya (Syrie).............	292
CHAPITRE II. — L'Asie Mineure	308
CHAPITRE III. — La Babylonie (Mésopotamie).........	320
§ 1. Villes du côté de l'Euphrate.....................	343
§ 2. Villes du côté du Tigre.........................	355
§ 3. Localités à l'intérieur de la Babylonie...........	361
CHAPITRE IV. — Les autres pays de l'Asie	369
CHAPITRE V. — L'Afrique et l'Europe................	400
APPENDICE I. — Les Peuplades.......................	421
APPENDICE II. — Frontières bibliques de la Palestine d'après les Targoumim......................	430
Notes supplémentaires.............................	433
INDEX français.......................................	435
— hébreu...	457

LA
GÉOGRAPHIE DU TALMUD

LIVRE PREMIER

LA PALESTINE

CHAPITRE PREMIER.

GÉOGRAPHIE GÉNÉRALE DE LA PALESTINE

§ 1. — Nom.

Un des noms dont les Talmuds se servent le plus fréquemment pour désigner la Palestine est celui de « Terre d'Israël » (ארץ ישראל) ou simplement « Terre » (ארץ), la terre par excellence, par opposition à tous les autres pays du monde, réunis sous la dénomination générale de « hors de la Terre[1] » (חוצה לארץ). Le pays limitrophe de la Palestine vers le nord-est est appelé dans les Talmuds *Sourya* (סוריא, la Syrie) et est considéré tantôt comme appartenant à la Terre d'Israël, tantôt comme hors de cette terre[2], suivant que les rabbins

---

[1] Talm. de Bab., *Guittin*, fol. 8.
[2] *Ibidem*.

estiment qu'il faut y remplir ou non certaines prescriptions religieuses, obligatoires seulement dans la Terre d'Israël. Les provinces qui en faisaient partie ne sont point énumérées dans les livres talmudiques, mais elles le sont dans les commentaires ultérieurs[1], d'après lesquels *Sourya* se compose des pays que le roi David a conquis hors des frontières de la Palestine, savoir la Mésopotamie et le pays d'Alep.

Les Talmuds appliquent également à la Palestine le nom de « Terre de Chanaan[2] » (ארץ כנען). On n'y rencontre point l'expression de « Terre Promise[3], » ou de « Terre Sainte[4], » bien que les talmudistes estiment la terre d'Israël comme plus sainte que les autres pays[5], surtout comme lieu de sépulture[6].

Quant à la dénomination « Palestine » qu'on trouve trois fois dans les *Midraschim*, elle se rapporte, selon notre opinion, non à la Palestine proprement dite, mais aux pays des Philistins[7]. Le premier passage est relatif au verset de la Genèse, XLI, 54 : « Il y avait famine dans tous les pays ; » sur quoi le *Midrasch* dit : « La famine était dans trois pays, savoir : en Phénicie, en Arabie et en Philistine[8]. » Le Midrasch veut sans doute expliquer pourquoi Jacob, qui habitait le pays de Chanaan, dut envoyer chercher du blé jusqu'en Egypte : c'est que la

---

[1] Reland, *Palæstina ex monumentis veteribus illustrata*, t. I, p. 10.
[2] Talmud de Babylone, traité *Makkoth*, fol. 9 *b*.
[3] ἡ γῆ τῆς επαγγελίας; Épître aux Hébreux, XI, 9.
[4] אדמת הקדש, Zacharie, II, 16; ἡ ἁγία γῆ, II, Maccabées, I, 7; ἡ ἱερὰ χώρα, Philon, II, p. 594.
[5] Mischna, *Kelim*, I, 6.
[6] Reland, *Palæstina*, etc., tome I, page 26.
[7] Saint Jérôme, Comm. ad. *Esaiam*, XIV, 29, dit également : Philistæos, Palæstinos significat.
[8] *Bereschith* rabba, chap. 90. בפנקי' ובערב' ובלסטיני

famine sévissait dans ces trois contrées limitrophes du pays de Chanaan. Dans le second passage[1], le *Midrasch* raconte que Vespasien assiégea Jérusalem pendant trois ans et demi, et qu'il avait avec lui quatre *duces*, savoir : le *dux* d'Arabie, celui d'Afrique (il n'y a pas lieu de discuter ici ce que le Talmud entend par ce pays), celui d'Alexandrie et celui de Palestine. Puisque Vespasien fit le siége en Palestine proprement dite, le Midrasch ne peut entendre sous la désignation « *dux* de Palestine » que le gouverneur du pays des Philistins. — Enfin, dans le troisième passage[2], le Midrasch désigne la ville de *Gath* comme une forteresse de la Palestine ; or, Gath est incontestablement une ville des Philistins. Philon, ainsi que Josèphe, se sert du nom de « Palestine » pour le pays habité par les Juifs ; Hérodote désigne ce pays par les noms de *Palæstina, Syria Palæstina*, ou simplement *Syria*[3].

§ 2 — Situation et étendue.

Selon les Talmuds, la Palestine est située au-dessus du niveau de tous les autres pays[4] ; assertion bien inexacte, sans doute, mais excusable dans leur esprit, puisqu'ils comparent la Palestine avec l'Égypte et la Mésopotamie, pays qui dans un sens général sont plus bas que la Palestine. Il faut remarquer, du reste, que les Talmuds saisissent chaque occasion pour mettre la Terre d'Israël au premier rang, et ne laissent échapper

---

[1] Midrasch *Ekha*, ı, 5. דוכס דפלסמני
[2] *Vayikra* rabba, chap. 5.
[3] M. K. v. Raumer, *Palæstina* (4ᵉ édition), p. 24.
[4] Talm. de Bab., traité *Sanhédrin*, fol. 87 *a*.

aucun des passages bibliques qui peuvent servir à appuyer leur thèse.

Nous trouvons exagérée l'indication du Talmud sur l'étendue de la Palestine. On y dit, à propos de la guerre entre Hyrcan et Aristobule[1], dont nous aurons l'occasion de parler dans la partie historique, que la Palestine trembla sur une étendue de 400 *parsa*[2] sur 400 *parsa*, c'est-à-dire 160,000 *parsa* carrées, lorsque le porc qu'on monta par dérision aux assiégés pour bête de sacrifice, accrocha ses sabots aux murs de Jérusalem. Or une *parsa* valant trois milles romains et trois quarts (5 kilomètres et demi), la Palestine aurait eu une étendue de 2,250,000 milles romains carrés, chose impossible, quelque loin qu'on recule les limites de ce pays.

De semblables exagérations sont familières aux talmudistes; on en trouvera relatées quelques-unes dans le courant de ce travail. D'un autre passage talmudique[3], relatif au même incident, il résulterait que la Palestine n'avait qu'une étendue de 1,400 *parsa* carrées (22,500 milles romains carrés), évaluation conforme à celle de saint Jérôme[4] qui donne une longueur de 160 milles romains à la Palestine.

---

[1] Talm. de Bab., traité *Sotah*, fol. 49 *b*.

[2] פרסה, la parasange persane est comptée ordinairement pour trois milles romains et trois quarts. Selon le Talmud de Babylone, traité *Pesahim*, fol. 94 *a*, une *parsa* vaut quatre milles sabbatiques, c'est-à-dire trois milles romains et demi à peu près.

[3] Talmud de Jér.; *Berakhoth*, iv, 1. — L'incident dérisoire du porc, attribué par ce texte aux Romains.

[4] Cf. Bachiene, *Beschreibung von Palæstina* (trad. allem.), première partie, tome I, page 59.

§ 3. — Frontières.

S'il y a une difficulté géographique à résoudre dans les Talmuds, c'est la question relative aux frontières de la Palestine. Ces frontières sont mentionnées dans différents passages, mais les indications sont tellement vagues et confuses, qu'il est impossible de les fixer d'une manière précise.

Il importe d'abord de remarquer que la Mischna se pose la question des frontières à trois points de vue différents :

1° Il y a d'abord ce qu'on peut appeler les frontières imaginaires ; nous voulons dire les frontières promises dans la Bible, mais qui en réalité ne furent jamais celles des pays occupés par les Hébreux. Elles sont marquées par le *Hor Hahar* (rendu dans le Targoum de Jérusalem par *Amanus*) vers le nord, et par le *Nahar* (le fleuve, l'Euphrate) vers l'est.

2° Le pays que les Israélites ont possédé au temps du premier Temple et qui s'étendait au delà de *Kezib* (Ecdippa, Zib), vers la montagne Amanus au nord et vers l'Euphrate à l'est.

3° Les possessions des Israélites revenus de Babylone et dont la limite est *Kezib*, frontière dont nous nous occuperons plus loin.

Il existe à ce sujet deux *mischna* [1] importantes :

« Il y a trois pays placés dans des conditions différentes pour l'accomplissement du devoir de la *Hallah* [2], et de la *Schebiith* [3].

---

[1] *Hallah*, iv, 8 ; *Schebiith*, vi, 1.

[2] On appelle *Hallah* l'offrande pour le Temple qu'on détachait de la pâte, avant de faire cuire le pain ; cf. Nombres, xv, 17-22.

[3] On entend par *Schebiith* les fruits que la terre produisait l'année

» 1° Le pays occupé par ceux qui sont revenus de
» Babylone et dont la limite est *Kezib*;

» 2° Le pays qui s'étend de *Kezib* vers l'Amanus
» et l'Euphrate, possession de ceux qui sont venus de
» l'Egypte;

» 3° Le pays qui se trouve à l'intérieur de l'Amanus [1]
» et de l'Euphrate (et que les anciens Israélites n'avaient
» pas conquis.) »

L'Amanus était donc la frontière du nord, l'Euphrate celle de l'est, si l'on prend le pays d'Israël dans sa plus grande étendue. Quelques rabbins veulent que les frontières de la Palestine indiquées dans la Bible, soient considérées comme frontières réelles, quand il s'agit de l'exercice des devoirs religieux; d'autres restreignent beaucoup plus la signification de « Terre d'Israël. »

D'autres passages talmudiques indiquent même des îles, comme appartenant à la Palestine :

« Que doit-on comprendre par la terre d'Israël, dit la

---

de relâche, qui était chaque septième année; cf. Exode, XXIII, 11.

[1] Les deux mischna portent les mots : מן הנהר ואמנה ולפנים, « à l'intérieur du fleuve et d'Amanah. » Le mot ולפנים, « à l'intérieur » offre beaucoup de difficultés, car le pays à l'intérieur d'Amanus est considéré, selon les Talmuds, comme « Terre d'Israël. » Les commentateurs proposent de lire, au lieu de ולפנים, le mot ולחוץ, « à l'extérieur. » Cette correction, par trop commode, est inadmissible, parce que les deux rédactions de la Mischna portent le mot ולפנים; en outre, les mischna n'avaient pas à s'occuper des pays « à l'extérieur » d'Amanus, puisqu'ils sont considérés sous tous les rapports comme « hors de la Terre d'Israël. » Nous conservons la leçon de ולפנים et sous-entendons la phrase : וכל שלא החזיקו עולי מצרים מן הנהר ואמנה ולפנים. « Tous les districts que les Israélites venus de l'Égypte à l'intérieur de l'Amanus et du fleuve n'avaient pas occupés, » pays que dans notre texte, nous avons rangés dans la première classe.

» *Tosiftha*[1], et où commence le pays qui ne lui appar-
» tient plus? Ce qui se trouve en deçà de l'Amanus
» est « Terre d'Israël; » ce qui est au delà de cette mon-
» tagne est « hors de la Terre d'Israël. » Quant aux îles,
» pour déterminer ce qui est d'Israël et ce qui n'en est
» pas, on tire une ligne (droite) depuis l'Amanus jus-
» qu'au torrent d'Égypte (*ouadi-el-Arisch*); celles qui
» sont situées à l'intérieur de cette ligne appartiennent
» à la Terre d'Israël, les autres s'en trouvent exclues.
» R. Yehouda dit : tout ce qui se trouve du côté de la
» Terre d'Israël appartient à ce pays. On tire une ligne
» (droite) de *Kaplaria* vers l'Océan (mer Méditerranée),
» et une autre du torrent d'Égypte vers l'Océan[2]; les
» îles comprises entre ces deux lignes parallèles font
» partie de la Palestine. »

Nous n'avons pas besoin de dire que jamais aucune île n'appartint à ce pays, et que toute cette indication est imaginaire.

Le הר ההר rendu dans le *Targoum*[3] par Amanus,

---

[1] Tosiftha, *Maaser scheni*, chap. 2; *Hallah*, chap. 2; Talm. de Jér., *Schebiith*, VI, 2; Tal. de Bab., *Guittin*, fol. 8 *a*.

[2] Les commentateurs ajoutent : On tire cette ligne jusqu'à l'autre côté de la mer Méditerranée, car les eaux, entre ces deux lignes parallèles, appartiennent également à la Terre d'Israël. Selon leur avis, les Talmuds mentionnent seulement les îles et non pas les eaux, parce qu'à ces dernières il n'y a lieu d'appliquer aucune nome religieuse, tandis que pour les îles, on y doit exercer la pratique de la *Hallah* et de la *Schebiith*.

[3] Le Targoum de Pseudo-Jonathan rend les mots מהר ההר (Nombres, XXXIV, 8) par מטוורס אומנים; le Targoum de Jérusalem par מטורם מנוס; mais il rend également par les mêmes mots הר ההר (Deutr., XXXII, 50), l'endroit où mourut Aaron et qui se trouve au sud de la Palestine. Le dictionnaire talmudique de R. Nathan, appelé *Aroukh*, lit dans le dernier יסמנים; il a la même leçon dans les Talmuds, où nous lisons dans nos éditions : אטורא

montagne indiquée par les Talmuds comme frontière du nord de la Palestine, doit se trouver non loin de la côte. Le Talmud connaît sur le sommet de cette montagne un endroit du nom de *Kaplaria*. Mais il est extrêmement difficile de savoir quelle montagne représente en réalité le *Hor Hahar*. Selon le célèbre voyageur juif du XIVe siècle, *Estori Parhi*[1], ce serait le *Djebel-el-Akhra*, entre Latakié et Antioche[2] ; on y voit, dit-il, l'endroit *Kibutiyeh*[3], et c'est de là qu'on doit tirer la ligne vers l'Océan pour déterminer les îles appartenant à la Terre Sainte. Ce voyageur appuie son opinion concernant cette montagne sur l'identité de quelques villes, indiquées dans la Bible comme appartenant à la tribu d'*Aser*, avec des villes qui se trouvent dans les environs du Djebel-el-Akhra. La tradition vient encore corroborer l'opinion d'Estori ; le Targoum de Jérusalem rend le passage biblique[4] : « Et du *Hor Hahar* vous vous tournerez vers *Hamath* » par « vers Antioche ; » le *Hor Hahar* se trouvait par conséquent, selon la tradition, non loin d'Antioche. Les Talmuds, en effet, désignent Antioche comme

דראמנון. Dans la Mischna, cette montagne est appelée אמנה ; le Talmud de Jérusalem (traité Schebiith, vi, 2) identifie l'Amanah de la Bible (Cantique, IV, 8) avec l'Amanus.

[1] *Cafthor oupherah*, chap. 2 (éd. de Berlin, page 42). Cf. sur l'auteur dudit ouvrage, M. Zunz : On the geography of Palestine, from jewish sources (dans l'itinéraire de Benjamin de Tudèle, éd. Ascher), tome II, pages 260-263.

[2] C'est plutôt le mont *Cassius* que l'Amanus ; ce mont cependant s'étend jusqu'à ce promontoire. Cf. Pline, *Hist. nat.*, v. 22.

[3] Estori connaît la leçon des Talmuds qui portent קפלריא ; קבותיא qu'il substitue à ce mot, est sans doute le village Kabusia, entre Séleucie et Antioche.

[4] Nombres, XXXIV, 8, לבא חמת ; Targ. de Jér., למעלי אנטוכיא ; le Targoum de Pseudo-Jonathan rend ce passage par מעלך לטבריא « vers Tibériade, » ce qui est évidemment une faute des copistes.

une ville « hors de la Terre d'Israël[1]; » les autres villes au sud d'Antioche étaient donc considérées comme appartenant à la Palestine. Les Talmuds rangent ces villes dans la province de *Sourya*, province qui, sous certains rapports, faisait partie de la Terre d'Israël[2].

M. Schwarz[3] fait bien observer qu'Estori étend trop les frontières bibliques de la Palestine; mais lui-même va encore trop loin en identifiant le *Hor Hahar* avec le *ras esch-Schaka*[4]. Il met par inadvertance sur ce promontoire le *Djebel Nouria*, sur lequel il place le village de *Kaplaria*[5] mentionné dans les Talmuds. Quant à nous, nous inclinons vers l'idée de M. Porter[6] qui prétend que *Hor Hahar* signifie l'extrême nord du Liban (*le Djebel Akkar*). Entre celui-ci et les monts *Nusairiyeh*,

---

[1] Tal. de Bab., traité *Guittin*, fol. 44 *b*.

[2] Cf. ci-dessus, page 2.

[3] *Das heilige Land*, page 18.

[4] Ce promontoire est appelé chez les Grecs Θεουπρόσωπον (cap Madona). M. Zunz (Itin. of Benjamin, Tudela, tome II, page 414), croit que ce promontoire est désigné dans le Talmud de Jérusalem (*Abodah Zarah*, III, 8) par פני אלוה, et dans le Talmud de Babylone (*Themourah*, fol. 28 *b*) par פני המלך « face de Dieu, face du Roi. » Les talmudistes, dans leur désir d'exprimer leur dédain pour les endroits que vénéraient les idolâtres, changent le nom de ce promontoire en פני כלב « face de chien.»

Les premiers écrivains chrétiens (Cf. Ritter, *Erdkunde*, t. XVII, p. 37), appellent le Cap Madona, Λιθοπρόσωπον « figure de pierre. » Cette dénomination a trait, selon ce que M. Renan nous communique d'après la tradition des Maronites, à une idole qui s'y trouvait. Le *Nahr-el-Kelb* (Lykus) tire son nom, d'après la même tradition, d'un sphynx qu'on y adorait et que les Arabes appellent « chien. »

[5] Nous n'avons trouvé nulle part la trace de ce village, que les Talmuds désignent par le nom de קפלריא ou קפלדיא. Quelques éditions du Talmud portent קלפוריא.

[6] *Five years in Damascus*, tome II, page 354.

une route conduit à travers la plaine vers Hamath (*Epiphania*).

Nous avons cru devoir faire cette digression sur les anciennes frontières de la Palestine, avant d'arriver aux frontières telles qu'elles étaient au temps du second Temple. Ces dernières frontières ne sont pas non plus faciles à déterminer. Nous possédons sur ce sujet, un passage étendu en quatre rédactions différentes[1], mais ces rédactions offrent tant de variantes qu'il est presque impossible d'en tirer un résultat précis.

La Mischna [2] indique *Rekem* (Petra) comme frontière est, *Ascalon* comme frontière sud et *Acco* comme frontière nord, quand il s'agit des témoins chargés de signer une lettre de divorce. Pour l'exercice d'autres devoirs religieux les frontières [3] changent.

Voici ce que M. Rappoport[4] dit fort judicieusement à propos de ces frontières : « Les endroits indiqués comme frontières dans les Talmuds ne sont pas exposés méthodiquement, c'est-à-dire selon l'ordre géographique, en suivant les points cardinaux, mais ils sont simplement désignés au fur et à mesure qu'ils se présentaient à l'école dans les discussions dogmatiques. »

Nous devons signaler encore une autre difficulté, savoir que les Talmuds n'indiquent pour frontières que des points isolés et non pas des districts ou cercles ; un nom mutilé ou un village disparu nous déroutent et nous

---

[1] Talmud de Jérusalem, *Schebiith*, vi, 1; Tosiftha, *Demoï*, ch. 3; Siphré, section *Ekeb*, vers la fin; Midrasch Yalkout, même section.

[2] *Guittin*, i, 1.

[3] Les frontières sont appelées תחומי ou ספר (Talm. de Jér., *Schebiith*, vi, 1.)

[4] *Erekh Millin*, page 208.

réduisent aux conjectures. Aussi, les diverses explications[1] qu'on a données jusqu'à présent sur ce sujet ne s'accordent nullement.

Nous pensons, comme M. Rappoport, que la leçon du Talmud de Jérusalem est la meilleure, et nous la prenons comme base pour notre explication; nous donnons aussi les passages des autres livres talmudiques, en indiquant par des chiffres les noms qui se correspondent dans ces différents passages. (*V. le tableau ci-contre.*)

I. פרשת אשקלון Toutes les rédactions commencent par *Ascalon* (frontières sud-ouest); פרשת signifie les *environs* de cette ville, car Ascalon même n'était pas considéré comme Terre d'Israël.

II. חומת מגדל שרשינא « le mur de Césarée. » La ville même n'appartient pas à la Palestine. Le nom primitif de cette ville était « tour de Straton » (*Stratonis* turris, Στράτωνος πύργος), et dans le *Talmud* מגדל שרשינא[2] ou שרשן. La dénomination de *Straton* est sans doute sémitique. Les Syriens, dans leur querelle avec les Juifs, raconte Josèphe, prétendaient qu'avant la restauration de cette

---

[1] Cf. les articles de M. le rabbin D. Oppenheim sur une partie de ces frontières, dans le *Monathsschrift für Geschichte und Wissenschaft des Judenthums*, par M. le Dʳ Frankel, année 1860, pages 195-200, 226-230; M. Schwarz, *Das heilige Land*, pages 13-17; l'article de M. le Dʳ N. Brüll, dans le journal littéraire *Ben-Hananyah* (partie des recherches talmudiques), n° 12, 1867, col. 174-178. Les savants grands rabbins D. Oppenheim et J. Wiesner ont bien voulu nous communiquer leur opinion sur ces frontières. Nous avouerons qu'aucune de ces explications ne donne un résultat positif; nous avons préféré ne pas trop nous aventurer dans les conjectures, quitte à laisser quelques noms des endroits inexpliqués.

[2] On peut lire aussi ce mot שרשן ou שרשינא; les mots שורא דקיסרא, qu'on trouve seulement dans la Tosiftha, sont une explica-

ville par Hérode, aucun juif n'y habitait[1]. Mais quel est le mot sémitique qui nous expliquerait le nom de cette ville? M. Oppenheim croit y reconnaître le nom שרש qui figure dans la Bible[2] comme nom d'homme. Un individu de ce nom a pu être fondateur de ce bourg et l'aura surnommé *Schorschon*[3], dénomination analogue au nom *Schomron* (Samarie), tiré de son fondateur שמר[4]. Les Grecs auraient changé plus tard la lettre ש en ס, et le nom *Schorschon* serait devenu *Straton*. M. Oppenheim pense corroborer cette opinion par un passage talmudique[5]. R. Abuhu applique le verset biblique[6] « Ekron sera déraciné, » à Césarée dont il prédit la destruction. Or, le mot שרש vaut le mot עקר « racine[7], » et R. Abuhu aurait fait un jeu de mots en rendant עקרון תעקר par שרשון תשרש, ce qui signifierait « Schorschon sera déraciné. » Quelque ingénieuse que soit cette explication, elle nous semble trop subtile, et nous aimons mieux celle de M. Renan, qui fait dériver le mot *Straton* du phénicien עבד עשתרת; la place aurait donc eu pour nom « bourg d'Abdastart[8]. »

---

tion de חומת מגדל שרשינה. Il n'y a donc aucun doute que שרשינה ne désigne la ville de Césarée; l'emploi de l'ancien nom de Césarée pourrait nous faire prendre ce passage talmudique comme une très-ancienne rédaction.

[1] *Antiquités*, XX, VIII, 7.
[2] I Paralipomènes, VII, 6.
[3] *Monathsschrift*, 1860, page 198.
[4] I Rois, XVI, 24.
[5] Talm. de Bab., traité *Meguillah*, fol. 6 *a*.
[6] Sophonie, II, 4.
[7] Le Targoum de Pseudo-Jonatham rend le mot לעקר (Lévitique, XXV, 47) par לשריש; cf. à ce mot, les lexiques de Gesenius et de M. Fürst.
[8] Le *a* aurait pu parfaitement être considéré comme prosthétique et disparaître dans la prononciation grecque. Straton est un nom

M. Oppenheim[1] croit reconnaître dans le mot בשדשרן qui se trouve dans l'inscription[2] phénicienne du sarcophage d'Eschmounézer, « la ville de Césarée ; » il prend le mot דאר, selon l'explication de M. A. Levi[3], pour la ville du Dor (Tantoura) et il traduit ce passage du texte : « Que les seigneurs des rois nous donnent Dor ainsi que la beauté des pays pleins du blé exquis de Schadscharon (*Stratonis turris*). » Les Talmuds[4] appellent les villes de Tyr et de Césarée « les pays de vie; » expression qui fait supposer à M. Oppenheim que la fertilité de Césarée aurait été proverbiale. Si, en effet, on pouvait suffisamment reconnaître dans le mot שדשרן la ville de Césarée, il vaudrait mieux, selon notre opinion, prendre le mot ויופי, comme M. Levi, pour la ville de Joppé, et traduire : « Que le seigneur des rois nous donne Dor et Joppé, pays du Dagon adoré[5] à Césarée. » Les Philistins suivaient le culte d'Astaroth ; pourquoi les Phéniciens n'auraient-ils pas adoré la divinité des Philistins, Dagon ? La déesse Ἀτεργατίς, à laquelle étaient dédiés les poissons, avait son temple dans la ville qui s'appelait *Astaroth Karnaïm*[6].

---

très-commun chez les Phéniciens. Cf. Josèphe, *Ant*. XIII, xiv, 3; Pape, *Wœrterbuch der griechischen Eigennamen*, p. 364.

[1] *Monathsschrift*, 1860, p. 1127.

[2] Inscription, lig. 19. M. Oppenheim lit par inadvertance בשרשרן. On ajoute souvent aux noms des villes un ד ou un ר. Ainsi, on appelle Damas דמשק et דרמשק ; תמר, תדמר (I Rois, ix, 18), et dans les Talmuds (T. de Bab., traité *Yebamoth*, fol. 16 *a*), תרמוד sous un seul et même nom de la ville de Palmyre.

[3] *Phœn. Studien*, i, 35.

[4] *Tal.* de Jér., *Kethouboth*, xii, 3.

[5] La racine אדר se trouve plusieurs fois dans cette même inscription avec le sens de « adorer. »

[6] Cf. Winer, *bibl. Realwœrterbuch* (3e éd.), a. v. Atargatis.

Si la leçon du Talmud de Babylone[1] est exacte, Césarée était appelée également מגדל שד ou שד, « tour forte, ou tour du prince. » Dans le dernier sens on l'appelle[2] aussi מגדל נשיא; c'est de là, croit-on, que provient le nom[3] de מרים מגדלא נשיא « Marie de Césarée. » Nous préférons la traduction « Marie de Magdala. » Marie, la mère de Jésus, est surnommée également *Marie Migdala Nassi*, dans les Talmuds[4], par confusion avec *Maria Magdalena*.

Un passage talmudique[5] dit : « Esaü (Edom) avait reçu cent provinces, depuis *Seïr* jusqu'à *Magdiel*, car il est écrit (Gen. xxxvi, 43) : le prince de Magdiel, le prince de Iram, et ce dernier nom signifie Rome. » M. Beer pense que sous le nom d'*Edom* on veut désigner les Romains (amis d'Hérode qui était d'origine iduméenne), et que *Magdiel* מגדיאל n'est autre chose qu'une paraphrase de *Migdal Nassi*, que nous avons déjà mentionné comme nom de Césarée. Le Midrasch veut faire entendre, selon ce savant, que la puissance de Rome est concentrée à Césarée (ou plutôt s'étend depuis

---

[1] *Meguillah*, 6 *a*; la *Meguillath Taanith*, chap. 3, porte מגדל צור. Nous aurons l'occasion de revenir sur ce nom dans la partie historique; il s'agit ici de l'institution d'un jour de commémoration de la prise d'une tour.

[2] Liturgie de Hanouka.

[3] Tal. de Bab., traité *Haguiga*, fol. 4 *b*. Les commentateurs expliquent ce nom par « Marie la coiffeuse. » On parle dans le même passage d'une autre Marie, dont la profession était « d'élever les enfants, » מרים מגדלא דרדקי. Cf. la note de M. Kirchheim dans l'ouvrage de M. Schwarz, *Das heilige Land*, page 92.

[4] Talm. de Bab., *Sabbath*, 104 *b* (dans les anciennes éditions). Les passages talmudiques concernant directement Jésus ne doivent être employés qu'avec une grande réserve.

[5] *Pirké* de R. Eliézer, chap. 38; cf. *Monasthsschrift* de M. le Dr Frankel, année 1860, p. 113.

Rome jusqu'à Césarée). M. Beer va plus loin encore, en voulant que le mot *Magdiel* s'emploie pour désigner « le César romain. » Le Midrasch[1] raconte : « Le jour ou Dioclétien fut nommé empereur, R. Ami aurait vu en songe « *un roi Magdiel*. R. Ami disait : « On cherche un autre César pour Edom. » Ce passage doit faire, selon M. Beer, allusion à Maximien Hercule qui partageait le pouvoir avec Dioclétien. Ces explications du Midrasch sont très-ingénieuses, il faut en convenir ; néanmoins elles n'ont pas assez de valeur pour être adoptées sans contestation.

III. דור Dor (aujourd'hui Tantoura); le mot ושיני qui précède, dans le Talmud de Jérusalem, appartient au mot שר et il faut lire מגדל שרשינא, comme dans les autres rédactions.

IV. חומת עכו le mur d'*Acco* (St-Jean d'Acre). La ville même n'appartenait pas, sous certains points de vue, à la Palestine.

V. קצרא דגלילא *Kaçra de Guélila* (localité douteuse); le mot *Kaçra de Çippori* se trouve souvent, dans les Talmuds, pour désigner une forteresse près de Sepphoris.

VI. כברתה est, selon M. Schwarz, le village *Habartha*, à l'ouest de *Schefar Amer*[2].

VII. בית וניתה; peut-être faudrait-il lire בית ויתא et l'identifier avec *Ain Zeitoun* (au nord de Safed).

VIII. קובעיא; peut-être el-Koubéa (au nord de Safed).

IX. מלתא דביר, la forteresse de Bir. On trouve un endroit appelé *Biria* (au nord de Safed). Selon la leçon

---

[1] *Bereschith* rabbah, ch. 83.
[2] *Das heilige Land*, p. 14 ; nous n'avons trouvé ce village ni dans l'ouvrage de Robinson, ni dans celui de Ritter.

du Siphré מציךעבתה on pourrait l'identifier avec *Mezarib* dans la Perée du nord, non loin d'Astaroth.

X. ברי רבתא, la grande Biria. Peut-être l'endroit précédent. On traduirait alors « la forteresse et la grande ville de Biria. » Le nom *Biri* est attribué à plusieurs lieux en Palestine. Il faudrait peut-être lire כריי comme dans le Siphré et le prendre pour le Kouriyeh de Moab (*Kirioth,* Jérémie XLIII, 24), où l'on trouve des ruines considérables[1], ce qui nous indiquerait une grande ville et justifierait le mot רבתא.

XI. תפנים est peut-être le Tell Doufneh (près de Banias).

XII. סנפתא; le Siphré porte ספנתה. C'est peut-être un endroit aux environs du lac Houleh, qui s'appelle סופני dans les Talmuds[2].

XIII. מחרתא דייתיר; la Tosiftha porte סחרתא *environs*, peut-être les *environs d'Iturea*, c'est-à-dire la partie de l'Iturée qui est du côté de la Palestine.

XIV. ממציא דאבהתא est peut-être *Memçi*, village au pied du *djebel Esh-sheikh*. La Tosiftha lit ici ממציא דגנתא. Ce serait alors *Memçi* de la province de *Ghouta*[3] (province où se trouve le djebel Esh-sheikh).

XV-XVI. ראש מי געתון וגעתון עצמה est expliqué ordinairement par la rivière Meguiddo (*el Moukatta*) et la ville de Meguiddo. Mais, outre que Meguiddo ne s'appelle nulle part געתון ou גיאתו (le מ n'en disparaît jamais), cette ville avec la rivière n'ont pu se trouver aux frontières

---

[1] M. de Raumer, *Palæstina* (4ᵉ éd.), page 251.
[2] Cf. ci-dessous, page 26.
[3] Le ג présenterait le *ghaïn* arabe. Le mot אבהתא pourrait rendre le mot arabe *sheïkh*.

de la Palestine. Il serait beaucoup plus raisonnable de prendre געתון comme *Gitta* ou *Gitton* (*Kefr Jit*) en Samarie, ville natale de Siméon le mage, que d'y voir Meguiddo. Quant à nous, nous croyons plutôt qu'il faut comprendre sous ces noms la province de *Ghouta*, en deçà du fleuve *Barada* qui est désigné ici par le mot מי.

XVII. מי ספר, expliqué ordinairement par la « côte de la mer. » Les provinces sur la côte sont considérées la plupart comme étant hors de la Palestine ; en outre, comment expliquer le mot מי ? Nous croyons voir ici le lac *Asphar*[1] au sud. Les autres endroits qui suivront, surtout dans la Tosiftha, nous font supposer qu'il s'agit ici de la frontière du sud.

XVIII. מרחשת *Maresa*; les Juifs possédaient cette ville sous Alexandre Jannée.

XIX. נחלה דאבצאל est sans doute identique avec קבצאל à la frontière d'Edom[2].

XX. עולשתא[3]. M. Brüll[4] prend cet endroit pour *Julias* (Beth-Saïda?) en Gaulanitide. Nous aimerions mieux l'identifier avec la localité Ὀυλάθα, que Josèphe[5] place entre la Galilée et la Trachonitide. Le lac Houleh se trouve dans le voisinage de cet endroit et dérive son nom de là.

XXI. מגדל חרוב est peut-être le village Χαράβη[6] dans la Galilée supérieure, endroit qui semble être identique

---

[1] Λάκκος Ἀσφάρ (I Macc., ix, 33 ; Josèphe, *Ant.* XIII, ı, 2). Cf. M. Herzfeld, *Geschichte des Volkes Israël* (2ᵉ éd.), tome I, p. 347.
[2] Josué, xv, 21.
[3] Ce nom se trouve seulement dans la Tosiftha.
[4] Cf. Ben-Hananya (*les Recherches talmudiques*), 1867, p. 177.
[5] *Guerre*, XV, x, 3.
[6] Reland, *Palæstina*, tome II, p. 704.

avec *tell Houreïbeh,* au-dessus du lac Houleh. On trouvera dans la partie topographique de ce livre une localité appelée כפר חרובא.

XXII. אולם רבתא. On trouve un endroit *Alemon*[1] dans la province de Galaad. Eusèbe[2] connaît un *Oulamma* à douze milles de Diocésarée vers l'est; on trouve encore un village *Alma* dans la Galilée supérieure[3], au nord de Safed. Il serait difficile de décider auquel des trois appartenait l'épithète « grand » רבתא.

XXIII. נוקבתא דעיון « le trou (vallée) d'Iyoun. » La ville d'*Iyoun* est mentionnée dans la Bible[4] comme située dans le voisinage de Dan. C'est sans doute le *ouady Ayoun*[5] de la Galilée supérieure.

XXIV. חוקרת est probablement identique avec יוקרת[6], ville natale de R. Yosé; peut-être est-ce l'*Oukkrith* moderne au nord-ouest de Safed[7].

XXV. כרכה רבה דבר סנגורא[8]. M. Schwarz[9] s'est empressé d'identifier ce nom étrange avec l'endroit dit *ouaddy Shagguir,* à l'est d'Acco, identification que nous ne pouvons nullement approuver. Sans doute, nous devons avoir recours aux noms actuels de villages, vallées, etc.; mais il ne faut pas abuser de cette méthode, ni employer sans hésitation pour de semblables rapprochements le premier nom venu qui a quelque

---

[1] I Macc., v. 26; ἐν Ἀλέμοις.
[2] Onomasticon, a. v. Ουλαμμοῦς
[3] Robinson, *Bibl. researches* (éd. Londres, 1856), t. III, p. 69.
[4] I Rois, xv, 20.
[5] Robinson, *Phys. geography*, p. 95.
[6] Talm. de Bab., *Taanith*, 24 a.
[7] Cf. la carte de M. Van de Velde.
[8] La leçon du Talm. de Jér. est mutilée par les copistes.
[9] *Das heilige Land*, p. 8, note.

ressemblance de prononciation avec les endroits indiqués dans les Talmuds. Le mot סנגוריא est le mot grec συνηγορία, *défense, protection*. En traduisant « cité de la protection, » on pourrait prendre cette ville pour celle de *Panéas* qui était consacrée au dieu protecteur *Pan* qu'on y adorait[1]. Josèphe[2] raconte que Hérode fit construire un temple à Panéas, en l'honneur de l'empereur Auguste. Il est évident par les textes qui suivent dans le Talmud de Jérusalem et dans la Tosiftha, qu'on parle ici des frontières du côté de Césarée de Philippe. Il est bien entendu que nous donnons notre opinion comme une simple hypothèse, car Césarée de Philippe est mentionnée dans les Talmuds sous les noms de *Kisrin* et de *Panéas*.

XXVI. תרנגולא עילאא דקסרין Tarnegola supérieure (ou au-dessus), près de Césarée. *Tarnegola* correspond au nom d'*Ornithonpolis*, mais cette dernière ville étant située, d'après Strabon[3], entre Tyr et Sidon, ne peut pas être notre *Tarnegola*. Serait-ce la ville de Γάβαρα, que Josèphe[4] cite comme ville fortifiée en Galilée? Le mot גבר signifie en effet « coq » comme *Tarnegola*, mais Gabara ne se trouve pas au-dessus de Césarée de Philippe. Peut-être y avait-il une autre ville d'Ornithonpolis près de Césarée.

XXVII. טרכנא דמתחם לבוצרה « la province Trackhonide qui se trouve près de Bosra. » Cette province appartint au tétrarque Philippe et plus tard à Hérode Agrippa.

---

[1] Philostorgius, *Historia*, livre VII, ch. 3.
[2] *Ant.*, XV, x, 3.
[3] Reland, *Palæstina*, tome II, p. 916.
[4] *Ant.*, XVIII, vi, 10.

Elle s'étendait vers le nord jusqu'à Damas et vers le sud jusqu'à Bostra[1].

XXVIII. מלח דורכאי. Nous lisons מלתא, *forteresse*, et on doit peut-être l'identifier avec le *Kalaat ez-Zerka*[2], à quatre heures de *Rabbath-Ammon*.

XXIX. נמרין est sans doute la même que *Beth Nimrah*[3], à quatre lieues du Jourdain.

XXX. בית סכל. Nous préférons ici la leçon du Siphré בית סוכת et nous l'identifions avec le *Soukkoth* de la Bible[7] dans le voisinage de *Penouël*.

XXXI. קנת est probablement la ville de *Canath* que saint Jérôme place dans la province de Trachonide, non loin de Bostra. Elle s'appelle aujourd'hui Kanawath. Ses ruines sont considérables et donnent l'idée d'une ville immense[4].

XXXII. רפיח דחגרה est selon toute apparence *Raphia*, à 22 milles romains de Gaza, entre cette ville et Rhinocolura (*el Arisch*). Lié au nom de רפיח, le mot חגרה n'a point de sens ; ce mot signifie « pierre » comme en arabe le mot *'hadjr*. Il faut lire comme dans le Siphré ורקם דחגרה. Ce nom désigne la ville de Petra dans Josèphe[5], Eusèbe[6] et Aboulféda[7]. La Tosiftha cependant porte les deux noms dans le manuscrit de Vienne[8].

---

[1] Eusèbe, *Onomasticon*, a. v. Ituraea.
[2] Robinson, *Phys. geography*, page 161.
[3] Josué, XIII, 27.
[4] Porter, *Five years in Damascus*, tome II, p. 875.
[5] *Ant.*, IV, XVII, 1 ; Αρεκέμη. La Tosiftha, manuscrit de Vienne, a également רקם דחגרא au lieu du mot ורכה de nos éditions.
[6] Onomasticon, s. v. Arcem.
[7] Tab. Syr., p. 11.
[8] Notre texte de la Tosiftha est d'après ce manuscrit. Nous devons la copie des passages de la Tosiftha, cités dans notre travail, à la bienveillance de M. le Dr G. Wolf, à Vienne.

XXXIII. « La grande route qui se dirige vers le désert ; » probablement la route vers Suez.

Les deux derniers endroits sont mal placés dans le Talmud de Jérusalem et se trouvent plus logiquement placés dans les autres rédactions ; toutefois nous avons conservé l'ordre du Talmud de Jérusalem, pour ne pas mettre de confusion dans l'esprit du lecteur.

XXXIV. חשבון Hesbon, aujourd'hui *Housban*.

XXXV. יבוק Yabbok, aujourd'hui le *ouady Zerka*.

XXXVI. נחלה דורד le fleuve Zered (*ouady Kerek*). Ces trois noms sont connus par la Bible et se trouvent de l'autre côté du Jourdain[1].

XXXVII. יגר שהדותא est la traduction chaldéenne de *Galed*[2] ; cet endroit s'appelle également *Miçpah*[3], ce que le Siphré, comme les *Targoummim*, rend par סכותה signifiant aussi la « vue. »

XXXVIII. רקם דגיעיא est la traduction de *Kadesh Barnea* dans le Targoum d'Onkélos[4].

XXXIX. גניא דאשקלון sont les environs ou les jardins d'Ascalon.

La Tosiftha a encore deux noms que n'ont pas les autres rédactions, savoir : מישא, qui peut être identifié avec le village *Maïs*, dans la Galilée supérieure. Les royaumes d'Ammon et de Moab (עמון ומואב) mentionnés dans la Tosiftha seule, sont nommés dans la Bible.

Avant de terminer ce chapitre des frontières, nous

---

[1] Nombres, xxi, 26.
[2] Genèse, xxxi, 46.
[3] *Ibidem*, 49.
[4] Nombres, xxiv, 4.

donnerons l'explication conjecturale de deux passages de la Tosiftha et du Talmud de Jérusalem, passages indiquant, le premier, les villes frontières soumises aux prescriptions de la dîme et des années de relâche ; le second, celles qui se trouvaient exemptes de ces obligations. Nous ferons observer que la distinction de ces villes s'étendait dans l'origine jusqu'aux villes de la Phénicie; c'est seulement plus tard, quand les païens commencèrent à s'établir dans la Galilée proprement dite, que des villes de cette province furent regardées comme étant hors de la Palestine. Nous croyons qu'on ne peut pas donner un autre sens aux paroles בראשונה et עכשיו[1] de R. Mana dans le passage talmudique en question. (*V. le tableau ci-contre.*)

I. שניץ?

II. בצת est peut-être *Bassa*[2].

III. פי מצבה peut être identifié avec *Maasoub*, près de Bassa.

IV. חנותא est *Hanaveih*[3]. Y a-t-il lieu de penser à la ville biblique חנתון[4]? Selon les Talmuds, il y avait deux Hanaveh, l'une supérieure, l'autre inférieure.

V. בית בדיא est peut-être *el Bedyeh* (au nord de Safed).

VI. ראש מיא pourrait rendre les mots arabes *Ras el-Aïn*[5].

---

[1] Nous nous sommes permis de déranger l'ordre de la Tosiftha, pour la citer conformément à la leçon du Talmud de Jérusalem. Nous voulions faire mieux ressortir les mots qui se correspondent dans ces deux passages.
[2] Robinson, *Bibl. researches*, tome III, p. 628.
[3] *Ibidem*, p. 59.
[4] Josué, XIX, 14.
[5] Robinson, *Bibl. researches*, tome III, p. 59

LIVRE PREMIER. LA PALESTINE 23

VII. אמון est peut-être *Hammon*[1], identique avec חמון « ville du Soleil, » mot qui dans la rédaction de la Tosiftha est remplacé par בית מזל « maison des planètes. »

VIII. מזי est peut-être le village *Meïs*[2].

Ici s'arrête la liste des villes de la classification primitive. Celles qui suivent furent classées plus tard, comme nous l'avons dit.

IX. סוסיתה désigne sans doute l'endroit *Hippos*[3].

X. עיינוש ?

XI. עין תרע ?

XII. עיון *Jyoun*[4].

XIII. ורםברין, ces deux mots indiquent peut-être deux villes, savoir : *Rama* et *Kefr Boureïm*. M. Renan[5] a visité dans cette dernière ville une ancienne synagogue et a donné l'explication d'une inscription hébraïque qu'on voit dans les restes d'une autre synagogue.

XIV. יעדוט est peut-être le village de *Jedeïdeh*[6].

XV. כפר חרוב, probablement identique avec מגדל חרוב.

XVI. ונוב; Tosiftha : ורנב ?

XVII. הספיה représente sans doute *Hasbeyah*.

XVIII. כפר צמח donne le nom moderne de *Kefr Samekh*. Mais il y a deux villages de ce nom.

XIX. נבוי; Tosiftha : נוי; peut-être *Noweh* (en Pérée).

---

[1] Josué, xix, 28, dans la tribu d'Ascher; ou I Paralipomènes, vii, 61, ville dans la tribu de Nephthali.
[2] M. Van de Velde, *Reise durch Syrien und Palæstina*, i, 129.
[3] Nous en parlerons dans notre partie topographique.
[4] Cf. ci-dessus, page 18.
[5] Cf. *Jour. asiatique*, 1864, p. 531.
[6] Robinson, *Bibl. researches*, tome III, p. 337.

XX. צר ville de la tribu de Nephthali[1].

XXI. ציור; peut-être doit-on lire ציד et y voir Beth-Saïda, l'ancien הנקב[2].

XXII. ויגרי חטם, יגרי טב?

XXIII. ורגב חורבתיה?

XXIV. כרכה דבר הורג, כרכה דבר חרב?

§ 4. — Mers et lacs.

Comme celle des villes frontières, la dénomination des mers offre quelques variantes. Selon notre opinion la leçon du Talmud de Jérusalem est la plus correcte. Nous allons donner toutefois les leçons des différentes rédactions, en suivant la méthode que nous avons adoptée pour les villes frontières. (*V. le tabl. ci-contre.*)

« Sept mers baignent la Palestine, savoir :
» 1° la Grande mer (mer Méditerranée) ;
» 2° la mer de Tibériade ;
» 3° la mer Samkho, Sabkho, Saphni ;
» 4° la mer Salée ou mer de Sodome ;
» 5° la mer Hultha, Hiltha ou mer d'Acco ;
» 6° la mer Scheliyath, Scheriath, Hilath ;
» 7° la mer d'Apaméa, Aspaméa, Paméas.
« Mais pourquoi ne compte-on pas la mer de Hameç ?
» parce que l'empereur Dioclétien l'a formée par la réu-

---

[1] Josué, XIX, 35.
[2] *Ibid.*, XIX, 33 ; Talm. de Jér., *Meguillah*, I, 1.

» nion de différents fleuves (ce n'est donc pas un lac
» naturel.) »

Les Talmuds ne disent rien de particulier de la mer Méditerranée ; elle y est appelée quelquefois « l'Océan. » Les Talmuds font mention des ports de Joppé, d'Acco et de Césarée qui se trouvent sur la mer Méditerranée.

Le lac de Tibériade s'appelle dans les *Targoummim* « mer de Ginussar[1], » probablement de l'endroit *Ginussar* (le Kinnéreth de la Bible) baigné par ce lac, comme son nom de Tibériade provient de la ville de Tibériade, construite sur ses bords. Ce lac était riche en poissons ; Josèphe raconte[2] qu'il contenait plusieurs espèces de poissons, qui différaient beaucoup de forme et de goût des espèces qu'on trouve dans les autres eaux. Selon les Talmuds[3] le goût des poissons variait dans les différentes mers de la Palestine. « Il y a une grande différence entre un poisson qui provient d'Acco et un poisson pêché près de Sidon ou d'Apaméa. » Nous apprenons par le Nouveau Testament que les habitants des côtes du lac de Tibériade étaient pour la plupart des pêcheurs. Le lac de Tibériade étant échu à la tribu de Nephthali, Josué, dit le Talmud[4], imposa à cette tribu l'obligation de laisser la pêche à l'hameçon libre pour tout le monde. Le bassin du lac de Tibériade était d'une fertilité extrême[5].

Le lac Samochonite (les eaux de Mérom dans la Bible,

---

[1] Targoum de Pseudo-Jonathan, *Nombres*, xxiv, 11 ; Targoum de Jonathan, *Josué*, xi, 2 ; I Maccabées, xi, 67, ὕδωρ Γεννησάρ. Josèphe, *Guerre*, III, x, 7, ἡ λίμνη Γαννεσάρ.
[2] *Ibidem*.
[3] *Bereschith* rabba, ch. 3.
[4] Tal. de Bab., *Baba Kama*, 80 *b*.
[5] Cf. ci-dessous, page 46.

sur les cartes modernes Bahr el-Houleh) est marécageux et plein de roseaux[1]; les noms[2] que les différentes rédactions des livres talmudiques lui donnent, signifient toujours « roseaux. »

La mer Salée est appelée aussi « mer de Sodome; » la désignation de « mer Morte » n'est pas employée dans les Talmuds. Les talmudistes ainsi que Tacite[3], saint Jérôme[4] et quelques voyageurs modernes[5] se sont occupés de l'action délétère des eaux de la mer Salée. Elle leur avait même fourni une locution fort pittoresque : Pour exprimer qu'on ne devait pas jouir d'un certain objet, ils disaient[6] : « Envoyez-en la jouissance à la mer Salée. » La pesanteur des eaux de la mer Morte avait aussi été remarquée par eux. R. Dini dit[7] : « Jamais un homme ne s'est noyé dans la mer Salée. » Josèphe[8], Tacite[9], ainsi que Pline[10] citent le même phénomène. Des voyageurs modernes[11] nient cependant le fait. Le sel qu'on tirait de la mer Morte fut employé pour le service du Temple, et on l'appelle dans le Talmud « le sel so-

---

[1] Robinson, *Phys. geogr.*, page 180.

[2] בסבך (Gen., XXII, 13); סומכותיה : traduction chaldéenne du mot פארתיו (Ezéch., XXXI, 5); סוף (Exod., II, 3). L'explication du nom de ce lac, soit par le mot araméen סומקא « rouge, » soit par le mot arabe *samak* « poisson, » n'est pas satisfaisante. Cf. Monatsschrift, de M. le Dr Frankel, 1860, p. 111.

[3] *Histoire*, V, 6.

[4] Comm. ad. Ezech., XLVII.

[5] Ritter, *Erdkunde*, tome XVI, p. 779.

[6] Talm. de Bab., *Pesahim*, 13 b, et dans d'autres passages.

[7] Ibid., *Sabbath*, 108 b.

[8] *Guerre*, IV, VIII, 4.

[9] *Histoire*, V, 6.

[10] *Histoire nat.*, V, 15; cf. aussi Aristote, *Météorologie*, livre II, ch. 3, § 39. (Trad. de M. J. Barthélemy Saint-Hilaire, p. 138.)

[11] M. L. A. Frankel, *Nach Jerusalem*, tome II, p. 458.

doméen. » D'après un passage talmudique[1], ce sel a dû aussi être servi sur les tables; « pourquoi, y est-il dit, se lave-t-on les mains après les repas? parce qu'il pourrait y rester attaché quelque parcelle de sel de Sodome, dangereux pour les yeux, et qu'on pourrait être tenté de les frotter et causer des accidents. »

La mer Hultha. Les opinions diffèrent au sujet de cette mer. Lightfoot prend ce mot dans le sens de «sable» et veut en faire le *lac Sirbonis* au sud de la Palestine[2]. Selon la rédaction du *Midrasch Yalkout*, le Talmud désignerait par la mer *Hultha* « la baie de St-Jean-d'Acre, » à l'embouchure du fleuve Belus. *Hultha* pourrait en effet être pris dans le sens de « sable » et la mer Hultha se traduirait par « mer sablonneuse. » Mais nous ne croyons pas que les Talmuds veuillent parler ici de parties de mer appartenant à la Méditerranée, qu'ils désignent par la « Grande mer. » Bochart[3] croit devoir lire אילת (Elath) pour *Hultha* ou *Hiltha* et pense à la mer Rouge. Mais il faut observer que les Talmuds étendent les limites de la Palestine vers la Syrie, et nullement du côté de l'Égypte ; de ce côté, c'est le torrent d'Égypte (*ouadi el-Arisch*) qui borne la Palestine selon toutes les rédactions des passages talmudiques. M. Schwarz prétend que le Talmud entend par la dénomination de la mer Hultha « le lac Phialé, » parce que, dit-il, les environs de ce lac s'appellent « *Ardh el-Houleh*. Pour nous, nous croyons que les Talmuds, pour arriver au nombre de sept[4], nombre de prédilection, prennent à la fois les deux noms du lac Merom, savoir : le lac *Samochonite*

---

[1] מלח סדומית מסמא את העינים; Talm. de Bab., *Holin*, 105 *b*.
[2] Cf. Reland, *Palæstina*, tome I, page 237.
[3] *Ibidem*.
[4] Cf. *Pirké* de R. Éliézer, chap. 18.

et le lac *Houleh*. Pour la même raison, ils énumèrent également le lac d'Apamée parmi les lacs de la Palestine. Et ce qui prouve combien cette classification est artificielle, c'est que les Talmuds, dans d'autres passages[1], nomment quatre mers seulement : le lac Samochonite, le lac de Tibériade, la mer Salée et la Méditerranée.

La Bible[2] semble mentionner la mer *Ya'azer;* ce dernier mot est rendu dans le Targoum (Pseudo-Jonathan) par Machærus[3]; mais les environs de Machærus sont un pays montagneux, où jamais un lac n'a pu se trouver. Les Talmuds voulant énumérer sept lacs en Palestine, auraient pu citer le lac de Ya'azer, au lieu de celui d'Apamée, s'il avait existé. Le mot « mer » (ים) dans le passage de Jérémie, est évidemment une faute des copistes, ce qui est prouvé par le passage d'Isaïe, où on ne lit que Ya'azer[4].

La mer *Schelyath*, *Scharyath* ou *Schilahath*, désigne probablement le lac Phialé (Birket-er-Râm); peut-être au lieu de שליית, faut-il lire פיילת[5].

La mer *Apaméa* ou *Aspamia* n'est autre que le lac

---

[1] Talm. de Jér., *Schekalim*, IV, 2; *Sabbath*, XIV, 3. Nous croyons que les mots מי משרה, dans le dernier passage, doivent être pris dans le sens de : les eaux de la plaine (de la plaine Houleh); c'est du moins le parallélisme qui demande cette traduction. Les commentateurs expliquent ces mots par « les eaux de lin, » c'est-à-dire les eaux où l'on fait rouir les tiges de la plante.

[2] ים יעזר, Jérémie, XLVIII, 32.

[3] *Nombres*, XXXII, 1, מכוור.

[4] Isaïe, XVI, 8; cf. Gesenius, *Comm. sur Isaïe*, t. I, p. 549; Winer, *Bibl. realwœrterbuch*, tome I, p. 529.

[5] Le mot שליה *secundæ*, *secundina*, rend à peu près la forme de φιάλα, peut-être même pourrait-on se dispenser de la correction proposée dans notre texte.

Takéh[1], qui se trouve dans le voisinage de l'ancienne ville d'*Apaméa*.

La mer Hamaç est probablement identique avec le lac *Hums*, nommé aussi le lac el–*Asy*, ou encore le lac *el–Kady*[2]. L'Oronte (el-Asy) forme ce lac près de la ville d'Emèse (aujourd'hui Hums).

Les Talmuds prétendent que l'empereur Dioclétien aurait établi ce lac en faisant dériver vers ce lieu plusieurs rivières; nous ne connaissons aucun auteur de l'antiquité qui ait dit que ce lac fût ainsi formé par l'empereur Dioclétien.

§ 4. — Fleuves et rivières, eaux thermales.

Les Talmuds énumèrent à la fin du passage où il est question des mers de la Palestine quatre fleuves de ce pays, savoir[3] : le Jourdain, le Yarmouk, le Kirmion et le Figah.

La source du Jourdain est, selon les Talmuds[4], dans une grotte à Panéas, ville appelée dans la Bible *Leschem* et plus tard *Dan*, selon les talmudistes. De leur côté, Pline[5], Tacite[6], ainsi que saint Jérôme[7], placent la source de ce fleuve à Panéas, et le dernier, qui admet comme les talmudistes que Panéas et Dan sont identiques, fait

---

[1] Robinson, *Phys. geography*, p. 321.
[2] *Ibidem*.
[3] ואלו הן ארבע נהרות ירדן וירמוך וקירמיון ופיגה.
[4] Talm. de Bab., *Bekhoroth*, 55 *a*.
[5] *Hist. nat.*, V, 15.
[6] *Histoire*, V, 6.
[7] *Onomasticon*, ad. voc. Dan.

dériver le nom de ce fleuve des mots יאר דן, « fleuve de Dan. » Le Talmud explique le nom du Jourdain par les mots ירד דן, « qui descend de Dan.» Cette grotte, d'où le Talmud fait sourdre le Jourdain, est mentionnée par Josèphe[1]. Cet historien dit que les eaux du lac Phialé passent par un canal jusqu'à Panéas, et y ressortent d'une grotte d'une profondeur immense. Nous savons aujourd'hui que le Jourdain est formé par la réunion de trois rivières nées des sources[2] *Hasbeny*, *Dan* et *Banias*.

On lit dans les Talmuds[3] : « Le Jourdain traverse le lac Samochonite, le lac de Tibériade, la mer Morte et se jette dans la mer *Méditerranée*. » Faut-il supposer que les Talmuds aient voulu dire que le Jourdain ou plutôt la mer Morte est en communication avec la mer Méditerranée? Cela résoudrait le problème posé par les uaturalistes[4], comment la mer Morte reçoit une masse considérable d'eau du Jourdain et cependant ne déborde jamais. On explique ce phénomène par la quantité d'eau qui disparaît tous les jours, grâce à l'évaporation naturelle.

Les Talmuds[5] continuent ainsi : « Le fleuve prend le nom de *Jarden* seulement au delà de Beth-Jéricho. »

---

[1] *Guerre*, III, x, 7.
[2] M. Karl von Raumer, *Palæstina*, 4ᵉ éd., p. 54.
[3] Talm. de Bab., *Bekhoroth*, 55 a.
[4] Cf. *Journal des savants*, 1838, p. 495 et pass.; Winer, *Bibl. realworterbuch* (3ᵉ édit.), p. 76 ; M. Wiesner, *Scholien zum bab. Talmud*, fasc. II, p. 206.
[5] Nous donnerons ici le passage talmudique complet concernant le Jourdain, et que nous avons traduit au fur et à mesure dans notre texte (Talm. de Bab., *Bekhoroth*, 55 a).

ירדן יוצא ממערת פמייס ומהלך בימא של סיבכי ובימא של טבריא ובימא של סדום והולך ונופל לים הגדול ואין ירדן אלא מבית יריחו ולמטה אמר רב חייא בר אבא אמר רב יונתן למה נקרא שמו ירדן שיורד מדן.

Le dernier mot est évidemment une faute des copistes et on doit lire à sa place *Beth-Jerah*, sur le lac de Tibériade. Jéricho est trop près de l'embouchure du Jourdain, et Jéricho ne s'appelle pas Beth-Jéricho; en second lieu le Talmud aurait dû dire « vers Beth-Jéricho[1] », puisque Jéricho est située à une certaine distance du Jourdain. Les Arabes aussi font varier la dénomination de ce fleuve : ils appellent *el-Ourdan* la partie qui coule en amont du lac de Tibériade, et *Esch-Scheriah* celle qui coule en aval.

Le Talmud[2] raconte comme chose merveilleuse que les eaux du Jourdain, en traversant le lac de Tibériade, ne se mêlent point à celles-ci. Une certaine plante dont on faisait usage pour composer l'encens du Temple, poussait probablement sur les rives du Jourdain, à en juger d'après le nom *Kipath hayyarden*[3] que le Talmud lui donne. Les Talmuds parlent des canots du Jourdain[4] : le courant est si rapide que ces barques ont dû servir non à descendre le fleuve, mais à établir une communication entre les deux rives.

Le Jarmouk (le Hieromax, aujourd'hui Scheriath-el-Mandhour) est presque aussi grand que le Jourdain[5] dans lequel il se jette au-dessous du lac de Tibériade. La Mischna[6] dit que les eaux du Jourdain et du Jarmouk ne peuvent être employées dans le Temple, parce que ces deux fleuves reçoivent des eaux impures.

---

[1] נגד בית ירידזו; cf. *Hacarmel*, journ. hébr., 4ᵉ année, p. 23.
[2] *Bereschith* rabbah, ch. 4.
[3] כפת הירדן; Talm. de Bab., *Kerithoth*, 5 a. Quelques commentateurs l'expliquent par « les excréments d'un poisson qui se trouve dans le Jourdain. » Cf. *Aroukh*, *ad vocem*.
[4] Talm. de Jér., *Sabbath*, iv, 2, עריבת הירדן, ou ספינת.
[5] Robinson, *Phys. geogr.*, p. 152.
[6] *Parah*, viii, 9.

Le *Karmion* serait, selon M. Schwarz[1], la rivière *Amana* de la Bible, appelée par les Grecs Χρυσορρόου (aujourd'hui el-Barada, près de Damas). Nous croyons plutôt qu'il faut lire dans le Talmud קדמיון (Kadmion) et l'identifier avec la rivière Kischon[2] (aujourd'hui Nahrel-Mokatta). On pourrait lire également dans le Talmud קרסיון et identifier la rivière ainsi appelée avec la rivière Χορσέου[3], mentionnée par Ptolomée, et qui nous semble être la même que le Kischon.

La rivière *Figah* est, selon M. Schwarz[4], un affluent de Barada descendant d'une source nommée el-Fidjeh; cette rivière serait le *Parpar* de la Bible, identification très-douteuse. Nous inclinons plutôt vers l'opinion de Reland[5], qui prend le Figa pour le *Pagida* (Belus) de Pline.

La Mischna[6] dit des rivières *Karmion* et *Figa* que, « leurs eaux étant troubles, elles ne peuvent pas servir pour les sacrifices. »

Les Talmuds[7] parlent d'une rivière *Ginaï* (גינאי). R. Pinhas-ben-Yaïr ne pouvant pas traverser un jour cette rivière, l'apostropha en lui disant : « Ginaï, Ginaï, pourquoi m'empêches-tu d'aller à l'école? »

Selon M. Schwarz[8], cette rivière serait identique avec *ouadi Djinin* près En-gannim Djenin). M. Schwarz omet de dire de quel En-gannim il veut parler, car on en compte deux : l'un dans la tribu de Juda et l'autre dans

---

[1] *Das heilige Land.* p. 31.
[2] נחל קדומים; *Juges,* v, 21.
[3] Reland, *Palæstina,* tome I, 457.
[4] *Das heilige Land,* page 31.
[5] *Palæstina,* tome I, p. 290.
[6] *Parah,* VIII, 9.
[7] Talm. de Jér., *Péah,* I, 3 ; Talm. de Bab., *Holin,* 7 a.
[8] *Das heilige Laud,* page 30.

celle d'Issachar[1]. M. Oppenheim place cette rivière près d'Ascalon, là où, selon lui se trouve actuellement le village de *Djenin*[2].

Les rivières *Yabbok* et *Zered* sont connues par la Bible et nous les avons mentionnées à propos des frontières[3].

Nous ne devons pas passer sous silence le fleuve *Sabbatique*. A ce sujet Pline[4] est d'accord avec le Midrasch. On dit dans le Midrasch[5] que les eaux de cette rivière coulent rapidement pendant six jours de la semaine et s'arrêtent le jour du sabbath. Josèphe[6], au contraire, prétend que les eaux du fleuve sabbatique coulent seulement le septième jour. Robinson[7] identifie ce cours d'eau avec le *Nahr-el-Arus* qui coule entre les villes d'Arka[8] et de Raphanéa. Les eaux de ce fleuve intermittent coulent maintenant tous les trois jours, ce qui n'empêche pas les musulmans de cette contrée d'affir-

---

[1] Josué, xv, 34; xix, 21.

[2] Cf. *Monathsschrift*, de M. le Dr Frankel, 1860, p. 197. M. Oppenheim ajoute que le mot גיאי que nous avons trouvé dans le chapitre des frontières (voy. ci-dessus, page 21), désigne également cette rivière. Selon son opinion, elle forme la frontière du côté d'Ascalon. On ne trouve mentionné nulle part un village Djenin près d'Ascalon; Robinson (*Phys. geogr.*, p. 218) dit que *En Gannim*, en Judée, est encore inconnu. Le village Djenin est identique avec l'endroit En Gannim, en Galilée.

[3] Cf. ci-dessus, p. 21.

[4] *Hist. nat.*, xxxi, 2.

[5] נהר סמבטיון; *Bereschith* rabba, ch. 2.

[6] *Guerre*, VII, v, 1.

[7] *Phys. geogr.*, p. 327.

[8] Cette ville est peut-être désignée sous le nom ערקת לבנה (Arka sur-Liban), dans le Talmud de Bab., *Bekhoroth*, 57 *b*.; *Bereschith rabbah*, ch. 37.

mer que les eaux du *Nahr-el-Arus* ne coulent que tous les septièmes jours, savoir : le vendredi.

Les Talmuds ne nous apprennent rien de particulier sur le torrent Kidron. Nous en parlerons dans la topographie de Jérusalem. Beaucoup d'endroits qui portent l'épithète עין « source » seront traités dans la partie topographique, car on ne veut pas désigner par cette expression des sources, mais des villages. Les Talmuds mentionnent aussi deux citernes, savoir : « la citerne à roue[1] » et « le puits d'Ahab[2]. » Ce dernier possédait comme la grotte de Panéas des eaux de sources. M. Schwarz[3] place le « puits d'Ahab » près de Beyrouth ; il y trouve un endroit que les Arabes nomment *En Ahab?* Mais tout cela est plus que douteux.

Parlons maintenant des sources thermales.

Les Talmuds[4] en mentionnent trois ; on y dit : « Trois sources sont restées après le déluge : celles de *Tibériade*, de *Gadara* et de *Biram*. » Les eaux thermales de Tibériade sont appelées dans les Talmuds « les eaux bouillantes[5], » « les eaux chaudes » (Hamé) « et les bains[6] » de Tibériade.

L'Ammaüs des Grecs vient du mot hébreu *Hama* (חמה) « être chaud, » et on emploie généralement cette dénomination pour tous les endroits où se trouvent des

---

[1] *Middoth*, v, בור הגולה.
[2] Mischna, *Parah*, viii, 11.
[3] *Das heilige Land*, p. 39.
[4] אמר רב יוחנן שלשה נשתיירו מהם בלועה דגדר וחמי טבריא ועיניה דבירם; Talm. de Bab., *Sanhédrin*, 108 a.
[5] מי דמוקדה; Midrasch *Koheleth*, x, 1.
[6] דימוסיי דטבריא; Talm. de Jér., *Péah*, viii, 9.

eaux thermales. Pline [1] ainsi que Josèphe [2] connaissaient les eaux thermales de Tibériade sous le nom d'Ammaüs, et les Talmuds [3] mentionnent un endroit appelé « Hamtha » près de Tibériade. On y trouve encore aujourd'hui deux établissements de bains chauds. Les eaux ont le goût salé et amer comme l'eau de mer chauffée ; il s'en dégage en même temps une odeur sulfureuse assez prononcée ; leur température s'élève à 49 degrés [4]. Les baigneurs s'y rendaient d'ordinaire vers la Pentecôte (mai et juin), et la saison durait vingt et un jours [5].

Les Talmuds mentionnent deux bassins à Tibériade, l'un contenant des eaux douces et l'autre des eaux salées[6].

Les eaux thermales de Gadara sont appelées dans les Talmuds « les eaux bouillantes » ou simplement les eaux de Gadar. Eusèbe [7], saint-Jérôme et d'autres écrivains de l'antiquité parlent des eaux thermales de Gadara ou Amatha ; les Talmuds [7] aussi mentionnent un endroit *Hamtha*, près de Gadara. Ces bains sont très-fréquentés encore de nos jours ; on les préfère aux eaux de Tibériade. Robinson[9] identifie Gadara avec *Oum keis* et parle de quatre sources ; les Arabes en comptent dix. La tem-

---

[1] *Hist. nat.*, v, 15.
[2] *Antiquités*, XVIII, 11, 3, et dans d'autres passages.
[3] Voy. art. *Tibériade*, dans la partie topographique.
[4] Talm. de Bab., *Sabbath*, 147 b. Aujourd'hui on fréquente ces eaux au mois de juillet ; Robinson, *Bibl. researches*, t. II, p. 383-385.
[5] Robinson, *Phys. geography*, p. 187.
[6] היו שם שתי אמבטיות אחת של מתוקין ואחת של מלוחין ; Talm. de Jér., *Sabbath*, III, 4 ; Antonin le martyr dans Reland, *Palæstina* t. II, p. 1039.
[7] *Onomasticon*, articles *Aemath Gadara*.
[8] Talm. de Jér., *Kiddouschin*, III, 14.
[9] *Phys. geogr.*, p. 159.

pérature des eaux varie entre 34 et 43° centigrades ; ces eaux dégagent également des vapeurs de soufre et elles déposent un résidu sulfureux jaune sur les pierres qui se trouvent à proximité.

La grande source de Biram se place, selon M. Schwarz[1], entre Damas et Bagdad. Quoi de plus invraisemblable ! Nous ne croyons pas que les Talmuds aillent chercher si loin la troisième source chaude, puisqu'ils ont connaissance de *Callirhoë*. Josèphe[2] parle d'un lieu situé dans la vallée autour de Machærus, nommé *Baaras*, où l'on voit, principalement pendant la nuit, surgir une espèce de flamme. Eusèbe et saint Jérôme appellent cette localité *Baris* ou *Baru*[3]. A cette place se produisait probablement une sorte d'éruption volcanique, car dans le voisinage se trouvent les sources de Callirhoë. Il faut peut-être lire dans le passage talmudique ברים au lieu de בירם et entendre par là la place Baris.

Nous serions incliné à croire que le Talmud désigne cette vallée, où l'on observe le phénomène des flammes dans la nuit, par « vallée de Hinnom, » et la place Baris par « porte de Géhénne. » Voici ce que le Talmud[4] dit à propos de la discussion au sujet des variétés de palmiers qu'on peut employer pour la cérémonie de la fête des Cabanes. « Il y a deux palmiers dans la vallée de Hinnom[5], entre lesquels sort une forte fumée. « La mischna

---

[1] *Das heilige Land*, page 275.
[2] *Guerre*, VIII, vi, 3.
[3] *Onomasticon*. art. *Beelmeon*, Cariathaïm.
[4] Talm. de Bab. *Soukka*, 32 *b*,.
[5] L'expression « vallée de Hinnom » est employée dans le dernier siècle avant Jésus comme symbole de l'enfer (terre d'une nature volcanique), par allusion au feu de Moloch qu'on allumait dans la vallée de Hinnom, au sud de Jérusalem. Cf. Winer, *Bibl. Reqlwœrterbuch*, 3° éd., t. I, p. 492.

dit de ces palmiers : « Les palmiers des *montagnes de fer* peuvent servir pour la fête des Cabanes. » A cet endroit (où la fumée s'éléve) se trouve la porte de Géhénne. » Josèphe[1] suppose en effet que les montagnes de fer s'étendent depuis le lac de Tibériade jusqu'au pays de Moab. *Baaras* ou *Baris* se trouverait alors dans ces montagnes et peut parfaitement être l'endroit que le Talmud désigne par « la porte de Géhénne. » Or, cette dernière dénomination signifie dans le Talmud « le feu souterrain [2]. »

Les eaux thermales de Baris ou Callirhoë furent visitées par Hérode Ier pendant sa maladie. Ces eaux, dit Josèphe, avaient une vertu thérapeutique, on les administrait aussi comme boisson. Les voyageurs modernes[3] ont remarqué à Callirhoë quatre grandes sources et beaucoup de petites. Les eaux dégagent des vapeurs de soufre, sans avoir le goût sulfureux ; leur température atteint comme celles des eaux du Tibériade 49° cent. Le sol est couvert aux alentours de roseaux, d'épines et de palmiers sauvages. C'est de ces palmiers que s'occupe le Talmud dans la discussion rapportée plus haut[4].

Le Midrasch[5] mentionne également les trois sources qui sont restées ouvertes après le déluge. Il les nomme : « les sources de Tibériade, d'Ablonim et de la grotte de Panéas. » Les deux derniers endroits ne sont mentionnés nulle part comme possédant des eaux thermales. Dans

[1] *Guerre*, IV, vii, 2. Cf. ci-dessous, p. 40.
[2] Tal. de Bab., *Sabbath*, 39 a ; cf. M. Wiesner, *Scholien zun bab. Talmud*, fasc. II, p. 217.
[3] Robinson, *Phys. geogr.*, p. 163-164.
[4] Cf. ci-dessus, p. 36.
[5] *Bereschith* rabbah, ch. 33.

un autre passage talmudique[1] on parle de quatre sources thermales. « Il est permis de se baigner le jour de sabbath dans les eaux de *Gadar*[2], de *Hamthan*, de *Assya* et de *Tibériade.* » Hamthan est un des nombreux *Hamath ;* M. Wiesner[3] l'identifie avec *Emmaüs* dans la Judée. *Assya* signifie, d'après le même savant[4], « l'Asie mineure ; » des eaux thermales célèbres se trouvent en effet à Hiérapolis de Phrygie. Cela est inadmissible. Le mot Assya, quand il signifie dans le Talmud l'Asie, s'écrit ordinairement avec א. Nous croirions trouver plutôt sous le nom עסיא la ville d'*Essa* qui, selon toute probabilité, se trouvait à l'est du lac de Tibériade et avait sans doute des eaux thermales[5].

§ 6. — Montagnes et plaines.

On parle à peine des montagnes de la Palestine dans les Talmuds ; nous ne pouvons pas, par conséquent, donner un système de montagnes de la Palestine selon les Talmuds. Nous avons déjà parlé du mont Amanus[6] que les Talmuds placent à la frontière nord de la Terre d'Israël.

On dit du Liban qu'il répandait une bonne odeur (par ses arbres). « Aux temps messianiques, dit le Talmud, les jeunes gens d'Israël répandront un parfum comme le

---

[1] Talm. de Bab., רוחצין במי גרר במי חמתן במי עסיא ובמי טבריא. *Sabbath*, 109 *a.*

[2] Il faut lire גרר au lieu de גדר.

[3] *Scholien zum bab. Talmud*, fasc. II, p. 206.

[4] *Ibid.*, p. 207.

[5] Reland, *Palæstina*, t. II, p. 776.

[6] Cf. ci-dessus, p. 7.

Liban[1]. » Son extrémité sud entre *Kezib* (*Zib*) et Tyr est connu dans le Talmud sous le nom de « échelle de Tyr. » L'échelle de Tyr, proprement dite, est le cap Blanc (râs el-Abyad). Mais il est probable que les talmudistes ont ici en vue le cap *Nakourah* qui fait partie du même massif de montagnes, et qui s'offre bien du côté de la Palestine comme l'extrémité du Liban [2].

Les montagnes de la Galilée sont à peine mentionnées dans le Talmud. Le passage du Midrasch[3] où l'on dit que « le Carmel vient d'Aspamia et le Tabor de Beth Elim, pour entendre la parole de Dieu, » doit se prendre dans le sens parabolique et ne mérite, par conséquent, aucune attention à notre point de vue. L'étendue du Tabor est, selon les Talmuds, de quatre parsa [4].

Le nom « montagne de neige » représente dans les Talmuds probablement le *Grand Hermon*. « Les femmes Amonites et les Moabites avaient construit des boutiques de parfums, depuis Beth-Hayeschimoth jusqu'au mont de neige pour initier les Israélites aux raffinements du luxe[5]. » Les Targoums rendent également Hermon par טור תלגא et les géographes arabes surnomment une partie de l'Antiliban *Djebel eth-Theldj*. La cime du Hermon est, en effet, couverte de neige toute l'année. Selon saint Jérôme, les Tyriens pour faire leurs raffraîchissements en été, cherchaient la neige au mont Hermon [6].

---

[1] Tal. de Bab., *Berakhoth*, 43 *b*.

[2] סולמא של צור; Tal. de Jér. *Abodah Zarah*, I, 9. Κλίμαξ τυρίων chez Josèphe, *Guerre*, II, x, 2.

[3] *Bereschith* rabbah, ch. 49.

[4] Tal. de Bab., *Baba bathra*, 73 *b;* la leçon du même Talmud, *Zebahim*, 113 *b*, est ארבעין « quarante. »

[5] Siphré, sect. *Balak* (éd. Friedmann, p. 476).

[6] Cf. Winer, *Bibl. realwœrterbuch*, t. I, p. 481.

On donne dans les Talmuds les noms des montagnes de Machærus et de Gadar en Perée. « R. Eléazar[1] raconte que son père avait dans les monts de Machærus des chèvres qui se sont engraissées par l'odeur de l'encens préparé au Temple; » idée par trop fantaisiste et qui dépasse les bornes permises à l'hyperbole. On trouvera plus d'une fois dans le courant de ce travail de ces idées bizarres. Les monts de Fer se trouvent, selon Josèphe, à la frontière nord-est de la mer Morte[2]. Nous avons déjà rapporté[3] ce que le Talmud dit de ces montagnes; nous ajouterons seulement que le Targoum du pseudo-Jonathan[4] rend le mot *Cin* par « monts de Fer. » Le désert *Cin* serait alors le désert qui s'étend du côté des monts de Fer. Ces monts se ramifiaient, d'après les indications de Josèphe, jusqu'au pays de Moab. La tradition confirmerait alors l'opinion de Levinsohn[5], lequel prétend que tous les endroits du campement des Israélites jusqu'aux champs de Moab sont compris dans le désert de *Cin*. Ce désert toucherait donc aux monts de Fer. Le même Targoum rend par inadvertance l'endroit *Cinna*[6], qui doit se trouver nécessairement tout à fait au sud, par « *Ciné* des monts de Fer. »

Les montagnes de la Judée sont appelées dans les

---

[1] *Thamid*, III, 30; on les appelle dans le Tal. de Bab., *Yoma*, 39 *a*, où l'on raconte le même fait, הרי מנמר au lieu de מבוור. Il y a évidemment une faute des copistes.

[2] *Guerre*, IV, VIII, 2. τὸ Σιδηροῦν καλούμενον ὄρος,

[3] Cf. ci-dessus, p. 36.

[4] Nombres, XXXIV. 3; מדברא דציני טור פרזלא.

[5] *Ereç. kedoumim*, t. II, p. 159.

[6] Nombres, XXIIII, 4. Le mot צנה, dans le langage de la Mischna, signfiie « palmier » (Mischna, *Soukka*, III, 1). צנה signifierait alors « la ville des palmiers du mont de Fer, » comme Jéricho porte le nom תמר ou עיר התמרים.

Talmuds « le mont Royal[1]. » Il n'est pas probable qu'on ait compris sous cette dénomination tout le massif des montagnes de la Judée. Les montagnes qui longent la côte forment plutôt un vaste plateau qui, dans la conception des Talmudistes, se confondait avec la plaine de la Judée. Le mont Royal comprend probablement la chaîne de la Judée, connue dans la Bible sous le nom « les montagnes d'Ephraïm[2] » qui prennent leur commencement dans la plaine de Yezréel et s'étendent presque jusqu'à Jérusalem.

Les Talmuds supposent une étendue énorme au mont Royal. R. Yohanan[3] dit : « Le roi Jannée avait soixante myriades de villes sur le mont Royal ; chaque ville contenait, d'après un autre docteur, autant d'âmes que le nombre des Israélites sortis de l'Egypte. » Encore une exagération que du reste le Talmud relève lui-même : « Moi, dit *Oula* en manière d'épigramme, j'ai vu cet endroit et je n'y ai pas vu de place pour soixante myriades de roseaux. »

La majeure partie des pigeons sacrifiés au Temple de Jérusalem provenait du mont Royal[4]. La plus grande quantité des légumes qu'on vendait à Césarée était apportée du mont Royal[5]. Le Talmud[6] dit encore : « Si

---

[1] הר המלך; Mischna, *Schebiith*, ix, 2.
[2] Josué, xvii, 15 ; Juges, vii, 24. Les rois hasmonéens y avaient construit les forteresses Hyrcania et Alexandrium (Josèphe, *Antiquités*, XIII, xvi, 3). De là aussi provient probablement le nom « mont Royal. » Cf. M. Graetz, *Geschichte der Juden*, 2ᵉ éd., t. II, p. 127.
[3] Tal. de Bab., *Guittin*, 57 a.
[4] Tal. de Bab., *Menahoth*, 87 a.
[5] Tal. de Jér., *Schebiith*, vi, 2.
[6] Tal. de Bab., *Baba Kama*, 98 a. On doit peut-être prendre le הר המלך dans ce passage pour la ville טור מלכא (Tal. de Bab., *Guittin*, 55 b)

quelqu'un a de l'argent à Castra ou sur le mont Royal, ou si une bourse est tombée dans la grande mer, cet argent est considéré comme n'existant plus pour son propriétaire. » C'est évidemment une allusion à l'immense étendue de ce mont Royal.

Outre les montagnes ci-dessus mentionnées, les Talmuds[1] parlent du mont des *Oliviers*, de *Sartaba*, de *Guérufnia*, du *Hauran* et de *Beth-Balthin*, hauteurs où l'on allumait des feux pour annoncer la fête de la nouvelle lune[2]. Nous parlerons du premier dans l'article qui traitera de Jérusalem selon les Talmuds.

Le Sartaba n'est autre que le *Kourn-Sourtabah*, près de Naplouse. Guérufnia représente peut-être une pointe du mont Gilboa à l'ouest, appelé aujourd'hui *Arabonneh*.

---

[1] Mischna, *Rosch haschana*, II, 3. ומניין היו משיאין משואות מהר המשחה לסרטבא ומסרטבא לגריפנה ומגריפנא לחוורן ומחוורן לבית בלתן; Tosiftha, même traité, ch. 1; Tal. de Bab., même traité, 23 b. Dans la dernière version, on lit les mots אף חרים וכייר וגדר וחברותיה; M. Schwarz, *Das heilige Land*, p. 55, s'efforce de trouver une montagne correspondante au nom de חרים. Cependant, ce passage est simplement défiguré par un copiste. Il faut lire, comme dans la Tosiftha : אף הרי מכוור וגדר « les montagnes de Machaerus et de Gadara. Cf. *Monathsschrift*, de M. Frankel, 1853, p. 106.

[2] Avant la composition du calendrier astronomique, les Juifs n'avaient d'autre méthode pour fixer le renouvellement du mois que le témoignage de ceux qui avaient vu la nouvelle lune. Les Samaritains et les Karaïtes ont encore recours aujourd'hui à cette méthode primitive. Les témoins étaient reçus à Jérusalem dans une grande cour, appelée *Beth Yaazek* (Mischna, *Rosch haschana*, II, 4), par le Sanhédrin qui, sur cette base, fixait la date des mois et celle des jours de fête. On annonçait le renouvellement du mois aux provinces au moyen de feux allumés sur les montagnes. Plus tard, les Samaritains, par esprit de haine, allumèrent des feux semblables, qui causèrent des erreurs. On supprima les feux, et on dépêcha des courriers dans les centres principaux pour annoncer la fixation de la néomenie.

Havran est le Hauran en Perée, et Beth-Belthin s'explique dans le Talmud[1] par *Biram*.

De cette montagne, ajoute le Talmud[2], les arbres de la Babylonie apparaissent comme des buissons. Il est difficile de comprendre comment on aurait pu voir jusqu'à l'Euphrate, où doit se trouver le mont Biram, le feu allumé sur le Hauran. M. le docteur Frankel[3] propose de lire dans la Mischna « de Hauran à Havran, de Havran à Beth-Balthin, » et croit que le second Hauran signifie le ouadi Hauran qui aboutit près du mont *Laha*, dans le désert d'Arabie. Quant à nous, nous croyons que le rédacteur de la Mischna a simplement négligé les différentes stations entre le Hauran et le Beth-Balthin, qui est apparemment la dernière station en Babylonie.

Les endroits que le Talmud désigne sous le nom de « mont de *Modim* » et « mont de *Ceboim* » sont plutôt des villes. Nous y reviendrons dans la partie topographique. Le Midrasch[4] dit : « Le mont *Ga'asch* ne se trouve mentionné nulle part dans la Bible. » Mais cela n'est pas exact. Reland fait déjà observer que le mont Ga'asch est donné comme situé au nord de Timnath-Serah. D'un autre côté, la vallée de Ga'asch est également mentionnée deux fois dans la Bible[5]. Il faut prendre ce passage du Midrasch, comme tant d'autres, dans un sens légendaire qui ne profite en rien pour la géographie.

En général, il faut remarquer que les docteurs de

---

[1] D'après un passage du Tal. de Bab., *Kiddouschin*, 72 *a*. Nous ne parlerons pas ici de l'identification de cet endroit puisqu'il se trouve hors de la Palestine.

[2] Tal. de Jér., *Rosch haschanah*, II, 3.

[3] *Monatsschrift*, 1857, p. 142, note 4.

[4] Midrasch *Samuel*, ch. 23.

[5] *Juges*, II, 9 ; II *Samuel*, XXIII, 30.

Talmud ne reculent devant aucune contradiction, même évidente, dans leurs explications agadiques; ils sacrifient très-volontiers le sens propre d'un passage biblique pour faire mieux ressortir la légende qu'ils ont en vue.

Le mont Çalmon, situé d'après la Bible en Samarie, est mentionné dans le Talmud à propos d'un torrent descendant de cette montagne[1]; on dit de ce torrent qu'il se dessécha dans le temps d'une guerre, et c'est pourquoi ses eaux ne doivent pas être employées au Temple.

Il nous reste à parler du mont Çouk (le fameux Azazel de la Bible), où l'on conduisait le bouc émissaire pour le jeter dans un précipice. L'animal était brisé et réduit en pièces avant d'atteindre le milieu de cette pente escarpée[2].

Nous croyons avec M. Wiesner[3] que le Çouk est identique avec le mont *Quarantania* où Jésus fut tenté par le démon. Azazel est, en effet, renommé comme chef des démons[4]; il est possible qu'à l'époque de Jésus ou même précédemment, ce mont ait eu, à cause de son accès difficile, la réputation d'être hanté par les démons. Le mont Quarantania (*Djebel Kuruntul*) se trouve, d'après les voyageurs modernes, près de Jéricho; il est très-rocheux, et son ascension présente de grands dangers[5].

La distance indiquée du mont Çouk à Jérusalem s'ac-

---

[1] יורדת צלמן; Tosiftha, *Parah*, ch. 9.
[2] צוק; Mischna, *Yoma*, vi, 5.
[3] Ben Hananyah (la partie talmudique), 1866, col. 74.
[4] Cf. le livre *Henoch* viii, 1; Origen. cels, VI, p. 305 (éd. Spencer); Winer, *Bibl. realwœrterbuch*, a. v. Vesœhnungstag.
[5] Robinson, *Phys. geogr.*, p. 45. Le mot צוק signifie des endroits très-escarpés; cf. Mischna, *Baba Mecia.*, vi, 13.

corde parfaitement avec la situation du mont Quarantania. La Mischna dit que Çouk était à 90 stades (*Ris*, 12 milles romains) de la capitale de la Palestine.

Il n'est pas improbable que la station *Beth Hidoud*[1], fixée par la Mischna à trois milles de Jérusalem et située entre cette ville et le mont Çouk, soit identique avec le *ouadi-el-Hodh*, près du village el-Azirieh[2]. On pourrait trouver quelque identité entre le Aïn-Douk[3] au pied du mont Quarantania et le Çouk de la Mischna.

§ 7. — Plaines.

Le Talmud vante beaucoup la fertilité de la plaine de Genezareth (Guinusar). Les mots bibliques « la bénédiction de Dieu » se rapportent à cette plaine[4]. Les fruits y sont d'un goût exquis. « Pourquoi n'y a-t-il pas des fruits de Guinusar à Jérusalem? demande un docteur dans le Talmud[5]; parce qu'on nous reprocherait d'aller passer les fêtes à Jérusalem uniquement pour jouir de ses fruits (et non pour le service divin). » Josèphe[6] se prononce dans le même sens sur cette plaine; nous citerons ses propres paroles :

---

[1] Mischna, *Yoma*, VI, 6 בית חדודו. Dans la rédaction de la Mischna, conservée dans le Talmud de Jérusalem, on lit בית חורון au lieu de בית חדודו, ce qui est évidemment une faute des copistes.
[2] Cf. la carte de M. Van. de Velde.
[3] Robinson, *Phys. geogr.*, p. 232.
[4] *Siphré*, à la fin, éd. Friedmam, p. 14.
[5] Talm. de Bab., *Pesahim*, 8 *b*.
[6] *Guerre*, III, x, 8.

« La nature de la plaine de Genezareth est aussi mer-
» veilleuse que sa beauté ; le sol en est tellement fertile
» que toutes sortes d'arbres y peuvent prospérer ; aussi
» les habitants y cultivent-ils toutes espèces d'arbres,
» car la nature de l'air est si bien composée qu'il con-
» vient très-bien à ces diverses espèces, principalement
» aux noyers, qui demandent l'air le plus frais et qui
» prospèrent là en grande quantité. On y voit aussi des
» palmiers, qui réussissent le mieux dans un milieu
» chaud ; le figuier et l'olivier viennent à côté, et cepen-
» dant ces arbres demandent un air plus tempéré. On
» pourrait appeler ce lieu « l'ambition de la nature ; »
» elle y force les plantes qui sont naturellement enne-
» mies à s'accorder entre elles. C'est un heureux résumé
» des saisons, comme si chacune d'elles avait des pré-
» tentions sur cette contrée ; car non-seulement elle
» produit des fruits de l'automne au delà de ce qu'on en
» attend, mais encore elle les conserve pendant long-
» temps ; elle fournit aux hommes les principaux fruits,
» et constamment pendant dix mois de l'année, du rai-
» sin et des figues, et les autres fruits durant toute l'an-
» née, à mesure qu'ils mûrissent ; car, outre l'excellente
» température de l'air, le pays est aussi arrosé par une
» très-bonne source. »

Les voyageurs modernes [1] confirment les données du Talmud et de Josèphe et parlent de cette plaine avec un grand enthousiasme. Les Talmuds, dans la division de la Galilée en pays montagneux, pays de plaine et pays de vallée, la considèrent comme pays de vallée.

La plaine de Darom est la plaine de la Judée en général ; elle s'étend de Lod jusqu'au sud, où elle se con-

---

[1] M. Renan, *Vie de Jésus*, p. 144.

fond avec la *Schefêlah* de la Bible[1]. Nous parlerons de la situation physique de ces deux dernières plaines quand nous arriverons à la division physique des provinces de la Palestine.

La plaine de Sharon. Le mot *Sharon*, qui signifie lui-même « plaine, » est employé pour désigner trois différents territoires, savoir :

1° La plaine au delà du Jourdain, habitée par la tribu de Gad[2].

2° Le pays compris entre le mont Thabor et le lac de Tibériade, d'après Eusèbe et saint Jérôme[3].

3° La grande plaine sur la côte de la mer Méditerranée, qui s'étend depuis Lydda jusqu'au mont Carmel, d'après saint Jérôme[4].

La beauté de cette plaine superbe, couverte de champs fertiles et de prés fleuris, a déjà été célébrée par la Bible qui n'en parle qu'en termes magnifiques et qui réunit dans le même sentiment d'admiration et la plaine et le mont Carmel[5]. Quand le Cantique des Cantiques[6] veut peindre l'état éblouissant de la jeune épouse, il ne trouve pas de meilleure comparaison que celle des fleurs de Sharon. Pour donner une image saisissante de l'immense désolation de la patrie en ruine, le prophète met sous nos yeux la plaine de Sharon changée en un désert. « Le pays est en pleurs et languit; le Liban est confus

---

[1] Josué, xi, 16.

[2] I, *Chroniques*, v, 16.

[3] *Onomasticon*, a. v. *Saron* : Usque in præsentem diem regio inter montem Tabor et stagnam tiberiadis Saronas appellatur.

[4] Reland, *Palæstina*, t. I, p. 180, 370.

[5] Isaïe, xxix, 2.

[6] Cant. des Cantiques, ii, 1.

et coupé; Sharon est devenu comme une lande, et Basan et Carmel sont vides[1]. »

Le prophète veut-il, au contraire, parler de la restauration du pays, il se sert[2] des mots : « Sharon redeviendra un pâturage pour les brebis. » Saint Jérôme[3] dit que le pays entre Lydda, Joppé et Jamnia, est bon pour le pâturage. Les Talmuds[4] prétendent que les veaux pour les sacrifices provenaient, pour la plupart, de la plaine de Sharon. Aujourd'hui encore on trouve au sud de Césarée, dans la plaine de Sharon, de plantureux pacages couverts de trèfle et de fleurs de différentes espèces[5]. On cultivait aussi la vigne dans ce pays ; les Talmuds disent qu'on prenait le vin de Sharon mêlé d'un tiers d'eau[6]. On le conservait dans des vases d'une espèce particulière.

La Mischna[7] parle des cruches de Sharon dont dix sur cent, dit-elle, étaient mauvaises. Ces cruches étaient faites d'une espèce de terre argileuse d'une qualité inférieure probablement. Le pays fournit, comme toutes les vastes plaines, peu de pierres de construction; les briques dont on se servait pour bâtir les maisons devaient donc être faites avec la même argile inférieure. Elles ne résistaient pas suffisamment aux intempéries des saisons, aux vents des côtes exposées à la mer, ni aux longues pluies de l'hiver. Les reconstructions étaient un fait général[8] et très-connu ; aussi les habitants ne jouissaient

---

[1] Isaïe, XXXIII, 9.
[2] *Ibid.*, LXV, 10.
[3] *Commentaires sur Isaïe*, ch. 33 et 65.
[4] Tal. de Bab., *Menahoth*, 87 a.
[5] Monro, *A summer ramble in Syria*, t. I, p. 75.
[6] Tal. de Bab., *Sabbath*, 70 a.
[7] *Baba bathra*, VI, 2.
[8] Tal. de Jér. *Sotah*, VIII, 7; Tal. de Bab., *même traité*, 43 a et 44 a.

ils pas, en cas de guerre, du privilége établi par la législation mosaïque[1] : « Qui est-ce qui a bâti une maison neuve et ne l'a point dédiée? qu'il s'en aille et qu'il retourne dans sa maison, de peur qu'il ne meure dans la bataille et qu'un autre ne la dédie. »

Le jour de *Kippour*, dans sa prière pour le peuple, le grand-prêtre ajoutait un paragraphe spécial pour les habitants de Sharon et disait[2] : « Dieu veuille que les habitants de Sharon ne soient pas ensevelis dans leurs maisons. » Le Talmud[3] rapporte une prière semblable faite pour les Juifs de Babylonie demeurant dans les contrées où les maisons sont également menacées de ruine par la pluie.

M. Graetz[4] veut que la prière mentionnée se rapporte aux habitants de Sarona, pays entre le mont Thabor et le lac de Tibériade, parce que, dit-il, on y était souvent exposé aux tremblements de terre. Nous croyons comprendre que les Talmuds parlent des écroulements qui arrivaient *régulièrement* (deux fois en sept ans), et non des accidents. La reconstruction de maisons détruites accidentellement aurait certainement exempté leurs propriétaires du service militaire.

La dénomination *Sharon*, appliquée au pays entre le mont Thabor et le lac de Tibériade, ne se trouve qu'une fois dans Eusèbe ; si les Talmuds avaient voulu désigner ce pays par le mot *Sharon*, ils auraient dû dire « Saron en Galilée, » la plaine de Saron en Judée étant tellement connue[5] qu'une distinction aurait été indispensable.

---

[1] Deutéronome, xx, 5.
[2] Tal. de Jér., *Sotah*, viii, 7 ; *Yoma*, v. 3.
[3] Tal. de Bab., *Taanith*, 22 *b*. Cf. aussi M. Wiesner, *Scholien*, etc., fasc. II, p. 162.
[4] *Geschichte der Juden*, 2ᵉ éd., t. III, p. 182.
[5] Le ה déterminatif de השרון, dans les passages talmudiques

Outre les plaines mentionnées, les Talmuds citent les noms de plusieurs autres, parmi lesquelles nous nommons la plaine d'Yizréel (Merdj Ibn Amer) et celle de פסלן situées dans le pays de la tribu d'Issachar. Elles sont séparées l'une de l'autre par une montagne, d'après le Midrasch[1]. Peut-être faudrait-il lire, au lieu de פסלן, le mot כסלן et entendre par là la ville de Kesouloth[2]; la petite plaine où se trouve cette ville est séparée, sur une certaine longueur, par le mont dit de *Précipitation*, de celle d'Yizréel. Il n'est pas permis de prendre les paroles de ce Midrasch au figuré, puisqu'il donne les noms des deux plaines et la situation exacte de celle d'Yizréel. La plaine de *Beth-Havrathan*[3] est peut-être la grande plaine de Hauran, appelée aujourd'hui *en-Noukrah*. Nous parlerons de la plaine de *Yadaïm* ou *Beth Rimmon* dans l'article *Bettar*. Les autres plaines que donnent les Talmuds sont empruntées aux villes dans le voisinage desquelles elles se trouvent. Nous les mentionnerons dans la partie topographique.

VALLÉES. Nous trouvons dans le Midrasch[4] que la « vallée de Schavé » tirait son nom du mot שוה « se mettre d'accord. » Les Hethéens y auraient proclamé à l'unanimité Abraham comme « prince de Dieu. » Selon

---

cités prouve qu'il s'agit d'une plaine fort connue. Il y avait aussi une mesure d'arpentage appelée dans la Mischna, *Kilaïm*, ii, 6 « joug de Saron » עול השירוני.

[1] *Bereschith* rabba, ch. 98. Nous ferons remarquer en passant que le *Midrasch rabba*, ainsi que le *Yalkout*, a subi deux rédactions; nous citons selon l'édition d'Amsterdam. — Dans les autres éditions, le passage en question ne se trouve pas.

[2] Josué, xix, 18.

[3] בקעת בית חוורתן; Tal. de Bab., *Moëd Katan*, 3 *b*.

[4] *Bereschith* rabba, ch. 42; cf. Reland *Palæstina*, t. I, p. 356.

le Midrasch, cette vallée aurait dû alors se trouver près de Hébron, habitation des enfants de Heth et d'Abraham. Dans la Bible [1], cette vallée est appelée également « la vallée royale. » Absalon y a placé un monument [2] que Josèphe [3] connaît à deux stades de Jérusalem. Le roi de Sodom vint jusqu'à cette vallée, à la rencontre d'Abraham, après sa victoire sur les rois alliés contre Sodom ; Malkicedek, roi de Salem, s'y rendait également pour célébrer Dieu qui avait donné la victoire à Abraham. Si Salem [4] est identique avec Jérusalem, la vallée de *Schavé* se trouverait alors dans le voisinage de cette ville, et l'explication du Midrasch doit être prise au figuré.

Les Septante, ainsi qu'Epiphane, rendent le nom שוה par Σαϐή [5].

La vallée de Josaphat où Dieu, selon les paroles du prophète [6], jugera les peuples, doit être prise au figuré. Le Midrasch [7] dit : « Une telle vallée n'existe pas ; elle est appelée *Jehoschaphat* à cause du jugement que Dieu y prononcera sur les nations ; le prophète lui-même l'explique par « vallée du discernement [8]. » Eusèbe et d'au-

---

[1] Genèse, xiv, 17.

[2] II, Samuel, xviii, 18.

[3] *Antiquités*, VII, x, 3.

[4] Saint Jérôme, *Ep. ad. Evang*, 93, place ce Salem à quelques milles au sud de Scythopolis.

[5] Cf. Reland, *Palæstina*, t. I, p. 357.

[6] Joël, iv, 2, 12.

[7] Midrasch, *Tilim*, ch. 8, ואין עמק ששמו יהושפט ; la paraphrase chaldaïque rend les mots עמק יהושפט par מישר פלוג דינא.

[8] Joël, IV, 14 ; עמק החרוץ. Nous mentionnerons ici une idée assez ingénieuse, mais peu vraisemblable, sur ce dernier nom. M. Gordan, *Hacarmel*, 1re année, p. 216, croit que חרוץ doit dériver du mot חריצי (I, Samuel, xvii, 18), qui signifie « fromage » selon quelques commentateurs. La paraphrase chaldaïque rend ce mot par גובנין. עמק החרוץ serait, selon lui, « le vallon des

tres confondent cette vallée avec la vallée de Kidron, mais on ne trouve aucune trace de cette identification ni dans la Bible, ni dans Josèphe. La tradition a conservé ce nom chez toutes les sectes religieuses [1], et on désigne encore aujourd'hui la vallée de Josaphat comme l'endroit où doit se tenir le dernier jugement [2]. Les Juifs ont à présent leur cimetière dans cette vallée.

Les Talmuds [3] posent une règle générale pour distinguer les régions de montagnes, celles de vallées, celles de torrents et celles de plaines. On y dit : « Le territoire qui produit des frênes est considéré comme montagne; les palmiers appartiennent aux vallées; les torrents se reconnaissent aux roseaux, et les plaines par les sycomores. »

Déserts. Par l'expression « désert » (Midbar) [4], le Talmud comprend, comme la Bible, des lieux peu habités ou non cultivés (par opposition au mot *Yischoub* ישוב, endroits habités). La Mischna [5] dit : « Il n'est pas permis d'élever du menu bétail dans la Terre d'Israël, mais on peut le faire en *Sourya* et dans les déserts d'*Ereç-Israël*. » Le Talmud [6] rapporte une autre version, savoir : « Mais

---

fromagers » (τῶν τυροποιῶν φάραγξ) qui aboutit, selon Josèphe, dans la vallée de Kidron (vallée de Jehosaphat). Le prophète s'imagine la multitude si grande, qu'il les voit à l'extrémité de la vallée de Jehoschaphat. M. Schwarz, *Das heilige Land*. p. 192, suppose que le mot שפות (*Néhémie*, III, 13), signifie également « fromage » comme שפות בקר (II, Samuel, XVII, 29). La porte des ordures, selon ce savant, portait également le nom « porte des fromages. »

[1] *Onomasticon*, article *Coelas*.
[2] Robinson, *Phys. geogr.*, p. 93.
[3] Tal. de Jér., *Schebiith*, IX, 2.
[4] מדבר; dans le Nouveau Testament, ἡ ἔρημος. Cf. Winer, *Bibl. realwoerterbuch*, 3ᵉ éd., t. II, p. 698 et pass.
[5] *Baba Kama*, VII, 7.
[6] Tal. de Bab., *même traité*, 79 *b*.

il est permis d'en élever dans les déserts de la Judée et dans ceux du pays d'Acco. » La Tosiftha[1] a une autre variante : « Dans les déserts de la Judée et dans ceux du pays d'Amaïk. »

Les déserts de la Palestine en général et ceux de la Judée en particulier, sont trop connus pour que nous ayons besoin de les énumérer ici. Les déserts d'Acco se trouvent dans la plaine d'Acco, vers le sud, où l'on rencontre beaucoup de pâturages[2]. Le pays d'*Amaïk* comprend probablement les environs d'*Amiouka*, au sud-ouest du bassin el-Houleh, terre qui est peu fertile jusqu'à Safed. Les Talmuds citent encore un désert à propos du mont Çouk (Quarantania), qui doit être le désert de Jéricho. Il est fait mention du désert de Jéricho une seule fois dans l'Ancien Testament[3] et plusieurs fois dans le Nouveau[4] ; d'après le Nouveau Testament, ce désert était un repaire de bêtes fauves. Saint Jérôme parle même de brigands qui infestaient ce désert. Il dit à propos de l'endroit *Maale Adumim*[5] : « Cet endroit est appelé encore aujourd'hui « Ascension des Rouges, » à cause du sang que les brigands y versent souvent. Cet endroit se trouve sur le chemin de Jérusalem à Jéricho, à la frontière des pays de Benjamin et de Juda ; il y existe encore aujourd'hui un château fort avec des soldats pour protéger les voyageurs. C'est à cette place que Notre-Seigneur fait allusion, en parlant d'un homme qui fut dépouillé sur le chemin de Jérusalem à Jéricho. »

---

[1] *Même traité*, ch. 8. Notre édition porte נמאייק au lieu de עמאייק, qu'on lit dans le manuscrit de Vienne. L'emploi d'une forme arabe *Amaïk* est assez singulier.

[2] Robinson, *Phys. geogr.*, p. 114.

[3] Josué, xvi, 1.

[4] Saint Marc, i, 13.

[5] *De loc. s. sc.* ad vocem *Addomim*.

Les voyageurs modernes font un triste tableau de ce pays. Maundrell[1] en dit : « C'est un pays aride et dévasté, parsemé de rochers et de montagnes étagées avec une grande irrégularité ; on dirait que le sol y a subi de fortes secousses et vomi ses entrailles. » Il ajoute : « On ne peut voir un pays plus solitaire et plus triste sur toute la terre. » La Mischna[2] dit : On dressait dix tentes depuis Jérusalem jusqu'à Çouk ; les notables de Jérusalem accompagnaient jusqu'à la dernière des tentes l'homme qui emmenait le bouc émissaire dans le désert. A chacune de ces tentes on lui offrait de la nourriture et de l'eau. » Ces précautions étaient probablement dues à ce que la contrée, traversée par ce chemin, était inhabitée et n'offrait aucune ressource au voyageur.

§ 9. — Divisions de la Palestine.

La Bible[3] déjà, en fixant les lieux de refuge pour les meurtriers involontaires, divise les pays en deçà et au delà du Jourdain en trois parties. « Ils consacrèrent donc Kedèsch, en Galilée, dans la montagne de Nephthali ; Sichem, dans la montagne d'Ephraïm, et Kiryath-Arbah (qui est Hebron), dans la montagne de Juda. Et au delà du Jourdain, de Jéricho vers le levant, ils fixèrent (comme ville de refuge) Becer dans le désert, dans la plaine de la tribu de Reüben ; Ramoth, en Gilad,

---

[1] *A journey from Aleppo to Jerusalem*, p. 109.
[2] *Yoma*, xi, 8.
[3] Josué, xx, 7, 8.

dans la tribu de Gad, et Golan, en Basan, dans la tribu de Menascheh. »

Selon les Talmuds[1], ces six villes étaient situées deux à deux, l'une en face de l'autre, sur trois lignes presque parallèles. « Hebron, en Judée, est située en face de Becer, dans le désert; Sichem, dans la montagne, en face de Ramoth, en Gilad; Kedesch, dans la montagne de Nehpthali, en face de Golan, en Basan. De façon que le pays d'Israël était partagé en quatre parties égales : les distances étaient les mêmes, de la frontière sud de la Palestine jusqu'à Hebron; de là jusqu'à Sichem; de ce point jusqu'à Kedesch, et enfin de Kedesch jusqu'à la frontière nord de la Palestine. »

On parle dans le premier livre des Maccabées[2] de trois provinces. Démétrius écrit à Jonathan : « On ne prendra rien du pays de Juda, ni des trois districts du pays de Samarie et de Galilée qui lui sont annexés. » Josèphe ainsi que les livres du Nouveau Testament[3] mentionnent toujours cette division en trois provinces du pays en deçà du Jourdain. La province au delà du Jourdain est désignée simplement par Perée (Περαία).

Les Talmuds[4], qui ne s'occupent point des divisions politiques, partagent la Palestine en Galilée, en Judée, et en Perée, au point de vue de l'observance de certaines pratiques religieuses.

Jérusalem formait une division à elle seule; on la cite

---

[1] Tal. de Bab., *Makkoth*, 9 b.
[2] I Macc., x, 39.
[3] Reland, *Palæstina*, t. I, p. 178 et pass.
[4] Mischna, *Baba bathra,* ‫,‬III,2. ‫שלש ארצות לחוקה יהודה ועבר‬ ‫הירדן והגליל‬; Mischna, *Kethouboth*, XIII, 9; Tosiftha, *même traité,* à la fin; Tal. de Bab., *Sanhédrin,* 11 b, et dans d'autres passages.

conjointement avec la Judée et la Galilée[1]. La province de Samarie souvent désignée par le nom de « pays des *Kouthim*. » (Cuthéens), est considérée comme une zone[2] qui s'étend entre la Judée et la Galilée. Ce n'est nullement en haine des Samaritains, comme l'avance Bachiene[3], que les Talmuds n'énumèrent pas cette province parmi les divisions de la Palestine. Les écoles talmudiques s'occupaient exclusivement de la réglementation des pratiques religieuses (telles que la dîme, les cérémonies de mariage, etc), qui variaient suivant les différentes provinces; ces prescriptions n'avaient aucune valeur pour les habitants de la Samarie; il n'y avait donc alors aucune raison de la comprendre dans leur énumération. Les docteurs des Talmuds mentionnent souvent l'ancienne répartition de la Palestine en douze tribus; ils en font usage pour mieux fixer la position d'un endroit, ou pour expliquer un verset biblique. Saint Mathieu[4] détermine également la situation de Capernaüm à la frontière du pays de Zabulon et de celui de Nephthali, mais en réalité, cette délimitation n'existait plus à l'époque du second Temple.

La frontière entre la Judée et la Samarie est marquée, selon les Talmuds, par le village *Kefr Outheni* ou *Outhnaï*[5]. Josèphe[6] donne comme frontière le village de Ginéa, dans la grande plaine; ce village s'appelle aujourd'hui Djenin.

---

[1] Néhémie, xi, 3. בירושלם ובערי יהודה. Mischna, *Kethouboth*, iv, 9; Saint-Luc, v, 17; Actes des Apôtres, i, 8; x, 39.

[2] ארץ כותים; Tal. de Jér., *Haguiga*, iii, 4. מפני שפסיקיא של כותים מפסקת.

[3] *Beschreibung von Palæstina* (trad. allem.), 2ᵉ partie, t. I, p. 11
[4] Chap. iv, 13.
[5] כפר עותני ou עותנאי; Mischna, *Guittin*, vii, 8.
[6] *Guerre*, III, iii, 4.

Ailleurs[1], Josèphe précise mieux cette frontière par le village d'*Anouath*, appelé également Borkéos. Ce dernier est sans doute le village de Burkin[2], au sud-est de Djenin. On ne peut douter que le nom Ἀνουάθ de Josèphe et celui de עותני ne soient identiques; il n'y a qu'une transposition de lettres. En tout cas, nous pouvons prendre la frontière de la Samarie vers la Galilée, tout près de *Kefr Koud* (Capercotia), et ce n'est pas trop se hasarder que d'identifier, d'accord avec M. Schwarz[3], le *Kefr Outheni* des Talmuds avec *Kefr Koud*.

Dans les Talmuds, Antipatris est compté au nombre des villes de la Judée. « Entre Kefr Outheni et Antipatris, y lit-on, on suit pour les pratiques religieuses tantôt le règlement prescrit pour la Judée, tantôt celui de la Galilée; en d'autres termes, pour les lieux situés entre les deux villes Kefr Outheni et Antipatris, on applique toujours les règlements dont les prescriptions sont le plus rigoureuses[4]. Les villes maritimes du côté de la Samarie appartenaient, selon Josèphe[5], à la Judée jusqu'à Ptolémaïs. Le Talmud exclut ces villes de la Judée, quand il s'agit des pratiques religieuses prescrites pour cette dernière province. Il n'y a donc rien d'étonnant si l'on trouve dans le Nouveau Testament[6] que Césarée, par exemple, n'est pas une ville de la Judée. Les apôtres connaissaient probablement mieux la division de la Palestine selon l'école juive, au point

---

[1] *Ibidem*, 5.
[2] Robinson, *Bibl. researches*, t. II, p. 319 et 318.
[3] *Das heilige Land*, p. 48. Le ע répond souvent au *ghaïn* arabe, et par conséquent au γ des Grecs; עזה se prononce *Gaza*. עותני devenait dans la bouche du peuple *ghouthni*.
[4] Tal. de Bab., *Guittin*, 76 *a*.
[5] *Guerre*, III, iii, 5.
[6] *Actes des Apôtres*, xii, 19; xxi, 10.

de vue des pratiques religieuses, que celle de César faite au point de vue politique ou stratégique. M. Renan a suffisamment démontré dans son remarquable livre, « la Vie de Jésus, » que pour comprendre les Évangiles, il faut avoir très-souvent recours aux documents talmudiques.

CHAPITRE II.

DE LA GÉOGRAPHIE DE LA JUDÉE.

§ I. — De la Judée en général.

Ce pays est divisé en trois régions : en pays de montagne, de vallée et de plaine. Voici les paroles de la mischna[1] qui traite de cette division : « La Palestine est divisée en trois pays au point de vue de l'observance de *Biour* [2], savoir : en Judée, en pays transjordanique (Perée) et en Galilée. Chacun de ces pays a lui-même trois subdivisions. La Galilée renferme : la Galilée supérieure, la Galilée inférieure et la vallée ; ainsi le pays au-dessus de Kefar Hananya, où l'on ne rencontre plus de sycomores, est appelé la Galilée supérieure ; le pays au-dessous de Kefar Hananyah, où il y a des sycomores,

---

[1] Mischna, *Schebiit*, IX, 2.

[2] Le mot ביעור de la racine בער, *paître, brûler*, signifie, dans le langage talmudique, *action de détruire,* comme le mot hébreu dans la forme *piel*. (Cf. Gesenius, *Thesaurus linguæ hébraicæ et chaldaicæ,* racine בער). Maïmonide, ainsi que les autres commentateurs de la Mischna explique le mot ביעור ici de la manière suivante : « Si quelqu'un a ramassé des fruits produits la septième année (année de relâche), il peut en manger aussi longtemps que des fruits semblables se trouvent encore sur les arbres dans les pays où cette personne demeure. Une fois que les fruits ont commencé à se dessécher sur les arbres, on doit ou manger ceux qu'on avait ramassés, ou les brûler, ou les jeter dans la mer; en un mot les anéantir. »

est la Galilée inférieure ; le cercle de Tibériade est le pays de la vallée [1]. La Judée se divise en pays de montagne, en S*chefela* (plaine) et en vallée [2]. La plaine de Lod doit être considérée comme la plaine de Darom (la grande plaine de sud) ; les montagnes de cette plaine doivent être considérées comme le mont Royal ; de Beth-Horon jusqu'à la mer, on ne compte qu'une province [3]. »

Pour mieux faire comprendre la subdivision rapportée dans cette mischna, dont la dernière phrase surtout offre beaucoup de difficultés, nous ferons suivre le passage de la Guémare relatif à cette subdivision. On y dit [4] : « Les montagnes de la Judée sont le mont Royal ; sa plaine est la plaine de Darom ; le pays entre Jéricho et En-Gédi, c'est la vallée de la Judée. » La division de la mischna se rapporte donc à la province de la Judée et non au pays possédé par la tribu de Juda. Afin de bien marquer cette distinction, la mischna dit que la plaine de Lod (possession de Benjamin) se confond avec la plaine de Darom [5] ; les montagnes de la Judée sont considérées comme le mont Royal (possession d'Ephraïm) [6], et le pays qui s'étend depuis Beth-Horon jusqu'à la mer ne forme qu'une seule province ; par conséquent, la plaine de la Judée s'étend jusqu'à Beth-Horon au point de vue de l'observance de *Biour*.

---

[1] La leçon de la mischna, telle qu'elle se trouve dans le Talmud de Jérusalem est ותחום: טבריא והעמק; l'autre rédaction de la Mischna a plus correctement העמק.

[2] Dans le Talmud de Jérusalem והנגב, au lieu de והעמק.

[3] מבית חורון ועד הים מדינה אחת.

[4] Tal. de Jér. *Schebiit*, ix, 2.

[5] Cf. ci-dessus, p. 46.

[6] Cf. ci-dessus, p. 41.

Notre explication de la mischna en question se trouve confirmée par les paroles de R. Yohanan, au sujet de la division de la Judée. Ce docteur dit[1] : « Il y a encore une autre subdivision (pour le pays de la Judée), savoir : depuis Beth-Horon jusqu'à Emmaüs, c'est le pays des montagnes ; de là jusqu'à Lod, la plaine, et depuis Lod jusqu'à la mer, la vallée. » La contrée depuis Beth-Horon jusqu'à la mer a en effet ses trois subdivisions si on la considère isolément; dans l'ensemble, elle est prise comme pays de plaine de la Judée. On pose à R. Yohanan la question suivante[2] : « Mais, d'après cette subdivision, la mischna aurait dû énumérer quatre pays, savoir : le pays de Juda, de Benjamin, la Perée et la Galilée. On y répond : « Ils se confondent, » (c'est-à-dire le pays de Benjamin se confond avec celui de Juda sous la dénomination de *Judée*). »

Si l'on considère en détail les endroits compris dans l'une quelconque de ces divisions, on trouvera certainement que telle ville désignée comme appartenant au pays de la plaine, est située sur la montagne, et *vice versa*. La Guémara déjà observe cette anomalie : « La plaine, dans les pays montagneux, est regardée comme montagne, et la montagne dans les pays de la plaine est considérée comme plaine ; c'est pourquoi la mischna dit : « le pays depuis Beth-Horon (qui se trouve sur la montagne dans le pays de la plaine) jusqu'à la mer forme une province »[3].

Les Talmuds ne disent rien de particulier sur la fer-

---

[1] Tal. de Jér., *Schebiith*, ix, 2.
[2] *Ibid.* Cf. la préface de l'*Ereç kedoumim* (Biblische Erdbeschreibung), Wilna, 1839, p. xxxvi.
[3] *Ibidem*. Le mot פראבורין est un mot grec et doit se transcrire par περιχόρον, *voisin*.

tilité de la Judée ni sur le caractère de ses habitants en général. Ils en parlent seulement par opposition à la Galilée. Nous reviendrons sur ces points quand nous arriverons à cette dernière contrée.

La Judée, d'après Josèphe et Eusèbe, était partagée en plusieurs provinces[1], telles que *Daromas, Gérarilica, Gébaléna, Sephela, Thamnitica, Gophnitica, Acrabatena* et *Saronas*. De ces provinces, les Talmuds ne mentionnent que les trois premières et la dernière. Daroma signifie *Sud*; la province de Daroma est, par conséquent, celle qui est située au sud de la Palestine, comme l'explique saint Jérôme[2]. Selon Eusèbe[3], cette province s'étendait un peu vers le nord, du côté d'Eleuthéropolis. Les Talmuds distinguent deux provinces de Daroma : « Daroma supérieure et inférieure. » Le passage où se trouvent ces deux noms est un des plus anciens documents talmudiques. Aussi croyons-nous devoir le donner *in extenso*[4] : « Rabban Gamliel et les anciens
» étaient debout[5] sur une estrade élevée sur le mont
» Moriah, et devant eux se tenait son secrétaire Yoha-
» nan[6] muni de trois feuillets. R. Gamliel lui ordonna
» d'écrire sur l'une : « Frères de Daroma supérieure

---

[1] Cf. Reland, *Palæstina*, t. I, p. 185-193.

[2] *Onomasticon*, a.v. *Duma* : Daroma, hoc est, ad austratem plagam.

[3] *Ibidem*, a. v. Ἐσθεμά.

[4] Tosiftha, *Edouyoth*, ch. 2; *Sanhédrin*, ch. 2; Tal. de Jér., *Maaser Scheni*, v, 6, et *Sanhédrin*, I, 1. Tal. de Bab., *même traité*, 11 a.

[5] La leçon la plus correcte se trouve dans la Tosiftha ויחנן סופר הלך לפניהם. Le mot הלך, dans les autres rédactions, ne donne pas de sens.

[6] Ce secrétaire est appelé, d'après M. Graetz (*Gesch. der Juden*, t. III, p. 274) Yohanan ben Nazouf (? יוחנן בן נזוף); dans le Tal. de Jér., *Maaser scheni*, Yohanan ha-kohen (יוחנן הכהן); dans les trois autres passages, *Yohanan*.

» et inférieure [1], salut. Nous vous informons qu'il est
» temps de s'occuper de la seconde dîme du blé. Sur
» la deuxième : « Salut, frères de la Galilée supérieure
» et inférieure. » Nous vous apprenons que le temps est
» arrivé de donner la seconde dîme de l'huile. Le troi-
» sième feuillet contenait l'appel suivant : « Frères, dans
» l'exil de Babel, de Madaï (Médie), de Yavan (dans les
» pays où on parlait le grec) et d'autres lieux, salut.
» Nous vous faisons savoir que les brebis sont encore
» tendres, les pigeons jeunes et que le printemps n'est
» pas encore à vos portes. C'est pourquoi, moi et mes
» collègues, nous avons trouvé bon d'ajouter trente jours
» à l'année. »

Nous avons vu que la plaine de Lod est comptée comme plaine de Darom [2]. On peut conséquemment affirmer que Daroma supérieure désigne la province depuis la plaine de Schefela jusqu'à Lod. Les Talmuds confondent le mot *Darom* avec *Lod*. On dit dans le Talmud de Jérusalem [3] : « Il n'est pas permis d'enseigner l'*Agadah* à un Babylonien ni à un habitant de *Darom*, parce qu'ils sont orgueilleux et connaissent peu la Loi. » Le Talmud de Babylone [4] remplace les mots : « habitants de Darom » par le mot *Loudim*. Les docteurs, que les Talmuds désignent par les noms de *Deromaï* [5] « les an-

---

[1] לאחנא בני דרומאא עילאה ולאחנא בני דרומא ארעייא. Dans un autre passage (Tal. de Jér., *Moêd katon*, III, 5) on parle de la » grande et de la petite Deroma. »

[2] Cf. ci-dessus, p. 46.

[3] Tal. de Jér., *Pesahim*, v. 3; לא לבבלי ולא לדרומי.

[4] Tal. de Bab., *même traité*, 62 b., אין שונין ללודים. Cf. la note de M. Kirchheim, dans l'ouvrage de M. Schwarz, *Das heilige Land*, p. 104 et 185.

[5] דרומאיי; Tal. de Jér., *Pesahim*, VII, 7.

ciens de Darom[1] » ou « les savants de Darom » enseignaient probablement dans les environs de Lod, où nous trouvons des écoles à *Yabnéh, Bené Berak, Lod*[2] et autres lieux.

L'habitant de cette contrée est appelé « fils de Darom, » par opposition au Galiléen[3], qui est désigné par « fils de Galil. » — « Les savants de Darom, dit le Talmud, observaient le deuil du 9 Ab (jour de la destruction de Jérusalem) dès la Néoménie; ceux de Sepphoris pendant tout le mois d'Ab, et ceux de Tibériade pendant la semaine du 9 Ab seulement[4]. » Ce passage pourrait nous faire supposer que Darom n'était qu'une ville à l'égal de Tibériade et de Sepphoris, et que les docteurs de Darom sont ceux de cette ville. Cette idée a été même émise par un savant contemporain[5]. Toutefois, il est constant qu'aucun auteur ne mentionne une ville de ce nom, si l'on excepte celle de Kefar Darom[6], ville natale de R. Eliézer ben Yiçhak ; mais l'appellation de *Kéfar* village) indique clairement que c'était là une localité de peu d'importance, et dont le Talmud n'eût pu s'occuper aussi fréquemment. Les Talmuds, en outre, parlent des villes de Deromah. « R. Yohanan et R. Yonathan sont allés faire la paix dans une des villes de Deromah[7]. »

[1] זקני דרום; Tal. de Bab., *Holin*, 132 b.
[2] Il ne faut pas s'étonner du passage que nous avons cité plus haut, où l'on appelle les habitants de Lod « des ignorants; » les différentes écoles sont souvent en querelle, et en ce cas on ne pèse nullement les épithètes que l'une adresse à l'autre.
[3] בן גליל, בן דרום; Tal. de Jér., *Haguiga*, III, 4.
[4] דרומאי, ציפוראי, טבריאיי; Tal. de Jér., *Thaanith*, IV, 9.
[5] Cf. les articles de M. Goldberg, dans le journal hébreu *Hammaguid*, 1865, p. 285 et 293.
[6] Tal. de Bab., *Sotah*, 20 b.
[7] באילי קרתיא דדרומא; Tal. de Jér., *Berakhoth*, IX, 1.

Un proverbe talmudique[1] dit : « Quiconque veut acquérir de la science s'en aille vers le sud ; qui veut s'enrichir se rende vers le nord. » M. Schwarz[2] applique ce proverbe aux deux provinces de la Galilée et de la Daroma ; la première qui se trouvait au nord et qui est un pays riche, grâce à ses nombreux oliviers, et la la seconde qui est un pays de savants ; explication très-ingénieuse sans doute. Malheureusement il est prouvé par la lettre de R. Gamliel[3] aux habitants de *Darom*, que ce pays était riche, grâce à ses blés.

Nous croyons reconnaître dans le mot גרדיקו des Talmuds la province de *Geraritica*. On y dit[4] que cette contrée est malsaine jusqu'au torrent de l'Égypte ; à ce titre elle était considérée comme pays des Gentils. Gaza seule était permise comme habitation aux Juifs. Le Targoum des pseudo-Jonathan[5] rend le mot *Gerar* également par גרדיקו. Saint Jérôme fait dériver le nom de la province de Geraritica de la ville de Gerar qu'il place au sud de la province de Daroma.

En énumérant les faits qui se réaliseront à l'époque messianique, les Talmuds[6] disent : « La Galilée sera en ruines, le Gablan sera dans la désolation et les habi-

---

[1] Tal. de Bab., *Baba Bathra*, 25 *b*. הרוצה שיחכם ידרים ושיעשיר יצפין.

[2] Le mot *yadrim* doit se traduire par « aller en Darom. »

[3] Cf. ci-dessus, p. 63.

[4] Tal. de Jér., *Schebiith*, vi, 1 ; Midrasch, *Bereschit rabba*, ch. 46.

[5] Genèse, xx, 1.

[6] Mischna, *Sotah*, à la fin ; Midrasch, *Schir ha-Schirim*, ii, 13.

הגליל יחרב והגבלן ישום ואנשי הגבול יסובבו מעיר לעיר ולא יחוננו On écrit ce mot dans le Tal. de Jér., *Abodah Zarah*, ii, 4, גובלני ; *Meguillah*, iii, 1, גוולני. Dans le Talmud de Babylone toujours גבלא. Cette orthographe ne nous permet pas de penser à la province גולן pour גבלן.

tants de Gueboul[1] erreront de ville en ville sans qu'on prenne pitié d'eux. » Nous croyons que sous le nom Gablan il faut comprendre ici la province *Gabaléna* au sud-est de la Palestine et non point le pays de Byblos, ville nommée Guébal par la Bible[2]. *Guébal*, le pays de Byblos, est appelé dans la Bible[3] *Ereç ha-gibli*; les Arabes le surnomment *Djoubaïl*[4]. Pourquoi les Talmuds, à propos de la venue du Messie, se seraient-ils occupés d'une province qui de leur temps n'appartenait nullement à la Palestine? La province *Guébal*[5] est énumérée dans les Psaumes entre les provinces d'Ismaël, de Moab et Hagrim, et celles d'Ammon et Amalek. Comme toutes ces provinces se trouvent au sud et à l'est de la Palestine, *Guébal* doit nécessairement être cherché de ce côté. Josèphe[6] mentionne les *Gébalites* comme voisins des Amalékites et des Iduméens, et il appelle[7] un district de l'Idumée *Gobolitis*, district désigné dans Eusèbe[8] par *Gébaléné*. Ce dernier confond même la province d'Idumée avec *Gébaléné*[9]. Les Targoums de Pseudo-Jonathan[10], de Jérusalem[11] et la version samaritaine de leur côté[12] rendent le mot שעיר par גבלה ou גבלא; or, Seïr représente les demeures d'Edom (Idumée).

[1] La leçon du Midrasch est ואנשי הגליל.
[2] Ezéchiel, xxvii, 9.
[3] Josué, xiii, 5.
[4] Aboulfeda, *Tab. syr.*, p. 94.
[5] גבל; Psaumes, lxxxiii, 8.
[6] *Antiquités*, IX, ix, 1.
[7] *Ibidem*, II, i, 1.
[8] *Onomast.*, A. V. Ἰδουμαία.
[9] Cf. Reland, *Palæstina*, t. I. p. 82 et pass.
[10] Genèse, xiv, 6 et ailleurs.
[11] Deutéronome, xxvii, 2 et ailleurs.
[12] Genèse, xxxiii, 14, 16 et ailleurs; cf. aussi Gesenius, *Thesaurus*, 1. heb. et Winer, *Bibl. Realwœrterbuch* a. v. גבל.

Eusèbe dit ailleurs que le pays dans les environs de Petra s'appelle *Gébaléné;* aujourd'hui encore le district qui est séparé par le *Ouady El-Ahsa* du district Kerek porte chez les Arabes le nom de *Djebal*[1]. Un passage talmudique très-bizarre nous dit clairement que les Arabes habitaient les environs de la Gébaléné. « R. Yehoschoua ben Levi se trouvait par hasard à Gabla; il y vit des grappes grosses comme des jeunes veaux. Il s'écria : « Des veaux dans les vignes ? » On lui répondit : ce sont des grappes. R. Yehonschoua reprit alors : « Terre, terre, retire tes fruits ! Pour qui les produis-tu ? N'est-ce pas pour les Arabes qui se sont levés contre nous [2].»

La province *Saronas* est la même que la plaine de Saron dont nous avons déjà parlé [3]. Toutes ces provinces étaient divisées sans doute en districts que les Talmuds connaissent sous le nom de *Hyparchie* (Ὑπαρχία). On défend dans les Talmuds d'exporter des vivres de la Terre d'Israël dans les autres pays ni même en Sourya. Rabbi permet l'exportation du dernier district (היפרכיא) de la Palestine dans le premier de Sourya [4]. Pour les quartiers des villes on emploie dans les Talmuds [5] le mot הגמוניא (Ἡγεμονία).

§ 2. — Les villes au long de la côte.

עזה, Gaza, une des cinq grandes villes des Philistins [6],

---

[1] Burkhart, *Reise*, etc. (trad. de Gesenius), t. II, pp. 674 et 678 et la note de Gesenius.
[2] Tal. de Bab., *Kethouboth*, 112 *a*.
[3] Cf. ci-dessus, page 48.
[4] Tal. de Bab., *Guittin*, 4 *b*.
[5] Même Talmud, *Baba bathra*, 1 *a*.
[6] Josué, XIII, 3.

fut détruite plusieurs fois pendant l'époque du second Temple[1]. Cette ville devait être encore très-importante après la destruction de Jérusalem. On y compte au cinquième siècle huit temples païens[2]. Les Talmuds la mentionnent comme une ville dont le séjour est permis aux juifs malgré l'idolâtrie des habitants. Un autre passage parle d'une place appelée *Yerid*[3] ou *Itloza*[4], qui se trouvait hors de la ville et où l'on adorait une idole. Les Talmuds citent dans les environs de Gaza une localité appelée *Hourbatha Saguirtha* (ruine lépreuse)[5]. Gaza s'appelle aujourd'hui El-Ghouzé et compte 16,000 habitants[6].

כפר דרום, Kefar Darom est le lieu natal de R. Eliézer ben Yiçhak[7]. Le nom de Darom nous fait supposer que ce village était situé dans la plaine de Darom. Nous l'identifions avec le *Bab-ed-Darom*, près de Gaza[8].

ברור חיל, Beror Haïl était la résidence de R. Yohanan ben Zakaï[9] vers la même époque où R. Gamaliel II

---

[1] M. de de Raumer, *Palæstina*, p. 193.

[2] Reland, *Palæstina*, t. II, p. 193.

[3] Tal. de Jér., *Abodah Zarah*, I, 4. Le mot ירוד est interprété par « marché », probablement parce qu'on trafiquait sur la place du temple pendant les jours des fêtes consacrés à l'idole.

[4] Tal. de Bab., même traité, 11 b. Le mot עטלוזה s'écrit aussi אטליו ou אטלים et signifie ordinairement « un marché à la viande; » M. Cassel (art. *Juden* dans l'*Encyclopédie* d'Ersch et Gruber) prend le mot אטלים pour le mot grec ὄβλος et croit qu'on veut désigner par ce nom le temple de Marnion (Reland, *Palæstina*, t. II, p. 793).

[5] חורבתא סגירתא, Tosiftha, *Negaïm*, chap. 6. Cf. pour les murs lépreux, Lévitique xiv, 33-53.

[6] Robinson, *Bibl. researches*, tome II, p. 38.

[7] Cf. ci-dessus, p. 64.

[8] Robinson, *Bibl. researches*, tome II, p. 38.

[9] Tal. de Bab., *Sanhédrin*, 32 b. Le nom de cette ville se trouve écrit de différentes manières dans les Talmuds. כלי חיל dans le

exerçait son patriarchat à Yabneh. Cet endroit était sans doute situé dans les environs de Yabneh. Serait-il peut-être identique avec le village de *Boureïr*[1], près de Gaza?

אשקלון, Ascalon était une ville importante tant à l'époque du premier qu'à l'époque du second Temple. Hérode le Grand qui, selon Eusèbe, était originaire d'Ascalon, avait embelli sa ville natale par différents édifices[2]. Ascalon, ville des Philistins et qui a vu naître plus tard ce roi étranger à la nation juive, ne fut pas admise par les talmudistes comme ville d'Israël sous maint point de vue des observances religieuses; elle fut considérée comme ville frontière du sud[5]. Ascalon fut encore abhorrée par les juifs à cause de son idolâtrie[4]. On y adorait la déesse *Derceto*[3], et les Talmuds mentionnent une autre idole à Ascalon, appelée *Çarifa* ou *Çaripa*[6], qui est peut-être la divinité romaine *Sarapia* ou *Serapia*[7].

« Dès l'origine, disent les Talmuds[8], les environs d'Ascalon, depuis la grande tombe jusqu'à *Yagour*, *Goub* et

---

Tal. de Jér., *Demoï*, III, 1; בני חיל, même Talmud, *Maaseroth* II, 2; כפר גבור חיל dans le Tal. de Bab., *Meguillah*, 18 a; נפור חיל dans le même Talmud, *Kethouboth*, 65 a.

[1] Robinson, *Bibl. researches*, t. II, p. 35 et 45.
[2] M. de Raumer, *Palæstina*, p. 173.
[3] Mischna, *Guittin*, I, 1; cf. ci-dessus, p. 11.
[4] Josèphe, *Guerre*, III, II, 1.
[5] Diodorus Siculus, I, 4; Ovide, *Métamorphoses*, IV, 3.
[6] Tal. de Bab., *Abodah Zarah*, 12 a; צריפא שבאשקלון.
[7] M. Preller, *Rœmische mythologie* (2ᵉ édition), p. 730. La racine צרף signifie en araméen et surtout dans le langage des Talmuds « composer; » צריפא pourrait donc exprimer « l'idole composée. » Derceto, la Vénus des Syriens était représentée moitié homme et moitié poisson. Cf. ci-dessus, p. 13.
[8] Tosiftha, *Oholoth*, ch. XVIII. בראשונה היו אומרים תחומי אשקלון מקבר גדול ועד יגור ועד גוב (גנב dans nos éditions) ועד תרעין היו טמאים.

Tarin, furent déclarés impurs. » L'endroit, « la grande tombe » que la Tosiftha mentionne, est inconnu ; les trois autres noms sont mentionnés dans la Bible[1] comme localités situées au sud de la Palestine. *Tarin* est peut-être le nom araméen de *Schaaraïm* dans la Bible[2] ; les deux mots signifient « portes. »

Les habitants d'Ascalon rendaient leur haine aux juifs[3]. Malgré toutes ces inimitiés, et bien que les environs d'Ascalon furent déclarés impurs (déclaration probablement rétractée plus tard comme cela eut lieu pour d'autre villes), Ascalon possédait non-seulement une population juive assez nombreuse, mais aussi des docteurs célèbres, entre autres Siméon ben Schetah, frère de la reine Alexandra[4]. Les Talmuds cependant rendent justice à un païen d'Ascalon qui honorait son père d'une façon exceptionnelle, de sorte qu'on le propose comme exemple pour l'accomplissement du cinquième commandement du Décalogue[5]. « On demanda à R. Eliézer : Jusqu'à quel point faut-il honorer ses père et mère ? il répondit : « Allez chercher votre réponse chez le païen Dama-ben-Nethina à Ascalon. »

Un jour on vint chez ce Dama pour acheter des pierres précieuses destinées à l'*Ephod*[6] ; on lui offrit une somme considérable (60 *ribbo,* selon d'autres 80 *ribbo*). Or, les clés de l'écrin où ces pierres étaient enfermées se trouvaient sous l'oreiller de son père qui dormait en ce moment. Dama, plutôt que de troubler son sommeil,

---

[1] יָגוּר (Josué, xv, 21) ; גָּב (II, Samuel, xxi, 18).
[2] שְׁעָרִים (Josué, xv, 36).
[3] Philon, *De legatione ad Cajum,* p. 1021 ; Midrasch, *Schir ha-Schirim,* vii, 2.
[4] Tal. de Jér., *Sanhédrin,* vi, 9.
[5] Tal. de Bab., *Abodah Zarah,* 23 *b.*
[6] Une des pièces du costume du grand-prêtre. Exode, xxviii, 6.

laissa partir les acheteurs et renonça au bénéfice énorme qu'on lui offrait.

La Mischna, à propos de la distinction entre les choses pures et impures de la catégorie des ustensiles, mentionne des perches[1] et des ceintures[2] qui provenaient d'Ascalon.

כפר דכרין, Kefar Dikhrin se trouve, selon le Talmud de Babylone[3], sur le mont Royal et selon le Midrasch[4], dans le Darom. Nous adoptons cette dernière opinion et croyons pouvoir l'identifier avec le village de *Dhikrin*[5], vers le nord d'Eleuthéropolis. Les Talmuds font dériver le nom de cet endroit du mot דכרא *mâle*, car, disent-ils, toutes les femmes y donnaient naissance à des enfants mâles.

כפר ביש, Kefar Bisch est expliqué dans les Talmuds[6] par « un méchant village » du mot araméen בישא. Les habitants étaient fort inhospitaliers. Reland[7] l'identifie avec le *Capharabis* que Josèphe place dans l'Idumée supérieure.

כפר שחלים, Kefar Schihlim ou Schihlaïm, que les Talmuds citent avec les deux précédents, en ajoutant que chacun de ces endroits avait une population « deux fois aussi nombreuse que les Israélites à la sortie de l'Égypte. » C'est là une hyperbole familière aux talmudistes quand ils parlent de villes populeuses, et nous avons déjà eu occasion de la signaler dans le cours de ce travail. Les

[1] *Kelim*, XIII, 7.
[2] *Ibid.*, XXIII, 2.
[3] *Guittin*, 57 a.
[4] *Ekha*, II, 2. Dans le Tal. de Jér., *Thaanith*, IV, 8, aucune indication n'est donnée pour la situation de Kefar Dikhrin.
[5] Robinson, *Bibl. researches*, t. II, p. 29.
[6] Cf. les passages talmudiques précités.
[7] *Palæstina*, tome II, p. 684 et 686.

Talmuds diffèrent sur l'explication du nom de cette ville. Selon le Talmud de Babylone on s'y nourrit principalement d'une espèce de dattes, appelée *Schihlaïm* dans la Mischna[1]; selon le Talmud de Jérusalem et le Midrasch, la population s'y multipliait avec la même rapidité que la plante appelée *Thahloucia*[2]. Cette dernière explication exige une transposition de lettre : il faudrait qu'il y eût *Kefar* חלסים. Nous n'insistons point sur des étymologies aussi arbitraires, qui appartiennent plutôt à la philologie qu'à la géographie.

La Bible mentionne une ville de Schilhim[3], au sud de la Palestine; c'est peut-être notre Schihlim, sauf la transposition d'une lettre.

גבתון, Gibthon appartenait à la tribu de Dan et est énumérée dans la Bible entre Elteké et Balath[4]. Elle fut donnée plus tard aux Lévites[5] et se trouve mentionnée comme ville des Philistins au temps des rois de Juda[6]. R. Yohanan dit[7] : « de Gibthon à Antipatris on comptait soixante *ribbo* de villes, parmi lesquelles Beth-Schemesch était la plus petite. » Gibthon se trouvait donc plus

---

[1] שחלים; *Maaseroth*, IV, 5.

[2] תחלוסיא est expliqué dans les commentaires comme une espèce de légume. Buxtorf (*Lexicon talmudicum*, a. v.) rend ce mot par *dactylus immaturus*, équivalent au mot שחלים. Nous préférons l'interpréter par « mauvaises herbes » qui poussent rapidement dans un endroit non cultivé et qu'on appelle dans le langage talmudique חולסית (Tal. de Bab., *Erakhin*, 31 a; *Baba Bathra*, 67 a).

[3] Josué, XV, 32. Cf. *Ereç Kedoumim*. Ad vocem.

[4] *Ibidem*, XIX, 44.

[5] *Ibidem*, XXI, 23.

[6] I Rois, XV, 27; XVI, 15.

[7] Midrasch *Ekha*, II, 2; Tal. de Jér., *Taanith*, IV, 8. Au lieu de גבתון, on y lit גבת sans la *nounation*, comme pour מגדון (Juges, V, 19) et מגדון (Zacharie, XII, 11); שלו (Juges, XXI, 19) et שלוני (Néhémie, XI, 5). Cf. Gesenius, *Thesaurus l. heb.*, ad voc. שלה.

vers le sud que Beth-Schemesch. Il est probable que la ville de Baalath mentionnée avec Gibthon est le *Balin* actuel.

Il est dit dans d'autres passages talmudiques [1] que R. Akiba avait 24,000 disciples dispersés entre Gibthon et Antipatris. « La population de cette contrée, dit R. Yohanan [2], était autrefois aussi nombreuse que celle qui sortit de l'Égypte; à présent, il n'y a même pas de place pour soixante *ribbo* de roseaux. » C'est l'exagération ordinaire, mais qui prouve que le pays était très-peuplé. Gibthon et Antipatris représentent les deux extrémités nord et sud de la Judée comme Dan et Beer-Scheba celles de la Palestine [3].

יבנה, Yabneh est mentionnée dans la Bible comme ville des Philistins [4]. Cette ville est sans doute la même que Yabneel [5] que la Bible compte également parmi les villes des Philistins. Dans les auteurs grecs elle est appelée *Jamnia* ou *Jamneia* [6]. Josèphe [7], en racontant la marche de Titus d'Alexandrie vers Jérusalem, place Jamnia entre Ascalon et Joppé. L'itinéraire d'Antonin [8] la met entre Diospolis et Ascalon.

Nous savons par Philon [9] que Yabneh possédait une forte population de Juifs et que l'on y rencontrait également des païens. Sa réputation comme séjour des savants

---

[1] T. de Bab., *Yebamoth*, 82 *b*. On lit dans le Midrasch *Bereschith rabba*, ch. 61, מעכו ועד אנטיפרס, ce qui n'est pas correct.
[2] Midrasch *Schir ha-Schirim*, i, 16.
[3] T. de Bab., *Sanhédrin*, 94 *b*.
[4] II Paralipomènes, xxvi, 6.
[5] Josué, xv, 11.
[6] Reland, *Palæstina*, a. v. *Yabne*.
[7] *Guerre*, IV, xi, v.
[8] Ed. Wesseling, p. 150.
[9] *Leg. ad. Cajum*. Cf. Reland, *l. c*.

était probablement déjà établie avant la destruction du second Temple. R. Yohanan ben Zakaï[1], après avoir prédit à Vespasien qu'il deviendrait empereur, lui demanda dès lors la grâce de Yabneh et de ses savants. Cette ville devint le centre de l'enseignement rabbinique. Après la destruction de Jérusalem elle jouissait[2] relativement à l'exercice des pratiques religieuses, des mêmes priviléges que la capitale avait eus précédemment. A Yabneh se trouvait le siége du sanhédrin jusqu'à l'époque de la guerre désastreuse de *Bar Cosiba*, où ce tribunal fut transporté à *Ouscha* en Galilée. Le lieu où siégeaient ses membres est appelé dans les Talmuds[3] « le vignoble à Yabneh », expression qui rappelle involontairement l'Académie des Grecs. Les Talmuds se sont naturellement ingéniés à expliquer[4] le mot « vignoble » : les docteurs, disent-ils, étaient assis en plusieurs lignes parallèles comme les rangées de ceps dans les vignes. Ailleurs[5] on lit que les docteurs s'assemblaient à Yabneh à l'ombre d'un pigeonnier; à Jérusalem, les séances, comme nous le verrons, étaient tenues sur une place très-ombragée. Le mot « vignoble » indique sans doute un jardin où l'on se trouvait à l'ombre.

Le célèbre voyageur Benjamin de Tudèle[6] identifie l'endroit *Ibelin*, cité dans l'histoire des croisades, avec notre Yabneh; il prétend avoir vu la place occupée autrefois par la célèbre école de cette ville. M. Rappoport[7]

[1] Tal. de Bab., *Guittin*, 66 a.
[2] Mischna, *Rosch haschanah*, iv, 1, 2, 3.
[3] כרם שביבנה; Tal. de Jér., *Berakhoth*, iv, 1.
[4] *Ibidem*.
[5] בצל של שובך ביבנה; *Mekhiltha*, ch. 13.
[6] Ed. Ascher, t. i, p. 75.
[7] *Erekh Millin*, p. 4.

lui reproche d'avoir commis une erreur, car, dit-il, Yabneh, le siége du sanhédrin, doit se trouver en Galilée. Ce savant promet de donner à l'article Yabneh [1] des preuves à l'appui de son opinion. Nous ne croyons pas qu'il y réussisse. Yabneh en Galilée ne pourrait être que Yabnéel de la tribu de Nephtali [2]; mais à l'époque talmudique [3] cette ville s'appelle *Kefar Yama* et non pas Yabneh. Les docteurs les plus célèbres formant le sanhédrin demeuraient aux environs de Yabneh en Judée; R. Éliézer et R. Tarphon à Lod, R. Akiba à Bene Berak [4].

Nous savons par les Talmuds [5] que jusqu'à la fin du deuxième siècle on ne pouvait fixer la néoménie qu'en Judée. Or, R. Yohanan ben Zakaï décida [6] que cette fixation aurait lieu à Yabneh, la ville devant donc être en Judée. Toutes les traditions talmudiques [7] rapportent que le sanhédrin devait siéger en Judée; la translation de ce tribunal en Galilée ne se fit que par suite de l'état de guerre à l'époque de la levée des boucliers du célèbre Bar Cosibah.

La Galilée était fort peu estimée à Jérusalem, comme nous le verrons ultérieurement. Cette province ne possédait pas de savants et encore moins une école. Or, si R. Yohanan a demandé la conservation de Yabneh c'est en faveur des nombreux savants qui y vivaient, ce qu'on

---

[1] Nous ne possédons de cet excellent ouvrage que le premier volume qui contient les mots commençant par א.

[2] Josué, XIX, 33.

[3] Tal. de Jér., *Meguillah*, I, 1.

[4] Tal. de Bab., *Sanhédrin*, 31 b.

[5] Tal. de Jér., *Sanhédrin*, I, 1 et 18.

[6] Mischna, *Rosch haschanah*, IV, 4.

[7] Tal. de Bab., *Zebahim*, 54 b; Midrasch, *Yalkout*, Genèse, ch. 49.

ne rencontrait pas en Galilée. On pourrait donner encore bien d'autres arguments pour réfuter l'opinion de M. Rappoport. Nous nous bornons à renvoyer le lecteur au savant article [1] de M. le Dr Graetz sur ce sujet.

קוב, Koubi se trouve, selon les Talmuds, près du pays des Philistins [2]. Cet endroit est peut-être identique avec El-Koubeh, non loin d'Akir (Ekron)[3].

לוד, Lod [4] des Talmuds est sans doute la ville biblique לֹד (Lod) qui appartenait à la tribu de Benjamin[5]. Elle est appelée dans les écrits grecs Lydda, et plus tard *Diospolis*. D'après les Talmuds, Lod se trouvait à une journée de distance à l'est de Jérusalem.

« Pour donner un aspect plus gai aux marchés de Jérusalem, dit le Talmud[6], on avait ordonné d'apporter les prémices en nature. Mais comme cela était impossible pour les endroits trop éloignés de la capitale, on se contentait de l'exécution de cette ordonnance à la distance d'une journée de chaque côté de Jérusalem. On surnommait cet espace « le vignoble carré. » La limite de l'ouest était Lydda, vers le nord Acraba, vers l'est le Jourdain et vers le sud Elath. » Les communications entre Lod et la capitale ont dû être très-faciles. On dit par hyperbole, dans les Talmuds [7], que les femmes de Lod

---

[1] *Monathsschrift* de M. le Dr Frankel, année 1853, p. 109.
[2] Tal. de Bab., *Sanhédrin*, 95 *a*.
[3] Voir la carte de M. Van de Velde.
[4] Nous avons conservé la prononciation biblique pour cette ville (לֹד), bien que le nom grec Δύδδα nous porterait à croire que chez les juifs on prononçait ce nom *Loud* ou *Lud* (לוד).
[5] Néhémie, vii, 33.
[6] Mischna, *Maaser schéni*, v, 2 כרם רביעי עולה לירושלם מהלך יום אחד לכל צד ואיזו היא תחומה אילת מן הדרום ועקרבה מן הצפון לוד מן המערב והירדן מן המזרח. La leçon du Tal. de Babylone (*Beçah* 5 *a*) עילת מן הצפון est incorrecte.
[7] Tal. de Jér., *même Traité*, v, 2 ; Midrasch *Ekah*, iii, 3.

pétrissaient leur pâte, se rendaient ensuite à Jérusalem et étaient revenues avant que la pâte ne commençât à fermenter.

Les Talmuds prétendent que Lod fut fortifié par Josué [1]. Cette ville joua un certain rôle à l'époque du second Temple [2]. On raconte que la reine Hélène y possédait une *soukka*, que les docteurs trouvaient construite selon les prescriptions de la Loi [3]. On pourrait en tirer la conclusion que Lod avait été le séjour des docteurs quand le Temple existait encore à Jérusalem. En tout cas, Lod a dû être une ville importante, car d'après un passage talmudique elle aurait été le siége d'un tribunal qui avait le droit de prononcer la peine capitale. Un certain *ben Stada* ou *ben Sitda* [4] qui avait apporté de l'Égypte l'art de la magie, fut accusé comme séducteur et condamné à mort par le tribunal de Lod. Ben Stada ne serait-il pas le même Égyptien dont Josèphe dit qu'il s'avança jusqu'a Jérusalem au temps du gouverneur Félix avec 30,000 adhérents ; attaqué par les Romains, il réussit à s'enfuir, tandis que ses compagnons furent massacrés?

Dans quelques éditions du Talmud de Babylone Ben Stada est confondu avec *Ben Pandéra* (Jésus de Nazareth). Cette identification n'est nullement fondée, car Jésus, dont on raconte ailleurs l'exécution comme ayant eu lieu un vendredi, est appelé dans ce dernier passage

---

[1] Tal. de Jér., *Meguilla*, I, 1.

[2] M. de Raumer, *Palæstina*, p. 210.

[3] Tal. de Jér., *Soukka*, I, 1. סוכה est une espèce de tente couverte de chaume, où les juifs doivent séjourner pendant les sept jours de la fête des Cabanes ; Lévitiques, XXIII, 42.

[4] בן סטדא. Tal. de Bab., *Sabbath*, 104 b. Tal. de Jér., *Sanhédrin*, VII, 16.

[5] Cf. M. de Saulcy, *les Derniers jours de Jérusalem*, p. 21 et 22.

talmudique, *Yéschou*. La marche du procès de Jésus, il est vrai, a quelque analogie avec celle du procès de Ben Stada ; tous les deux ont été accusés du crime de séduction. Le Talmud de Babylone, en faisant comme d'habitude un jeu de mots, donne le nom סטדא à Marie, mère de Jésus[1].

Lod était située dans une région très-fertile. Les Talmuds[2], dans leur style exagéré, racontent qu'on y enfonçait jusqu'au genoux dans le miel des dattes. Cette ville était très-commerçante ; ses marchands sont souvent mentionnés dans les Talmuds[3]. On y fabriquait une espèce de tonneaux appelés dans la Mischna « tonneaux lodiens[4]. »

Après la destruction du second Temple on trouve à Lod une école importante ; R. Eliézer ben Hyrcanos et R. Tarphon y demeuraient, et R. Akiba en faisait parfois son séjour[5]. Cette école n'était pas toujours d'accord avec les autres[6]. C'est elle qui a formulé le célèbre axiome : « Il est permis, pour éviter la mort, de transgresser toutes les prescriptions de la loi mosaïque, hormis celles concernant l'idolâtrie, l'inceste et le meurtre[7]. »

---

[1] Cf. Buxtorf, *Lexicon talm.*, a. v. סטר.
[2] Tal. de Bab., *Kethouboth*, 111 a.
[3] Mischna, *Baba Mecia*, iv, 3. תגרי לד.
[4] *Kelim*, ii, 2. חביות לודיות. Le savant grand-rabbin M. Lœw (*Ben Hananya*, année 1863, col. 926) croit que la Mischna veut parler ici des vases lydiens (ἄγγεα λυδῆ) qui sont mentionnés chez Athenæus (*Deipn.* x, p. 492). Maïmonide (dans son *Commentaire de la Mischna*) l'explique par « des tonneaux de la ville de Lod. » Il faut observer que les Talmuds confondent לוד avec לודקיא (Laodicée) et avec la province de Lydie. Nous aurons l'occasion de revenir sur ce sujet.
[5] Tal. de Bab., *Sanhédrin*, 32 b.
[6] Tal. de Jér., *Pesahim*, iii, 7.
[7] Même Tal., *Schebiith*, iv, 2.

On ne peut pas dire au juste pendant quelle persécution cette large concession fut faite par les docteurs de la Mischna. L'importance de Lod comme centre d'enseignement ressort clairement d'un passage talmudique où l'on place cette ville en seconde ligne après Jérusalem[1]. Le lieu où siégeaient les docteurs à Lod est mentionné sous les noms de « la chambre haute de *Beth Nitza*[2] ou *Beth Libza*[3] et la chambre haute de *Beth Aroum*[4]. »

Un passage talmudique[5] compte la ville de Lod comme une ennemie de celle d'Ono; cette dernière se trouvait à trois milles au nord-est. C'était probablement à une époque où les Romains s'étaient emparés de Lod, d'où ils menacèrent la ville forte d'Ono. Il serait difficile de préciser à quel moment ce dicton talmudique doit se rapporter; il se rapporte peut-être à l'époque où Lydda se rendit à Vespasien[6]. Cette ville paya plusieurs fois son tribut dans les massacres des Juifs en Palestine. Les Talmuds désignent les victimes par « les égorgés de Lod[7]. » Ces boucheries eurent probablement lieu sous l'empereur Adrien peu avant la chute de Bettar ou après la prise de cette ville.

Lod, ainsi que Yabneh et les autres écoles de la Judée, perdit son importance après que le sanhédrin fût transféré en Galilée. Son dernier privilége lui fut enlevé au troisième siècle. L'année embolismique[8] ne pouvait être

---

[1] *Pesiktha rabbathi*, chap. 8.
[2] Tal. de Bab., *Sanhédrin*, 74 a. עלית בית נתזא.
[3] Tal. de Jér., *Schebiith*, iv, 2. לבזא.
[4] Même Tab., *Pesahim*, iii, 7. עילית בית ארום.
[5] Cf. ci-dessous, p. 95.
[6] Josèphe, *Guerre*, IV, viii, 1.
[7] Tal. de Bab., *Baba Bathra*, 10 b. הרוגי לוד.
[8] Tal. de Jér., *Sanhédrin*, i, 2; Tal. de Bab., *Pesahim*, 62 b. et dans d'autres passages.

fixée, nous l'avons dit, qu'en Judée; au troisième siècle, quand le sanhédrin était déjà en Galilée, cette fixation avait encore lieu à Lod; mais on reprochait aux habitants leur ignorance, leur orgueil et une grande indifférence pour les pratiques religieuses, et les délégués du sanhédrin cessèrent d'y aller pour l'intercalation des mois embolismiques. Lod en outre devait naturellement perdre toute importance pour les juifs, parce que les chrétiens commençaient à s'y fixer (au quatrième siècle déjà nous y trouvons un évêque). Cette ville était sans doute devenue trop pauvre pour entretenir des écoles et un sanhédrin. Le Midrasch[1] sur les dix dixièmes de la misère universelle en attribue neuf à la ville de Lod.

Les Talmuds[2] parlent d'un pont (défilé) à Lod, sur lequel un certain *Apostomos* aurait brûlé le Pentateuque. Il est question aussi dans la Mischna d'un *Kefar Lodim*[3] qui, sous certains points de vue de l'observance religieuse, n'appartenait plus à la Palestine. Kefar Lodim ne peut être un faubourg de Lod, comme le pense M. Lœw[4], puisqu'alors cet endroit aurait fait partie de la Palestine. Cette localité, semble-t-il, doit se trouver sur la côte, dans les parages de Lod. Nous avons déjà vu que les villes de la côte n'étaient pas comptées comme appartenant à la Palestine[5].

כפר טבי, Kefar Tabi était situé, selon les Talmuds, à l'est de Lod[6], non loin de cette ville[7]. On peut l'identifier avec l'endroit actuel *Kefr Tab*[8].

[1] Midrasch *Esther*, 1, 2.
[2] Tal. de Jér., *Taanith*, iv, 1. במעברתא דלוד.
[3] Mischna, *Guittin*, I. 1. כפר לודים ללוד.
[4] *Ben Hananyah*, année 1863, col. 924.
[5] Ci-dessus, p. 57.
[6] Tal. de Bab. *Rosch haschanah*, 31 b.
[7] Tal. de Jér., *Berakhoth*, I, 3.
[8] M. de Saulcy, *Voyage en Terre sainte*, t. I, p. 81.

בית דגן שביהודה, Beth Dagon en Judée[1] est sans doute le Beth Dagon de la Bible[2], qu'Eusèbe[3] a vu entre Jamnia et Diospolis. On y trouve aujourd'hui le village de *Beit Dedjan*[4].

גנות הצריפין[5], les jardins de Cerifin, d'où l'on apportait l'*Omer* (prémices des blés[6]). C'est peut-être la localité actuelle de *Sarfend*[7], près de Diospolis.

כפר סיפורייא[8], Kefar Sipouriya est probablement identique avec *Beth Schifouriya*[9], dont la plaine est mentionnée dans le Midrasch. M. Schwarz[10] l'identifie avec la localité de *Schafir* de la Bible[11]. On pourrait y reconnaître le village actuel de *Safiriyeh*, au nord de Lod.

כפר פקיעין ou בקיעין, Bekiin, résidence de R. Yehoschoua[12]. R. Eliézer qui demeurait à Lod, en se rendant à Yabneh, passait le samedi à Pekiin[13]. Cette localité doit donc se trouver entre ces deux villes. Robinson[14] mentionne un endroit *Fukin*, mais qui se trouve dans le voisinage de Gaza.

יפו, Yaffo est souvent mentionnée dans la Bible[15]. Le prophète Jonas s'embarqua là pour aller à Tarschisch[16].

[1] Tosiftha, *Oholoth*, chap. 3.
[2] Josué, xv, 41.
[3] Reland, *Palœstina*, t. II, p. 635.
[4] M. Van de Velde, *Reise durch Syrien und Palætina*, t. I, p. 331.
[5] Mischna, *Menahoht*, vi, 2.
[6] Lévitique, xxiii, 10.
[7] M. de Saulcy, *Voyage*, etc., t. I, p. 76.
[8] Tal. de Jér., *Kidouschin*, iii, 15.
[9] *Vayikra* rabba, chap. 22. בקעת בית שפורייא.
[10] *Das heilige Land*, p. 87.
[11] Micha, i, 11.
[12] Tal. de Bab., *Sanhédrin*, 32 *b*.
[13] Même Tal., *Haguigah*, 3 *a*.
[14] *Bibl. researches*, t. II, p. 13.
[15] Josué, xix, 45; Esdras, iii, 7.
[16] Jonas, i, 3.

Les Talmuds[1] parlent du port de cette ville, à propos du miracle arrivé à un certain *Nicanor*, qui apporta d'Alexandrie une porte pour le Temple, et qui était surnommée « porte de Nicanor[2]. » Plusieurs docteurs sont désignés comme originaires ou comme habitants de la ville de Yaffo[3] (aujourd'hui Joppé).

בני ברק, Bené Berak, mentionné dans la Bible[4], est l'endroit où R. Akibah tenait son école[5]. On y mentionne un établissement de bains[6]. Bené Berak est sans doute identique avec la localité actuelle *Ibn Ibrak* (près de Joppé).

Nous nous écarterons quelque peu de notre système pour expliquer cinq endroits qui se trouvent réunis dans une même mischna[7], à propos du vin employé aux libations dans le Temple. « Les meilleurs vins, y est-il dit, provenaient de *Kerouhim* ou *Kerouthim* et de *Hethoulim*; en deuxième rang se placent ceux de *Beth Rimah*, de *Beth Laban*, endroits situés sur la montagne[8], et de *Kefar Signah* qui se trouve dans la plaine. »

Nous croyons reconnaître dans le premier nom la lo-

---

[1] Tal. de Jér., *Yoma*, III, 17; Tosiftha, *même Traité*, chap. 3. כיון שהגיע ללמינה של יפו. Le Tal. de Bab., *Yoma*, 38 *a*, porte incorrectement « le port d'Acco. » On n'a nullement besoin d'avancer si loin quand on transporte un objet d'Alexandrie à Jérusalem. Cf. M. Schwarz, *das heilige Land*, p. 111.

[2] M. Munk, *la Palestine*, p. 552 *b*, note 2.

[3] Tal. de Jér., *Moëd Katon*, vers la fin; T. de Bab., *Meguillah*, 16 *b*.

[4] Josué, XIX, 44.

[5] Tal. de Bab., *Sanhédrin*, 32 *b*.

[6] Tosiftha, *Sabbath*, ch. 4.

[7] *Menahoth*, IX, 7. מאין היו מביאין את היין קרוחים ועטולים אלפא לויין שנייה להן בית ריטה ובית לבן בהר וכפר סיגנא בבקעה.

[8] Nous croyons que le mot בהר se rapporte à tous les quatre endroits. Le meilleur vin provient en effet des coteaux, surtout quand ils sont situés au sud. La Bible parle en général des vignes

calité *Kouriyouth*[1] (le *Coreae?* de Josèphe[2]); dans Hatoulim l'endroit *Kefr Hatla*[3], au nord de Gılgal (*Jiljiliyeh*); Beth Rimah s'appelle encore aujourd'hui du même nom, et tout près de cette localité se trouve le village de *Loubân*[4] (Lebonah de la Bible?), que nous identifions avec le Beth Laban sur la montagne, mentionné dans la mischna; Kefar Signah, dans la plaine, que la même mischna nomme,

plantées sur les montagnes (Jérémie, xxxi, 5; Isaïe, v, 1; Joël, iv, 18; Amos, ix, 13). Cf. Bachiene, *Beschreibung von Palæstina* (trad. allemande), 1re partie, tome I, p. 406.

[1] Robinson, *Bibl. researches*, t. II, p. 267, (Voir la note suivante).

[2] *Ant.*, XIV, iii, 4. *Guerre*, I, vi, 5; IV, viii, 1. La forme plurielle de קרוחים sied bien pour Κορέαι que Josèphe désigne comme première ville de la Judée dans la partie intérieure. Selon la Mischna (*Maaser schéni*, v, 1), *Acrabeh* appartiendrait déjà à la Judée, et Josèphe lui-même (*Guerre*, III, iii, 5) dit que la province de Samarie s'étend jusqu'à la toparchie d'Acrabatène. L'identification de Kouriouth avec Κορέαι n'est alors pas aussi certaine que le croit Robinson. M. Grætz (*Geschichte der Juden* (2e éd., t. IV, p. 454) place Coreae de Josèphe, qu'il identifie également avec notre קרוחים, dans la plaine de Yezréel, ce qui n'est pas possible; car il résulte du passage de Josèphe (*Guerre*, IV, viii, 1) que Coreae était situé entre Néapolis et Jéricho. Vespasien a parcouru le chemin de Coreae à Jéricho en un jour, ce qui serait impossible si Coreae était situé dans la plaine de Yesréel. Pour le vin qu'on aurait dû transporter de Coreae (קרוחים) à Jérusalem, on aurait eu les mêmes difficultés que nous signalons dans notre texte (p. 84) pour Nazareth.

[3] Robinson, *Bibl. researches*, t. III, p. 139. (K. Hatta; M. Van de Velde écrit Hatla). Nous croyons, comme M. Grætz (*l. c.*), que les noms היתלו (Tal. de Bab., *Niddah*, 9 *b*), היתלות (Tosiftha, *Niddah*, ch. 1), עייתלו (Tal. de Jér., même traité, i, 1), et enfin עיתהלו (dans la liturgie de Kalir, où le rhythme demande עיתילו) sont identiques avec notre הטולים. Mais nous ne pouvons nullement approuver M. Grætz quand il identifie ces noms avec l'endroit Βετυλουα (*Judith*, x, 6). D'abord, il y manque le mot בית, ensuite les difficultés pour le transport du vin existent toujours, quand on place les endroits de la mischna en Samarie.

[4] Robinson, *l. c*, t. II, p. 271.

est peut-être le village de *Soukneh*[1] près de Joppé. Nous aurions ainsi en Judée, où la viticulture était certainement plus florissante qu'en Galilée, les cinq villes qui fournissaient le vin pour le Temple. La Bible appelle la Palestine en général le pays des vignes[2], mais elle célèbre particulièrement les vins du territoire de Juda[3]. Elle parle aussi des vignes exquises en Pérée, mais on ne mentionne jamais le vin de la Galilée[4].

Il est donc peu probable que les cinq endroits mentionnés dans la mischna ci-dessus aient été situés en Galilée, comme le veut M. Schwarz[5]; ajoutons que le transport du vin de Galilée à Jérusalem ne pouvait s'effectuer qu'en traversant la Samarie. Or, le vin qui passe par le pays des *Kouthim* était défendu comme boisson, à plus forte raison pour les libations dans le Temple. Déjà, au sujet du transport de l'huile de *Regueb* en Pérée (nous en parlerons en temps et lieu) à Jérusalem, les Talmuds[6] se posent la question : « Comment pouvait-on employer cette huile, quand elle devait traverser une zone du pays des Kouthim? » On répond à ceci : « Ce sont les olives qu'on transporte et qu'on presse ensuite à Jérusalem. » Si le vin pour les sacrifices eût dû être amené de la Galilée, les Talmuds n'auraient certes pas manqué de soulever à son endroit la même question, et ils auraient trouvé un moyen quelconque pour éviter la transgression d'une loi formelle, celle qui interdit le commerce avec les habitants de la Samarie. Pourquoi, d'ailleurs, aurait-on cherché

---

[1] Cf. la carte de M. Van de Velde.
[2] II Rois, XVIII, 32 ; Isaïe, XXXVI, 17.
[3] Cantique, I, 14 ; Juges, XIV, 5 ; I Rois, XXI, 1.
[4] Cf. Bachiene, *Beschreibung*, etc. (tr. all.), 1re partie, t. I, p. 402.
[5] *Das heilige Land*, p. 141.
[6] Tal. de Jér., *Haguigah*, III, 4.

du vin en Galilée[1], lorsque la Judée en produisait en abondance et d'une qualité fort supérieure?

Nous ne pouvons donc admettre l'ingénieuse conjecture de M. Schwarz[2] que *Beth Laban* (maison blanche) serait la ville de *Nazareth*. Quaresmius[3], qui voyageait au seizième siècle, rapporte, il est vrai, que Nazareth était appelé dans le temps[4] *Medinah Abyadh* (la ville blanche), parce qu'elle est entourée de montagnes blanches et stériles. L'observation est assez curieuse, mais le nom est moderne; il n'a pas dû être connu des auteurs de la Mischna. Pour identifier Nazareth avec le Beth Laban, il faudrait d'abord lire dans la Mischna עיר הלבן[5] et non בית לבן. Ensuite, si le nom primitif de Nazareth avait été « ville blanche, » il aurait dû être changé en נתרת (*Nathareth*)[6] « ville de nitre » (dans le sens de pierre blanche)[7]. Enfin Quaresmius lui-même dit que les montagnes autour de Nazareth sont stériles; il n'y avait donc aucune vigne. Si, en effet, le vin pour le Temple était venu de Nazareth, les Évangiles ou les écrits des Pères de l'Église n'auraient pas négligé de mentionner le fait.

חדיד, Hadid est mentionné dans la Mischna[8] comme une ville de Judée fortifiée par Josué. C'est sans doute

---

[1] Il résulte même d'un passage talmudique, que les vins pour les libations provenaient de la Judée. Cf. Tal. de Jér., *Demoï*, i, 1, Tal. de Bab., *Pesahim*, 42 *b*.

[2] *L. c.;* M. Grætz, *Monathsschrift* de M. Frankel, an. 1853, p. 148.

[3] *Elucidatio terræ sanctæ*, t. II, p. 818.

[4] Nous n'avons pas à nous occuper ici de l'irrégularité grammaticale pour le mot arabe *Abyadh*.

[5] MM. Schwarz et Grætz écrivent עיר הלבן sans aucune raison.

[6] Nous verrons que l'orthographe de cette ville est נצרת.

[7] Cf. Buxtorf, *Lex. Talm.* a. v.

[8] Mischna, *Erakhin*, ix, 6; Tal. de Bab., *même Traité*, 32 *a*.

le Hadid de la Bible [1] et aussi l'endroit Ἀδιδα des apocryphes [2]. Eusèbe [3] connaît une localité *Adatha* ou *Aditha*, à l'est de Lod; il existe encore aujourd'hui dans cette direction un endroit appelé *el Hadithé* [4].

אונו, Ono est mentionné également comme ville fortifiée par Josué [5]. Cette ville est nommée dans la Bible [6] conjointement avec Lod; les Talmuds [7] les comprennent toutes deux avec leur territoire dans la dénomination commune de la *vallée de Harashim*. Nous avons déjà dit que la distance entre Lod et Ono était, selon les Talmuds [8], de trois milles. On l'identifie avec la localité de *Kefr Auneh*, au nord de Lydda [9].

אנטיפטרס, Antipatris est donné dans les Talmuds [10] comme ville frontière du nord de la Judée. L'extrémité opposée, au sud, est désignée dans les Talmuds [11] par *Gibthon* ou *Gebath*. « Dans le temps du roi Hezekias, disent les Talmuds, on ne trouva pas un ignorant depuis *Dan* jusqu'à *Beer Scheba*, et chaque Israélite entre Gebath et Antipatris connaissait les lois concernant le pur et l'impur. » Les Juifs vont à la rencontre d'Alexandre-le-Grand jusqu'à Antipatris [12].

D'après un passage de Josèphe, Kefar Saba serait l'ancien nom d'Antipatris. Cet historien raconte ce qui suit:

[1] Esdras, II, 33.
[2] I Macc., XII, 38; XIII, 13.
[3] *Onomasticon*, a. v. Adithaïm.
[4] Scholz, *Reise in Palæstina*, p. 256.
[5] Mischna, *Erakhin*, IX, 6.
[6] Esdras, II, 33.
[7] Tal. de Jér., *Meguillah*, I, 1. לוד ואונו חן דן גיא החרשים.
[8] Tal. de Bab., *Kethouboth*, 111 b; cf. ci-dessus, p. 79.
[9] M. Van de Velde, *Mémoire*, p. 337.
[10] Cf. ci-dessus, p. 57.
[11] Tal. de Bab., *Sanhédrin*, 94 b.
[12] Même Tal., *Yoma*, 69 a.

« Alexandre Jannée fit creuser un grand fossé qui commençait à *Kabarzaba*[1], appelé maintenant Antipatris, et qui se terminait dans la mer, près de Joppé. » Dans un autre passage cependant Josèphe semble dire qu'Antipatris fut construit dans le voisinage de Capharsaba. « Après que les solennités et les fêtes furent terminées, dit-il, Hérode fit bâtir une autre ville dans la plaine appelée Capharsaba[2]; il y choisit un emplacement abondant en eau, d'un sol excellent, où les différentes cultures prospéraient. Cette ville fut entourée d'un cours d'eau et d'un bois des plus belles essences. Hérode lui donna le nom d'Antipatris, en mémoire de son père Antipater. »

Les Talmuds nous porteraient à croire que Capharsaba et Antipatris ne sont pas identiques. On y mentionne ces deux noms. « Un arbre (sous lequel probablement on pratiquait l'idolâtrie) fut déclaré impur à Kefar Saba[3]. » On y dit encore[4] : « La règle du *Demoï*[5] pour les Samaritains était obligatoire depuis (Funduk ?) פנדקא jusqu'à Kefar Saba. »

Or, les Talmuds donnent invariablement aux villes les noms usités de leur temps. Quand il s'agit de noms bibliques changés ou altérés plus tard, ils se servent du nom primitif pour l'*Agadah*, de noms postérieurs pour les discussions sur le dogme. Kefar Saba et encore moins Antipatris ne sont des noms bibliques. Il n'y avait donc aucun motif de donner ces deux noms à une seule et même

---

[1] *Ant.*, XIII, xv, 1. Ἀπὸ τῆς Χαβαρζαβᾶ (Καβαρσαβ) ᾄῆ νῦν Ἀντιτατρὶς καλεῖται.

[2] *Ant.*, XVI, v, 2; ἐν πῷ τεδίῳ τῷ λεγομένῳ Καφαρσαβᾷ.

[3] Tal. de Bab., *Niddah*, 61 a. מעשה בשקמה של כפר סבא

[4] Tal. de Jér., *Demoï*, ii, 2.

[5] Le mot דמאי est la transcription du mot grec δημοί, peuple,

ville. En outre, les docteurs talmudiques exécraient la mémoire d'Hérode; pourquoi auraient-ils employé le nom de son père pour désigner une ville qui s'appelait aussi Kefar Saba? et c'est précisément le mot Antipatris qu'on rencontre plus fréquemment que le premier.

Tout au plus pourrait-on supposer que les passages talmudiques où se trouve le mot Kefar Saba, sont d'une rédaction antérieure au nom d'Antipatris ; rien n'autorise cette hypothèse.

Il est question dans un passage talmudique [1] de la côte d'Antipatris : « On est obligé de donner la dîme des produits du sol, qu'on achète sur les bateaux à Jaffo et à Césarée. R. Yehoudah dit : Sur les côtes de *Yischoub* et d'Antipatris et sur le marché de Patris tout produit était considéré autrefois comme *Demoï*, parce qu'il est censé provenir du mont Royal. » Aux yeux des Talmuds, Antipatris était donc un port ou au moins une ville située près de la mer [2].

La situation d'Antipatris au bord de la mer s'accorde cependant peu avec la direction du fossé de défense dont parle Josèphe [3]. Nous ne saurions pourtant tirer une conclusion absolue sur ce point qui relève de la stratégie des anciens.

La localité *Kafar Suba,* que M. Prokesch d'Osten a

(גוי) et veut dire qu'on considère les denrées comme provenant d'un païen, pour lequel il y a doute s'il a satisfait aux prescriptions du prélèvement des dîmes, etc., sur les denrées.

[1] Tosiftha, *Demoï*, ch. I הלקח מן הספינה ביפו ומן הספינה בקיסרי חייב ר' יהודה אומר כיפת היישוב וכיפת אנטיפטרס ושוק של פטרים בראשונה היו דמאי מפני שחזקתן מהר המלך.

[2] Guillaume de Tyr et d'autres ont la même opinion. Cf. Reland, *Palæstina*, t. II, p. 569 et 597 ; Robinson, *Bibl. researches*, t. II, p. 242.

[3] Cf. ci-dessus, p. 87.

trouvée[1], représenterait bien la plaine du même nom dont parle Josèphe, mais nullement Antipatris, car Kafar Suba se trouve plus au nord, même si l'on accepte la rectification proposée par M. de Raumer[2] dans l'itinéraire de Jérusalem, et qui porte de dix à vingt milles la distance de Lydda à Antipatris.

En outre, à Kafar Suba on n'aperçoit nulle trace de ces eaux abondantes[3] auprès desquelles Hérode construisit Antipatris. La supposition de Robinson[4] que la rivière d'Antipatris est un *ouady* qui tarit en été, ne nous semble guère acceptable, et ne s'accorde point avec les eaux abondantes qui déterminèrent le choix d'Hérode.

Josèphe lui-même n'est pas fixé sur la véritable situation d'Antipatris. Il dit tantôt que cette ville était construite dans la plaine[5] de Kafar Saba, tantôt il la place près des montagnes[6]. Le fossé d'Alexandre Jannée se trouve, selon lui, une première fois entre Antipatris et la côte de Joppé; une autre fois, le fossé commence près de ce même « Caphar Zaba qu'on appelle maintenant Antipatris[7]. » Nous ne pouvons pas nous prononcer par conséquent sur les données contradictoires des Talmuds et de Josèphe. Les traces de ce fossé que Josèphe indique, nous mettront peut-être un jour en état de fixer avec plus de certitude l'emplacement d'Antipatris.

---

[1] *Reise in das heilige Land*, p. 126.
[2] *Palæstina* (4ᵉ éd.), p. 147, note 95 b.
[3] Josèphe, *Ant.* XVI, v, 2. Ποταμοῦ περιρρέοντος τὴν πόλιν.
[4] *Bibl. researches*, t. II, p. 243.
[5] Cf. ci-dessus, p. 87.
[6] *Guerre*, I, iv. 7, μεταξὺ τῆς Ἀντιπατρίδος παρορ ου καὶ τῶν Ἰόππης αἰγιαλῶν.
[7] Cf. la note précédente.

Les Talmuds[1] parlent du nitre fabriqué à Antipatris et qui était inférieur à celui d'Alexandrie.

פטרים. Le mot Patris, dans le passage précité[2] de la Tosiftha, est peut-être la ville de *Betarus* mentionnée dans l'itinéraire de Jérusalem, à 10 milles de Césarée[3]. On identifie Betarus avec le village actuel de *Barin*, et M. Graetz[4] croit même que ce Betarus est la fameuse ville de *Bettar* qui soutint un siége héroïque sous *Bar-Coziba*; cette dernière opinion est repoussée par presque tous les savants. Nous donnerons plus loin notre opinion sur l'emplacement de Bettar, cette ville dont la chute entraîna la ruine définitive de la nationalité juive.

יישוב. Quant au mot *Yischoubh* qu'on lit dans le même passage de la Tosiftha[5], les commentateurs[6] l'expliquent par « lieu habité, » c'est-à-dire la côte où les Juifs ont commencé à se fixer. Cette explication est peu naturelle, puisqu'on parle dans ce passage talmudique des côtes de Joppé, de Césarée et d'Antipatris; le mot יישוב serait plus naturellement un nom propre.

On peut entendre sous ce nom la ville maritime d'*Arsuf*. La chronique samaritaine, connue sous le nom de « Livre de Josué, » mentionne une ville de *Yassouf*[7], qu'on prend pour Arsuf; or, יישוב et יאסוף peuvent facilement s'identifier.

---

[1] Tal. de Bab., *Sabbath*, 90 a. נתר אנטיפטרס.
[2] Cf. ci-dessus, p. 88, note 1.
[3] Reland, *Palæstina*, t. I, p. 406.
[4] *Geschichte der Juden*, t. IV, p. 156.
[5] Cf. ci-dessus, p. 88, n. 1.
[6] *Minhath Bikkourim* dans l'édit. de la Tosiftha de Wilna, 1841.
[7] Edition de M. Juynboll, ch. 47. Ce savant identifie Yassouf avec la ville de *Suffa* entre Lod et Beth-Horon. Il vaudrait encore être mieux identifier Yassouf avec une ville du même nom que M. de Saulcy (*Voyage*, t. II, p. 243) mentionne dans les environs de Sichem.

קיסרי, *Cæsarea Palæstina* ou *maritima*. L'ancien nom de cette ville était « tour de Straton[1]. » Hérode, qui fit exécuter de nombreux travaux dans les principales villes de la Palestine, n'oublia pas cette dernière; il lui donna le nom de Césarée, en l'honneur de l'empereur Auguste [2]. Son ancien nom, « tour de Straton, » ne disparaît pas tout de suite. Straton [3] et Pline [4] s'en servent encore; Ptolémée et Epiphane l'appellent par les les deux noms « Césarée de Straton [5]. » Nous avons vu que les Talmuds emploient [6] une seule fois l'ancien nom de la ville de Césarée; le nouveau s'y répète fréquemment. On l'appelle dans les Talmuds *Kisri*, sans épithète, ou « Kisri » la fille d'Edom [7], probablement parce qu'elle fut relevée par Hérode qui était Iduméen. Il se pourrait cependant que Césarée portât cette épithète, parce qu'elle était le siége du gouvernement romain; Rome est désignée dans les Talmuds par Edom.

Un passage talmudique [8] qui donne l'explication agadique d'un verset biblique, explication entremêlée, comme d'habitude, de faits historiques confus, a donné la singulière idée à quelques savants [9] que les Talmuds veulent identifier *Ekron* avec *Césarée*. « Le verset biblique : Ekron sera déraciné, dit le Talmud, se rapporte à Césarée, la fille d'Edom, qui est situé dans un pays sa-

---

[1] Cf. ci-dessus, p. 11.
[2] Josèphe, *Ant.*, XV, ix, 6.
[3] *Géographie*, liv. xvi.
[4] *Hist. nat.*, v, 13.
[5] Bachiene, *Beschreibung von Palæstina*, IIe partie, t. III, p. 240.
[6] Cf. ci-dessus, p. 11.
[7] Tal. de Bab., *Meguillah*, 6 *a*.
[8] *Ibidem*.
[9] M. Schwarz, *das heilige Land*, p. 93.

blonneux[1]. Cette ville était longtemps une menace pour Israël au temps de la domination des Grecs; les Hasmonéens sont survenus et s'en sont rendus maîtres. On nomme cet événement *la prise de la tour de Schid*[2]. » Le Talmud dans ce passage n'a nullement en vue de dire qu'Ekron est Césarée, ce qui serait d'ailleurs absurde; mais il fait simplement connaître sa haine contre cette ville et prédit sa destruction en s'appuyant sur un texte biblique, procédé habituel des talmudistes.

Césarée est considérée, dans les Talmuds, comme la « capitale des rois[3]. » Josèphe[4] dit qu'elle était la plus grande ville de Judée. Elle était la rivale de Jérusalem.

Voici ce qu'on lit dans les Talmuds[5] à ce sujet : « Si on te dit que Césarée et Jérusalem sont détruites toutes deux, ne le crois pas; si on te dit que toutes deux sont encore debout, ne le crois pas non plus; mais si on te dit que l'une est détruite et que l'autre reste debout, crois-le. » Après la destruction de Jérusalem, Césarée devint la capitale de la Judée. Le Midrasch[6] le dit en ces paroles : « Avant la destruction de Jérusalem, aucune ville n'était comptée pour rien; après la ruine de Jérusalem, c'est Césarée qui est devenue la capitale. »

En effet, le nouvel aspect que Hérode donna à cette ville, le port magnifique qu'il y fit construire et dans

---

[1] שישבה בין החולות. Le Talmud fait probablement allusion au sable que le vent apporte en grande quantité sur la côte de cette ville. Cf. Josèphe, *l. c.*

[2] Nous parlerons plus amplement de ce fait dans notre partie historique. Disons seulement qu'il ne peut pas être question ici de la prise de Césarée.

[3] Tal. de Bab., *Meguillah*, 6 a. מטרפולין של מלכים.

[4] *Guerre*, III, ix, 1. μεγίστην τε Ἰουδαίας πόλιν.

[5] *Loc. cit.*

[6] Midrasch *Ekha*, i, 5.

lequel les plus grands vaisseaux étaient à l'abri, enfin, les amphithéâtres et les autres monuments dont il dota Césarée, lui avaient déjà précédemment assuré la prééminence sur Jérusalem. Le gouverneur *Félix* et son successeur *Festus* résidèrent dans cette ville [1].

Le port de Césarée, que Josèphe [2] décrit avec tant de prolixité, est mentionné dans les Talmuds sous le nom de *Leminah* [3], semblable au nom que lui donne Josèphe λιμήν. Ce port n'est plus considéré comme « Terre d'Israël » au point de vue des exercices religieux. Il est probable que sous le mot *Schounitha* [4] dans le passage talmudique où l'on dit: « R. Yiçhak s'est promené sur le Schounitha de la mer de Césarée, » on doit comprendre la construction dans le prot, que Josèphe [5] appelle προκυμία, et qui était destinée à briser les vagues qui battaient les jetées. La côte de Césarée, désignée dans les Talmuds par *Kiptha di Kisré* [6], était déclarée impure. On dit, en général, que les côtés est et ouest de Césarée sont regardés comme des tombeaux et sont par conséquent impurs [7]. Le côté est s'étendait, d'après la Tosiftha [8], « de Tetrapolin jusqu'aux caves. » Aucun auteur ne parle d'une place appelée *Tetrapolin* ou *Tetraporos* [9] à Césarée. Les caves que la Tosiftha mentionne

[1] *Actes des Apôtres*, xxiv, 27 ; xxv, 1.
[2] *Ant.*, XV, iv, 6.
[3] Tal. de Jér., *Guittin*, I, 5. למינה של קיסרי.
[4] Midrasch *Koheleth*, v. 8. ומטייל על שוניתא דימא דקיסרין.
[5] *Loc. cit.*
[6] Tal. de Jér., *Nazir*, ix, 1. כיפתא.
[7] Mischna, *Oholoth*, xviii, 9.
[8] Tosiftha, *Oholoth*, ch. 18. ואיזהו מזרח קיסרן מכגד מטרפלין שלה ועד כנגד בית הגת שלה.
[9] Selon la leçon de R. Nathan dans son dict. tal. *Aroukh* מטרפאות, ce qui est peut-êre le mot grec τετράπορος, une tour avec quatre passages.

sont peut-être les voûtes souterraines et les caves dont Josèphe [1] parle en ces termes : « Il y a des voûtes souterraines et des caves qui n'avaient pas exigé moins d'architecture que les constructions au-dessus du sol. » Un docteur [2], cependant, soutient que le côté est de Césarée était pur au point de vue de certaines pratiques religieuses.

Césarée possédait une population mixte de Grecs, de Syriens et de Juifs [3]. Les Talmuds [4] mentionnent aussi des Samaritains habitant cette ville. Des chroniqueurs chrétiens [5] parlent de ces derniers qui auraient excité le peuple contre leurs coreligionnaires en 484 et en 548. Quoi d'étonnant que des rixes aient souvent eu lieu dans cette ville où les préjugés ne devaient pas manquer! Les Juifs, raconte Josèphe [6], prétendaient avoir des droits sur la cité, parce qu'Hérode, un roi juif, l'avait construite; les Syriens, de leur côté, soutenaient que Césarée, lorsqu'elle était encore la « tour de Straton, » n'avait jamais eu d'habitants juifs. Les autorités romaines châtiaient sévèrement les auteurs des rixes qui s'élevaient entre les différentes fractions de la population, mais les troubles recommençaient à la moindre occasion: Un jour on en vint aux mains dans une synagogue même. Les Grecs, raconte Josèphe, qui sous Néron eurent beaucoup de privilèges, étaient très-durs

---

[1] *Loc. cit.* Cf. M. Oppenheim dans le *Monathsschrift* de M. le Dr Frankel, 1860, p. 431.
[2] Tal. de Jér., *Guittin*, i, 1.
[3] Josèphe, *Guerre*, II, xiv, 4.
[4] Tal. de Jér., *Abodah zarah*, v, 4.
[5] Reland, *Palæstina*, t. II, p. 673.
[6] *Ant.*, XX, viii, 7. La Tosiftha (*Oholoth*, ch. 48) rapporte également l'opinion de quelques rabbins qui disent que les Juifs ont toujours possédé la ville de Césarée.

à l'égard des Juifs à Césarée. Ces derniers possédaient une synagogue tout près d'une place appartenant à un Grec ; le Grec ne voulait à aucun prix vendre cette place aux Juifs. Bien mieux, il y fit élever des constructions et barra presque le passage conduisant à la synagogue. Un jour de sabbath, pendant que les Juifs s'assemblaient tranquillement dans leur synagogue, un homme de Césarée, sans doute dans l'intention de provoquer une rixe, tua des oiseaux sur un vase de terre, devant la synagogue même. Or, cette action rendait la place impure, selon la loi talmudique. Il n'en fallait pas tant pour exaspérer la turbulente jeunesse juive qui ne demandait qu'à se battre. La lutte s'engagea entre Grecs et Juifs. Ces derniers eurent le dessous et furent obligés de fuir ; ils se retirèrent avec leurs livres saints à Narbata, à 60 stades de Césarée. C'est peut-être cette synagogue que les Talmuds désignent sous le nom de « Synagogue de la Révolte [1]. »

Malgré la population mêlée de Césarée, *Rabbi* [2] avait déclaré que cette ville appartenait à la Palestine au point de vue des pratiques religieuses. On y trouve même beaucoup de docteurs qu'on désigne dans les Talmuds sous le nom de « les Rabbi de Césarée [3]. » Nous avons déjà dit que les Talmuds appellent Césarée « le Pays de

---

[1] Tal. de Jér., *Nazir*, vii, 3, et dans d'autres passages כנישתא, דמורדתא. On trouve aussi les leçons דמדרתא ou דמדוכתא, leçons qui ne donnent aucun sens. Cf. *Ozar hokhma* (jour. héb.), t. I, p. 100. D'autres synagogues dans cette ville sont citées dans les Talmuds sous la désignation de כנישתא דקיסרין (Tal. de Bab., *Yebamoth*, 65 *b*). La racine מרד doit se prendre dans le sens de « résistance, » comme dans le passage מטבע שמרד (Tal. de Jér., *Maaser scheni*, I, 2.

[2] Tal de Jér., *Demoï*, ii, 2.

[3] *Ibidem* et dans d'autres passages. רבנן דקיסרי

Vie[1] » relativement à la vie matérielle. D'un autre côté, le Midrasch la désigne comme « ville d'abomination et de blasphème[2] » probablement à cause des temples païens, des statues, des théâtres et autres monuments luxueux qu'on y voyait. Un passage talmudique[3] se prononce d'une manière défavorable sur la justice romaine à Césarée. « Le verset biblique : Ta vie sera suspendue devant toi, dit le Midrasch, peut s'appliquer aux justiciables du tribunal de Césarée. » Remarquons seulement que ces derniers passages peuvent se rapporter également à la ville de « Césarée de Philippe. » Les Talmuds, à rigoureusement parler, distinguent entre les deux Césarée. Césarée de Palestine est désignée sous le nom de קיסרי ou קיסרא, tandis que Césarée de Philippe s'appelle chez les talmudistes קיסרין[4] ; mais cette distinction n'est pas observée dans nos éditions des Talmuds ; on ne peut donc savoir au juste quelle Césarée les Talmuds ont en vue, lorsqu'un autre indice ne nous vient en aide.

Césarée est la dernière ville[5] au nord de la côte de la Méditerranée, dont nous ayons à nous occuper ; nous passons maintenant à l'intérieur de la Judée. Pour cette fraction du pays, nous indiquerons les lieux selon leur situation, relativement au point central de Jérusalem, en allant de l'ouest à l'est par le sud.

---

[1] Cf. ci-dessus, p.
[2] Midrasch *Schir ha-Schirim*, I, 5. מדינת דחירופיא וגידופיא.
[3] Midrasch, *Esther*, ch. 1 ; כדייטי של קסרין.
[4] Cf. notre article sur Césarée de Philippe.
[5] La ville de Dor (Tantoura) ne figure dans les Talmuds que pour les frontières. Cf. ci-dessus, p. 15.

§ 3. — **Les villes au nord-ouest et au sud-ouest de Jérusalem, dans le pays montagneux.**

בעל שלשה, Baal Schalischah, mentionné dans la Bible [1], à propos de l'homme qui apportait du blé au prophète Elisée pendant la famine. Cette région, à en conclure d'après le fait cité, était très-fertile. Les Talmuds [2] rapportent que les fruits y mûrissent plus tôt que dans les autres parties de la Palestine. Dans un second passage les Talmuds accordent la même précocité au territoire de Jéricho [3], ce qui fait supposer à tort à M. Schwarz [4] que Baal Schalischa doit se trouver dans le *Ghor* (Jéricho).

Il est difficile d'indiquer où était situé Baal Schalischa. Les Talmuds, nous l'avons vu, ne nous en disent rien. Le Targoum de Jonathan [5] rend le mot Schalischa par *Deroma*; or, pour le Talmud ce mot représente la plaine de Darom jusqu'à Lod [6]. Si on place Baal Schalischa à l'extrémité nord de cette plaine, on se trouvera d'accord avec Eusèbe [7] qui indique cette localité à quinze milles vers le nord de Lod, dans la province Thamnitique. Disons, en passant, que cette province doit son nom à une ville appelée *Thamna* et qui, par conséquent, doit se trouver au nord-ouest de Jérusalem et ne peut être

---

[1] II Rois, iv, 42.
[2] Tal. de Bab., *Sanhédrin*, 12 *a*.
[3] Cf. notre article *Jéricho*.
[4] *Das heilige Land*, p. 122.
[5] I Samuel, ix, 4; II Rois, iv, 42.
[6] Cf. ci-dessus, p. 46.
[7] *Onom.* s. v. βαιθσαρισαθ.

confondue avec la ville de Thimna, au sud-ouest de Jérusalem. Nous reviendrons sur ces deux villes.

Saint Jérôme dit que Baal Schalischa porte le nom de la province de Schalischa qui avait appartenu à la tribu d'Éphraïm.

גמזו, Guimzo cité dans la Bible [1] parmi les villes de la tribu de Juda. Les Talmuds la mentionnent comme ville natale d'un certain Nahoum. Ce Nahoum, dit le Talmud [2], avait pour maxime que Dieu dirige toutes choses pour le mieux. Lui arrivait-il un désagrément ou un malheur, il avait pour coutume de dire philosophiquement : « Ceci également est pour le bien. » C'est là un jeu de mots sur le nom de la ville de גמזו et l'expression גם זו « ceci aussi ». Le Midrasch parle d'un district Bar Guimzo [3], à propos d'un mot usité seulement dans cette province. Nous ne pouvons savoir si le Midrasch veut parler de notre Guimzo ou d'une province hors de la Palestine.

On trouve un village *Djimzu* [4], non loin de Lod, qui est sans doute le même que le Guimzo de la Bible et des Talmuds.

חדשה, Hadassah est mentionnée dans la Bible [5] comme ville de la tribu de Juda. Juda Maccabée campa près d'une ville nommée *Adosa* [6], à 30 stades de Beth Horon. Les Talmuds [7] parlent d'une localité de Hadascha qui ne possédait que cinquante maisons. Eusèbe [8], de son côté,

[1] II Paralipomènes, xxviii, 18.
[2] Tal. de Bab., *Taanith*, 21 a. גם זו לטובה.
[3] Midrasch *Ekha*, i, 15. בר גמזא.
[4] Robinson, *Bibl. researches*, t. II, p. 249.
[5] Josué, xv, 37.
[6] I Macc., vii, 39, 40.
[7] Mischna, *Eroubin*, v, 6.
[8] *Onom.* s. v. Adasa.

connaît une ville d'Adasa près de *Taphnos*, mot que saint Jérôme lit *Gouphnos* (la province *Gophnitica*). Il est difficile de constater si ces quatre localités n'en font qu'une.

מודיעים ou מודיעית, Modiim ou Modiith se trouve, d'après les Talmuds [1], à quinze milles de Jérusalem. La distance de Modiim à Jérusalem est appelée « une distance éloignée [2]. » Nous n'hésitons pas à identifier cette localité du Talmud avec le village de *Modin*, lieu de sépulture de Mathatias le Maccabée [3]. Le nom a des variantes en grec comme en hébreu. On l'écrit [4] Μωδεἰν, Μωδεείμ. et Μωδαείμ. On raconte [5] que Simon Maccabée en restaurant le sépulcre de son père, y fit poser des colonnes tout alentour et y fit placer des bateaux sculptés, « afin qu'ils fussent vus de tous les navigateurs. » Eusèbe et saint Jérôme [6] placent Modein tout près de Diospolis (Lod), ce qui s'accorde parfaitement avec la distance que le Talmud met entre Jérusalem et Modiim. Nous croyons reconnaître Modin dans le village actuel *el-Mediyeh* [7], à l'est de Lod. Il n'est pas impossible que des navigateurs aient vu un monument élevé dans cette localité, ce village se trouvant sur une hauteur.

בעלת, Baalath, située, d'après les Talmuds [8], sur la frontière entre la tribu de Juda et celle de Dan ; les maisons en sont de Juda et les champs de Dan. Les Talmuds

---

[1] Tal. de Bab., *Pesahim*, 3 *b*.
[2] *Ibidem*, 93 *b*.
[3] I Macc., xiii, 25-30.
[4] Reland, *Palæstina*, t. II, p. 901.
[5] I Macc., xii, 29.
[6] *Onom.* s. v. « Modeim, vicus juxta diospolin, unde fuerunt Machabei, quorum hodie ibidem sepulcra monstrantur. »
[7] Cf. la carte de M. Van de Velde.
[8] Tal. de Jér., *Sanhédrin*, i, 2.

confondent ici la localité Baalah, que la Bible [1] cite comme appartenant à la tribu de Juda, avec Baalath [2], ville de la tribu de Dan. Nous avons fait souvent remarquer que les Talmuds se mettent facilement en contradiction avec la Bible lorsqu'il s'agit de trouver un texte à l'appui de leurs explications soit dogmatiques, soit agadiques.

אמאוס [3], Emmaüs est une ville située dans la plaine où commencent les montagnes du pays de la tribu de Juda [4]. Elle fut appelée par les Romains *Nicopolis*, et est mentionnée dans les anciens itinéraires comme distante de vingt-deux milles de Jérusalem et de dix milles à l'est de Diospolis. Emmaüs possédait, d'après Théophane [5], des eaux thermales. Les Talmuds disent que cette ville était située dans un climat agréable et abondait en eaux ; elle était fréquentée par des malades. « Après la mort de R. Yohanan ben Zakaï [6], son disciple R. Eliézer ben Arakh alla s'installer auprès de sa femme à Emmaüs, endroit sain et abondant en eau fraîche. » Mais ce séjour lui valut des reproches [7] : on disait qu'il avait oublié à

---

[1] Josué, xv, 29.

[2] *Ibid.*, xix, 44. Il faut lire dans le Talmud אלתקא וגבתון ובעלת הרי הן מדן.

[3] L'orthographe du nom de cette ville varie soit en grec, soit dans les Talmuds. I Macc., iii, 40 porte Ἐμμαοὖμ; Josèphe écrit Ἐμμαοῦς ou Ἀμμαοῦς. Les Talmuds emploient les mots אמאום, עמאום אמאום, עמים, עמאוס et עמאים. Cf. Mischna, *Kerithoth*, iii, 6, et Reland, *Palæstina*, t. I, p. 427.

[4] I Macc., iii, 40 ; saint Jérôme, *Comm. sur Daniel*, ch. 12 : Nicopolis ubi incipiunt montana Judeæ consurgere. Cf. pour les Talmuds, ci-dessus, p. 61.

[5] Reland, *l. c.*, t. II, p. 759.

[6] Midrasch *Koheleth*, vii, 7.

[7] *Aboth* de R. Nathan, ch. 14. Le mot דימסית employé dans ce passage pour Emmaüs, est une faute des copistes, ou doit être

Emmaüs tout ce qu'il avait appris chez son maître. Yabneh était préférée à Emmaüs par les gens d'études. Cette dernière ville, habitée en grande partie par les Romains, et possédant en même temps une forteresse occupée par leurs troupes, n'était probablement pas un lieu favorable aux écoles. Les familles des prêtres mêmes qui habitaient cette ville, étaient moins estimées que celles des autres lieux [1]. Toutefois on y rencontre très-souvent les docteurs s'entretenant sur une place nommée *Itliz* [2], et il nous semble que quelques institutions talmudiques, connues sous la dénomination « les *Halakhoth* de Emaoum [3], » ont été établies dans cette ville.

M. Rappoport [4], qui paraît avoir décidément une certaine prédilection pour la Galilée, soutient que l'endroit אמאום dans les Talmuds, se rapporte le plus souvent à l'endroit Ammaüs, près de Tibériade. Ce savant semble même croire que R. Eliézer ben Arakh s'est retiré à Ammaüs de la Galilée. Mais cette localité, ainsi que Tibériade même, était à cette époque encore déclarée impure, à cause de l'ancien cimetière sur lequel ces villes étaient construites; conséquemment, elles n'auraient pas été choisies comme séjour par les docteurs. En outre, on distingue parfaitement dans les Talmuds le *Emmaüs* de la Judée, qu'on écrit אמאום, et Ammaüs de Tibériade, qu'on désigne par חמתא. Josèphe aussi

---

pris pour le mot grec δημοσία, *thermæ*. Cf. le savant article de M. le Dr Graetz sur Emmaüs, dans le *Monathsschrift* de M. le docteur Frankel, année 1853, p. 112 et 113.

[1] Mischna, *Erakhin*, x, 1. La Tosiftha, *même traité*, ch. 1.

[2] Tal. de Bab., *Makkoth*, 13 *a*.; *Kerithoth*, 15 *a*. Cf. pour la signification de ce mot, ci-dessus, p. 68.

[3] הלכות של עמאום. Les commentateurs en donnent une autre explication. Cf. *Erekh Millin*, p. 111 et pass.

[4] *Erekh Millin*, p. 112.

est assez conséquent pour appeler notre Emmaüs Ἐμμαῦς ou Ἀμμαοῦς et l'autre Ἀμαοῦς[1].

Quant au passage talmudique[2] où il est question des eaux de *Yomsith*, que M. Rappoport croit devoir changer en Emmaüs, nous croyons qu'il s'agit plutôt d'un endroit hors de la Palestine, puisqu'on mentionne à côté le vin de la Phrygie.

תמנה, Thimnah. La Bible donne deux endroits de ce nom : 1° Thimnah, à la frontière nord de Juda[3], qui fut pris par les Philistins[4]; 2° Thimnathah (תמנתה), appartenant à la tribu Dan[5], et que Robinson identifie avec la localité *Tibneh*[6]. Eusèbe[7] en mentionne un troisième sur la route de Jérusalem à Diospolis : De là, dit-il, le nom de la province *Thamnitica*. Il ajoute[8] que Thamna était une grande ville. Nous croyons, comme Robinson, que c'est la même ville mentionnée dans le livre des Maccabées[9] sous le nom de *Thamnatha*. Elle joue un rôle assez important à l'époque des Romains[10].

Le Talmud[11] trouve une contradiction dans la Bible

---

[1] L'*Amathous* de Josèphe, que M. Graetz *(art. précité)* fait appliquer à cet auteur à *Hamatha*, désigne un lieu situé en Pérée et non en Galilée.

[2] Tal. de Bab., *Sabbath*, 147 b. חמרא דפרוגיתא ומיא דיומסת.

[3] Josué, xv, 57.

[4] II Paralipomènes, xxviii, 18.

[5] Josué, xix, 43.

[6] *Bibl. researches*, t. II, p. 17.

[7] *Onom.* s. v. Θαμνά : Κώμη μεγάλη ἐν ὁρίοις Διοσπόλεως μεταξὺ ἀπιόντων εἰς Αἰλίαν.

[8] *Loc. cit.*

[9] 1 Macc. ix, 50. Τὴν Θαμναθὰ Φαραθωνί. Le dernier mot est sans doute le אפרת de la Bible et on doit alors l'expliquer par Thamnah de la tribu d'Ephraïm ou à la frontière du pays d'Ephraïm.

[10] Josèphe, *Guerre*, III, iii, 5; Pline, *Hist. nat.*, v, 15.

[11] Tal. de Bab., *Sotah*, 10 a.

qui di au sujet de Juda et Thamar[1] : « Juda monta vers Thimna ; » tandis que pour Samson il est dit : « Samson descendit vers Thimna[2]. » R. Eléazar concilie les deux textes en leur donnant un sens figuré. Juda montait en mérite et Samson descendait. R. Samuel connaît deux endroits qui portent le nom de Thimna : un sur la montagne, pour lequel on se sert de l'expression « monter, » et l'autre dans la plaine, pour lequel on emploie le mot « descendre. » R. Pappa dit : « Il n'y a qu'un Thimna, on y monte ou l'on y descend, selon le point d'où l'on part, comme pour ורדנא, בי בארי et שוקא דנרש[3]. » Thimna était donc situé sur le penchant d'une hauteur.

Les auteurs modernes ne sont pas plus d'accord sur Thimna que le Talmud. Les uns prennent les trois Thimna pour le même endroit, en disant que la Bible, dans la première distribution, le rattache à la tribu de Juda et, dans la seconde, à celle de Dan[4]. Robinson[5] n'identifie point les trois Thimna ; nous croyons qu'il a raison.

ביתתר[6], Bettar, la fameuse ville derrière les murs de laquelle Bar-Coziba résista si opiniâtrement aux Romains du temps de l'empereur Adrien, se trouvait, selon notre opinion, non loin de Beth-Schemesch, dans la montagne. C'est probablement la même localité de *Bitri* que le Talmud[7] désigne comme lieu de refuge du roi David, et qui appartenait jadis aux Philistins.

Mais avant de développer notre pensée, résumons

---

[1] Genèse, xxxviii, 13.
[2] Juges, xiv, 1.
[3] Ces trois endroits sont en Babylonie.
[4] Cf. Winer, *Bibl. realwœrterbuch*, t. II, p. 612.
[5] *Loc. cit.*
[6] On écrit ce nom ביתתר et ביתר,
[7] Tal. de Bab., *Sanhédrin*, 95 *a*. ביתרי.

d'abord ce que les Talmuds nous disent de Bettar; nous donnerons ensuite l'opinion des différents savants sur l'emplacement de cette ville.

Bettar était, selon les Talmuds[1], une très-grande ville. Elle possédait 500 écoles, dont la moindre renfermait 500 élèves. Tous périrent pendant les massacres, lors de la prise de la ville, à l'exception de R. Siméon, le fils de R. Gamliel II. Deux mille trompettes précédant chacun plusieurs corps de troupes ennemies, avaient investi la ville. Adrien, raconte le Talmud[2], massacra à Bettar 80,000 *ribbo* d'hommes. Leurs cadavres formaient une haie autour d'un vignoble de huit milles carrés, que possédait cet empereur. L'exagération est évidente; néanmoins, on peut affirmer que Bettar était une ville considérable. Dion Cassius[3] dit que cette guerre (dans laquelle Bettar joue le principal rôle) a coûté la vie à un demi-million d'hommes, sans compter ceux qui périrent par les flammes et par la faim. Bettar avait un sanhédrin comme Yabneh[4]; la tradition[5] raconte qu'on s'y rendait pour étudier la loi.

Quant à sa distance de la mer, elle était, selon le Talmud de Jérusalem[6], de quarante milles; selon le Midrasch[7], de quatre milles, et selon le Talmud de Ba-

---

[1] Tal. de Jér., *Taanith*, IV, 8.
[2] *Ibidem*, et Midrasch *Ekha*, II, 2.
[3] Dion Cassius, LXIX, 14.
[4] Tal. de Bab., *Sanhédrin*, 17 b.
[5] *Beth hamidrasch* (collection des Midraschim publiée par M. le Dr Jellinek), t. IV, p. 146.
[6] *Taanith*, IV, 8. והיו הורגים בהם והולכים עד ששקע הסוס ברם עד חוטמו והיה הדם מגלגל סלעים משאוי ארבעים סאה עד שהלך הדם מים ארבעת מיל אם תאמר שהיא קרובה לים והלא רחוקה מן הים ארבעים מיל.
[7] Midrasch *Ekha*, II, 2.

bylone[1] d'un mille seulement. Le premier doit être considéré comme une meilleure autorité pour les indications concernant la Palestine ; d'autres raisons que nous développons plus bas, militent aussi en faveur du Talmud de Jérusalem.

Voici le passage relatif à cette distance[2] : « Les chevaux marchaient jusqu'aux genoux dans le sang des hommes tués ; le courant sanglant était si impétueux, qu'il roulait des rochers de quarante *Saah*. Le sang se voyait encore jusqu'à quatre milles dans la mer. Si tu penses que Bettar se trouvait près de la mer, tu te trompes. Cette ville était située à quarante milles de la mer. » Nous avons vu[3] que les Talmuds appellent « éloignées » les distances à partir de quinze milles seulement. Disons en passant que le nombre « quarante » dans les Talmuds, est un nombre de prédilection[4] et représente en chiffre rond les quantités qui approchent de quarante ; nous pouvons donc estimer la distance de Bettar à la mer de trente-cinq ou trente-six milles. Eusèbe[5] dit également que cette ville se trouvait non loin de Jérusalem. A une distance de quatre milles de la mer. elle aurait été nécessairement loin de Jérusalem.

[1] *Guittin*, 57 *a*. Il est probable que le mot qui désigne le nombre manque dans ce passage par la faute des copistes.

[2] Cf. pour le texte, ci-dessus, p. 104, note 6.

[3] Cf. ci-dessus, p. 99.

[4] La Bible déjà renferme souvent ce nombre ; ainsi Moïse se trouve quarante jours sur le mont Sinaï ; on appliquait quarante coups aux condamnés à la fustigation. — Jésus aussi était tenté pendant quarante jours dans le désert. Nous rencontrerons souvent ce nombre dans la partie historique de notre travail.

[5] *Hist. eccl.*, IV, 2. Βήθθρα πόλιν, ἥ τις ἦν ὀχυρωτάτη, τῶν Ἱεροσολίμων οὐ σφόδρα διεστῶσα. Le célèbre voyageur Estori place également non loin de Jérusalem (*Kaftor oupherah*, chap. 11).

Le Talmud en racontant les massacres de Bettar dit :
« La plaine des Mains[1] (c'est-à-dire, selon nous, la contrée entre Bettar et la Méditerranée) était traversée par deux torrents ; le sang des victimes y descendait et formait le tiers de la masse du courant. » Cette plaine est sans doute identique avec la plaine de Beth Rimmon[2], où les Juifs se réunirent pour se liguer et se révolter. C'est dans cette même plaine que les Juifs furent massacrés[3] après la chute de Bettar, comme nous le verrons plus loin. — Telles sont les données principales des Talmuds.

M. Herzfeld[4] a réuni dans un article les différentes idées émises sur la situation de Bettar ; nous reproduisons en partie ce résumé, en nous étendant un peu plus longuement sur les raisons pour et contre.

M. Graetz[5] identifie Bettar des Talmuds avec le Betarus mentionné dans les itinéraires comme situé entre Antipatris et Césarée. Cette localité est indiquée par les cartes sous le nom de *Barin*. M. Graetz s'appuie principalement sur le passage de la Tosiftha[6], où il est dit qu'un torrent descendant de Çalmon, refusa ses eaux pendant la guerre. Or, le mont Çalmon se trouve près de Sichem et appartenait aux montagnes d'Éphraïm ; le torrent appelé par Robinson *Nahr-Arsuf* qui en descend et qui touche Betarus, doit nécessairement être ce *Yore-*

---

[1] Tal. de Bab., *Guittin*, 57 *b*. בקעת ידים. M. Rappoport identifie cette plaine avec le Delta du Nil, ce qui n'est guère admissible. Cf. M. Graetz, *Geschichte der Juden* (2º édit.), t. IV, p. 461.

[2] *Bereschith* rabba, ch. 64. בהדה בקעתה דבית רמון.

[3] Midrasch *Ekha*, I, 11.

[4] Cf. son article dans le *Monathsschrift* de M. Frankel, année 1856, p. 105 et suiv.

[5] *Geschichte der Juden* (2º édit.), t. IV, p. 460.

[6] Cf. ci-dessus, p. 44.

deth-haçalmon. Mais la Tosiftha ne dit nullement que ce torrent se soit desséché pendant la guerre d'Adrien. Barin est en outre traversé par plusieurs torrents [7], et ce n'est pas l'eau qui y aurait fait défaut. Le Nahr-Arsuf, de son côté, ne touche pas à Barin[1], et aucun torrent descendant du côté de Sichem ne peut couler vers Barin. Ce nom n'a point d'analogie avec Bettar ; Barin, au reste, est situé à dix milles de la mer, ce qui ne s'accorde avec aucune donnée des Talmuds.

Nous avons vu [2] qu'Antipatris marque la frontière de la Judée ; la ville même était habitée par des païens. Césarée était complétement entre les mains des Romains, puisqu'elle est devenue la capitale de la Palestine après la chute de Jérusalem. Bettar, par conséquent, si on l'identifie avec Barin, aurait été pris entre la mer, deux fortes garnisons romaines et les Samaritains, ennemis implacables des Juifs. En outre, Barin se trouve tout à fait dans la plaine, et pour la fortifier il eût fallu beaucoup de temps et des travaux considérables ; comment les Romains auraient-ils laissé les Juifs mettre ouvertement une aussi importante ville en état de défense ? La situation de Barin ne permet pas un instant de penser qu'on ait pu se livrer clandestinement à de pareils ouvrages.

Pourquoi les Juifs, dans leur dernier et héroïque soulèvement contre la tyrannie étrangère, auraient-ils choisi comme centre de résistance, une ville ouverte située en plaine, où il aurait été impossible de se maintenir pendant des années ?

Ce serait là un fait bien extraordinaire dont l'histoire

---

[1] Cf. la carte de M. Van de Velde.
[2] Cf. ci-dessus, p. 57.

ne fournit pas d'exemple. Or, nous savons par les Talmuds que Bettar fut assiégé pendant trois ans et demi[1], et ne tomba aux mains des Romains que par trahison.

Ajoutons encore que les Talmuds[2] racontent que Bettar florissait déjà cinquante-deux ans avant la destruction du second Temple. « Les habitants de Bettar se sont réjouis de la chute de Jérusalem : lorsqu'ils s'étaient rendus pour les fêtes dans la capitale, les conseillers (magistrats) les avaient circonvenus pour leur acheter, à bas prix, des terrains à Bettar, car on prévoyait déjà la chute de Jérusalem. En arrivant à la maison, les habitants de Bettar maudirent les pieds qui étaient allés à Jérusalem. » Cette tradition nous apprend que les habitants de Jérusalem, les familles riches au moins, cherchaient un asile pour l'époque où leur ville ne serait plus. R. Yohanan ben Zakaï avait demandé à Vespasien la conservation de Yabneh[3], qui devint le centre du judaïsme. C'est vers ce centre que se dirigèrent les Juifs après la chute de Jérusalem et non vers Betarus près de Césarée.

M. Graetz[4] est forcé d'identifier la plaine de *Beth Rimmon* ou de *Yadaïm*, qui doit se trouver près de Bettar, avec la ville de Hadad-Rimmon que saint Jérôme place près de Yezréel et qui porta le nom de *Maximianopolis*. On ne peut guère comprendre que des torrents de sang soient montés de Barin, situé en plaine, vers Hadad-Rimmon, à moins d'invoquer des faits surnaturels.

[1] Tal. de Jér., *Taanith*, IV, 8. שלש שנים ומחצה עשה אדרינוס מקיף על ביתר C'était la durée de toute la guerre de Bar-Coziba.
[2] *Ibidem*. תני ר׳ יוסי אומר חמשים ושתים שנה עשת ביתר לאחר חורבן בית המקדש.
[3] Cf. ci-dessus, p. 106.
[4] *Geschichte der Juden* (2ᵉ édit.), t. IV, p. 461.

La plaine de Yezréel appartenait à la Galilée; comment, dès lors, les élèves de R. Akiba[1] auraient-ils pu se rendre à Bikat-beth-Rimmon (en Galilée) pour la cérémonie de la nouvelle lune? cérémonie qui ne pouvait s'accomplir à cette époque qu'en Judée [2].

Abandonnons donc l'identification de Barin avec le fameux Bettar, et examinons les autres opinions.

M. Rappoport croit que Bettar est une corruption de Bethçour et l'identifie avec le *Beth-soura*, à deux heures vers le nord de Hebron, ville fortifiée par Simon Maccabée [3] contre les Iduméens. Josèphe ben Gorion [4] rend en effet le Baïtsoura des Maccabées par ביתר.

Deux objections s'élèvent contre ce système. Bethsour étant situé entre Jérusalem et Hébron, Bar-Coziba n'aurait pu s'y retrancher ou s'y maintenir en face de de deux garnisons romaines. Il faudrait admettre que les insurgés se fussent rendus maîtres momentanément de la capitale; un pareil événement n'eût pas été passé sous silence par les deux Talmuds. Celui de Jérusalem, dont l'opinion est d'un grand poids, nous apprend, comme nous l'avons dit [5], que Bettar florissait cinquante-deux ans après la destruction du Temple. Les conquérants romains n'eussent pu tolérer que les Juifs s'établissent dans un centre aussi important que l'était Beïthsour. N'oublions pas que les Talmuds ne placent pas Bettar aussi loin de la mer que l'est Bethsoura.

Il ne faut pas rapporter, dit avec raison M. Herzfeld [6],

---

[1] Tal. de Jér., *Haguiga*, III, 1.
[2] Cf. ci-dessus, p. 79.
[3] Βαιθσουρὰ. I Macc. XI, 65, 66.
[4] *Jossipon* (éd. Cracovie), p. 34.
[5] Cf. ci-dessus, p. 108.
[6] *Art. précité*.

Bettar à l'endroit de *Bedôrô*, à six heures vers le sud d'En-geddi, d'après les indications de Ptolomée. Beth-Horon, qui est rendu dans Josèphe par *Bethôra* ou *Baïthôra*, ne peut être le Bettar des Talmuds ; ceux-ci ont l'orthographe biblique pour Beth-Horon. Le κώμη βήταρις, que Josèphe cite comme situé « au milieu de l'Idumée, » séduit M. Herzfeld ; il l'identifie avec le Bettar des Talmuds. On cite dans la Mischna un Betar [1] qui était situé « hors de la Terre d'Israël, » ce qui corrobore l'opinion de M. Herzfeld, puisque l'Idumée se trouvait, au point de vue des exercices religieux, hors de la Terre d'Israël. Remarquons aussi que la rédaction de la Mischnah dans le Talmud de Jérusalem porte ביותיר et non ביתר. M. Herzfeld ajoute que Jean Hyrcan ayant soumis et amené à la religion juive les Iduméens, une émigration de juifs eut lieu vers l'Arabie Pétrée, ce qui explique leur présence dans ce pays. L'endroit *Kefar Herébah*[2], mentionné dans le Talmud de Jérusalem comme l'endroit où deux frères se distinguèrent par des actes d'héroïsme pendant la guerre contre Adrien, est, d'après M. Herzfeld Ὀρυδα, enlevé par Alexandre Jannée aux Arabes[3]. Enfin, M. Herzfeld prouve qu'Adrien étendait son action jusqu'en Idumée, puisque, sur une monnaie[4], Petra s'appelle Ἀδριάνη, et que le chroniqueur samaritain[5] raconte qu'Adrien avait construit une ville dans le *Hadjar*.

Les monts *Bather* de la Bible[6], dit M. Herzfeld, ainsi que le mot Βεθὼρ ou Βαιθαιώρ cité par les septante

---

[1] *Hallah*, IV, 10.
[2] כפר חרובה. Tal. de Jér., *Taanith*, iv, 8.
[3] Josèphe, *Ant.* XV, 1, 4.
[4] Ekhel, *doct. num.*, ii, 503.
[5] *Liber Josuæ* (éd. Juynboll), ch. 47.
[6] Cant. des Cant., ii, 17.

conjointement avec la province d'Edom comme pays conquis par Saül[1], pourraient parfaitement se rapporter au Betaris de Josèphe, en Idumée. Disons en passant que dans ce passage, les septante rendent פלשתים et non point אדום par Βεθώρ.

Examinons le passage de Josèphe et voyons si ses indications ne sont pas un peu trop confuses pour qu'on puisse en tirer un résultat géographique. Cet historien dit[2] : « Au commencement du printemps, il (Vespasien) quitta Césarée avec le gros de l'armée, et se porta sur Antipatris, où il passa deux journées à mettre ordre aux affaires de la ville. Le troisième jour, il en partit, et alla brûler toutes les bourgades voisines. Après avoir soumis tout ce qui dépendait de la toparchie thamnitique[3], il marcha sur Lydda et Jamnia; les ayant soumises, il y établit un nombre suffisant d'habitants, pris parmi les transfuges. Il se rendit ensuite à Emmaüs, occupa militairement tous les passages qui de là conduisaient à leur capitale, établit un camp fortifié dans lequel il laissa la cinquième légion, et se porta aussitôt sur la toparchie de *Bethleptephon*[4]. Là encore, tout fut réduit en cendres. Après avoir établi des postes fortifiés sur les points favorables de la frontière iduméenne [il envahit l'Idumée], et enleva deux bourgs qui se trouvent

---

[1] I Samuel, xiv, 47.

[2] *Guerre*, IV. viii, 1. Cf. M. de Saulcy, *les derniers jours de Jérusalem*, p. 152.

[3] Toparchie au nord de Lydda. Cf. ci-dessus, p. 102.

[4] Βεθλεπτεφῶν τοπαρχία. Il est difficile de dire de quelle toparchie il s'agit. Pline (*Hist. nat.*, v, 4) porte *Bethelenen, Tephenen*, ce que Harduin corrige en *Bethleptephenen* (cf. Reland, *Palæstina*, t. II, p. 637). Nous croyons reconnaître dans cette toparchie celle de Thimna au sud de Lod, qu'on appelle aujourd'hui *Tibneh* et peut-être à cette époque τεφῶν (I Macc., ix, 50). Mais que signifie *Bethlep* ?

au milieu de l'Idumée, *Betaris* et *Caphartoba*, dans lesquels plus de dix mille hommes furent tués, et plus de mille autres faits prisonniers. »

M. de Saulcy[1] identifie Caphartoba avec *Koufour Tab*, à l'est de Ramleh; M. Herzfeld[2], avec le *Kefar Tabi* des Talmuds, qui se trouve à l'est de Lydda[3]. Mais ni Ramleh, ni Lydda ne sont en Idumée. L'Idumée que Josèphe mentionne ici ne peut pas se rapporter à la province du même nom dans la *Palæstina tertia*[4], car le même Josèphe dit[5] que Vespasien était déjà de retour à Emmaüs le 26 avril. Idumée doit signifier ici la toparchie qui s'étendait vers Eleuthéropolis; pour Josèphe, Hébron est aussi une ville iduméenne. Il est alors probable qu'il faut lire avec Rufin[6], dans le passage précité de Josèphe, Καφαρτόφα pour Kafartoba et Βήγαβρις pour Betaris.

Bethagabra[7], en effet, était une bourgade connue, et se trouvait au milieu de la toparchie d'Idumée. Caphartopha est peut-être l'endroit de Tappuah de la Bible[8].

Est-il nécessaire de dire que notre Bettar ne peut être Petra, ce que M. Herzfeld ne prend même pas au sérieux[9]. Petra est appelé par les juifs *Rekem*[10] et se trouve tout à fait hors du centre des communautés juives. Si l'insurrection était née dans ces parages, pourquoi

[1] *Loc. cit.*
[2] *Art. précité.*
[3] Cf. ci-dessus, p. 80.
[4] Reland, *Palæstina*, t. I, p. 66-69.
[5] *Loc. cit.*
[6] Reland, *Palæstina*, t. II, p. 626 et 692.
[7] *Ibidem*, p. 627.
[8] Josué, xii, 17.
[9] *Art. précité*, p. 111.
[10] Cf. ci-dessus, p. 10.

aurait-on transporté le siége de l'école de Yabneh à Ouscha en Galilée? Comment une ville tout à fait hors de la Palestine aurait-elle eu un sanhédrin et de grandes écoles où le patriarche Gamliel, qui habitait Yabneh, envoya son fils en bas âge.

Arrivons maintenant à notre propre opinion, savoir : que Bettar était dans les environs de Beth-Schemesch. Nous avons déjà vu que Bettar doit absolument se trouver dans le pays d'Israël; il faut le placer dans un pays montagneux, et dans un pays rempli par une population juive. Or, où les juifs furent-ils plus nombreux que dans le pays situé entre Yabneh et Lydda? R. Yohanan ben Zakaï demande la conservation de Yabneh, dont les environs comptaient probablement des grandes communautés juives.

A Yabneh, d'après le Talmud[1], on trouvait de grands magasins remplis d'approvisionnements; à quoi bon ces magasins, si ce n'est en prévision du siége d'une forteresse voisine? R. Akiba est connu comme le plus ardent des partisans de Bar-Coziba. On dit de lui que ses élèves étaient répandus depuis Gibthon jusqu'à Antipatris. En effet, entre ces deux villes, on rencontrait alors les grandes communautés de Yabneh, Lod, etc. R. Yohanan parle également, à différentes reprises, de la nombreuse population établie dans le territoire situé entre les deux premières villes[2]; c'est donc dans cette région que se place naturellement l'important centre de Bettar.

Les septante rendent en effet Beth-Schemesch par Bettar, ce qui s'explique peut-être par le nom postérieur de cette ville. Voici comment ils rendent le verset[3] : Ça-

---

[1] Tosiftha, *Demoï*, ch. 1.
[2] Cf. ci-dessus, p. 73.
[3] Voir II Rois (Samuel), xv, 24.

dok était aussi là avec tous les lévites qui portaient l'arche de l'alliance de Dieu, et ils posèrent là l'arche de Dieu, καὶ ἰδοὺ καί γε Σαδώκ καὶ πάντες οἱ Λευῖται μετ' αὐτοῦ αἴροντες τὴν κιβωτόν διαθήκης Κυρίου « ἀπὸ Βαιθάρ » καὶ ἔστησαν τὴν κιβωτόν τοῦ Θεοῦ. Les mots « de Baitar » font sans doute allusion au passage biblique[1] qui raconte que l'arche fut ramenée de Beth-Schemesch. On trouve encore dans un autre passage[2] au lieu de Beth-Schemesch, le mot βαιθήρ. Nous avons rencontré[3] le mot βετὼρ pour le mot פלשתים, et Beth-Schemesch se trouve précisément à la frontière du pays des Philistins. Peut-être à cette époque la vallée de Beth-Schemesch portait-elle le nom de *Bettar*, comme on l'appelle aujourd'hui *Ouady Bittir*[4]. La fameuse ville de Bar-Coziba se trouvait donc au milieu des communautés juives, à trente-cinq milles de la mer, comme le dit le Talmud, et cependant non loin de Jérusalem, comme Eusèbe le rapporte. Ici les montagnes formaient des défenses naturelles, il fallait peu pour les rendre formidables ; le ravitaillement était facile, puisqu'on était entouré de communautés juives. Ajoutons que les trois villes si populeuses de *Kefar Bisch*, *Kefar Dhikhrin* et *Kefar Schiklaïm*, se trouvent également dans le pays de Darom[5].

---

[1] I Samuel, vi, 12.

[2] I Paralipomènes, vi, 39.

[3] Cf. ci-dessus, p. 111.

[4] Robinson, *Bibl. researches*, t. III, p. 269. Il y a d'après ce voyageur une place forte dans ces environs, appelée *Khirbeth el-Jehud*. Il est curieux que les Arabes appellent le Beth-Schemesch (Héliopolis) d'Égypte (Jérémie, xliii, 13) *Mataréa* ou *Matara*. Y aurait-il quelque rapprochement à faire entre Matara et le nom de Bettar pris pour Beth-Schemesch ? le *b* et le *m* se confondant dans les langues sémitiques.

[5] Cf. ci-dessus, p. 74.

Le Midrasch[1] nomme trois endroits dans lesquels Adrien avait placé des postes pour arrêter des fuyards, ce sont: *Hamthan, Kefar Lekitia* et *Beth-El* de Juda. Nous croyons pouvoir identifier ces trois localités avec les endroits d'*Emmaüs, Kefr Lukyeh*[2] (près Noba) et le *Beth-El* en Judée. En effet, la Galilée étant occupée par les légions romaines, en même temps que Jérusalem, il ne restait aux fuyards que les chemins vers le Jourdain ou vers l'intérieur de l'Idumée où nous les trouvons effectivement dans la province de Gabalène. La plaine de Beth-Rimmon, où, selon le Midrasch, Adrien fit massacrer les juifs, est peut-être la plaine de la ville de Rimmon, au sud de la Palestine[3]. Ce récit du Midrasch est fort admissible; on avait promis la liberté aux juifs qui s'étaient rendus; on leur ordonna de se réunir dans la plaine de Beth-Rimmon, là on les massacra; peu d'entre eux échappèrent et parvinrent sans doute dans la province de Gabalène, cette même Gabalène qui sera déserte, dit le Midrasch[4], à l'époque messianique. Les lieux funestes aux juifs furent en partie abandonnés par eux; peut-être leur défendit-on le séjour dans ce pays, et la Galilée hérita des priviléges de la Judée. Le tribunal suprême avait été précédemmet transféré à Ouscha, en prévision de la guerre, comme on le verra dans notre partie historique.

צרעה אשתאל, Estaol et Çarah sont des villes appartenant à la tribu de Juda[5] et plus tard à Dan[6]. La der-

---

[1] Midrasch *Ekha*, II, 3. המתן וכפר לקיטייא ובית אל דיהוד.
[2] Cf. la carte de M. Van de Velde.
[3] Josué, xv, 32; Zacharie, xiv, 11.
[4] Cf. ci-dessus, p. 106.
[5] Josué, xv, 33.
[6] *Ibidem*, xix, 41.

nière était le lieu natal de Samson[1] qui est enseveli entre ces deux villes[2]. Elles sont situées, selon Eusèbe[3], vers Nicopolis, à dix milles au nord d'Eleuthéropolis. Les Talmuds[4] signalent ces deux endroits comme deux montagnes que Samson aurait déracinées et broyées. Nous n'avons pas besoin de répéter qu'il faut prendre ces affirmations dans un sens légendaire.

לחי, Lehi est un endroit dans le pays des Philistins[5]. Le mot *Lehi* signifie « mâchoire » et Lehi portait ce nom, à cause de la source qui jaillit de la mâchoire d'âne avec laquelle Samson frappa les Philistins[6]. On l'appelle aussi Ramath Lehi. Aquila et Symmachus traduisent Lehi par Σιαγών. Josèphe[7] connaît cet endroit sous le même nom. Glycas[8] raconte que de son temps on montrait dans un faubourg d'Eleuthéropolis cette source, sous le nom πηγὴ Σιαγόνος. Antonin le martyr[9] a mentionné également la même source à Eleuthéropolis.

Quelques talmudistes[10] croient que cet endroit est appelé *Makhthesch*, ils s'appuient sur le verset biblique[11] : Dieu fendit une des grosses dents (המכתש) de la « mâchoire. » Voilà une déduction bien puérile; nous la signalons pour montrer aux lecteurs qu'il ne faut accepter les données géographiques du Talmud qu'avec une extrême réserve.

[1] Juges, XIII, 1.
[2] *Ibidem*, XVI, 31.
[3] *Onom.*, s. v., Esthaul.
[4] Tal. de Bab., *Sotah*, 9 b.
[5] Juges, XV, 9.
[6] *Ibidem*, 17.
[7] *Ant.*, V, VIII, 8, 9.
[8] *Annal.*, II, 164.
[9] Cf. Reland, *Palæstina*, t. II, p. 872.
[10] *Bereschith* rabba, chap. 48.
[11] Juges, XV, 19.

§ 4. — **Les villes vers le sud-ouest, sud et sud-est de Jérusalem.**

כפר עזיז, Kefar Aziz, ville [1] où vivait R. Ismaël contemporain de R. Akiba. Un autre passage talmudique [2] nous apprend que R. Ismaël demeurait près de la province d'Idumée ; Kefar Aziz se trouve donc vers le sud de la Palestine. Nous avons vu [3] qu'une partie de l'Idumée, la province de *Gebalena,* était habitée par les Juifs.

On mentionne dans les Talmuds un endroit appelé *Ouza* ou *Ouzaah* [4]. La liturgie de Kalir [5] parle de la destruction de *Kefar Ouziel*, ville où se trouvait une station de prêtres. Nous hésitons à identifier ces dernières villes avec Kefar Aziz, bien que R. Ismaël fût de

---

[1] Mischna, *Kilaïm,* vi, 4. On mentionne dans la même mischna un endroit *Beth Maguinya* (בית מגיניא) qui était ou une partie de Kefar Aziz, ou tout près de ce dernier.

[2] Mischna, *Kethouboth,* v. 8.

[3] Cf. ci-dessus, p. 67.

[4] יהושע איש עוזא, יהושע (בן) עוזאה, Tal. de Bab., *Nedarim,* 38 *b.* même Tal., *Yoma,* 47 *b.* Il est possible qu'Ouza et Ouzaah signifient la ville de Gaza.

[5] Eléazar Hakalir est mentionné par Saadyah (Xe siècle) comme un liturgiste très-connu. On est presque d'accord que cet Eléazar vivait au moins avant la clôture du Talmud de Babylone (cf. *Hacarmel,* 4e année, p. 67). Il a composé une élégie pour le neuf Ab (jour de la destruction de Jérusalem), dans laquelle il mentionne plusieurs villes où se trouvaient des postes de cohanim. Cette élégie commence par les mots איכה ישבה חבצלת השרון et est tirée, comme M. Rappoport (*Erekh Millin,* p. 191) le fait bien observer, d'un ancien Midrasch perdu pour nous comme tant d'autres.

la famille des cohanim[1] et même, selon quelques savants[2], fils d'un grand Pontife.

רמון, Rimmon était situé au sud de Jérusalem. « En ce jour, dit le prophète[3], tout le pays deviendra une lande inculte, depuis Geba jusqu'à Rimmon, vers le sud de Jérusalem. » Geba représente ici, d'après M. de Raumer[4], le nord de la Judée, et Rimmon le sud, comme dans le dicton : « Depuis Geba jusqu'à Beer Seba. » Ce Rimmon appartenait primitivement à la tribu de Juda[5], et plus tard à celle de Siméon[6]. Eusèbe[7] le place à seize milles au sud d'Eleuthéropolis. Les Talmuds[8] disent que Geba et Rimmon sont des lieux rocheux. On croit pouvoir l'identifier[9] avec Um-er-Roumamim, entre Eleuthéropolis et Beer Seba ; dans le voisinage on voit des sources, raison pour laquelle cet endroit est appelé aussi En-Rimmon[10].

Il ne faut pas confondre ce Rimmon avec un autre auprès duquel nous avons placé[11] la plaine de Beth-Rimmon ou Yadaïm, qui fut témoin des massacres de Bettar. Nous savons que le mot Rimmon « grenade » entre dans le nom de plusieurs villes en Palestine. La plaine de Beth-Rimmon doit plutôt se chercher près de

[1] Tal. de Bab., *Holin*, 49 a.
[2] M. Katzenellenbogen dans le *Hacarmel*, 4ᵉ année, p. 298.
[3] Zacharie, xiv, 10. Ce passage est difficile et les septante diffèrent de notre texte.
[4] *Palæstina*, p. 219.
[5] Josué, xv, 32.
[6] *Ibidem*, xix, 7 ; I Paralipomènes, iv, 32.
[7] *Onom.* s. v. Eremmon.
[8] Tosiftha, *Sotha*, ch. 11.
[9] M. Van de Velde, *Mémoire*, p. 344.
[10] Néhémie, xi, 29.
[11] Cf. ci-dessus, p. 106.

Gath-Rimmon [1], à douze milles de Diospolis, en se dirigeant vers Eleuthéropolis. [2]

אילת, Elath, d'après la Mischna [3], localité à une journée de Jérusalem, vers le sud. Il est difficile de préciser quelle était cette ville. Il ne faut pas songer à Aïlath sur le golfe du même nom, qui est à 150 milles de Gaza[4]. Cette dernière ville qui, à la grande époque du roi David appartenait aux Juifs [5], fut plus tard perdue pour eux[6]. Elle est comptée comme une ville de la *Palæstina tertia*, région qui ne fut nullement regardée [7] comme appartenant à la « Terre d'Israël. » M. Rappoport [8] veut l'identifier avec la ville d'*Elusa* que saint Jérôme [9] place dans le pays de Moab. Ptolémée [10] énumère Elusa parmi les villes des Iduméens, vers l'ouest du Jourdain. Robinson[11] a trouvé au sud-ouest de Beer-Saba des ruines que les indigènes appellent *El-Khulasa*, et qu'il suppose avoir été l'ancien Elusa. Néanmoins, si la dernière identification même était exacte, Elusa se trouverait toujours à plus de deux journées de Jérusalem. Les anciens voyageurs[12] la placent dans la province de la *Palæstina tertia*; elle n'appartenait donc aucunement à la Terre d'Israël, puisque Beer Saba est déjà la frontière biblique du sud de la Palestine.

---

[1] Josué, xix, 45.
[2] *Onom.* s. v. Gathremmon.
[3] Cf. ci-dessus, p. 76.
[4] Pline, *Hist. nat.*, v, 12.
[5] II Samuel, viii, 14.
[6] II Rois, xvi, 6.
[7] Cf. ci-dessus ch. 1, § 3.
[8] *Erekh Millin*, p. 55.
[9] *Comm.* d'Isaïe, ch. 15.
[10] Reland, *Palæstina*, t. II, p. 755.
[11] *Bibl. researches*, t. I, p. 201 et pass.
[12] Reland, *Palæstina*, t. I, ch. 35.

M. Rappoport[1] rejette avec beaucoup de bon sens la conjecture de M. Schwarz qui voit dans Elath une abréviation d'Eleuthéropolis [2]. Les Talmuds se servent assez souvent des abréviations en conservant la première lettre des mots, jamais plusieurs. M. Graetz[3] fait observer avec raison que si l'opinion de M. Schwarz se confirmait, Hebron, situé au sud d'Eleuthéropolis, serait exclu du rayon des prémices, ce qui est inadmissible. On ne peut non plus chercher Elath dans la vallée d'Elah de la Bible[4], celle-ci se trouvant au nord-ouest de Jérusalem, dans le voisinage de Sokho et d'Azeka; sa distance de la capitale est moindre d'une journée. D'ailleurs, comme Eleuthéropolis, la vallée d'Elah est au nord-ouest de Hebron, et la même objection se présente que ci-dessus.

Dionysius[5], dans sa « description du monde, » mentionne un endroit Ἐλαίς qui semble se trouver dans les environs de Gaza, et qui s'accorderait assez bien avec notre Elath. Toutefois, d'autres écrivains[6] appellent Elaïs, une ville phénicienne. Il est possible qu'il y en avait deux ou même plusieurs de ce nom. C'est un cas assez fréquent dans la géographie de la Palestine.

טלמיא, Talmia est la ville natale d'un certain Menahem[7]. Cette localité est probablement identique avec le *Telem*

---

[1] *Art. précité.*

[2] אילת pour אילותרופולים.

[3] *Monathsschrift*, 1853, p. 111.

[4] I Samuel, xvii, 2. Cette vallée est appelée aujourd'hui, d'après Robinson (*Bibl. resear.*, t. II, p. 21), *Ouady sumt*. Cependant une tradition monastique place le *ouady Beth Hanina* à six heures de Socho comme la vallée d'Elah, ce qui serait une journée de distance de Jérusalem. Cf. Robinson, *ibid.*, t. I, p. 461.

[5] Reland, *Palæstina*, t. II, p. 747.

[6] *Ibidem.*

[7] Midrasch *Koheleth*, v, 10.

de la Bible[1]. M. Schwarz[2] la place au nord de Moladah, et ajoute que tout ce district s'appelle encore aujourd'hui *Toulam*. Nous n'avons retrouvé cette indication dans aucun autre ouvrage sur la Palestine.

סוכו, Sokho, ville natale d'Antigone[3], le fameux maître des deux sectaires *Çadok* et *Boëthos* dont nous aurons l'occasion de parler dans la partie historique. Sokho est mentionné dans la Bible comme ville de la plaine au sud de la Judée[4]; un autre Sokho se trouvait dans les montagnes de Juda[5]. On ne sait de laquelle de ces deux villes Antigone était originaire.

מעון, Maon, dans les montagnes de Juda[6], est connu dans la Bible comme endroit où David s'était réfugié[7] et où avait demeuré Nabal[8]. Cette localité est appelée dans les Talmuds, Maon en Judée, où R. Yohanan ben Zakaï se rendait quelquefois[9]. Dans les Talmuds on trouve mentionnée une synagogue de Maon[10], de laquelle on jouissait d'une jolie vue[11]. Robinson[12], qui identifie Maon avec la localité actuelle de *Maïn*, rapporte que de

[1] Josué, xv, 24.
[2] *Das heilige Land*, p. 71.
[3] *Pirké Aboth*, i, 3.
[4] Josué, xv, 35.
[5] *Ibidem*, 48.
[6] Josué, xv, 55.
[7] I Samuel, xxiii, 24.
[8] *Ibidem*, xxv, 2.
[9] *Mekhiltha*, sect. Yethro, 1 (éd. Weiss, p. 69 a). ר' יוחנן בן זכאי היה עולה למעון יהודה
[10] Tal. de Bab., *Sabbath*, 139 a. כנישתא דמעון
[11] Même Tal., *Zebahim*, 118 b. Raschi dit qu'on a la vue sur Schilo, ce qui est impossible. M. Schwarz (*Thebouoth haareç*, p. 78 b.) croit qu'il est question dans ces passages talmudiques de Beth-Maon en Galilée; la vue de la synagogue serait sur Tibériade.
[12] *Bibl. researches*, t. I, p. 494.

Maïn, qui se trouve sur une colline, on a la vue sur Hébron, Youtta, Kourmoul, et d'autres endroits. Nous trouverons en Galilée une localité de Beth-Maon qui ne doit pas se confondre avec notre Maon.

בית גוברין, Beth-Goubrin, dans une contrée fertile, selon le Midrasch [1]. On y dit que les mots de la bénédiction [2] donnée par Isaac à Esaü, « que Dieu te donne la rosée du ciel, » ont trait à Beth-Goubrin. Dans un autre passage du Midrasch [3] on rend le mot *Seïr* par Beth-Goubrin. Il faudrait supposer, d'après ce passage, l'existence d'une ville de ce nom dans les montagnes de Seïr, possession d'Esaü. Mais le Midrasch ne s'arrête pas là; il place aussi Eleuthéropolis dans la même région. En effet, au verset [4] « et les Horéens dans les montagnes de Seïr, » le mot חרי est expliqué dans le Midrasch [5] par Eleuthéropolis. »

Personne n'admettrait avec M. Rappoport [6] deux Eleuthéropolis, l'un au sud de Hébron et l'autre dans les montagnes de Seïr. Le Midrash fait évidemment confusion : Esaü est appelé dans la Bible [7] Edom; or, il y a deux provinces qui portent le nom d'Idumée [8] :

---

[1] *Bereschith* rabba, ch. 6.

[2] Genèse, xxvii, 39.

[3] Yalkout, *Genèse*, ch. 33.

[4] Genèse, xiv, 6.

[5] *Bereschith* rabba, ch. 42. ואת החרי אליותרופולים. Quelques éditions portent מטרפולין, ce qui est une faute des copistes. Saint Jérôme partage la même opinion sur le mot *Hori*. Cet auteur dit (*Comm. ad. Obadiam*, 5) : « Eleutheropolis, ubi ante habitaverunt *Horraei* qui interpretantur *liberi*, unde ipsa urbs postea sortita vocabulum est. » Disons en passant que saint Jérôme, dans ses commentaires sur l'Ancien Testament, a une grande partie des explications agadiques des Talmuds.

[6] *Erekh Millin*, p. 50.

[7] Genèse, xxv, 30.

[8] Cf. ci-dessus, p. 112.

l'une, la toparchie dans les parages d'Eleuthéropolis, et l'autre dans la « Palæstina tertia. » Le Midrasch a simplement confondu ces deux noms et place Eleuthéropolis et Beth-Goubrin en Idumée (la toparchie), dans l'autre Idumée.

Ce qui résulte nettement des passages talmudiques précités, c'est que Beth-Goubrin et Eleuthéropolis, tous deux attribués à Esaü, sont identiques. Robinson aussi [1] prend Beth Gobara et Eleuthéropolis pour une seule et même ville, et s'appuie, avec raison, sur les distances qu'Eusèbe et saint Jérôme donnent pour différents endroits autour d'Eleuthéropolis, distances qui s'accordent parfaitement avec celles des mêmes villes à Betogabara. On trouve confondus *Beitgerbein* et Eleuthéropolis dans un registre des évêchés des premiers siècles en Palestine [2]. Dans un passage des « Actes des saints [3] » on rencontre également les deux noms ensemble.

Nous ne nous étendrons pas sur les différentes étymologies du mot Eleuthéropolis ; le Midrasch [4] l'explique, comme saint Jérôme [5], par « ville libre » (Ἐλεύθερος et πολίς). Le nom « Beth Goubrin » (maison des forts) se

---

[1] *Bibl. research.*, t. II, p. 28.
[2] M. de Raumer, *Palæstina*, p. 186.
[3] Βαιθαγαύρη τῆς Ἐλευθεροπόλεως. Reland, *Palæstina*, t. II, p. 627.
[4] *Bereschith* rabba, ch. 42. שברחו להן ויצאת להן לחירות. « Dès le commencement de la construction de la tour de Babel, les Horéens avaient choisi Eleuthéropolis et étaient partis librement, c'est-à-dire qu'ils ne furent pas compris dans la dispersion générale. » Cette explication est prise dans un sens légendaire, mais ce qui y est important pour nous, c'est qu'on fait dériver חרי du mot chaldéen « חירות liberté. » M. Zunz (*Itinerary*, etc., t. II, p. 438) croit que l'endroit בית חוורן dans les Talmuds est identique avec Beth-Goubrin ; mais nous le prenons plutôt comme un endroit situé au Hauran.
[5] Cf. ci-dessus, p. 123, note 5.

rapporte, selon M. Rappoport, à la double signification du mot חור « gens libres » et « gens qui habitent les cavernes [1] » (troglodytes); les Horéens sont en effet considérés dans la Bible comme des géants [2]. M. Rappoport aurait pu ajouter qu'on trouve dans les environs d'Eleuthéropolis (Beth-Goubrin) un grand nombre d'excavations dans les roches calcaires [3]. Cette opinion de M. Rappoport, avons-nous besoin de le faire remarquer, est au moins aussi hasardée que les indications du Midrasch sur ces villes. M. Graetz [4] n'est pas plus heureux en voulant faire rapporter le nom « Beth-Goubrin » à Samson, la terreur des Philistins, parce qu'on montre la source *Lehi* à Eleuthéropolis. Nous savons par la Bible [5] que les enfants d'*Anak* demeuraient dans ces régions; quoi de plus simple que de faire remonter à cette époque la dénomination de Beth-Goubrin! Le nom *Kiryath arba* (Hébron) de la Bible [6] est rendu dans le Targoum de Pseudo-Jonathan par la « ville des héros; » un autre endroit près de Hebron, Eleuthéropolis, en un mot, a pu être désigné par « maison des héros. »

Beth-Goubrin (Betogabra) a été habité par des Juifs à l'époque talmudique; on cite quelques docteurs originaires de cette ville [7]. « Rabbi, dit le Talmud [8], a compté Beth-Goubrin parmi les villes de la Palestine au point de vue des pratiques religieuses. » Cette localité existe encore aujourd'hui sous le nom de *Beït Djibrin*, au

---

[1] De חור, *trou*.
[2] Michaelis, *spicil. geogr. hebr.*, t. I, p. 169.
[3] M. de Raumer, *l. c.*
[4] *Monathsschrift*, année 1853, p. 116.
[5] Numeri, xiii, 22.
[6] Genèse, xxiii, 2.
[7] Reland, *Palæstina*, t. II, p. 641.
[8] Tal. de Jér., *Demoï*, ii, 1.

nord-ouest de Hébron. Il se trouve enclavé entre plusieurs collines rocheuses [1].

חברון, Hébron, ville dans les montagnes de Juda[2], au sud de Jérusalem. Les douze explorateurs envoyés par Moïse montèrent, dit la Bible [3], vers le sud, et vinrent jusqu'à Hébron ; ce qui fait supposer aux talmudistes que cette ville se trouvait sur une hauteur. Aussi le Midrasch croit-il trouver une difficulté dans le verset : « Il (Jacob) l'envoya de la *vallée* de Hébron, » quand cette ville était située sur la montagne. Le Midrasch [4] résout cette contradiction apparente par une explication allégorique du mot עמק qui signifie en même temps « vallée » et « profondeur. » « Jacob aurait envoyé Joseph à Hébron, pour exécuter le « profond » (grave) engagement que Dieu avait pris avec son ami « agréable [5] » (préféré) enseveli à Hébron. Cet engagement stipule que les Israélites seront esclaves en Egypte, pendant quatre cents ans, servitude qui prend sa cause dans l'acte que les frères avaient commis contre Joseph.

On peut dire que tout ce que nous savons de Hébron nous porte à croire que cette ville se trouvait sur une hauteur. Elle fut donnée aux Lévites comme une des *villes asiles* [6], qui sont situées ordinairement sur une montagne. Siméon, fils de Gorias, enleva cette ville aux Romains, et le général romain Céréalis, de son côté, la

---

[1] M. Van de Velde (trad. allem.), *Reise.*, etc., t. II, p. 157.
[2] Josué, xv, 13.
[3] Numeri, xiii, 22.
[4] *Bereschith* rabba, ch. 84. והלא אין חברון נתונה אלא בהר וכתיב וישלחהו מעמק חברון א״ר אחא הלך להשלים אותה העצה העמוקה שנתן הקב״ה בינו ובין חבר הנאה שהיה קבור בחברון ועבדום.
[5] L'ami agréable, c'est Abraham.
[6] Josué, xxi, 11.

prit ensuite d'assaut[1]. Comme il n'est question nulle part de fortifications à Hébron, cette ville a dû avoir une défense naturelle dans les hauteurs où elle était située, et derrière lesquelles on pouvait facilement se retrancher. La Mischna[2] dit qu'avant d'offrir au Temple le sacrifice du matin, on demandait aux personnes chargées d'annoncer le jour, s'il faisait clair jusqu'à Hébron. Lightfoot en conclut que Hébron était situé au sud-est de Jérusalem. Cependant saint Jérôme le place au sud, et Reland[3] dit avec raison que Hébron devait être vers le sud-ouest. On ne peut alors expliquer le passage de la Mischna qu'en plaçant Hébron sur une hauteur que l'aube blanchissait avant les plaines de l'est.

La ville actuelle se trouve au pied d'une colline. Les Arabes lui donnent le nom d'El-Halil « l'ami, » c'est à-dire, la ville d'Abraham[4] qu'ils appellent « l'ami de Dieu.[5] » M. Oppenheim[6] veut faire dériver le nom חברון du mot חבר (haber)[7] « ami » et s'appuie sur notre Midrasch[8] qui appelle Abraham « l'ami agréable. » Hébron qui est une des plus anciennes villes de la Palestine (elle fut bâtie sept ans[9] avant Çoan Miçraim,

[1] Josèphe, *Guerre*, IV, ix, 7, 9.
[2] *Yomo*, iii, 1. . האיר פני כל מזרח עד שבחברון
[3] *Palæstina*, t. II, p. 740 et 741.
[4] On l'appelle au moyen âge *Santum Abrahamium* (Reland, *l. c.*, p. 709).
[5] M. Munk, *Palestine*, p. 58 a.
[6] *Yeschouroun* (jour. allem. de M. Kobak), t. IV, p. 19 et pass.
[7] Cf. Gesenius, *Thesaurus, etc.*, a. v., חבר. La terminaison ון- se trouve souvent employée pour les noms propres de personnes ou de villes. חשבון de חשב, עבדון de עבד. C'est la nounation qui s'est conservée dans cette formation (cf. M. Ewald, *Ausführliches Lehrbuch der hebr. Sprache* (2ᵉ édit., p. 421 et pass.).
[8] Cf. ci-dessus, p. 125, note 4.
[9] Numeri, xiii, 23. Josèphe (*Guerre*, IV, ix, 7) dit que Hébron est regardée par les indigènes comme plus ancienne que Memphis.

Tanis), n'est mentionnée sous ce nom dans la Bible qu'à partir d'Abraham ; elle s'appelait auparavant *Kiryath Arba*, « la ville des quatre (géants) [1]. » Les brebis offertes en sacrifice au Temple de Jérusalem, provenaient de Hébron [2].

דביר, Debir, ville appelée [3] autrefois *Kiryath Sepher* « la ville du livre ou des lettres. » Peut-être conservait-on dans cette ville les archives des Anakites, ou encore y cultivait-on les sciences [4]. Le nom qu'elle porte ailleurs, *Kiryath Sanna* [5], signifie peut-être la « ville de la tradition, » du mot arabe *sunnah*.

Le mot « Debir » peut se traduire par « parole » ou « science » dans l'acception du mot λόγος. Faut-il supposer que les Hébreux aient conservé cette idée dans la dénomination de Debir? Le Talmud [6], tout en faisant un jeu de mots, prend Debir dans le même sens. On y dit : « Les Perses appellent un livre *Debir* [7], ce qui est une allusion au verset « le nom de Debir était autrefois « Kiryath Sepher. »

עינים, Énaïm, dans l'épisode de Juda et de Thamar [8], est donné par un docteur du Talmud [9], de même que dans

---

[1] Genèse, XXIII, 2.
[2] Tal. de Bab., *Menahoth*, 87 a.
[3] Josué, xv, 15.
[4] Le Targoum rend les mots קרית ספר par קרית ארכי; les septante par πόλις γραμματέων. Le Saint des Saints dans le Temple est appelé דביר, parce que la parole de Dieu est censée sortir de cet endroit (cf. Gesenius, *Thesaurus*, a. v. et *Ereç Kedoumim*, t. I, p. 108).
[5] Josué, xv, 48.
[6] Tal. de Bab., *Abodah Zarah*. אמר רב כמאן קרו פרסאי לספרא דביר מחכא ושם דביר לפנים קרית ספר.
[7] C'est le mot *Daftar* dans le persan moderne.
[8] Genèse, XXXVIII, 14 ; פתח עינים. *Ibid*., 21, בעינים.
[9] Tal. de Bab., *Sotah*, 10 a. א״ר מקום הוא ששמו עינם וכן הוא אומר ותפוח והעינם.

les septante [1], comme nom d'un endroit. Le talmudiste a en vue l'endroit biblique *Haénam*, situé près d'Adoullam, région où se passe l'épisode précité. Un autre passage talmudique [2] mentionne une localité, *Kefar Enaïm*, qui est probablement identique avec Haénam [3].

בקעת בית נטופה, Bikath beïth Netophah, mentionné dans la Mischna [4] comme un endroit où l'herbe se conserve longtemps fraîche, grâce à l'humidité du sol. La Bible [5] nomme une ville de Nétopha, entre Bethléhem et Anathoth. On rencontre aujourd'hui aux mêmes environs une localité appelée *Beït Nettif* [6]. Il n'y a aucun doute que ces trois localités ne soient identiques. On parle dans la Mischna « des olives *ha-netopha* [7]; » peut-être sont-ce des olives qui proviennent de Netopha.

תקוע, Thecoa se trouve, d'après les septante [8], dans les montagnes de Juda, à neuf ou à douze milles au sud de Jérusalem et à six milles de Bethléhem [9]. Cette

---

[1] Πρὸς ταῖς πύλαις Αἰνάν. Philon et Eusèbe sont de la même opinion pour ce mot; la Vulgate le traduit par *in bivis* (Cf. Reland, *Palæstina*, t. II, p. 764).

[2] *Pesiktha rabbathi*, ch. 23.

[3] Josué, xv, 34. העינם.

[4] *Schebiith*, ix, 5.

[5] Esdras, ii, 22.

[6] Robinson, *Bibl. researches*, t. II, p. 223.

[7] *Péah*, vii, 1; בית הנטופה. Le Tal. de Jérusalem (*Ibidem*) l'explique par la racine נטף « dégoutter » des olives dont l'huile dégoutte. Nous croyons reconnaître des noms propres dans les mots בישני et שפכוני de la même mischna; pourquoi alors נטופה ne le serait-il pas? Maïmonide, dans son Commentaire sur la Mischna, explique ces trois mots par des noms propres de villes.

[8] Josué, xv, 59. Les septante énumèrent onze villes, parmi lesquelles Bethléhem, de plus que le texte hébreu. Si notre mémoire nous est fidèle, ces villes se trouvent énumérées dans un fragment biblique (msc.) de la bibliothèque impériale de Saint-Pétersbourg.

[9] Eusèbe et saint Jérôme, *Onomasticon*, s. v. Elthecue.

ville est souvent mentionnée dans la Bible. D'après la Mischna[1], l'huile de Thecoa est de première qualité; en seconde ligne se place celle de Regueb, en Pérée. Le Talmud[2] ajoute que, si Joab a fait chercher à Thecoa la femme sage pour réconcilier Absalon avec son père, c'est parce qu'on y cultivait l'olive, symbole de la sagesse. Les terres de la tribu d'Ascher[3] produisaient, selon les Talmuds, la plus grande quantité d'huile; mais Thecoa fournissait la meilleure.

M. Graetz[4] soutient que le Thecoa de la Mischna doit se chercher en Galilée, car, dit-il, comment y aurait-il eu des olives dans cette région déserte de la Judée? En outre, ajoute-t-il, les Talmuds disent que R. Siméon ben Yohaï tenait son école à Thecoa; or, ce dernier vivait après la chute de Bettar, lorsque la plupart des docteurs habitaient la Galilée. M. Graetz incline vers l'endroit Thecoa, que Pseudo-Epiphane désigne comme ville natale du prophète Amos, et qui se trouvait dans les possessions de la tribu de Zébulon. Mais ces arguments sont faciles à réfuter : L'expression de la Bible « désert de Thecoa » ne prouve point la stérilité de ce lieu. Nous avons vu que « désert » désigne généralement des terres peu habitées ou peu cultivées[5] et qui servaient de pâturage aux troupeaux. La Bible[6] mentionne aussi le désert de Jéricho, et cependant les environs de cette ville sont très-fertiles[7]. Si l'explication de Maïmonide, au sujet du mot *netophah* mentionné

---

[1] *Menahoth*, VIII, 3.
[2] Tal. de Bab., *même traité*, 85 *b*.
[3] Cf. notre article *Giscala*.
[4] *Geschichte der Juden* (2ᵉ édit.), t. IV, p. 476.
[5] Cf. ci-dessus, p. 52.
[6] II Paralipomènes, XX, 20.
[7] Cf. notre article *Jéricho*.

plus haut [1], est exacte, on trouvait des olives à Netopha, située non loin de Thecoa. Le sol y était trop humide pour rester infertile. Le désert commençait près de Thecoa, mais l'endroit lui-même n'en faisait pas partie. Saint Jérôme [2] ne semble pas dire autre chose. Le voisinage de *Beth-hakerem* prouverait qu'il y avait même des vignes près de Thecoa.

Quant à l'école de R. Siméon ben Yohaï [3], nous verrons dans la partie historique que ce docteur menait une vie quelque peu nomade; il aurait donc pu se trouver avec ses disciples à Thecoa en Judée, surtout après la mort d'Adrien, dont les successeurs, les Antonins, se montrèrent favorables aux juifs. Nous voyons pendant une certaine époque les docteurs aller et venir de la Galilée en Judée, à raison de certaines cérémonies religieuses. Les Talmuds d'ailleurs, comme nous avons eu l'occasion de le dire, ne reculent pas devant les anachronismes; ils citent peut-être Thecoa, parce qu'ils veulent y appliquer une prescription religieuse concernant l'huile et qu'ils connaissent cet endroit renommé dans la Mischna par son huile, sans se préoccuper de ce que Thecoa se trouvait en Judée et que R. Siméon résidait en Galilée.

La Tosiftha [4] mentionne trois endroits d'où l'on apportait l'huile pour le temple à Jérusalem : « *Thecoa* est

---

[1] Cf. ci-dessus, p. 128.

[2] *Proloq. ad Amos* : « ultra (Thecoam) nullus est viculus, ne agrestes quidem casæ et furnorum similes, quas Afri appelant mapalia. Tanta est eremi vastitas. »

[3] Tal. de Bab., *Sabbath*, 147 *b*; Eroubin, 91 *a*. Disons, en passant, que dans ces passages on lit R. Siméon seulement et non R. Siméon ben Yohaï.

[4] *Menahoth*, ch. 10 : תקוע אלפא לשמן אבא שאול אומר שנייה לה רגב בעבר הירדן ר' אלעור בן יעקב אומר שלישית היה לה גוש חלב.

l'alpha pour l'huile ; Aba Saül dit que *Régueb* en Pérée est en seconde ligne ; R. Éléazar ben Jacob dit : « au troisième rang était *Gousch-halab* en Galilée. » Ces trois endroits représentent les trois provinces citées ordinairement dans les Talmuds ; Thecoa représente donc la Judée. Nous avons vu [1] que les Talmuds discutent sur les difficultés du transport de l'huile de Regueb à Jérusalem, à cause de la traversée du pays des Samaritains ; à plus forte raison auraient-ils dû mentionner les mêmes inconvénients pour Thecoa, si cet endroit avait été situé en Galilée. Ajoutons encore que ni Josèphe, ni Eusèbe, ni saint Jérôme ne connaissent d'autre Thecoa que celui de la Judée. Pourquoi abandonner ces autorités et se rapporter de préférence à Pseudo-Epiphane [2] et à un commentateur [3] juif du treizième siècle qui, au surplus, ne sont pas complétement d'accord sur la situation de cette ville ?

Thecoa était situé sur une colline, d'après saint Jérôme qui dit qu'on aperçoit cet endroit de Beth-Léhem [4]. On voit de Beth-Léhem, d'après le même auteur [5], *Bethacharma*. Ce mot représente le *Beth-hakerem* de Jérémie, qui doit être cherché dans le voisinage de Thecoa. Il est probable que le Bikath-beth-hakerem de la Mischna est identique avec celui de Jérémie [6]. La terre dans

---

[1] Cf. ci-dessus, p. 84.

[2] *De vitis prophetarum*, fol. 245 : Ἀμὼς ὁ προφήτης οὗτος ἐγένετο ἐν Θεκουέ ἐν γῇ Ζεβουλών. Saint Jérôme prétend qu'à son époque le tombeau d'Amos était visible à Thecoa (près Bethlehem ; *Onom.*, a. v. *Ekthekue*).

[3] R. David Kamhi, dans son Commentaire sur Amos, dit que Thecoa, une grande ville, était dans la possession de la tribu d'Ascher ; תקוע עיר גדולה בנחלת בני אשר

[4] *Comm. ad Amos*, VI, 1 : Thecoram quotidie oculis cernimus.

[5] *Ibidem*.

[6] Jérémie, VI, 1, בית הכרם. Des voyageurs modernes identifient

cet endroit, d'après la Mischna [1], était rougeâtre. Le mot ’Ακκαρεὶμ dans les septante [2] est probablement une corruption du Hakerem, localité qui fait partie de Thecoa. Une colline couverte de ruines, qu'on voit dans cette région, s'appelle aujourd'hui *Tekoua* [3].

עין עיטם, En-Etam est, d'après les Talmuds [4], l'endroit le plus élevé de la Palestine; c'est là qu'on devait construire le Temple, afin qu'il pût être aperçu de toutes les autres villes. Nous ne doutons pas qu'En-Etam ne soit identique avec la localité d'Etam de la Bible [5]. Josèphe [6] l'appelle ’Ηταμή et la place à 60 stades au sud de Jérusalem, dans un pays agréable et riche en eaux. Ces eaux, d'après le même auteur, étaient conduites à Jérusalem par un aqueduc dont les traces existent encore aujourd'hui. Nous verrons plus loin que les eaux nécessaires aux services du Temple venaient de cet endroit. Les Talmuds mentionnent un lieu, Kefar Etam [7], qui est peut-être le même qu'En-Etam. Robinson [8] place Etam dans le voisinage du village actuel d'Ourtas, près de Bethléem.

קעילה, Keïlah, ville dans la plaine de Juda [9]. Les Talmuds [10] parlent des dattes de cette localité, qui avaient des vertus toxiques. Les indigènes montrent une ruine

cette localité avec la *Montagne des Francs*, qui représente le *Hérodium* de Josèphe (M. de Raumer, *Palæstina*, p. 223).

[1] *Niddah*, II, 7.
[2] Amos, I, 1. C'est la traduction du mot נקדים.
[3] Robinson, *Bibl. researches*, t. I, p. 486.
[4] Tal. de Rab., *Zebahim*, 54 b.
[5] I Paralipomènes, IV, 3; 32.
[6] *Ant*. VIII, VII, 3.
[7] Mischna, *Yebamoth*, XII, 7. La rédaction de la Mischna dans le Tal. de Jér. porte כפר איבום.
[8] *Bibl. researches*, t. I, p. 348.
[9] Josué, XV, 44.
[10] Tal. de Bab., *Nazir*, 4 a et ailleurs דבלה קעילית.

qu'ils appellent Kîla[1]; Josèphe[2] prononce de la même façon.

כפר תמרתא שביהודה, Kefar Thamratha en Judée est souvent mentionné dans les Talmuds[3]. Probablement identique avec *Beïth-Tamr* [4] au sud-est de Bethléem.

בית ערבה, Beth Arabah est une localité près de Beth-Lehem, où, d'après les Talmuds[5], le messie doit naître. Dans d'autres passages talmudiques on appelle ce lieu *Birath Arabah* [6] ou *Birath Malka* [7].

Dans le voisinage de Beth-Lehem se trouve le tombeau de Rachel. Les Talmuds discutent sur la difficulté qu'on rencontre dans les paroles que Samuel adresse à Saül[8] : « Quand tu t'en iras d'ici, tu trouveras deux hommes auprès du tombeau de Rachel, à la frontière de Benjamin à Celçah. » On y[9] donne la solution suivante : Les deux hommes partent du tombeau de Rachel et ils rencontrent Saül à Celçah, sur la frontière de Benjamin. Il n'entre point dans notre cadre d'expliquer la contradiction du verset biblique précité. Ce qui nous importe ici c'est que les Talmuds sont d'accord pour placer le tombeau de Rachel près de Beth-Lehem.

On dit dans un autre passage talmudique[10] que Rachel est morte dans le pays de son fils Joseph. Cela peut se rapporter au lieu de la mort de Rachel et non à son sé-

---

[1] M. Van de Velde, *Mémoires*, p. 328.
[2] *Ant.*, VI, xiii, 1. Κηλα.
[3] Tosiftha *Holin*, ch. 13, et dans d'autres passages.
[4] M. Van de Velde, *Reise*, etc. (tr. allem.), t. II, p. 81.
[5] A la fin de la préface de Midrasch *Ekha*.
[6] Même Midrasch, 1, 17. בירת ערבא
[7] Tal. de Jér., *Berakhoth*, ii, 3. בירת מלכא
[8] I Samuel, x, 2.
[9] Tosiftha, *Sotah*, ch. 2; Midrasch *Samuel*, ch. 14.
[10] Siphré (éd. Friedmann), p. 146.

pulcre ; mais il est préférable de considérer cette donnée du Talmud comme une légende, par laquelle on veut expliquer un verset biblique, selon l'habitude bien connue des talmudistes.

Jérusalem et ses environs.

ירושלים, Jérusalem, la capitale de la Palestine, est presque complétement négligée dans les Talmuds. On n'y mentionne même pas les murs dont Josèphe parle tant. Ni les places publiques, ni les somptueux édifices qu'Hérode fit construire ne sont énumérés dans les Talmuds, bien qu'on parle [1] en général avec admiration des constructions de ce roi. Il n'y a que le mont Moriyah avec ses édifices auxquels on ait consacré une description détaillée. Nous allons recueillir le peu de notices, entremêlées de légendes, que nous trouvons sur cette ville.

Le mot ירושלים est, selon le Midrasch [2], composé de יראה et de שלם. « Abraham avait appelé cette ville יראה, et Malki-Cedek שלם. Dieu ne voulant pas favoriser l'un plus que l'autre, réunit les deux noms et en fit ירושלם. » Elle est désignée par le nom de « maison éternelle [3], » expression qui rappelle involontairement celle de « ville éternelle, » appliquée à Rome. Elle se trouve au centre de la Palestine, et est construite sur une montagne haute de trois *parsa* [4]. Jérusalem formait une province à part et n'était pas comprise dans la distribu-

---

[1] T. de B., *Baba bathra*, 4 a ; *Soukka*, 51 b. Cf. ci-dessous. p. 142.
[2] *Bereschith* rabba, ch. 89.
[3] Tosiftha, *Tohoroth*, ch. 1 : בית עולמים
[4] Tal. de Bab., *Baba bathra*, 74 a ; *Zebahim*, 54 b.

tion trichotomique du pays par les Talmuds[1]. C'était une capitale qui n'appartenait à aucune des douze tribus[2]. Les habitants avaient des usages particuliers, des formules spéciales pour les actes civils[3] et des mesures différentes de celles des provinces[4]. On les dépeint comme très-hospitaliers. « Une table se trouvait devant les portes des maisons à Jérusalem ; aussi longtemps que cette table était dressée chacun pouvait entrer dans la maison pour prendre son repas[5]. » On désignait les habitants des autres parties de la Palestine par le mot *Karthani*[6] « provincial. » Les alentours de la capitale sont appelés dans les Talmuds *Guéboulin*[7].

Jérusalem fait l'admiration des talmudistes. « Celui qui n'a pas vu Jérusalem dans sa magnificence, n'a jamais vu une belle ville[8]. » On l'appelle « la grande Jérusalem[9], » tandis qu'Alexandrie est surnommée « la petite. » Les Talmuds rapportent qu'il y avait à Jérusalem 480 synagogues[10] et quatre-vingts écoles[11]. Jérusalem était l'objet de soins particuliers. On balayait

---

[1] Mischna, *Erakhin*, VIII, 6 et dans d'autres passages ; Evangile de saint Luc, V, 17 ; Actes, X, 39, où Jérusalem est énumérée à côté de la Judée. Cf. aussi ci-dessus, p. 55.

[2] Tal. de Bab., *Baba Kama*, 82 b.

[3] Tosiftha, *Kethouboth*, ch. 4. כל הארצות כותבין כאנשי ירושלים Cf. aussi, Tosiftha, *Soukkah*, ch. 2.

[4] Tosiftha, *Edouyoth*, ch. 1 ; *Kethouboth* à la fin ; Tal. de Bab., *Eroubin*, 83 a.

[5] Tal. de Bab., *Baba bathra*, 93 b.

[6] Mischna, *Demoï*, VI, 4. קרתני.

[7] Tal. de Jér., *Maaser scheni*, III, 6 et dans de nombreux passages גבולין.

[8] Tal. de Bab., *Soukkah*, 51 b.

[9] Tal. de Jér., *Sanhédrin*, VI, 11.

[10] *Préface* du Midrasch *Ekha*, 12.

[11] *Bamidbar* rabba, ch. 18.

tous les jours les différentes places [1] ; les fourneaux étaient interdits à cause de la fumée [2] ; il n'y avait point de jardins [3], à cause de la mauvaise odeur de l'engrais et de certaines mauvaises herbes ; on y voyait cependant un seul jardin [4] de roses qui datait de l'époque des prophètes. La Mischna [5] dit : « Il faut éloigner les cadavres d'animaux, les tombeaux et les tanneries à cinquante coudées de la ville ; ces dernières ne pouvaient être construites qu'à l'est de la ville (le vent d'est étant le plus faible et ne portant point l'odeur vers les habitations). R. Akiba dit « qu'on peut établir les tanneries partout, excepté vers l'ouest de la ville. » A l'époque du premier Temple on ensevelissait les morts [6] à l'intérieur de Jérusalem. Aussi défendait-on de creuser la terre pour asseoir les fondations des maisons, crainte de rencontrer des ossements ; de même il était interdit d'avoir des poules [7], de peur qu'en grattant la terre elles ne missent à nu des restes humains. Tous les tombeaux, disent les Talmuds [8], furent transportés à l'extérieur excepté ceux de la famille de David, à Sion, et celui de la prophétesse Houldah. Josèphe [9] connaît encore le tombeau de David à l'intérieur de la ville. Il raconte que pen-

---

[1] Tal. de Bab., *Baba Mecia*, 26 *a*.
[2] *Ibidem, Zebahim*, 96 *a*.
[3] *Ibidem, Baba Kama*, 82 *b*.
[4] *Ibidem*.
[5] *Baba bathra*, II, 9.
[6] Mischna, *Parah*, III, 2. קבר התחום. Tosiftha, *Edouyoth*, ch. 2. « On avait trouvé une fois des ossements dans une maison de bois ; alors les rabbins voulurent déclarer la capitale impure ; mais R. Yehoschouah s'y opposa, en disant : « Ce serait une honte si nous déclarions nos maisons impures. »
[7] Mischna, *Baba Kama*, VII, à la fin.
[8] Tosiftha, *Baba bathra*, ch. 1 et dans d'autres passages.
[9] *Guerre*, I, II, 5.

dant qu'Antiochus assiégea Jérusalem, Hyrcan fit ouvrir le tombeau de David et en retira trois mille talents. Saint Pierre [1], de son côté, dit du tombeau de David : « Il est parmi nous jusqu'à ce jour. » La Bible [2] raconte que les rois Menassé et Amon furent ensevelis dans le jardin d'Uziah. Le dernier, mort de la lèpre [3], ne pouvait être déposé dans le tombeau de la famille de David. C'est peut-être à cette époque que remonte le nom de « cavernes royales » donné par Josèphe [4] à la place située vers le nord, où passait le troisième mur.

[1] Actes, II, 29.
[2] II Rois, XXI, 18, 26.
[3] II Paralipomènes, XXVI, 23.
[4] Διὰ σπηλαίων βασιλικῶν; *Guerre*, V, IV, 2. M. de Saulcy (*Voyage en Terre sainte*, t. I, p. 136 et suiv.) affirme que ces cavernes n'étaient autres que des carrières qui avaient fourni à Salomon les matériaux pour ses immenses constructions. D'autres voyageurs cependant affirment avoir trouvé dans ces cavernes des cellules sépulcrales. Cf. M. de Raumer, *Palæstina*, p. 312. Ce qui est généralement admis, c'est que le tombeau d'Hélène n'est point identique avec les cavernes royales, car Josèphe les fait différer dans le passage précité. M. de Saulcy (*l. c.*, p. 139) place le tombeau de la reine d'Adiabène à l'endroit où les Juifs mettent, d'après la tradition, le tombeau de *Ben Kalba Scheboua*, homme riche qui voulait pourvoir Jérusalem pendant le dernier siège avec du vin, du vinaigre et de l'huile pour vingt et un ans (cf. Tal. de Bab., *Guittin*, 56 *a*.). M. de Saulcy peut avoir raison en ce qui concerne l'erreur de la tradition des Juifs pour ce tombeau, mais ce savant a été évidemment mal renseigné quand il dit que les Juifs ne connaissent pas *le sexe* de la personne qu'ils y vénèrent. Citons ses propres paroles : « Chaque année, les juifs de Jérusalem, en souvenir d'un personnage qui est venu au secours de leurs ancêtres dans un temps de disette, personnage dont *ils ignorent d'ailleurs le sexe, et qu'ils croient un homme, bien qu'ils l'appellent assez ridiculement* KELBAH CHEBOUAH « la chienne qui rassasie. » Le mot כלבא n'est pas ici arabe (chienne) mais araméen et du genre masculin (Tal. de Bab., *Baba Kama*, 92 *b*.); le féminin de ce mot est כלבתא (Tal. de Bab., *Moëd Katon*, 10 *a*).

M. Schwarz (*Das heilige Land*, p. 212) veut identifier ces ca-

Les Talmuds [1] mentionnent plusieurs fois les marchés supérieurs et inférieurs de Jérusalem. Ce sont des quartiers correspondant à la ville haute et à la ville basse de Josèphe [2]. « Deux places, dites *Bicin* [3], se trouvaient à Jérusalem, l'une supérieure, l'autre inférieure. La dernière fut annexée à Jérusalem par les exilés qui revinrent de Babylone, et jouissait des mêmes prérogatives que la ville; l'autre ne fut réunie que plus tard par un roi [4] et sans le concours des *Urim* et *Tumim* [5]. On ne l'avait pas jointe d'abord à la cité, parce que c'était là le côté faible [6] de Jérusalem. » Ce fait ne peut se rapporter qu'à l'époque d'Agrippa qui voulait fortifier la colline au nord de la ville, que Josèphe [7] appelle Bezetha ou ville neuve. Ce côté de la ville, comme nous le savons,

---

vernes royales avec la « caverne de Zedekias » que le Talmud de Babylone (*Eroubin*, 61 *a*) cite comme très-grande et à laquelle le Midrasch (*Tanhouma*, Numeri, éd. de Vienne, 1863, p. 187 *b*) donne une étendue de douze milles.

[1] Tosiftha, *Sanhédrin*, ch. 14. שׁוּק הָעֶלְיוֹן שׁוּק הַתַּחְתּוֹן.

[2] *Guerre*, V, iv, 1; ἡ ἄνω δὲ ἀγορά. Ce dernier rend le mot שׁוּק.

[3] Tosiftha, *Sanhédrin*, ch. 3; Tal. de Jér., *même traité*, i, 2; Tal. de Bab., *Schebouoth*, 16 *a*; *Meguillath Taanith*, ch. 6.

אוֹמֵר שְׁתֵּי בְצָעִין (בצים ou) הָיוּ בִּירוּשָׁלַיִם הַתַּחְתּוֹנָה וְהָעֶלְיוֹנָה, הַתַּחְתּוֹנָה נִתְקַדְּשָׁה בְּכָל אֵלּוּ וְהָעֶלְיוֹנָה לֹא קָדְשָׁה כְּשֶׁעָלוּ מִן הַגּוֹלָה שֶׁלֹּא (אֶלָּא l.) בְּמֶלֶךְ וְשֶׁלֹּא בְּאוּרִים וְתוּמִים. וְהָעֶלְיוֹנָה שֶׁלֹּא הָיְתָה קְדוּשָׁתָהּ גְּמוּרָה מִפְּנֵי מַה לֹא קָדְשָׁה מִפְּנֵי שֶׁהָיְתָה תּוּרְפָה שֶׁל יְרוּשָׁלַיִם שָׁם וְנוּחָה לִיכָּבֵשׁ מִשָּׁם.

[4] Nous lisons avec M. Graetz (*Geschichte der Juden* (2ᵉ éd.), t. III, p. 472) אֶלָּא pour שֶׁלֹּא.

[5] Pour élargir la ville, il fallait, d'après les Talmuds, le concours du roi, du Sanhédrin et des Urim et Tumim.

[6] Nous traduisons le mot תּוּרְפָה dans ce sens avec M. Graetz (*l. c.*); le *Scholion* de Meguillath Taanith explique ce mot par « ordure, » et dit que de ce côté on déposait toutes les immondices de Jérusalem.

[7] *Guerre*, V, iv, 2.

était en effet le plus vulnérable; les assiégeants portaient toujours leurs premiers efforts vers ce point.

Le mot Βεζηθά a donné sujet à beaucoup d'interprétations. On s'est longtemps contenté[1] de l'étymologie בית חדתא, mais nous ne voyons pas pourquoi on ne l'aurait pas prononcé *Beth-adta* ou *Bezatha;* d'ailleurs, Josèphe[2] semble distinguer lui-même la ville neuve de la colline Bezetha. La prononciation grecque donnerait plutôt l'étymologie proposée par quelques savants בית זיתא; il est possible que ce côté de Jérusalem fut couvert de nombreux oliviers. M. Herzfeld[3] croit que Bezetho de Josèphe est le village de Βηζέθ dans le livre des Maccabées[4], et que Josèphe[5] lui-même appelle Βηθζηθώ; ce village fut annexé plus tard à Jérusalem, et Josèphe, dit M. Herzfeld, l'appelle tantôt Bezetha ou village annexé, tantôt la ville neuve, à cause des constructions qui reliaient l'ancien village de Bezetha à Jérusalem. M. Schwarz[5] croit voir dans le nom Bezetha le mot araméen בצעא « marécage; » les Talmuds, comme nous l'avons vu, citent deux Bicin; Bezetha serait alors un territoire marécageux; en réalité on ne voit aujourd'hui nulle trace de marécage à Bezetha.

La porte des « ordures » est la seule des portes de Jérusalem qui soit mentionnée[6]. « Il n'y pas d'endroit plus immonde que cette porte, dit le Midrasch[7]. C'est la sortie qui conduisait vers l'endroit Bethso dont

---

[1] M. Munk, *la Palestine*, p. 45 *a*, note 1.
[2] *Guerre*, II, xi, 4.
[3] *Geschichte des Volkes Israël* (2ᵉ éd.), t. I, p. 133.
[4] I Macc., vii, 19.
[5] *Ant.*, XII, x, 2.
[6] *Das heilige Land*, p. 285.
[7] *Edouyoth*, i, 3.
[8] Midrasch *Tilim*, ch. 17.

parle Josèphe[1] : Betso représenterait alors le mot בית צואה « lieu des ordures. »

L'*Akra*[2] est mentionné à propos de sa prise par les Maccabées ; nous y reviendrons dans notre partie historique. L'*Ophel*, point fortifié dans le mur de l'est, se trouvait, d'après Josèphe[3], dans le voisinage de la vallée de Kidron et de Moriyah. Les Talmuds[4] le placent également de ce côté. « Quand doit-on prier pour que les pluies cessent? Dès qu'il y a assez d'eau pour qu'une personne qui se tient à l'angle de l'Ophel puisse tremper le pied dans les eaux de la vallée de Kidron. » Le mur de l'ouest est mentionné dans le Midrasch[5] ; on en voit encore une partie aujourd'hui. C'est là que les juifs viennent prier le vendredi. Les Talmuds parlent aussi des ruines de Jérusalem, où les docteurs faisaient souvent leurs dévotions ; mais on ne précise pas le lieu.

Il nous reste à parler du mont Moriyah et du Temple, qui sont décrits amplement dans la Mischna et les Talmuds. Cette partie des livres talmudiques a été traduite à plusieurs reprises et mise à profit par les savants qui ont écrit sur la Palestine. Nous renvoyons donc le lecteur à ces ouvrages[6], car nous ne donnerons que de courtes notices sur ce sujet ; nous nous bornerons à relever les points où les Talmuds ne sont pas d'accord avec Josèphe. Faisons observer tout d'abord que les

---

[1] *Guerre*, V, iv, 2.
[2] *Meguillath Taanith*, ch. 2 ; חקרא.
[3] Ὀφλᾶ ; *Guerre*, V, vi, 1.
[4] Tal. de Jér., *Taanith*, iii, 11.
[5] *Bamidbar* rabba, ch. 11 ; Midrasch *Ekha*, i, 5. כותל המערבי.
[6] Lightfoot descript. templ. Hierosol. Opp. i, p. 553 et pass. ; Hirt, *Mémoires de l'Académie de Berlin* (partie hist. philologique, 1816-1817). M. Munk, *la Pa*'*estine*, p. 281 *a* - 294 ; M. de Vogüé, *le Temple de Jérusalem* et beaucoup d'autres.

docteurs prennent très-souvent dans leur description du Temple les données du prophète Ezéchiel.

Les Talmuds désignent l'enceinte du mont Moriyah par le nom de « montagnes de la Maison, » et lui donnent la forme d'un carré dont chaque côté aurait environ cinq cents coudées [1]. Le côté sud était le plus long, venait ensuite l'est, puis le nord; le côté ouest était le plus court. Ce quadrilatère irrégulier avait cinq portes [2] : vers le sud les deux portes de *Houldah*, dont l'une servait pour l'entrée, l'autre pour la sortie; la porte de *Kiponos*, vers l'ouest, par laquelle on entrait et on sortait; la porte de *Tadi* ou *Tedi*, au nord, dont on ne se servait jamais; et enfin, la porte orientale, où l'on voyait la ville de Suse représentée en bas-relief. Il semble résulter de la Mischna qu'au-dessus de cette porte se trouvaient deux chambres, l'une à l'angle sud-est et l'autre à l'angle nord-est, dans lesquelles on conservait comme étalons deux *Amah* (coudée); la première avait un demi-doigt de plus que la coudée de Moïse (mentionnée dans la Bible); la seconde avait un doigt de plus [3]. Cette porte, rapprochée de l'angle nord-est, en face de l'entrée du Temple, ne s'élevait pas aussi haut que les autres au-dessus du mur d'enceinte [4]; car le prêtre qui brûlait la « vache rousse » sur le mont des Oliviers devait voir cette entrée pendant la cérémonie. Un escalier conduisait de cette porte vers le mont des Oliviers, afin que les pieds des prêtres chargés de cette opération ne fussent pas exposés à se rendre impurs en touchant quelque ossement humain sorti des anciens tombeaux.

[1] *Middoth*, II, 1.
[2] *Ibidem*, I, 3.
[3] Mischna, *Kelim*, XVII, 9.
[4] *Middoth*, II, 4.

Le versant de la montagne du Temple s'élevait, selon Josèphe, en terrasse [1]; le Temple proprement dit était situé sur la plus haute partie. Aussi l'apercevait-on de tous les points de la ville. Quand les rayons du soleil se reflétaient sur sa masse, il présentait un aspect à la fois brillant et imposant. « Celui qui n'a pas vu le Temple [2], n'a jamais un vu édifice somptueux. » Le Talmud ajoute qu'Hérode avait fait ces constructions de marbre blanc et de couleur. Il y avait alternativement une assise en saillie, sur une autre en retrait, afin de faire mieux retenir la chaux; ensuite il voulait les couvrir d'or, mais les rabbins lui dirent: « Laisse cela, l'aspect sera meilleur; il ressemblera au jeu des flots. »

Des escaliers conduisaient d'une terrasse à l'autre. Les Talmuds parlent souvent des docteurs assis sur les degrés et donnant l'enseignement à leurs élèves [3]. A l'intérieur, le long du mur, régnaient des portiques qui sont appelés *Yçtaba* [4] dans la Mischna; ce mot est employé dans d'autres passages pour « siéges ou bancs. » Il y avait probablement sous ces portiques des bancs le long des murs; ces galeries servaient à différents usages.

---

[1] *Ant.*, XV, xi, 3.

[2] Tal. de Bab., *Soukkah*, 51 *b*. במאי בניה אמר רבא באבני שישא ומרמרא איכא דאמרי באבני שישא כוחלא ומרמרא אפק שפה ועייל שפה כי היכי דלקבלא סידא סבר למשעיין בדהבא אמרי ליה רבנן שבקיה דהכי שפיר טפי דמתחזי כאדוותא דומא. Ce passage est très-vague; nous l'avons traduit textuellement. Il s'agit sans doute de murs en bossage.

[3] Tal. de Jér., *Sanhédrin*, II, 2, et dans d'autres passages. Nous avons traduit (ci-dessus, p. 62) le mot מעלות par « estrade, » ce qui sied mieux à cause de la dignité de R. Gamliel. On enseignait aussi à l'ombre de la montagne du Temple (T. de B., *Pesahim*, 26 *a*).

[4] *Soukkah*, IV, 1. אצטבא. On parle dans le Talmud (Tal. de Bab., *Berakhoth*, 33 *b*), d'un portique double sur la montagne du Temple (הר הבית סטיו כפול הוי). Le mot סטיו représente le mot grec στοά.

Au temps des pèlerinages des fêtes annuelles, les changeurs et les marchands s'établissaient dans la partie Est que les Talmuds désignent par le mot *Henayoth* « boutiques; » à une certaine époque le sanhédrin tenait ses séances au même endroit.[1] Tout l'intérieur de cette enceinte était pavé en pierres lisses[2].

A quelques degrés au-dessus des portiques, on rencontrait une balustrade, appelée *Soreg* dans la Mischna[3]. de dix palmes de hauteur, avec treize ouvertures que la Mischna prétend avoir été faites par les rois grecs, et qu'on avait conservées comme souvenir. Selon Josèphe, cette balustrade était coupée de distance en distance par des colonnes portant des inscriptions grecques et latines, qui défendaient aux non-Israélites l'entrée de l'intérieur de la place dite *Hel*. Les Talmuds ne parlent pas de ces inscriptions, mais on dit dans la Mischna[4] que les étrangers ne pouvaient entrer dans le *Hel*. C'est l'espace de dix *Amah* de largeur, compris entre le mur de l'enceinte sacrée et le *Soreg*; on y montait par quatorze degrés dont chacun avait une demi-Amah de hauteur et autant de largeur. Après avoir traversé le *Hel*, on arrivait à l'enceinte sacrée; douze marches conduisaient, à travers la portes de l'est, vers la cour des Femmes. Aux quatre angles de cette cour les Talmuds placent des cellules (*Lischkah*); il en était de même pour les autres cours: la cour des Israélites et celle des Prêtres. Nous n'en

---

[1] M. Munk, *la Palestine*, p. 48 a. L'édifice que Josèphe (*Guerre,* VI, vi, 3) appelle βουλευτήριον est peut-être la lischkhah que les Talmuds (Tosiftha, *Yoma*, ch. 1) désignent par לשכת בלווטין.
[2] *Meguillath Taanith*, ch. 3.
[3] *Middoth*, ii, 3.
[4] Mischna, *Kelim*, i, 8.
[5] *Middoth*, ii, 5.

mentionnerons qu'une seule qui a une certaine importance pour l'histoire des Juifs, c'est la salle qui servait aux séances du sanhédrin, appelée *Lischkath hagazith*[1] (chambre des pierres taillées); elle se trouvait au sud, au-dessus de la cour des Prêtres. Parmi les sept portes qui coupaient le mur d'enceinte de l'Azarah, la « porte de Nicanor[2] » se distinguait, en ce qu'elle était de bronze et non de bois revêtu d'or comme les autres. Selon les Talmuds, les battants de cette porte étaient de bronze corinthien, et avaient été apportés d'Alexandrie par un certain Nicanor, après avoir miraculeusement échappé à un naufrage. La porte de Nicanor s'ouvrait vis-à-vis du grand portail de la cour des Femmes. Toutes ces constructions avec le Saint des Saints se trouvaient sur un terrain creusé par des excavations[3].

Quant à la description de l'intérieur du Saint des Saints, nous renvoyons aux sources citées plus haut pour les détails sur le mont Moriyah[4]. Nous mentionnerons seulement « la pierre de fondement » (Eben ha-schethiyah) qui, selon la Mischna, était haute de trois doigts[5]; sur cette pierre, le grand-prêtre plaçait l'encens (le jour de Kippour); à l'époque du premier Temple l'arche sainte y était déposée. Cette pierre est aux yeux des talmudistes[6], le fondement de la terre entière. La Mischna[7]

---

[1] *Ibidem*, v, 3, 4.
[2] *Ibidem*, ii, 3.
[3] Mischna, *Parah*, iii, 3.
[4] Ci-dessus, p. 140, note 6.
[5] Mischna, *Yoma*, v, 3.
[6] Tal. de Bab., *même Traité*, 54 *b*. Une autre pierre, dite « la pierre des égarés, » était également renommée à Jérusalem : On y déposait les objets perdus, et on y venait les réclamer (אבן הטועים). Mischna, *Taanith*, iv, 11; Tal. de Bab., *Baba Mecia*. 28 *b*).
[7] *Zebahim*, xii, 3.

mentionne sur la montagne du Temple un lieu appelé Beth Habbirah ; le Talmud [1] ajoute que cet endroit fut appelé Birah simplement. On y brûlait dans un certain cas les holocaustes. Peut-être cette place se trouvait-elle à côté de la forteresse Βάρις [2] (plus tard Antonia), mot qui semble représenter le mot hébreu בירה.

שילוח, la fontaine de Siloah se trouve, selon les Talmuds, au point central de la « Terre d'Israël [3] ; » tout près il y avait une place que les Talmuds [4] nomment *Gadyon* ou *Gad-Yavan*; selon la tradition juive Siloah et Gihon sont identiques, car le Targoum [5] rend le dernier par Siloah. « Ses eaux sont claires et douces, dit le Midrasch [6] ; » Josèphe [7] rapporte également que les eaux de Siloah sont d'un goût excellent et abondantes en toute saison. Si l'on en croit d'autres écrivains, ces eaux, au contraire, avaient un goût salé [8]. Un passage talmudique leur attribue des qualités digestives [9]. Quand les prêtres avaient mangé trop de viande, ils buvaient les eaux de Siloah et la digestion reprenait son cours normal. Josèphe [10] place cette source au sud de la ville, au débouché de la vallée des Fromagers ; saint Jérôme la place une première fois au pied du mont Sion [11] et une autre fois

[1] Tal. de Bab., même *traité*, 104 *b*.
[2] Josèphe, *Guerre*, I, III, 5.
[3] Tal. de Jér., *Haguiga*, I, 1.
[4] Mischna, *Zabim*, I, 5. כמגדיון לשילוח; la Tosiftha lit לשילי au lieu de שילוח. Les commentateurs expliquent ce mot par « idole des Grecs ; » c'est la place où les Grecs sous Antiochus Epiphane avaient exposé une idole.
[5] I Rois, I, 33.
[6] Midrasch *Ekha*.
[7] *Guerre*, V, IV, 1.
[8] Reland, *Palæstina*, t. II, p. 895.
[9] *Aboth* de R. Nathan, ch. 35.
[10] *Loc. cit.*
[11] *Comm.* ad Jesaiam, ch. 8.

au pied du mont Moriyah[1]. Il faut dans ce cas chercher Siloah près de l'Ophel ; on montre en effet aujourd'hui cette fontaine au sud-est de la ville. Les eaux de Siloah étaient employées au Temple pendant la fête des Cabanes[2]. Peut-être le Siloah avait-il sa source à la montagne du Temple. Ce qui paraît confirmer cette opinion, c'est que les Talmuds[3] parlent d'une source qui avait son origine dans la maison du Saint des Saints ; le filet d'eau n'était pas plus gros que la tentacule d'une sauterelle et traversait le *Hekhal*, ensuite l'*Oulam*, et en arrivant à la porte de l'*Azarah*, il avait atteint la grosseur du goulot d'une petite bouteille.

La Mischna[4] mentionne encore d'autres eaux telles que « le puits à roue, » « le grand puits » et « le puits d'eaux fraîches. » Toutes ces eaux étaient sans doute amenées par les aqueducs de la fontaine d'Etam[5] située à vingt-trois coudées au-dessus du niveau de l'Azarah. Cette source est, selon les talmudistes, identique avec les eaux de Neftoah de la Bible. Le puits à roue n'était pas très-distant de cet aqueduc. Dans le Temple on avait pratiqué en outre des bassins pour recueillir les eaux de pluie[6]. Un conduit venant des *Ha-*

---

[1] *Comm. ad Mattheum*, x, 28.

[2] Mischna, *Soukkah*, v, 1. On avait l'habitude de verser beaucoup d'eau sur l'autel, le dernier jour de cette fête, par allusion à l'abondance de pluie qu'on implore ce jour. Cette fêt était une des plus joyeuses et s'appelait שמחת בית השואבה.

[3] Tal. de Bab., *Yoma*, 77 *b*.

[4] *Eroubin*, x, 14. וממלאים מבור הגולה ומבור הגדול בגלגל בשבת ומבאר הקר בי"ט.

[5] Tal. de Bab., *Yoma*, 31 *a*.

[6] *Middoth*, iv, 7 ; בית הורדות המים. On mentionne aussi dans les Talmuds un *beth-Mamel ou Memala* (בית ממל ; Tal. de Bab., *Eroubin*, 51 *b* ; *Sanhédrin*, 24 *a*. בית ממלא *Bereschith* rabba, ch. 51). Peut-être est-ce l'aqueduc qu'on surnomme maintenant *Birket el-Memilé*.

LIVRE PREMIER. LA PALESTINE 147

nayoth[1] est mentionné dans le Midrasch à propos du siége de Jérusalem.

L'écoulement des matières liquides provenant des sacrifices du Temple se faisait par des égouts qui débouchaient dans le torrent de Kidron[2]; quant aux cendres et autres débris, on les déposait dans un endroit spécial affecté à cet usage, et situé au nord de Jérusalem[3].

הר הזתים, le mont des Oliviers, appelé parfois dans les Talmuds le mont *Misch'ha*[4], communiquait avec la montagne du Temple au moyen d'un pont. On y brûlait la vache rousse[5]; les marchands de pigeons avaient établi sur cette dernière montagne leurs boutiques entre deux cèdres; on y allumait le feu pour annoncer la nouvelle lune, on apercevait les flammes jusqu'au Kurn Surtabeh[7]. Sur ce mont étaient situés, selon les Évangiles[8], les endroits Beth-Phagué (בית פאגי) et Bethania.

Quelques passages du Talmud sont d'accord avec les Évangiles sur la situation de Beth-Phagué. Ainsi on lit[9] : « l'Écriture sainte défend de sortir de Jérusalem le huitième jour de la fête des Cabanes. Si quelqu'un apporte ses offrandes de Beth-Phagué à Jérusalem, il ne peut retourner passer la nuit à Beth-Phagué, eût-il consommé ses offrandes à Jérusalem. » Les Talmuds admettent en principe qu'on ne pouvait élargir Jérusalem ou les *Azaroth* sans le consentement du sanhédrin, composé de

---

[1] Midrasch *Ekha*, IV, 4.
[2] Mischna, *Yoma*, V, 2.
[3] Tosiftha, *Yoma*, ch. 3.
[4] Tal. de Jér., *Taanith*, IV, 8. הר המשחה.
[5] Cf. ci-dessus, p. 141.
[6] Tal. de Jér., *l. c.*
[7] Cf. ci-dessus, p. 42.
[8] Saint Matthieu, XXI; saint Luc, XIX, 29.
[9] *Siphré*, Numeri, 159 (éd. Friedmann, p. 55)

soixante-onze membres. Or, dans la discussion sur ce point, nous trouvons l'observation suivante : « Si le sanhédrin[1] est sorti de la ville pour s'occuper de l'élargissement de Jérusalem et un savant rencontrant le tribunal à Bé-Phagué se met en rebellion ouverte contre lui, cet homme ne peut être jugé selon le paragraphe de la Bible[2] concernant cet acte coupable; pour appliquer la loi, il faut que la rébellion contre le sanhédrin se produise au lieu même où siége ce tribunal. » On lit encore dans la Tosiftha[3] : « On n'a pas besoin de passer la nuit à Jérusalem pour le sacrifice de la seconde Pâque; l'offrande dans l'Azarah terminée, on peut sortir et vaquer à ses affaires à Beth-Phagué. » Beth-Phagué se trouvait donc hors de Jérusalem. R. Siméon dit dans la Mischna[4] : « Les deux pains sacrés sont admis quand ils sont préparés, soit dans l'Azarah, soit à Beth-Phagué. » Ce passage cependant n'est pas concluant; on pourrait tout au plus en inférer que Beth-Phagué jouissait d'un certain privilége sous ce rapport.

Mais voici quatre passages talmudiques, desquels il résulte clairement que Beth-Phagué se trouvait à l'intérieur d'un mur. « Qu'est-ce qu'on appelle hors du mur[5] ? demande le Talmud. R. Yohanan dit : hors du mur de Beth-Phagué; Resch Lakisch dit : hors de l'Azarah. » « Une personne qui se trouve retenue en prison par les païens (en Palestine), dit le Talmud[6], est dispensée de faire offrir à son intention le sacrifice de la Pâque. Là-

---

[1] Tal. de Bab., *Sota*, 45 *a*. ביתפגי
[2] Nombres, IX, 10-14.
[3] *Pesahim*, ch. 8.
[4] *Menahoth*, XI, 2.
[5] Tal. de Bab., *Pesahim*, 63 *b*.
[6] *Ibidem*, 91 *a*.

dessus, R. Hisdaï dit : seules les prisons qui se trouvent hors du mur de Beth-Phagué sont considérées comme prisons des païens. » « Pour les sacrifices d'actions de grâce [1], on n'était pas aussi sévère que pour les autres. ce sacrifice est considéré comme saint, même si on le prépare hors de l'Azarah, mais il ne l'est pas hors du mur de Beth-Phagué. » On exige pour une certaine cérémonie religieuse des dîmes, que le blé soit battu à l'intérieur du mur de Jérusalem; « il suffit, dit-on dans les Talmuds [2], qu'il soit battu à l'intérieur du mur de Beth-Phagué. »

Pour concilier tous ces passages quelque peu contradictoires, il faut avoir recours à l'hypothèse suivante : Beth-Phagué se trouvait près de Jérusalem, au pied du mont des Oliviers. A une certaine époque, quand de trop nombreux pèlerins affluaient dans la capitale, au point que la ville proprement dite ne pouvait plus les contenir, on joignit Beth-Phagué à la ville, en l'entourant d'un mur, et on lui accorda les mêmes priviléges qu'à la capitale, concernant la consommation des offrandes. Cette modification ne devait pas soulever de grandes difficultés, puisque le mont des Oliviers, comme nous l'avons vu, jouissait déjà d'avantages analogues.

Les Talmuds rapportent que les boutiques de *Beth Hini* furent détruites trois ans avant Jérusalem [3]. Ces boutiques se trouvaient probablement sur le mont des Oliviers,

---

[1] Tal. de Bab., *Menahoth*, 78 *b*.
[2] Tal. de Bab., *Baba Mecia*, 90 *a*.
[3] *Ibidem*, 88 *a*. La leçon du Tal. de Jér., *Péah*, I, 3 חניות בני חנן est probablement une faute du copiste. Dans le *Siphré*, Deutéronome, 105 (éd. Friedmann, p. 95 *b*), on lit חניות בני חנן חרבו קודם לארץ ישראל ג׳ שנים « les boutiques de Bené Hanan furent détruites trois ans avant la *Terre d'Israël* », ce qui semblerait indiquer que ces boutiques des fils Hanan se trouvaient hors de

et Beth Hini serait alors identique avec le Bethania de l'Évangile. Les Talmuds[1] ajoutent que les figues de Beth Hini mûrissaient plus tôt qu'ailleurs et que les figuiers disparurent par suite du siége de Jérusalem. Ces fruits ont pu donner le nom à l'endroit Beth-Phagué, placé par les Évangiles à côté de Bethania. On veut identifier Bethania avec le village actuel d'el-Azarieh[2], habité par des musulmans et des chrétiens. M. Schwarz[3] prétend avoir trouvé une place à cinq stades de Jérusalem, sur le mont des Oliviers, que les indigènes appellent *Beit Ouhana;* mais il n'est pas à notre connaissance qu'aucun voyageur moderne ait mentionné ce lieu.

La vallée de Hinnom, ainsi que le Thopheth, joue dans les Talmuds un rôle tout à fait légendaire. On fait dériver[4] le nom du premier de la racine בהם « hurler, faire du bruit, » et תפת de la racine תפף, תף « battre le tambour. » Les Talmuds prétendent qu'on y faisait du bruit pendant qu'on brûlait les enfants en l'honneur de Molokh, afin que les parents n'entendissent pas les cris déchirants des malheureuses victimes, et ne fussent tentés de les arracher aux flammes.

Les Talmuds[5] mentionnent une localité Gareb à trois milles de Schilo. Nous pensons pouvoir substituer à Schilo le mot Yerouschelaïm, et identifier ce Gareb avec la colline de Gareb dont parle Jérémie[6], à l'ouest de Jérusa-

---

la Palestine. Nous croyons que la leçon de בית הִינִי est la plus correcte. On écrit aussi ce nom בית אוני (Tosiftha, *Schebiith*, ch. 7.)

[1] Tal. de Bab., *Pesahim*, 53 a.
[2] M. de Saulcy, *Voyages*, etc., t. I, p. 191.
[3] *Das heilige Land*, p. 249.
[4] Midrasch *Ekha*, I, ix.
[5] Tal. de Bab., *Sanhédrin*, 103 a. ומערב לשילו ג׳ מלין.
[6] Jérémie, xxxi, 39.

lem. Il est probable que Gareb est identique avec le *ouady Gourab* actuel, à l'occident de Jérusalem.

Il nous reste à parler de la localité que le Talmud appelle Çophim, mot qui correspond à σκόπος[1]. Josèphe cite un lieu de ce nom, au nord de Jérusalem, avec lequel on veut identifier Çophim.

« On ne doit pas se découvrir la tête, disent les Talmuds[2], vers la porte de l'est (du Temple), parce qu'elle se trouve directement en face du Saint des Saints. R. Yehouda dit : « Cette défense n'est obligatoire que quand on se trouve à l'intérieur de Çophim et qu'on voit Jérusalem (c'est-à-dire si aucun obstacle n'empêche de voir la ville). » Dans un autre passage, le Talmud raconte[3] que quelques docteurs étaient montés vers Jérusalem ; arrivés sur le mont Çophim, ils déchirèrent leurs habits. Nous trouvons encore un troisième passage où les Talmuds[4] mentionnent Çophim. « Si quelqu'un est sorti de Jérusalem en gardant par oubli de la viande des sacrifices à la main, s'il a passé Çophim, qu'il la brûle à la place même où il s'en aperçoit ; s'il n'a pas encore passé Çophim, il retournera à Jérusalem pour l'y brûler. » Si Çophim était le nom d'une localité au nord, qu'il représente le Skopos, ou qu'il s'identifie, suivant M. de Saulcy[5] avec l'endroit de *Chafat*, le Talmud aurait dû fixer également des limites pour les autres points cardinaux dans le cas d'oubli de viande sacrée. Toutefois, il est possible qu'on ait choisi Çophim (Skopos ou Chafat) pour marquer la distance dans tous les sens, à laquelle

---

[1] *Guerre*, II, XIX, 4.
[2] Tal. de Bab., *Berakhoth*, 61 *a*.
[3] Même Tal., *Makkoth*, vers la fin.
[4] Mischna, *Pesahim*, III, 8.
[5] *Voyages*, etc., t. II, p. 219.

il était permis de brûler la viande, sans qu'il fût besoin de retourner à Jérusalem même.

הוצל, Hoçal est mentionné dans les Talmuds[1] comme ville fortifiée par Josué dans les possessions de la tribu de Benjamin. Peut-être est-ce le *Beth Haacel* de la Bible[2]; M. Schwarz[3] veut l'identifier avec le village d'*el-Azeriyeh* près de Jérusalem, car, dit-il, les lettres ל et ר se confondent en hébreu; mais si cette forteresse s'était trouvée si près de Jérusalem, elle aurait joué un certain rôle pendant le siége de la capitale et serait mentionnée par Josèphe. En outre el-Azarieh représente le mot *Lazarium*, nom que les chrétiens donnaient à cette localité.

מגדל עדר, Migdal Eder se trouve d'après la Bible[4] près de Béthlehem. Cette localité doit avoir existé à l'époque du second Temple, car la Mischna[5] la mentionne. « Les bestiaux qui se trouvent depuis Jérusalem jusqu'à Migdal Eder, et aux mêmes distances vers les autres points cardinaux, sont sacrifiés, les mâles comme holocaustes et les femelles comme sacrifices de prospérités. » Saint Jérôme mentionne une tour *Ader* près de Béthlehem, qui n'est autre que Migdal Eder[6].

המוצא, Hamoça, mentionné dans la Bible[7] avec les endroits qui se trouvent dans le voisinage de Jérusalem. Selon la Mischna[8], on y allait prendre les saules pour les

---

[1] Tal. de Bab., *Meguillah*, 5 b.
[2] Micha, i, 11. Les septante ainsi que quelques commentateurs ne le prennent pas pour un nom propre.
[3] *Das heilige Land*, p. 105.
[4] Genèse, xxxv, 21.
[5] *Schekalim*, vii, 4.
[6] Reland, *Palæstina*, t. II, p. 808.
[7] Josué, xviii, 26.
[8] *Soukkah*, iv, 5.

fêtes des Cabanes; il se trouvait non loin de la capitale. La Guémare [1] appelle Moça, *Colonia;* מוצא signifie « exempt, » et, en effet, les colonies étaient exemptes des impôts. Les septante [2] mentionnent un endroit Κουλὸν parmi les localités autour de Jérusalem. Il est possible que ce soit le Colonia des Talmuds, qui est sans doute identique avec le village actuel de Kouloniyeh [3], au nord-est de Jérusalem.

הר צבעים, Har Ceboïm. Les habitants de cette localité, raconte la Mischna [4], apportèrent les prémices à Jérusalem avant la Pentecôte. Cet endroit est peut-être le même que le Ceboïm de la Bible [5]. On mentionne également, dans la Bible [6], une vallée de Ceboïm. On pourrait identifier Ceboïm avec le village de *Soba* [7], à l'ouest de Jérusalem.

---

[1] Tal. de Bab., *même Traité*, 45 *a*. תניא מקומקלניא היה ותנא קלוניא se .דידן מ״ט קרי לה מוצא דאפק מכרגא דמלכא Le mot trouve employé dans le même sens plusieurs fois dans les Talmuds; nous ne citerons comme exemples que le passage (Tal. de Bab., *Abodah Zarah*, 10 *a*.) ואתעביד טבריא קולוניא, « Nous voulons que Tibériade soit une colonie, » c'est-à-dire exempte d'impôts, et celui du Midrasch (*Debarim* rabba, ch. 10), où l'on oppose à cette expression le mot πορός (פורום) « revenu, tribut. »

[2] Josué, xv, 60.
[3] Robinson, *Bibl. researches*, t. I, p. 461.
[4] *Hallah*, iv, 10.
[5] Néhémie, xi, 34.
[6] I Samuel, xiii, 18.
[7] M. Van de Velde, *Reise.*, etc., t. II, p. 89.

§ 5. — Les villes au nord-est, nord et nord-ouest de Jérusalem.

ענת, Anath fut bâti, selon le Talmud[1], par le géant Ahiman. Anath n'est pas nommé dans la Bible; nous l'identifierons avec Anathath[2], ville natale du prophète Jérémie, au nord de Jérusalem. Les Talmuds[3] mentionnent ענתינא (Anthina) ainsi que ענתניא comme ville natale de plusieurs docteurs.

בית חורון, Beth Horon est souvent mentionné dans les Talmuds comme ville natale de docteurs. On n'en dit rien de particulier, si ce n'est qu'une fois on a déclaré impur cet endroit, à cause des cadavres qu'on y avait trouvés[4]. Beth Horon, nommé souvent dans la Bible, dans Josèphe et dans les pères de l'Église, est à cinq heures de Jérusalem; les indigènes l'appellent *Beit Our*[5]. On y trouve des ruines très-étendues.

מכמס, Mikhmas est un endroit célèbre pour son blé. La Mischna[6] dit: « Mikhmas et Zanoha sont les alpha pour le blé; en deuxième ligne vient Aphraïm dans la plaine. » Mikhmas joue un certain rôle dans la guerre des Philistins[7] contre les Hébreux. On peut l'identifier avec le village actuel de *Mokhmas*[8].

---

[1] Tal. de Bab., *Yoma*, 10 a. אחימן בנה ענת.
[2] Josué, XXI, 18.
[3] Tal. de Jér., *Berakhoth*, IV, 1 et 2.
[4] Tal. de Bab., *Niddah*, 61 a.
[5] Robinson, *Bibl. researches*, t. II, p. 250.
[6] *Menahoth*, IX, 1. מכמס וזניחא אלפא לסלת שנייה לה עפוריים בבקעה. On lit dans quelques éditions de la Mischna מבנים au lieu de מכמס.
[7] I Samuel, XIII, 2-16; XIV, 1-31.
[8] Robinson, *l. c.*, t. I, p. 441.

וְנוֹחָה, Zanoha [1] est sans doute identique avec l'endroit de Zanoah de la Bible; celle-ci en mentionne deux, l'un dans la plaine [2], l'autre dans les montagnes de Juda [3]. Le Zanoha des Talmuds est probablement le second.

עפרים, Afaraïm est selon notre opinion la ville samaritaine qui donna le nom à la toparchie Ἀφαραίμα [4], et que Démétrius réunit à la Judée. Saint Jérôme mentionne [5] une ville *Aphra*, à cinq milles vers l'est de Beth-El. Eusèbe l'écrit Ἀφρήλ. La ville Ἀφραίμ qu'Eusèbe [6] place à six milles vers le nord de Legio, se trouve dans la plaine, et représenterait bien notre Afraïm, si elle ne s'appelait dans la Bible [7] חפרים. L'abondance en blé d'Afraïm est devenue proverbiale. « Apporter de la paille à Afraïm [8] » équivalait au dicton : porter de l'eau à la rivière.

בית אל, Beth-El est un endroit fort connu dans la Bible. Nous n'avons pas à nous occuper ici des différentes opinions sur l'existence d'un ou de plusieurs Beth-El. Ce qui nous importe, c'est que les Talmuds [9] identifient Beth Aven avec Beth-El. En s'appuyant sur un verset biblique [10], on y dit « que l'endroit [11] nommé

---

[1] Dans quelques éditions de la Mischna on lit מונחא et זטחא au lieu de זנוחא.

[2] Josué, xv, 34.

[3] *Ibidem*, 56.

[4] I Maccabés, xi, 34. Peut-être est-ce l'endroit Ofrah de la Bible (Juges, vi, 5).

[5] *Onom.* s. v. Aphra. Peut-être Ofrah de la Bible (Josué, xviii, 23).

[6] *Ibidem* s. v. *Aphraïm*.

[7] Josué, xix, 19.

[8] Tal. de Bab., *Menahoth*, 85 *a*. תבן מכנים לעפריים.

[9] Tal. de Jér., *Abodah Zarah*, iii, 8.

[10] Josué, vii, 2.

[11] בעי רב הונא כתיב העי אשר עם בית און מקדם לבית אל מקום קורין אותו בית אל ועכשיו קורין אותו בית און.
Selon cette interprétation, il faudrait traduire le mot מקדם

jadis Beth-El s'appelle maintenant Beth Aven. » Le Targoum [1] rend parfois Beth Aven par Beth-El, et saint Jérôme [2], de son côté, dit aussi que Beth Aven s'appelait jadis Beth-El. Cependant les septante rendent Beth Aven par οἶκον Ὤν, Aquila le rend par ἀνωφελοῦς [3]. On veut identifier Beth-El avec le village actuel de *Beïtin* [4], à cinq heures de Jérusalem.

L'ancien nom de Beth-El était, selon la Bible, *Louz* [5]; on dit cependant dans l'énumération des frontières de Joseph [6] : « On sort de Beth-El vers Louza. » Ailleurs on lit [7] : « L'homme (de la tribu de Joseph) alla dans le pays de Hittim, bâtit une ville et la surnomma Louz, nom quelle porte jusqu'à ce jour. » Il y avait donc une ville du nom de Louz outre l'ancien nom de Beth-El. Les Talmuds [8] parlent de Louz « où l'on teignit la laine bleue, endroit que ni Sanhérib ni Nabuchodonosor ne purent prendre, et où l'ange de la mort est impuissant. Les vieillards, quand ils sont fatigués de la vie, sortent hors du mur de la ville et meurent. » Eusèbe [9] mentionne un endroit de *Louza*, à trois milles de Néapolis; mais le pays de Hittim n'était nullement de ce côté; on ne

---

par « auparavant. » Les septante ne rendent pas le Beth Aven; ils traduisent : εἰς Γαὶ ἥ ἐστι κατὰ βαιθὴλ, λέγων κτλ.

[1] Hosée, IV, 15.
[2] *Comm. ad. Hoseam*, V, 8 : Bethaven quæ quondam vocabatur Bethel.
[3] Cf. Reland, *Palæstina*, t. II, p. 631.
[4] Robinson, *l. c.*, t. I, p. 448.
[5] Genèse, XXVIII, 19.
[6] Josué, XVI, 2.
[7] Juges, I, 23.
[8] Tal. de Bab., *Sota*, 46 b. se rapportant au Louz dans les Juges ; *Bereschiht* rabba, ch. 69, se rapportant au verset de la Genèse.
[9] *Onomasticon*, s. v. Λουζά.

peut donc pas l'identifier avec la ville que les gens de la tribu de Joseph avaient construite[1].

עי, Aï est situé, d'après le Midrasch[2], à trois milles de Jéricho. Cette distance ne peut se rapporter à l'endroit Aï que la Bible[3] place près de Beth-El, à moins qu'on n'admette plusieurs Beth-El, dont l'un se trouvait dans le voisinage de Jéricho. M. Schwarz[4] propose de lire dans le passage du Midrasch, au lieu de Jéricho, Beth-El, conjecture par trop commode. Josèphe[5] aussi indique l'emplacement de Aï, qu'il appelle *Aina*, au-dessus de Jéricho, ce qui s'accorderait avec le texte du Midrasch. Peut-être y avait-il plusieurs endroits[6] portant le nom d'Aï; l'un d'eux aurait pu se trouver près de Jéricho. Les voyageurs modernes ne sont pas d'accord sur l'emplacement actuel de cette localité[7].

גופנא, Gophna[8], ville très-populeuse, selon les Talmuds : « Quatre-vingts jeunes cohanim, tous frères, se sont mariés avec un égal nombre de sœurs dans une seule nuit, sans préjudice des autres mariages qui eurent lieu[9]. » Encore une exagération, sans doute, mais qui nous apprend néanmoins que Gophna était une ville

---

[1] Cf. Levisohn dans le *Ereç Kedoumim*, II, p. 62.
[2] *Schemoth* rabba, ch. 32.
[3] Josué, XII' 9.
[4] *Das heilige Land*, p. 57.
[5] *Ant.* V, 1, 12; εἰς Ἀἰναν (Ἄνναν) πόλιν ὑπὲρ τῆς Ἱεριχοῦντος. Le Samaritain rend le mot עי (Genèse, XII, 8) par עינה.
[6] Jérémie, XLIX, 3, a un Aï en Pérée.
[7] Cf. Winer, *Bibl. realwœrterbuch*, a. v. Aï.
[8] On l'appelle dans les Talmuds גופנות (Tal. des Bab., *Berahkoth*, 44 a) et בית גופנין (Tosiftha *Oholoth* à la fin).
[9] Tal. de Jér., *Taanith*, II, 8. Le mot בהדא qui embarrasse tant Reland (*Palæstina*, t. II, p. 817) est employé très-souvent dans le Talmud de Jérusalem devant les noms des villes. Cf. M. Zunz *Itinarary*, etc., t. II, p. 424.

importante. Elle donnait le nom à la toparchie Gophnitica. Cette ville est située, selon Eusèbe, à quinze milles de Jérusalem, vers Néapolis ; elle joue un certain rôle dans les guerres contre les Romains[1]. Il est probable que Gophna est identique avec Ophni de la Bible, localité appartenant à la tribu de Benjamin, et avec le village actuel *Djifneh*[2], à cinq heures de Jérusalem. La vallée est une des plus fertiles de la Palestine.

מעלה אדומים, Maaleh Adumim (montée des Rouges) est une hauteur à la frontière du pays des tribus de Juda et de Benjamin, près de Guilgal[3]. Elle est mentionnée dans les Talmuds[4] à propos d'un témoin qui avait observé la nouvelle lune en cet endroit. Nous avons déjà dit[5] que saint Jérôme place cette localité sur le chemin de Jérusalem à Jéricho. Arvieux[6] raconte que, de son temps, Maaleh Adumim était appelé « le Champ-Rouge ». Les Talmuds[7] appliquent ce nom à l'endroit d'Ephes Damim, placé par la Bible[8] entre Sokho et Azeca.

שילה, Schilo, que la Bible connaît fort bien. Les Talmuds[9] mentionnent cet endroit pour l'énumération des lieux où l'arche sainte fut déposée successivement. « Elle resta dans le désert trente-neuf ans, à Guilgal quatorze ans, à Schilo trois cent soixante-dix moins un an (369), à Nob et à Gibéon cinquant-sept, à Jérusalem,

---

[1] M. de Raumer, *Palæstina*, p. 199.
[2] M. de Saulcy, *Voyage, etc.*, t. II, p. 233.
[3] Josué, xv, 7.
[4] Tal. de Jér., *Rosch Haschana*, ii, 1.
[5] Cf. ci-dessus, p. 53.
[6] M. de Raumer, *Palæstina*, p. 169.
[7] Tal. de Jér., *Sanhédrin*, ii, 5 ; Midrasch *Ruth* au commencement. באפס דמים ד' יוחנן אומר בחקל סומקתה.
[8] I Samuel, xvii, 1.
[9] Tosiftha, *Korbanoth*, ch. 13.

pour la première fois, quatre cent dix, et pour la seconde fois quatre cent vingt ans [1]. » Un certain R. Siméon [2] est surnommé *Haschileoni*, c'est-à-dire de Schilo. On identifie Schilo avec le village actuel de *Seïlûn* [3] à douze milles au sud de Naplouse.

תאנת שילה, Tanath Schilo est mentionné une seule fois dans la Bible [4] comme un endroit situé à la frontière du territoire d'Éphraïm. Eusèbe [5] le place à dix milles vers l'est de Néapolis. Les Talmuds [6] expliquent le mot תאנת par seuil. « C'est une bande de terre qui se prolonge de la tribu de Joseph dans la tribu de Benjamin ; sur cette bande fut placé l'autel de Schilo. » La tradition, qui veut absolument que les autels se trouvent dans le territoire de Benjamin, amène les Talmuds à cette singulière explication.

עקרבה, Akrabah, selon la Mischna, est à une journée de distance vers le nord de Jérusalem [7]. Josèphe [8] place de ce côté la toparchie d'Acrabatena, et on peut dire que, sans doute, il y existait une localité du même nom. Aujourd'hui encore, on connaît au sud de Seïlûn un endroit *Akrabeh* [9], avec lequel notre Akrabah est probablement identique.

---

[1] Nos éditions portent ק״כ (120).
[2] Tal. de Bab., *Pesahim*, 118 *a*.
[3] Robinson, *Bibl. researches*, t. II, p. 268.
[4] Josué, xvi, 6.
[5] *Onom.* s. v. Thanath.
[6] Tal. de Jér., *Meguillah*, i, 1.
[7] Cf. ci-dessus, p. 76.
[8] Josèphe, *Ant.* XII, viii, 1.
[9] Robinson, *l. c.*, t. II, p. 280.

§ 6 — Les villes de la vallée de la Judée.

Nous allons passer aux villes situées dans la vallée de la Judée qui commence, d'après les Talmuds, à En-Gedi. On ne parle que de trois endroits dans la vallée.

עין גדי, En-Gedi, appelé aussi dans la Bible [1] Haceçon-Thamar, se trouve au sud du désert de Juda [2], aux bords du lac asphaltique [3]. Josèphe [4] le place à trois cents stades de Jérusalem. Les environs d'En-Gedi sont très-fertiles [5] en vignes, en baumiers et en palmiers. Les Talmuds [6] parlent de baume qu'on cueillait d'En-Gedi jusqu'à Ramatha. Cette seconde localité est, d'après MM. Schwarz [7] et Graetz [8], le Beth Haram de la Bible [9], appelé dans les Talmuds Beth Ramatha [10], et se trouve en Pérée. Mais comme de pareilles plantations sont mentionnées dans les environs de Jéricho [11], on ferait peut-être mieux d'identifier le Ramatha des Talmuds avec Rama, à l'ouest de Jéricho, du même côté du Jourdain qu'En-Gedi. On

---

[1] II Paralipomènes, xx, 2.
[2] Josué, xv, 62.
[3] Ezéchiel, xlvii, 10.
[4] Josèphe, *Ant.*, IX, 1, 2.
[5] Pline, *Hist. nat.*, v, 15. Josèphe, *l. c*..... καὶ στρατοπεδεύονται πρὸς Ἐγγαδδὶ πόλιν, κειμένην πρὸς τῇ Ἀσφαλτίτιδι λίμνῃ, τριακοσίους ἀπέχουσαν σταδίους τῶν Ἱεροσολύμων. Γεννᾶται δὲ ἐν αὐτῇ φοῖνιξ ὁ κάλλιστος καὶ ὀποβάλσαμον.
[6] Tal. de Bab., *Sabbath*, 26 *a*. פני כורמים ר׳ יוסף אלו מלקטי אפרסמין מעין גדי ועד רמתא.
[7] *Das heilige Land*, p. 122.
[8] *Geschichte der Juden*, t. III, p. 256.
[9] Josué, xiii, 28.
[10] Cf. notre article *Beth Ramatha*.
[11] Cf. ci-dessous, p. 161.

veut placer En-Gedi près d'une source à l'ouest de la mer Morte, que les Arabes appellent *Aïn-Djidy*[1].

יריחו, Jéricho est située, d'après les Talmuds, à dix *Parsa* (37 milles) de Jérusalem[2]. Cette ville a eu une grande importance dans l'histoire des Israélites depuis leur entrée en Palestine. Elle formait le boulevard le plus redoutable contre leur invasion. Si on prend à la lettre les paroles de la Bible[3], la presque totalité des armées des rois de Chanaan y a combattu. Le Midrasch[4] atteste cette importance, en disant que Jéricho était la clef de la Palestine. « Si nous prenons Jéricho, disaient les Israélites, tout le pays est à nous. » En effet, la situation favorable de Jéricho près du Jourdain et de la mer Morte, pouvait donner aux Chananéens l'espoir d'y arrêter les progrès des envahisseurs. Sous les Maccabées[5] elle formait un poste considérable, et pendant l'époque des Romains on y éleva des châteaux forts[6]. Le nom de Jéricho peut dériver du mot ירח « lune » et alors on traduirait יריחו « la ville de la lune, » expression analogue à בית שמש « ville du soleil; » mais ce nom peut appartenir à la racine ריח « odeur » et se traduire par « ville odorante; » on y trouvait en effet des baumiers[7]. Jéricho s'appelle dans la Bible[8] « la ville des palmiers, » arbres qu'on y trouvait en abondance[9].

[1] Robinson, *Bibl. researches*, t. I, p. 508.
[2] Tal. de Bab., *Yoma*, 20 *b*.
[3] Josué, xxiv, 11.
[4] Midrasch *Tanhouma*, sect. Behaalothekha (éd. Vienne, p. 206 *b*).
[5] I Maccabées, ix, 50.
[6] Cf. Winer, *Bibl. realwœrterbuch*, a. v. Jéricho.
[7] משחא דאפרסמא; Tal. de Bab., *Berakhoth*, 43 *a*.
[8] Deutéronome, xxxiv, 3 ; Juges, i, 16. Le Targoum rend la ville de תמר (Ezéchiel, xlvii, 19) par יריחו.
[9] Tacitus, *Hist.*, v, 6 ; Pline, *H. N.*, v, 14 ; Mischna, *Pesahim*, iv, 9.

11

Jéricho quoique maudite et frappée d'anathème par Josué[1], ne disparaît pas de l'histoire des Juifs; mentionnée à propos de David, d'Élie, d'Élisée, de Zedekias, nous trouvons encore ses habitants occupés à la construction[2] des murs de Jérusalem, lors du retour de la captivité. Bacchide la fortifie[3], Pompée la traverse, Hérode le grand y construit des édifices[4] somptueux, enfin Jésus accomplit des miracles dans ses murs. Tous ces faits prouvent qu'elle avait une certaine importance à l'époque du second Temple. Aussi les Talmuds[5] la citent-ils souvent. « Les habitants de Jéricho se sont permis six choses, dont trois furent blâmées par les docteurs. » Jéricho était certainement très-peuplée. On dit dans les Talmuds[6] que Jérusalem fournissait un groupe d'hommes pour le service du Temple et Jéricho un demi-groupe; Jéricho, est-il dit ensuite, aurait pu fournir également un groupe complet, mais on voulait laisser la prééminence à Jérusalem. Les Talmuds parlent même d'une école établie dans cette ville, sous le nom de *Beth Gadya* ou *Beth Gourya*[7].

Nous ne pouvons nous empêcher de rapporter une donnée assez bizarre des Talmuds[8] à propos de cette ville. « On entendait jusqu'à Jéricho la voix du grand-prêtre quand, le jour de *Kippour*, il prononçait le *Tétragramme* au Temple de Jérusalem; on sentait à Jéricho l'odeur de l'encens brûlé au Temple le même jour. »

[1] Josué, vi, 26.
[2] Néhémie, iii, 2.
[3] I Macc., ix, 50.
[4] Josèphe, *Ant.*, XVI, v, 2; XVII, x, 6.
[5] Mischna, *Pesahim*, iv, 9.
[6] Tal. de Jér., *Taanith*, iv, 2.
[7] Ibid., *Sotah*, ix, 13 et ailleurs ; בית גדיא; בית גוריא.
[8] Ibid., *Soukkah*, v, 3.

Les environs de Jéricho étaient très-fertiles [1] ; on les compare à un véritable paradis [2]. « La plaine de Jéricho est couverte de blés, » dit le Talmud [3]. Dans un autre passage on dit [4] : « La fertilité de Jéricho s'étend à 500 *Amah* carrées. »

Le Midrasch [5] dit que les fruits y mûrissaient avant ceux des autres contrées, tandis que c'était le contraire à Beth-El. On identifie Jéricho avec le hameau de *Riha* [6] ou *Erika*, qui compte environ deux cents habitants.

נערן, Naaran est mentionné dans les Talmuds [7] comme ville opprimée par Jéricho. C'est sans doute la ville biblique de Naaran [8] ou Naarath [9], qui se trouve, selon Eusèbe [10], à cinq milles de Jéricho. La Mischna [11] parle des tonneaux *Nayaroth* qui provenaient peut-être de cette ville. Dans un autre passage talmudique [12] on trouve le nom d'une ville נעורין, ce qui est sans doute une faute des copistes, au lieu de נערן.

[1] Josèphe, *Guerre*, IV, VIII, 3.
[2] Suidas, s. v. πιαλέος.
[3] *Mekhiltha*, sect. Beschalah, 1 (éd. Weiss, p. 64 *z*).
[4] *Siphré*, Nombres, 81 (éd. Friedmann, 21 *a*).
[5] *Bereschith* rabba, ch. 99.
[6] Robinson, *Bibl. researches*, t. I, p. 552.
[7] Midrasch *Ekha*, I, 17.
[8] I Paralipomènes, VII, 28.
[9] Josué, XVI, 7,
[10] *Onom.*, s. v. Naaratha.
[11] Kelim, II, 5 ; חביות ניירות. Quelques commentateurs expliquent ce mot par נייר « papier, » ce qui ne donne pas de sens.
[12] Tal. de Bab., *Holin*, 5 *a*.

CHAPITRE III.

LA SAMARIE.

Cette province, ainsi que nous l'avons vu [1], n'est pas comptée dans les Talmuds parmi les provinces de la « Terre d'Israël. » Elle est considérée comme une zone de terre, séparant la Galilée de la Judée, sous le nom de pays des Couthéens [2]. L'appréciation des docteurs talmudiques sur les habitants de la Samarie varie suivant les époques. Tantôt on les considère comme israélites pour les pratiques religieuses : leurs demeures et leurs bains sont purs; en outre on leur attribue plus de minutie dans l'observance de certaines règles religieuses [3] qu'aux Israélites proprement dits; tantôt ils sont complétement exclus de la communauté d'Israël, leur pain même est impur. « Autrefois, dit R. Siméon [4], les Couthiim étaient plongés dans de fausses croyances (tout en observant la loi mosaïque), tandis que maintenant ils n'ont aucune idée de la loi. » Les deux nations [5]

---

[1] Cf. ci-dessus, p. 56.
[2] Tal. de Jér., *Schekalim*, I, 5. On appelle les habitants de Samarie שמרי ; *Bereschith* rabba, ch. 32, 90.
[3] Même Talmud, *Pesahim*, I, 1.
[4] *Ibidem*.
[5] Le nom « Samaritain » est déjà une injure; cf. Évangile selon saint Jean, VIII, 48.

s'accablaient réciproquement d'injures. « Mon âme hait deux peuples, dit Jésus, fils de Sirach [1], et un troisième qui n'est point un peuple : ceux qui se tiennent dans la montagne de Samarie, les Philistins et le peuple insensé de Sichem. » Cette haine semble prendre son origine à la séparation des deux royaumes de Juda et d'Israël; elle s'envenima par suite de la résolution des Samaritains [2] de ne plus monter au Temple de Jérusalem et de construire leur sanctuaire du mont Guerizim.

Il serait difficile de préciser les différentes époques où les Juifs traitaient les Samaritains comme frères, et celles où ces deux nations se renvoyaient mutuellement les accusations d'idolâtrie, de mensonge et d'autres vices [3]. On ne pourra tirer des déductions certaines pour ce sujet que si l'on parvient à se fixer sur l'époque où les différentes *Halakhoth* concernant les Couthéens, ont été formulées; questions ardues qui n'entrent point dans le cadre de notre ouvrage. Nous voyons, d'après les récits des Evangiles [4], qu'à l'époque de Jésus, les Samaritains étaient tout à fait en dehors de la communauté juive : on évitait leur société, on ne prenait point de repas avec eux, et nul juif ne logeait chez un Samaritain. En allant de la Galilée en Judée, les juifs évitaient de passer par le territoire de Samarie [5]. Les Samaritains, de leur côté, rendaient aux juifs leurs mépris et leurs taquineries. Ils allumaient, raconte la

---

[1] Ecclésiaste, L, 26 et 27.

[2] Josèphe, *Ant.*, XII, v, 5.

[3] *Ibid.*, ix, 14, 3; Tal. de Jér., *Abodah Zarah*, v, 4.

[4] Saint Matthieu, x, 5 ; les Gentils et les Samaritains sont mis sur le même rang. Saint Luc appelle le Samaritain « étranger » (ἀλλογενής).

[5] Cf. Winer, *Bibl. realwœrterbuch* (3ᵉ éd.), t. II, p. 372.

Mischna[1], des feux sur leurs montagnes pour induire ceux-ci en erreur au sujet de la fixation de la néoménie. « Les Juifs, rapporte Josèphe[2], avaient l'habitude, en célébrant la Pâque, d'ouvrir les portes du Temple à minuit. Une nuit de Pâque[3], un des Samaritains vint secrètement à Jérusalem, sema des ossements dans les portiques et dans tout le Temple; c'est pourquoi les Juifs les ont exclus du Temple, ce qu'ils n'ont jamais fait aux fêtes. » Ce fait se passa sous le gouverneur Coponius.

Les Samaritains ne manquaient pas d'exercer des vexations et des violences contre les juifs : ils vendent des juifs comme esclaves[4], sous le grand-prêtre Onias; ils tuent des pèlerins galiléens[5] qui traversent leur territoire, au temps du gouverneur Cumanus; dans les guerres ils se rangeaient toujours contre les juifs. Aussi ceux-ci, quand ils le pouvaient, portaient-ils la guerre dans leur pays. Le roi Jean Hyrcan prit Sichem[6] et détruisit le temple des Samaritains, après une durée de deux siècles. Alexandre leur prit une grande partie de leur pays, et, sous Hérode, la Samarie devint une province juive[7].

La haine des Samaritains contre les juifs ne fut nullement apaisée par la chute du Temple de Jérusalem. Nous verrons dans la partie historique que, d'après les Talmuds, la fameuse ville de Bettar tomba aux mains des Romains, par la trahison d'un Samaritain. De notre

---

[1] *Rosch haschanah*, II, 2.
[2] *Ant.*, XVIII, II, 2.
[3] *Ibid.*, XII, IV, 1.
[4] *Ibid.*, XX, VI, 1.
[5] *Ibid.*, XIII, IX, 1.
[6] *Ibid.*, XIII, xv, 4.
[7] Chronique d'Aboul Phatah (Eichhorn, *neues Repert.*, I, 155).

temps encore leur aversion pour les juifs est assez profonde, et il est rare qu'un Samaritain mette le pied à Jérusalem.

Les villes de la Samarie.

גבעת פנחס, Gibeath Pinhas est l'endroit dans les montagnes d'Éphraïm [1], où le grand-prêtre Eléazar fut enseveli ; cette localité fut donnée à son fils Pinhas. Les Talmuds [2] font observer que celui-ci la reçut comme héritage maternel, puisque le père était un *cohen* et, en cette qualité, ne pouvait posséder de terre.

שכם, Sichem est une des plus anciennes villes de la Palestine, située sur le penchant d'une montagne [3] d'Éphraïm, dans une vallée étroite au pied des monts Guerizim et Ebal [4]. Nous ne nous arrêterons point à son rôle pendant l'époque du premier Temple. Après le retour de Babylone, cette ville devint le centre du culte des Samaritains [5]. Leur temple, comme nous l'avons dit, fut détruit par Jean Hyrcan [6]. Vers la fin du second Temple, Sichem est mentionné sous le nom de *Néapolis* [7] ; sur les monnaies [8] elle porte celui de *Flavia Néapolis*,

---

[1] Josué, xxiv, 33.
[2] Tal. de Bab., *Baba bathra*, 111 b.
[3] Josué, xx, 7.
[4] Josèphe, *Ant.*, IV, viii, 44.
[5] *Ibid.*, XI. viii, 6.
[6] Cf. ci-dessus, p. 167.
[7] Josèphe, *Guerre*, IV, viii, 1 ; Pline, *Hist. nat.*, v, 14.
[8] Ekhel, *Doct. num.*, t. III, p. 433 et pass. M. Winer (*Bibl. realwœrterbuch*, t. II, p. 455) croit que ce nom dérive de Flavius Vespasian qui, après avoir détruit Sichem, l'aurait reconstruit.

Les Talmuds[1] mentionnent également le nom de Néapolis et rendent une fois [2] Sichem par Néapolis, contrairement à Eusèbe[3] qui croit que cette ville ne se trouve pas sur l'emplacement de l'ancien Sichem.

Josèphe[4] raconte que Sichem fut appelé par les indigènes Μαβορθά ou Μαβαρθα. Nous croyons reconnaître dans ce nom une corruption du mot araméen מברכתא (Mabarakhtha), « ville bénie. » Selon le Midrasch[5], les Samaritains appelaient leurs montagnes « les monts de Bénédiction, » et, par opposition, la montagne de Moriah « le mont de Malédiction. »

Le nom Συχάρ ou Σιχάρ[6] que l'évangile de saint Jean semble donner à la ville de Sichem, a été le sujet de beaucoup d'interprétations. Saint Jérôme, saint Épiphane, ainsi que quelques savants modernes[7], pensent que Sychar est une corruption du mot Sichem, de sorte que les deux sont identiques. Mais si l'on admet même avec MM. Olshausen et Luecke[8] que les lettres liquides *m* et *r* sont souvent confondues dans la prononciation, on

---

[1] Tal. de Jér., *Abodah Zarah*, v, 4. ר׳ ישמעאל אול להדרא ניפולים.
[2] *Bamidbar* rabba, ch. 23. ושכם בהר אפרים זהו נפולין ; au lieu de נפולין il faut peut-être lire נפולין. On lit *Debarim* rabba, ch. 3, ניפולין של כותים.
[3] *Onom*. s. v. Sichem : Συχέμ, νῦν ἔρημος, δείκνυται δὲ ὁ τόπος ἐν προαστείοις Νέας πόλεως.
[4] *Loc. cit.* Pline écrit *Mamortha*.
[5] *Bereschith* rabba, ch. 81. ולא טב לך מצלי בהדין טורא בריכא ולא בההיא קלקלתא. Le Talmud mentionne une ville du nom de מברכתא en Babylonie.
[6] Saint Jean, iv. 5.
[7] Cf. M. de Raumer, *Palæstina*. p. 162.
[8] *Comm. zum Evang. Johannes*, t. I, p. 512. Les dérivations pour le nom Sychar du mot שכר « s'enivrer, » d'après Lightfoot (*Hor. heb.*, p. 938), ou de שקר « mensonge, » d'après Reland (*Dissert. misc.*, t. I, p. 141), et par lesquelles ce nom doit être ironique pour la ville de Sichem, sont trop forcées.

ne nous explique pas encore le changement de l'*e* en *a*. Il est donc plus logique de ne pas identifier Sychar avec Sichem, d'autant moins que nous possédons d'anciens documents qui distinguent ces deux endroits. Saint Jérôme[1] lui-même se contredit en plaçant Sychar, selon Eusèbe, avant Néapolis, près du champ que Jacob donna à Joseph. L'itinéraire de Jérusalem mentionne Sychar à une distance d'un mille de Néapolis. M. de Raumer[2] essaie d'identifier Sychar de l'Évangile avec la localité actuelle d'*Askar*, à une demi-heure de Néapolis. Le voyageur Berggren trouva à l'est de Naplouse une plaine du nom de *Sahl-el-Asgar*, et une source *Aïn-el-Asgar*. Celle-ci, dit-il[3], est le « puits de Jacob, » et la plaine, le « champ de Jacob. »

La Mischna[4] mentionne un endroit appelé « la plaine d'En-Sokher, » qui est peut-être le Sychar de l'Évangile; c'est de là qu'on apporta une fois les pains de présentation pour le Temple, parce qu'on n'en trouvait pas plus près de Jérusalem, à cause d'une sécheresse. Nous croyons pouvoir identifier, comme M. Schwarz[5], En-Sokher avec la source d'Aïn-Asgar, et la plaine de ce dernier nom, avec celle que la Mischna mentionne. Mais nous ne pouvons nullement admettre l'idée de ce savant[6], que le lieu d'*En-Kouschin*, donné par

---

[1] *Onom*. s. v. Sychar.
Palæstina, p. 163.
[3] *Ibidem*.
[4] *Menahoth*, vi, 2. ושתי הלחם מבקעת עין סוכר; cf. aussi Tal. de Jér., *Schekalim*, v, 2, et Tal. de Bab., *Menahoth*, 64 *b*, où l'on n'est pas certain si l'endroit s'appelle עין סוכר ou סוכר עין, car c'est un muet qui aurait donné l'indication de cet endroit en posant ses doigts sur ces deux mots.
[5] *Das heilige Land*, p. 127.
[6] *Ibidem*.

le Talmud comme localité samaritaine, près de *Kefar Salem*[1], soit identique avec En-Sokher.

Le Midrasch[2] applique les mots bibliques de la bénédiction donnée à Joseph par Jacob, « les bénédictions du ciel d'en haut, » à un endroit du nom « Azkaroth, sur la hauteur. » M. Schwarz[3] identifie cette localité avec Asgar, bien que cet endroit ne se trouve nullement sur une hauteur. M. Rappoport[4] croit que Azkaroth du Midrasch est la localité *Iskarioth*[5], ville natale de l'apôtre Judas. Nous croyons que la meilleure dérivation pour ce nom est איש קריות; Keriyoth[6] est une ville dans la tribu de Juda.

Naplouse a aujourd'hui une population de 8,000 âmes, dont 150 Samaritains et un égal nombre de Juifs[7].

שמרון, Samarie, ville bien souvent nommée par la Bible, est située sur une montagne[8]. Hérode, qui la reçut de l'empereur Auguste, l'embellit, la fortifia et lui donna le nom de Sebasté[9], en l'honneur de ce prince. C'est sous ce nom que les Talmuds[10] la citent, en parlant

---

[1] Cf. ci-dessous, p. 173.
[2] *Bereschith* rabba, ch. 98; ברכות שמים מעל זו אוכרות שבבעל.
[3] *L. c.*, p. 128.
[4] *Erekh Millin*, p. 28.
[5] Saint Matthieu, x, 4; saint Luc, vi, 16.
[6] Josué, xv, 25. Le mot hébreu איש est exprimé en grec par Ἰς; ainsi Josèphe *(Ant.*, VII, vi, 1) rend איש טוב par Ἰστοβος. (Cf. Simonis *Onomast. N. T.*, p. 81 et pass.). On trouve sur la marge de quelques Codes de l'Evangile selon saint Jean, vi, 71 : τοῦ ἀπὸ καριώτου (Chrysostôme, *ad Mattheum*, x, 4). Cf. pour les autres opinions sur le mot Iskarioth, Winer, *Bibl. realwœrterbuch*, t. I, p. 633.
[7] Robinson; *Bibl. researches*, t. II, p. 275 et 287.
[8] I Rois, xvi, 24.
[9] Josèphe, *Ant.*, XV, xiii, 5.
[10] Mischna, ii, בפרדסות סבסטי. Dans le passage de *Meguillath Taanith*, ch. 8, où l'on parle de la prise de Sebasté (probablement

172   LA GÉOGRAPHIE DU TALMUD

du règlement sur les fruits des jardins de Sebasté, qu'on dédie au Temple. Nous savons déjà par Josèphe que la Samarie était une province des plus fertiles. Le village actuel de *Seboustieh* [1] est identifié avec l'ancien Sebasté.

תרצה, Thirça, pendant un certain temps la résidence des rois d'Israël [2], est appelée dans le Midrasch [3] *Thiran*. Le verset biblique : « Tu es belle comme Thirça, » est rapporté dans le Midrasch aux femmes de Thiran. Le Targoum [4] rend Thirça par *Tharitha*; les lettres ע et צ se confondent souvent en araméen.

פנדקא, Fondeka est mentionnée dans les Talmuds [5] comme habitée par les Samaritains ; on y cite même deux endroits de ce nom. On pourrait peut-être les identifier avec *Funduk* et *Fontakumiyeh* (Pentacomia [6]), le premier au sud, le second au nord de Sebustieh.

Nous donnerons ici un passage talmudique où il est question du vin qu'on avait défendu, à une certaine époque, à cause du voisinage des lieux habités par les Samaritains ou Gentils.

sous Jean Hyrcan), on écrit לים סבוסטי au lieu de לסבוסטי. On dit dans ce passage que toutes les villes, au nombre desquelles Samarie, prises par les Juifs sur les Samaritains, furent appelées « villes Nabrakhtha » (ערי נברכתא). Nous croyons que c'est par ironie qu'on leur donnait le nom de « villes bénies, » comme s'il y avait ערי מברכתא. M. Graetz (*Geschichte der Juden*, t. III, p. 422) croit que נברכתא signifie ici « un canal d'eau, » et ce serait une allusion aux torrents que Jean Hyrcan avait introduits dans Samarie pour la détruire plus facilement. Mais M. Graetz est obligé de lire עיר au lieu de ערי.

[1] Robinson, *Bibl. researches*, t. II, p. 283.
[2] I Rois, xiv, 17.
[3] Midrasch *Schir ha-Schirim*, vi, 3 ; כתרצה אילו נשי תירען. Les commentateurs expliquent le mot תירען d'une autre façon.
[4] I Rois, xv, 21. תרעיתא.
[5] T. de J., *Demoï*, ii,1. פונדקא דעמודא פונדקא דטיבתא עד כפר סבא.
[6] Van de Velde, *Reise.*, etc., t. I, p. 280.

On lit dans le Talmud de Jérusalem[1] : « Le vin d'Og-dor est défendu à boire à cause du voisinage de Kefar Paguesch; celui de Borgatha à cause du voisinage de Birath Sarikah; celui d'En Konschith à cause du voisinage de Kefar Schalem. »

Le Talmud de Babylone[2] a quelques variantes : « A une certaine époque on a dit : Le vin d'En Kouschi est défendu à boire à cause du voisinage de Birath Serika; celui de Barkatha à cause du voisinage de Kefar Parschaï; celui de Zagdor à cause du voisinage de Kefar Schalem. »

כפר שלם, Kefar Schalem, dans ce passage, est peut-être identique avec l'endroit Salem, où baptisait Jean[3]. Eusèbe[4] le place à huit milles au sud de Scythopolis.

ברקתא ou בורגתא, Burgatha ou Barkatha est peut-être le village actuel Burkin (le Borkëos de Josèphe, ville frontière[5] entre la Galilée et la Samarie). On trouve dans les Talmuds un autre endroit appelé Kefar Barkaï, ville natale d'un certain prêtre Issachar[6] qui, dans un entretien avec le roi et la reine, fut accusé de lèse-majesté, et condamné à avoir la main droite coupée. Ce Kefar Barkaï est peut-être identique avec Borkëos.

Nous ne trouvons aucune identification pour les endroits Ogdor ou Zagdor[7], Kefar Paguesch ou Kefar

---

[1] *Abodah zarah*, v, 4. יינה של אוגדר למה הוא אסור מפני כפר פגש ושל בורגתא מפני בירת סריקה של עין כושית מפני כפר שלם׃
[2] *Même Traité*, 31 a. בראשונה היה אומר יין של עין כושי אסור מפני בירת סריקא ושל ברקתא אסור מפני כפר פרשאי ושל זגדור מפני כפר שלם.
[3] Evangile selon saint Jean, III, 23.
[4] *Onom.* s. v. Salem et Aenon.
[5] Cf. ci-dessus, p. 57.
[6] Tal. de Bab., *Pesahim*, 75 a. יששכר איש כפר ברקאי.
[7] M. Bœhmer, dans son savant article sur Hamath-Gador (*Kerem Hémed*, t. VIII, p. 6-22), croit que Zagdor ou Ogdor n'est qu'une

Parschaï[1] Birath Serikah[2] et En Kouschith ou Kouschi, mentionnés dans les passages talmudiques précités.

בית שאן, Beth-Schean était situé dans le territoire de la tribu d'Issachar, mais appartenait aux enfants de Manasseh. C'était une ville frontière du sud, entre la Galilée et la Samarie[3], et appartenant à la Décapole[4]. On la trouve plus tard sous le nom de Scythopolis[5], probablement à cause des Scythes qui s'y établirent[6]. Les Talmuds ne la mentionnent jamais sous un autre nom que celui de Beïschan ou Beth-Schean. Nous voyons dans Josèphe[7] que cette ville fut habitée par des païens; c'est pourquoi, à une certaine époque, elle n'était pas comptée comme ville de la « Terre d'Israël. » Rabbi[8] seulement l'a admise parmi les villes de la Palestine. Les juifs de Beth-Schean étaient très-minutieux dans l'accomplissement de certaines pratiques religieuses[9]. On dit des *Bischni* ou Baïschani (habitants de Baïschan) qu'ils observent très-rigoureusement le sabbath.

Beth-Schean se trouvait dans la plaine, et ses environs étaient très-fertiles. R. Meïr dit[10]: « Un champ qui pouvait contenir la semence d'un *saah*, produisait à Beth-

---

corruption de Gadara ; nous croyons cependant qu'il s'agit ici des endroits situés en Samarie et non en Pérée.

[1] Nous rencontrerons encore une fois ces noms bizarres.
[2] Littéralement « Château de brigands. »
[3] Josué, XVII, 11.
[4] Josèphe, *Guerre*, III, III, 1.
[5] *Ibid.*, III, IX, 7 ; Pline, *H. N.*, V, 16.
[6] Judith, III, 10 ; II Macc., XII, 29. On lit dans les Septante (Juges, I, 27) : Βαιθσὰν ἥ ἐστι Σκυθῶν πόλις. Cf. Hérodote, I, 205.
[7] *Vita*, 6.
[8] Tal. de Bab., *Holin*, 6 b.
[9] Même Talmud, *Pesahim*, 50 b. בישני.
[10] *Ibid.*, *Kethouboth*, 112 a.

Schean soixante-dix *kor*. » R. Simon ben Lakisch l'exprime d'une manière poétique, en disant : « Si le paradis doit se trouver en Palestine, la porte en est à Beth-Schean. » On vante les olives [1] de ce pays, et on parle dans les Talmuds des vêtements de lin fin et grossier qu'on y fabriquait [2]. Selon le Midrasch [3], le territoire de cette ville était appelé Kinnereth. Josèphe [4] aussi compte très-souvent Beth-Schean comme appartenant aux environs du lac de Tibériade. Il estime la distance de cette dernière ville à Beth-Schean à cent vingt stades.

On identifie Beth-Schean avec le village actuel de Beïsan, dans le voisinage duquel on rencontre des ruines d'un endroit appelé *Soukkoth;* quelques savants voient dans ce dernier nom l'origine de celui de Scythopolis (Soukkothpolis) [5]; cette hypothèse n'est confirmée par aucune indication d'un auteur de l'antiquité.

ערבה, Araba, endroit situé, selon le Midrasch [6], dans le district de Beth-Schean; probablement identique avec la localité d'*Arabah* qu'Eusèbe [7] place à trois milles à l'ouest des Scythopolis. On trouve encore aujourd'hui au sud de Kef Koud un endroit appelé *Araba* [8]. La Mischna [9] parle de l'huile d'Arab, lieu qu'on peut croire identique avec Araba. Nous verrons un autre Arab en Galilée; peut-être est-ce celui-là.

---

[1] Même Tal., *Eroubin,* 19 *a.*
[2] T. de J., *Kiddouschin,* II, 5 ; Midrasch *Koheleth,* I, 18.
[3] *Bereschith* rabba, ch. 98. תחום בית שאן ושמוה כנרת.
[4] *Vita,* 65.
[5] Cf. Winer, *Bibl. realwœrterbuch,* t. I, p. 176.
[6] *Bereschith* rabba, ch. 33.
[7] *Onom.*, s. v. Araba.
[8] Ritter, *Erdkunde* , t. XVI, p. 685.
[9] *Demoï,* I, 3.

CHAPITRE IV

LA GALILÉE

Le mot Galilah ou Galil[1] est employé par la Bible pour le pays du nord de la Palestine, appartenant à la tribu de Nephthali.[2] Ce territoire s'étendait vers la Phénicie[3]; la ville de Kedesch[4] en faisait partie. La Bible se sert aussi du nom de « Galil des Gentils[5] » pour désigner ce pays, preuve qu'il était habité par des païens. Son étendue a dû être considérable aux temps bibliques, car le roi David en détacha vingt villes pour les donner à Hiram, roi de Tyr.

Dans les siècles suivants ses limites furent plus restreintes ; aux derniers temps du second Temple, la Palestine septentrionale, en deçà du Jourdain, formait la Galilée, dont les limites s'arrêtaient à ce fleuve[6].

Ce fait résulte clairement de l'expression des Talmuds « *Eber ha-Yarden* » dans la distribution trichotomique

---

[1] II Rois, xv, 29.
[2] Josué, xx, 7.
[3] I Rois, ix, 11.
[4] Josué, xxi, 32.
[5] Isaïe, viii, 23, גְּלִיל הַגּוֹיִם. I Macc., v, 15, on se sert de la même expression, Γαλιλαία ἀλλοφύλων; cf. Josèphe, *Guerre*, III, iii, 2; saint Matthieu, iv, 15, Γαλιλαία τῶν ἐθνῶν.
[6] Reland, *Palæstina*, t. I, p. 181.

de la Palestine [1], ainsi que de plusieurs passages de l'Évangile [2].

La frontière de la Galilée vers le sud, selon les Talmuds, est Kefar Outheni que nous avons identifié avec Kefr Koud [3]. Josèphe [4] donne à ce pays les limites suivantes : au sud-ouest, la Galilée s'étendait jusqu'au mont Carmel [5]; au sud-est, jusqu'à Scythopolis; au nord, elle allait jusqu'aux environs de Tyr, et à l'est elle avait pour frontière le Jourdain qui la séparait de la Gaulonitide et de la Pérée [6].

La Galilée est divisée dans les Talmuds [7] en trois parties : « La Galilée supérieure (pays montagneux), au delà de Kefar Hananyah, pays où l'on ne trouve pas de sycomores; la Gaillée inférieure (pays de plaine), en deça de Kefar Hananyah, qui produit des sycomores; enfin, le cercle de Tibériade (pays de vallées). » Josèphe [8] compte Tibériade comme appartenant à la Galilée inférieure; mais il ne faut jamais oublier que les Talmuds s'occupent de la Palestine au point de vue dogmatique et nullement au point de vue de la stratégie ou de la politique. Nous trouvons une division en Galilée supérieure et inférieure (sans mention du pays de la vallée) dans la

[1] Cf. ci-dessus, p. 55; le Talmud compte cependant Gamala et Césarée de Philippe comme villes de la Galilée. Cf. plus loin, notre article général sur la Pérée.

[2] Luc, XVII, 11; Actes, IX, 31.

[3] Cf. ci-dessus, p. 56.

[4] *Guerre*, III, III, 1.

[5] Le Carmel lui-même et Acco n'en faisaient pas partie; *Guerre*, II, XVIII, 9.

[6] Le Jourdain et le lac de Genezareth séparaient la Galilée de ces pays.

[7] Cf. ci-dessus, p. 59.

[8] Cf. notre article *Tibériade*.

lettre officielle adressée[1] par R. Gamliel, chef du sanhédrin, aux juifs de tous les pays.

Josèphe [2] divise la Galilée en Galilée inférieure, qui s'étend en longueur depuis Tibériade jusqu'à Zabulon près de Ptolémaïs, en largeur depuis Ksaloth [3] dans la plaine de Yezréel jusqu'à Berseba, où commence la Galilée supérieure. Celle-ci s'étend en large depuis Berseba jusqu'à Baca, en long depuis Thella, près du Jourdain, jusqu'à Meroth (ou Meloth). Il n'entre pas dans le cadre de notre travail de donner nos conjectures sur ces lieux cités par Josèphe. M. Schwarz [4] prétend les avoir trouvés ; malheureusement ce savant procède trop légèrement dans l'identification des anciennes localités avec les modernes[5]. Pour lui nul endroit que citent les Talmuds ne reste inconnu.

Kefar Hananyah, que les Talmuds donnent comme ville frontière entre la Galilée supérieure et inférieure, est d'après M. Schwarz [6], l'endroit actuel *Kefr Anan*, au nord-ouest de Safed. Cette identification est corroborée par un passage talmudique [7] selon lequel Sepphoris se trouve à mi-chemin entre Kefar Outheni (frontière sud de la Galilée) et Kefar Hananyah; or, Sefourieyh (Sepphoris) est aujourd'hui situé entre Kefr Koud et Kefr Anan, à égale

---

[1] Cf. ci-dessus, p. 63.

[2] *Loc. cit.*

[3] Ξαλώθ ; c'est peut-être l'endroit biblique הכסלות (Josué. xix, 18) ; ailleurs Josèphe donne la localité de *Ginéa* comme frontière entre la Galilée et la Samarie. Cf. ci-dessus, p. 56.

[4] *Das heilige Land*, p. 44.

[5] Ce savant dit (*Ibidem*) de l'endroit Thella : « Thella est sûrement l'ancien *Tellum* (?), à présent Hirbat Tillum sur le bord du lac de Tibériade, vers le nord-ouest. » Mais ce que M. Schwarz prononce Tillem n'est autre que le lieu *Tell houm.*

[6] *L. c.*, p. 148.

[7] Tal. de Bab., *Bekhoroth*, 55 *a.*

distance des deux. Il faut se rappeler cependant que, suivant la division de Josèphe[1], Kefr Anan se place dans la Galilée supérieure. C'est pourquoi M. Wiesner[2] suppose que Kefar Hananyah est identique, non avec Kefr Anan, mais avec le *Kefr Kenna* près de Nazareth, ou le *Kana el Djelil*; identification que l'orthographe du mot חנניה ne permet pas ; Kana s'écrivait sans doute קנה comme l'endroit du même nom[3] dans les possessions de la tribu d'Ascher.

La fertilité de la Galilée tant vantée par Josèphe[4], ne l'est pas moins par les Talmuds. « Le pays de Nephthali est partout couvert de champs féconds et de vignes[5]; les fruits de cette contrée sont reconnus pour être extrêmement doux[6]. » C'est l'huile surtout qu'on trouvait en abondance en Galilée. On dit à propos du verset biblique[7] « Ascher trempe son pied dans l'huile, » que dans les possessions d'Ascher, l'huile coule comme un ruisseau[8]. « Il est plus facile, dit le Talmud[9], d'élever une légion (forêt) d'oliviers en Galilée que d'élever un enfant en Palestine. » On fabriquait en Galilée[10] un genre de vases tout particuliers pour conserver l'huile. Le vin y était plus rare et, pour ce motif, plus estimé que l'huile[11]. On ne manquait pas

---

[1] Cf. ci-dessus, p. 179.
[2] *Scholien zum bab. Talmud*, fasc. II, p. 237.
[3] Josué, XIX, 28.
[4] Cf. ci-dessus, p. 46.
[5] Tal. de Bab., *Meguillah*, 6 *a*.
[6] *Ibid*. et même Talmud, *Berakhoth*, 44 *a*.; cf. ci-dessus, p. 45.
[7] Deutéronome, XXXIII, 24.
[8] Siphré, *Deutéronome*, 355 (éd. Friedmann, p. 148 *a*). Cf. ci-dessous l'article *Gousch Halab*.
[9] *Bereschith* rabba, ch. 20.
[10] Mischna, *Kelim*, II, 2. הפכים הגלילים
[11] Tal. de Bab., *Nazir*, 31 *b*. בגלילא לא שנו דחמרא עדיף ממשחא

de lin en Galilée; les femmes, disent les Talmuds[1], y confectionnaient des vêtements de lin filé d'une grande finesse.

La Galilée, comme nous l'avons dit, était habitée par des juifs et des païens; c'est pourquoi ceux-là portaient deux noms, l'un étranger et l'autre purement juif [2]. « Les juifs de la Galilée sont laborieux, hardis et vaillants [3]; c'est pourquoi, dit Josèphe [4], ils sont plus irritables et plus portés à la révolte que les habitants de la Judée. » Les Talmuds [5], de leur côté, nous présentent les Galiléens comme des gens querelleurs : ils avaient fait vœu de ne pas se rendre service mutuellement. Il est vrai que R. Yosé le Galiléen loue l'amour de la paix, mais on ne peut rien conclure sur le caractère d'un peuple par les maximes de ses savants [6]. R. Yohanan ben Zakaï n'a-t-il pas prêché la concorde au milieu des dissensions les plus graves qui divisaient Jérusalem? On n'omet cependant pas de relater dans les Talmuds un trait curieux qui dénoterait chez les Galiléens un profond sentiment de charité : « Dans un endroit de la Galilée supérieure on avait soin de faire servir tous les jours à un pauvre vieillard une portion de volaille, parce qu'il avait l'habitude de prendre cette nourriture aux jours de sa prospérité [7]. »

Les Galiléens, raconte le Talmud [8], étaient plus soucieux de l'honneur que de l'argent, le contraire était vrai en Judée. En Galilée la veuve restait dans la maison du

---

[1] Tal. de Bab., *Baba Kama*, 119; *Bereschith* rabba, ch. 20.
[2] Tosiftha, *Guittin*, ch. 6. ולו שני שמות אחת ביהודה ואחת בגליל
[3] Josèphe, *Ant.* XIII, v, 6; *Guerre*, III, III, 1.
[4] *Vita*, 17; cf. Actes des Apôtres, v, 37.
[5] Tal. de Bab., *Nedarim*, 48 a. אנשי גליל קנטרין היו
[6] Cf. *Ben Hananyah* (jour. allem.), 1864. col. 82.
[7] Tosiftha, *Péah*, ch. 8.
[8] Tal. de Jér., *Kethouboth*, IV, 14.

mari défunt, comme cela se pratiquait à Jérusalem, tandis qu'en Judée les héritiers avaient la faculté de l'éloigner, en lui rendant sa dot [1].

On cite dans les Talmuds d'autres différences en matière de cérémonies religieuses entre la Galilée et la Judée : Ici les jeunes mariés pouvaient se trouver en tête-à-tête immédiatement après la cérémonie nuptiale, liberté qu'ils n'avaient pas en Galilée [2]. En général, dans ce pays les mariages se célébraient avec plus de décorum qu'en Judée [3]. En Galilée les personnes qui, lors d'un enterrement, prononçaient une oraison funèbre, se plaçaient devant la bière; en Judée elles se tenaient derrière [4]. Dans l'un des deux pays on observait le deuil le jour de sabbath, dans l'autre on s'en abstenait [5]. Les Galiléens en général étaient plus sévères dans les pratiques religieuses que les habitants de la Judée : La veille de Pâque on travaillait encore en Judée, tandis qu'en Galilée on avait déjà cessé tout ouvrage [6]. Les Talmuds énumèrent encore des différences dans le rite des synagogues : En Judée on suivait l'ordre de R. Akiba et en Galilée celui de R. Yohanan ben Nouri [7]. En Judée les tribunaux civils étaient composés de trois juges, pendant qu'en Galilée il n'y en avait qu'un seul [8]. En Judée on se conformait à la prescription de la Mischna qui interdisait dans les centres cultivés l'élève du menu bétail; en Galilée on s'affranchissait de cette

---

[1] Mischna, *Kethouboth*, iv, 14.
[2] Tal. de Bab., *même traité*, 12 *a*.
[3] Tosiftha, *ibidem*, ch. 1.
[4] Tal. de Bab., *Sabbath*, 153 *a*.
[5] Même Tal., *Moëd Katon*, 23 *a*.
[6] Même Tal., *Pesahim*, 55 *a*.
[7] Tal. de Jér., *Rosch haschana*, iv, 6.
[8] Même Tal., *Sotah*, ix, 10.

règle[1]. Les Galiléens vouaient leurs biens directement à Dieu et ne les donnaient pas aux prêtres[2]. Pourrait-on voir là un indice du peu d'importance que les Galiléens attachaient à la famille sacerdotale? Les poids et les mesures différaient aussi dans ces deux pays : Une *saah* en Judée en valait cinq dans la Galilée[3]; cinq *sela* en Judée en faisaient dix en Galilée[4].

Il n'y a pas de doute que la Judée n'ait eu une certaine suprématie sur la Galilée. La corporation sacerdotale et la grande école des docteurs se trouvant au centre de la Judée, ses habitants étaient plus versés dans la science religieuse que les Galiléens. La Galilée était toujours considérée comme étant en état de guerre : les sicaires[5] y commettaient plus de crimes qu'en Judée. Quoi d'étonnant que l'étude de la tradition y fût négligée! Les Talmuds disent expressément que la science de la tradition ne se conservait guère parmi les Galiléens[6]. Ceux-ci, dit le Talmud, ne terminaient jamais leurs études chez le même maître, voilà pourquoi leurs notions étaient confuses. La Galilée n'avait probablement que des maîtres ambulants et non pas des écoles fixes comme la Judée. Les Galiléens ne pouvaient jamais s'élever à une discussion dialectique pour résoudre une question par voie de comparaison[7]. Nous comprenons donc pourquoi les Galiléens tenaient à leurs an-

---

[1] *Ibidem*, cf. ci-dessus, p. 52.
[2] Mischna, *Nedarim*, II, 4 ; Tal. de Bab., *Sabbath*, 127 *b*.
[3] Tal. de Bab., *Baba Bathra*, 122 *b*.
[4] Même Tal., *Holin*, 137 *b*.
[5] Tosiftha, *Guittin*, ch. 2. Cf. sur la loi des Sicaires, M. Graetz, *Geschichte der Juden* (2ᵉ éd.), t. III, p. 323 et 334.
[6] Tal. de Bab., *Eroubin*, 53 *a*.
[7] *Ibidem*. Nous croyons comprendre de telle façon les mots

ciens usages, et qu'un de leurs compatriotes avait pour maxime de n'ajouter ni retrancher un *iota* [1] dans la loi mosaïque. En Judée, en effet, les écoles de différentes nuances faisaient souvent, selon les nécessités, des changements pour certaines pratiques religieuses.

C'était surtout la mauvaise prononciation [2] des Galiléens qui les rendaient presque ridicules aux yeux des habitants de la Judée. On ne distinguait pas les lettres gutturales entre elles en Galilée. « Les habitants de Beth-Schean, de Haïfa et de Tibaon confondaient dans leur prononciation le *Aïn* (ע) avec le *Aleph* (א); c'est pourquoi on ne pouvait les admettre pour réciter les prières à haute voix au nom de la communauté [3]. » Les Talmuds citent des exemples de cette prononciation défectueuse [4] : « Un Galiléen demanda un jour un *Amr* (אמר); on lui répondit : fou de Galiléen, que demandes-tu ? est-ce un âne pour monter dessus (חמר), du vin pour boire (חמר), un habit pour te couvrir (עמר) ou une brebis pour l'égorger (אימר)? » Avec une pareille prononciation les Galiléens n'avaient probablement pas le courage de se rendre aux écoles de la Judée, et encore moins de se mêler aux subtiles discussions que les Talmuds nous pré-

---

assez obscurs du Talmud : ולא גלו (עלו) ממסכתא למסכתא. Cf. la *Zeitschrift* de M. le Dr Geiger, t. V, p. 432.

[1] Saint Matthieu, v, 18.

[2] Cf. M. Renan, *Vie de Jésus* (13e éd.), p. 217.

[3] Tal. de Bab., *Meguillah*, 24 *b* אין מורידין לפני התיבה לא אנשי בית שאן ולא אנשי בית חיפה ולא אנשי טבעונין מפני שקורין לאלפין עייני ולעיינין אלפין. Les Samaritains commettaient probablement la même faute ; ils confondent encore aujourd'hui les lettres gutturales, malgré qu'ils parlent l'arabe où ces lettres sont bien distinctes dans la prononciation.

[4] Tal. de Bab., *Eroubin*, 53 *b*. ההוא בר גליל דהוה קאזיל ואמר להו אמר למאן אמר למאן אמרו ליה גלילאה שוטה חמר למירכב או חמר למישתי עמר למילבש או אימר לאתכסאה.

sentent, et qui avaient sans doute déjà eu lieu au temps de Hillel et de Schamaï. « Les habitants de la Judée, dit le Talmud, [1] qui mettaient un soin particulier à la prononciation, retenaient mieux la tradition, tandis que chez les Galiléens elle ne prit point racine. La Mischna ne nomme que trois docteurs galiléens : R. Yosé et ses fils, R. Eliézer et R. Hanina [2]. Il n'y avait donc pas de vie littéraire en Galilée; tous les produits de la littérature biblique étaient sortis du sud. La première *Halakha* qui forme la base des livres talmudiques est une œuvre d'imagination des écoles de Jérusalem et de Darom (sud). Ce n'est que la rédaction de la Mischna et du Talmud de Jérusalem qui fut faite en Galilée et encore par d'anciens disciples des écoles du sud. La Galilée était un pays admirablement accidenté : avec des hauteurs pittoresques, comme le Tabor et le Carmel, des plaines magnifiques couronnées d'oliviers, et des points de vue variés sur le bassin du lac de Tibériade dont les rivages étaient parsemés de villes, de villages et de bourgs, comme le dit le Talmud [3], et comme nous le savons par les Évangiles. Dans ce milieu poétique, loin du Temple, objectif principal des discussions minutieuses et d'un formalisme rigoureux, les esprits, croyons-nous, devaient bien plutôt se porter vers les paraboles et les légendes.

M. Geiger va plus loin : Il soutient[4] que c'est un Galiléen, R. Yosé, qui a créé l'exégèse légendaire connue sous le nom d'*Agadah*. Sans doute, comme le fait

[1] *Ibidem*.
[2] Cf. les savants articles de M. Lœw sur la Galilée, dans le *Ben Hananyah*, année 1864, col. 20-22, 38-40 et 81-83.
[3] Tal. de Bab., *Eroubin*, 87 a. ימה של טבריה הואיל ויש לה אוגנים ועיירות וקרפיפוס מקיפוס אותה.
[4] *Der Orient*, t. IV, p. 432.

judicieusement observer M Lœw[1], Josèphe nous donne déjà des explications agadiques; il n'en est pas moins vrai que ce même R. Yosé le Galiléen[2] est réputé dans les Talmuds comme *agadiste*. Un passage talmudique ferait supposer qu'on s'occupait en Galilée de la science purement mystique. « Un Galiléen[3] étant venu en Babylonie, on lui demanda d'enseigner la science de la *Mercabah*[4]. » Mais ce passage se rapporte à une époque postérieure et l'on n'en peut tirer des déductions pour le temps de Jésus que sous toutes réserves.

C'est avec les mêmes réserves qu'il faut appliquer les passages talmudiques où un Galiléen traite du messianisme[5], ce qu'un savant anonyme[6] veut donner comme caractéristique de l'état des esprits en Galilée, à l'époque de Jésus. La résurrection du corps, d'après le même savant, serait également une conception galiléenne. « Les morts qu'Ezéchiel avait ressuscités, dit R. Eliézer[7], fils de R. Yosé le Galiléen, sont montés vers la Palestine, se sont mariés et eurent des enfants. » Ce savant anonyme prétend même attribuer aux Galiléens l'idée de la

---

[1] *Ben Hananyah*, 1864, col. 83.

[2] M. Geiger (*Urschrift der Bibel*, p. 155) prétend que ce R. Yosé était également le champion de l'ancienne *Halakha*, en opposition avec R. Akiba qui introduisit des innovations selon les besoins du temps. Cette recherche, qui n'entre point dans le cadre de notre travail, confirmerait notre opinion citée ci-dessus, p. 184, que les Galiléens étaient les stricts conservateurs de l'ancienne tradition.

[3] Tal. de Bab., *Sabbath* 80 *b*. דההוא בר גלילא דאיקלע לבבל דאמרו ליה קום דרוש לנו במעשה מרכבה.

[4] L'explication des visions des prophètes, et notamment celle d'Ezéchiel, est désignée par le nom de *Ma'asé Merkabah* ou *récit du char* (céleste). Cf. M. Munk, *Guide des égarés*, t. I, p. 9, note 2.

[5] Tal. de Bab., *Sanhédrin*, 113 *a*; *Haguiga*, 25 *a*.

[6] *Der Orient*, t. III, p. 691 et pass.

[7] Tal. de Bab., *Sanhédrin*, 82 *b*.

trinité. Il s'appuie assez arbitrairement sur un texte du Talmud citant une remarque, sur *trois* points, d'un docteur ambulant de la Galilée. Ce Galiléen donne une règle pour savoir distinguer ce qu'il est permis de manger [1] 1° parmi les quadrupèdes, 2° parmi les poissons et 3° parmi les oiseaux. Le savant aurait pu trouver un passage plus saillant, également d'un docteur ambulant de la Galilée. Celui-ci a dit [2] devant R. Hasda (à la fin du troisième siècle) : « Béni soit Dieu qui a donné les trois lois (Pentateuque, Prophètes, et Hagiographes) à un peuple composé de trois parties (Cohanim, Lévites et Israélites), par celui qui est né le troisième (Moïse était né après Miryam et Aaron), le troisième [3] jour (de la séparation d'avec leurs femmes), le troisième mois [4]. » Un autre savant ambulant de la Galilée, dit le Talmud [5], a donné une explication sur les treize *Vaw* initiales accumulés dans quatre versets bibliques [6] qui se suivent; l'anonyme part de là pour attribuer aux Galiléens une certaine attention pour le nombre treize.

Nous répétons que tout ce que les Talmuds racontent des Galiléens au troisième siècle, pourrait, dans une certaine mesure, s'appliquer à leurs ancêtres contemporains de Jésus; ces traits pourraient nous servir comme caractéristique des Galiléens dans les premières années de l'ère chrétienne. Rigoureusement, cependant, il n'y a que les traditions attribuées à R. Yosé le Galiléen, et si l'on veut à ses fils, qui peuvent offrir des données certaines

---

[1] Même Tal., *Holin*, 27 *b*.
[2] Même Tal., *Sabbath*, 48 *a*.
[3] Exode, xix, 16.
   Ibidem, 1.
[5] T. de B., *Sanhédrin*, 70 *a*. דרש עובר גלילאה י״ג ווין נאמרו בייין.
[6] Genèse, ix, 20-24.

sur l'état intellectuel de cette fraction du peuple juif à cette époque.

1 — La Galilée inférieure.

תנעם, Tinaam. Le Midrasch[1] rapporte le verset biblique[2] « Issachar a vu que le repos est bon » à l'endroit Tinaam ; c'est peut-être le village actuel de *Denna*[3], au pied du mont Hermon.

נעים, Naïm. Les mots du verset précité « que le pays est délicieux, » sont rapportés dans le même Midrasch à l'endroit Naïm. En grec on écrit ce nom Ναΐν et Ναΐμ ; Naïm se trouve, selon Eusèbe[4], au sud du mont Tabor, près d'En-Dor, et il est sans doute identique avec le village actuel de *Neïn*[5].

L'endroit *Naïn* que Simon Giorae avait fortifié, selon Josèphe[6], se trouvait probablement en Idumée.

Le Talmud de Jérusalem[7] donne une liste de villes avec leurs noms bibliques et leurs appellations à l'époque du second Temple. Nous retrouvons la plupart de ces noms dans la désignation de villages existant aujourd'hui.

On énumère dans la Bible[8] les villes suivantes comme appartenant à la tribu de Zébulon : וקטת ונהלל ושמרן וידאה

[1] *Bereschith* rabba, ch. 88.
[2] Genèse, XLIX, 15.
[3] Robinson, *Bibl. researches*, t. II, p. 356.
[4] Reland, *Palæstina*, t. II, p. 904.
[5] Robinson, *l. c.*
[6] *Guerre*, IV, IX, 4.
[7] *Meguillah*, I, 1.
[8] Josué, XIX, 15.

קטונית מהלול סימוניא הירי ובית לחם que le Talmud rend par
בית לחם צרייה

קטונית, Ketonith représente la ville biblique de Katath. On mentionne un docteur, R. Yosé Katnoutha[1], qui est probablement originaire de cette localité. On peut identifier Ketonith du Talmud avec le village de *Keteïneh*[2], à l'ouest de la plaine de Merdj-Ibn-Amr.

מהלול, Mahloul est, d'après le Talmud, la ville biblique de Mahlal; c'est probablement la localité de *Malùl*[3] au nord de cette même plaine.

סימוניא, Simonia est la ville biblique de Schimron. Les septante portent également pour Schimron, Συμοών. Josèphe[4] mentionne cet endroit sous le nom Σιμωνιὰς. Cette localité avait encore à la fin du deuxième siècle une population juive. « Un jour, raconte le Midrasch[5], Rabbi passa par Simonia, et les habitants lui demandèrent un homme savant pour les instruire. » Simonia est sans doute le village de *Semunieh*[6], à l'ouest de Nazareth.

חירי, Yidalah de la Bible est, selon le Talmud, *Hiriyeh*. On peut l'identifier avec *el-Khireh*[7], à l'ouest de la plaine de Merdj-Ibn-Amr.

בית לחם צרייה, Beth-Lehem conserve son nom, mais on y ajoute l'épithète *Cerieh*. Le mot צרייה[8] n'est autre,

---

[1] Mischna, *Sotah*, ıx, ר' יוסי קטנתא. Tosiftha, *même traité*, ch 15 איש קטונית.

[2] Cf. *la carte* de M. Van de Velde (1866).

[3] *Ibidem*.

[4] *Vita*, 24.

[5] *Bereschith* rabba, ch. 81.

[6] Robinson, *Bibl. researches*, t. II, p. 344.

[7] M. Van de Velde, *l. c.*

[8] Cette forme justifierait la dénomination de ὁ Ναζωραῖος employée si souvent dans les Évangiles. D'après Hengstenberg (*Christol*, t. II, p. 1 et pass.) le nom primitif de Nazareth aurait

selon notre avis, que נצרייה et veut dire « Beth-Lehem près de Nazareth ou dans le district de Nazareth. » Le נ qui manque devant le mot צרייה a peut-être été omis par le copiste; peut-être aussi Nazareth s'appelait-elle *Çareh*, et son nom, comme ceux de tant d'autres villes de la Palestine, était-il composé avec la racine צר. D'ailleurs, cette racine et celle de נצר s'emploient indifféremment l'une pour l'autre dans la langue araméenne [1].

Cette ville, célèbre comme berceau de Jésus, s'écrit dans les Évangiles Ναζαρέθ ou Ναζαρέτ [2]; nous la trouvons avec la même orthographe dans une élégie [3] du fameux Eléazar ha-Kalir, élégie tirée d'anciens Midraschim aujourd'hui perdus. L'auteur, en déplorant la ruine de Jérusalem, dit [4] : « Et aux extrémités de la terre est rejeté le poste des prêtres de Nazareth [5]. » Cette ville

été נצר. Si on prononçait ce nom avec la *nounation*, on aurait *Naçroun*, ce qui nous donnerait une autre forme, ὁ Ναζαρηνός, qui se trouve souvent dans les Évangiles.

[1] צר (Cer), ville forte dans les possessions de la tribu de Nephtali (Josué, xix, 35); צר (Cor), Tyr. On emploie pour « broussailles » נצרים et צרים; cf. *Lex. Talm.* de Buxtorf. fol., 1832.

[2] Il n'entre pas dans le cadre de notre travail de discuter sur la signification du mot Nazareth. Nous ferons seulement remarquer que saint Jérôme (*Ep.* 46 *ad Marcel.*) fait dériver ce nom d'une racine qui signifie « fleur ». « Ibimus ad Nazareth, et juxta interpretationem nominis ejus, florem videbimus Galileæ. » Peut-être le mot צרי, dont la vraie signification n'est pas encore fixe, veut-il dire « objet odorant, fleur. » Nous n'osons pas faire un rapprochement entre le mot צרי et le mot éthiopien צִינִי (Cigi) qui signifie « fleur. » Les sons *ga* et *ra* se confondent dans le *Gaïn* des Arabes.

[3] Cf. ci-dessus, p. 117.

[4] וּבְקַצְוֵי אֶרֶץ נִזְרַת, מִשְׁמֶרֶת נַצְרָת.

[5] Il est possible que le nom נצחנה dans le Midrasch *Koheleth* (ii, 8) doit se lire נצרנה. On y trouve le passage suivant : « Adrien dit à R. Josué ben Hananyah : Puisqu'il est écrit dans la Bible

possédait donc une station de prêtres qui se rendaient à Jérusalem pour le service du Temple.

Pour distinguer Beth-Lehem en Judée (qui dans la Bible porte l'epithète Ephratha) de celui en Galilée, on donna au dernier l'épithète « Beth-Lehem [Na] çarieh. » Il se pourrait donc que celui qui naquit dans ce Beth-Lehem, village peu important sans doute, fût nommé comme s'il avait vu le jour à Nazareth. Beth-Lehem près de Nazareth est sans doute identique avec la localité actuelle *Beït-Lahm*[1], au nord-ouest d'*en-Nasirah* (Nazareth).

Pour pouvoir mieux indiquer l'emplacement des localités des Talmuds dans la Galilée inférieure, c'est-à-dire pour la partie de ce pays que les Talmuds désignent comme « pays de plaine, » nous prenons Sepphoris, à cause de sa position, comme ville de centre.

צפורי ou צפורין, Cippori ou Cipporin ne se trouve pas mentionné dans l'ancien Testament. Un talmudiste prétend que *Kitron*[2], ville placée par la Bible dans la tribu de Zébulon, est Cippori. Mais contre cette identification on élève l'objection suivante[3] : « La tradition rapporte que Zébulon se plaignait de n'avoir reçu en partage que des montagnes et des côtes, tandis que Nephthali possédait des vignes et des champs fertiles. Si Kitron était Cippori, et par conséquent une ville des possessions

---

(Deutéronome, VIII, 9) que la Terre d'Israël est riche, apporte-moi trois choses que je vais te demander, savoir : du poivre, des faisans et de la soie. » R. Josué lui apporta du poivre de Naçhana (נצחנא, מנצחייא dans le msc. de la bibl. imp., n° 822, p. 191), des faisans de Çaïdan (Cidon), d'autres disent d'Akhbarah (ms. précité מן טבבין), et de la soie de Gousch Halab (Giscala).

[1] Robinson, *Bibl. researches*, t. III, p. 113.
[2] Juges, I, 30.
[3] Tal. de Bab., *Meguillah*, 6 *a*.

de Zebulon, quel sujet de récriminations celui-ci aurait-il eu? les environs de Cippori sont très-fertiles à une distance de seize milles carrés, et il y coule du lait et du miel. » Kitron est en effet mentionné sous ce dernier nom dans le Midrasch[1] comme ville natale d'un certain Siméon. Il résulte du passage talmudique précité que Cippori appartenait à la tribu de Nephthali et non à Zébulon, comme c'est indiqué sur la carte que M. de Raumer a jointe à son ouvrage sur la Palestine. Nous aurons l'occasion de revenir sur ce sujet, quand nous traiterons de l'endroit *Capernaüm*. Il résulte encore de ce même passage talmudique[2] que Cippori était entouré de territoires fertiles. Le même fait est répété ailleurs[3] : « R. Yosé dit : à seize milles de chaque côté de Cippori il coule du miel et du lait, car d'un côté se trouve Baïschan (Beth Schean) et de l'autre côté la plaine de Genezareth. »

Le Talmud[4] fait dériver le nom de Cippori du mot צפור « oiseau, » parce que cette ville se trouvait sur le sommet de la montagne tel qu'un nid d'oiseau sur la cime de l'arbre. Josèphe[5] appelle cette ville *Sepphoris*; il la place au milieu de la Galilée (inférieure); nous avons vu que les Talmuds[6] lui assignent la même situation. Un passage du Midrasch met Cippori à une distance de dix-huit milles de Tibériade[7]. Eusèbe et saint Jérôme[8] placent Sepphoris à dix milles à l'ouest du

---

[1] *Bereschith* rabba, ch. 8. שמעון איש קטרון.
[2] Tal. de Bab., *l. c.*
[3] Tal. de Jér., *Bikkourim*, I, 12.
[4] Tal. de Bab., *Meguillah*, 6 *a*.
[5] *Vita*, 65 ; ἀλλὰ Σέπφωρις μὲν ἐν τῷ μεσαιτάτῳ τῆς Γαλιλαίας Κειμένη.
[6] Cf. ci-dessus, p. 179.
[7] Reland, *Palæstina*, t. II, p. 1000.
[8] *Onom.* a. v., Thabor.

mont Tabor. Cette ville devait être immense; les Talmuds[1], avec leur exagération habituelle, disent que Sepphoris contenait cent quatre-vingt mille places publiques. Josèphe[2] dit qu'elle était la plus grande ville de la Galilée. Les Talmuds[3] y mentionnent une cité (marché) supérieure et une inférieure.

Sepphoris fut fortifiée par Hérode Antipas[4] et classée politiquement au-dessus de Tibériade, par Hérode Agrippa II[5]. On mentionne dans les Talmuds[6] des positions fortifiées appartenant à Sepphoris. Dans la guerre des Juifs contre les Romains, elle penchait pour ceux-ci[7]. Les Talmuds[8] font peut-être allusion à ce fait, quand ils rapportent que les habitants de Cippori étaient signalés comme des opiniâtres qui écoutent la parole de Dieu sans vouloir s'humilier devant elle. Entre cette

[1] Tal. de Bab., *Baba Bathra*, 75 *b*.
[2] *Vita*, 45.
[3] Tal. de Bab., *Eroubin*, 54 *b*.
[4] Josèphe, *Ant.*, XVIII, ii, 1.
[5] *Vita*, 9.
[6] Mischna, *Erakhim*, ix, 10. קצרה הישנה של צפורי « l'ancienne forteresse de Cippori, » forteresse qui date, selon la Mischna, de Josué. Raschi prend ici le mot ישנה pour un nom propre et traduit « la forteresse de *Yeschanah*, près de Cippori. » Une ville « Yeschanah » est mentionnée dans la Bible (II *Paralipomènes*, XIII, 19), mais elle doit se trouver dans les possessions d'Ephraïm.

קסטרה של צפורי « Castra de Cippori » est mentionné dans le Talmud de Babylone, *Sabbath*, 124 *a*.

גובתה של צפורי (l. גובתה) *Bamidbar* rabba, ch. 8) signifie également « un endroit élevé » près de Cippori, qui se trouvait, d'après un autre passage du Midrasch (Reland, *Palæstina* t. II, p. 816), à trois milles de Sepphoris. Reland croit trouver dans le mot גובתה, qui n'est qu'une faute des copistes, la ville de *Jotapatha*; nous verrons plus loin que l'orthographe de cette ville est יודפת.

[7] Josèphe, *Vita*, 8; 71.
[8] Tal. de Jér., *Taanith*, iii, 4.

ville et Tibériade, on connaît dans les Talmuds[1] un grand nombre de cavernes et de bourgs.

Sepphoris a sa signification dans le mouvement dogmatique des Juifs. Elle possédait[2] d'anciens registres des familles (des prêtres?). Le sanhédrin résidait dans cette ville avant de siéger à Tibériade[3]. Rabbi séjourna à Sepphoris pendant dix-sept ans[4]. Sans doute il y avait dans cette ville une très-nombreuse population de Juifs arrivés de différents endroits, et dont chaque fraction avait sa synagogue à part. On cite dans les Talmuds[5] la synagogue de *Goufna*, celle de Babyloniens et d'autres, à Sepphoris. Le bas peuple y exerçait en majorité l'état de meunier; on dit qu'il ne travaillait pas aux demi-fêtes[6]. Le Midrasch[7] cite, à propos d'une sentence morale, un certain Justus, tailleur de profession, comme gouverneur de Sepphoris.

Cette ville est citée dans les auteurs classiques sous le nom de *Dio Cœsarea*. Gallus détruisit Dio Cæsarea en l'année 339, à cause du massacre que les Juifs avaient fait des Grecs et des Samaritains[8]. Saint Jérôme[9] ajoute que non-seulement Sepphoris, mais avec elle Tibériade, Lydda

---

[1] Tal. de Jér., *Eroubin*, v, 1 יכול אנו לעשות שהיו מהלכין מצור לצידון מטבריא לציפורין על ידי מערות וע״י בורגנין.

[2] Mischna, *Kiddouschin*, iv, 4. בערבי דיישנה של צפורי. Ces registres dataient peut-être de l'époque où Gabinius y institua un sanhédrin.

[3] Tosiftha, *Holin*, ch. I.

[4] Tal. de Jér., *Kilaïm*, ix, 4.

[5] Tal. de Jér., *Nazir*, vii, 1 ; *Sanhédrin*, x, 1.

[6] Tal. de Jér,, *Pesahim*, iv, 2. גרוסי ציפורין.

[7] Reland, *Palæstina*, t. II, p. 1001.

[8] Sozom., *Hist.*, iv, 7; cf. Reland, *l. c.*, p. 1000.

[9] *Chronicon* à l'Olympiade, 283 ; cf. M. Graetz, *Geschichte der Juden*, (2ᵉ éd.), t. IV, p. 490.

et d'autres villes furent encore détruites. M. Graetz[1] croit que le passage talmudique qui parle de la destruction des quatres villes, Acco, Lod, Sepphoris et Tibériade, se rapporte à la catastrophe de Gallus, puisque, dit-il avec raison, il n'est point question de Jérusalem dans ce passage talmudique[2]. On identifie Sepphoris avec le village de *Seffuriyeh*[3], au nord-ouest de Nasarieh.

טבעון, Taboun ou Tiboun. Nous avons mentionné[4] cette localité à propos de la prononciation défectueuse des Galiléens. R. Çadok (contemporain de R. Yohanan-ben Zakaï) aurait, d'après le dire de son fils Éléazar[5], apporté deux règles religieuses de Taboun à Yabneh. R. Meïr[6] se rendait fréquemment dans cette ville. Elle était la ville natale d'un certain Yehoudah[7] mentionné dans la Mischnah[8]. Quelques savants soutiennent que טבעון veut dire la ville de Thèbes; d'autres y croient voir Taboun en Arménie[9]. Il faut avouer qu'il serait fort curieux de trouver dans la Mischnah[10] des docteurs de Thèbes ou de l'Arménie. Aurait-on songé à classer

[1] *Loc. cit.*, p. 491.
[2] *Pesiktha rabbathi*, ch. VII.
[3] Robinson, *Bibl. researches*, t. II, p. 344.
[4] Cf. ci-dessus, p. 184.
[5] Tosiftha, *Niddah*, ch. IV.
[6] Ibid., *Meguillah*, ch. II.
[7] Siphré, *Deutéronome*, sectio, 323, (éd. Friedmann, p. 138 b). יהודה איש טיבעים.
[8] *Makhschirin*, I, 3.
[9] Cf. *Ben Hananya*, 1866, col. 13.
[10] L'expression איש jointe au nom d'une localité, s'emploie, dans le langage de la Mischna, pour une personne originaire d la Palestine; pour les autres pays on se sert du nom de la province; ainsi, on dit : נחום המדי « Nahoum de la Médie » הלל הבבלי « Hillel de la Babylonie. »

les prononciations des habitants de Haïfa et de Beth-Schean avec celle des gens de Taboun, si ce dernier ieu avait été à une telle distance de la Palestine? Nous ne le croyons pas. Nous préférons identifier טבעון avec la localité *Tubun*[1] à l'ouest de Sepphoris, au pied du mont Carmel.

ערדיסקא[2], Ardiska se trouve à une distance moindre que la limite sabbatique de Taboun[3]. R. Meïr y avait une espèce d'école où R. Eléazar ben Cadok le rencontra à différentes reprises[4]. Ce second docteur est mentionné[5] avec Aba Saül ben Botnith, comme tenant des boutiques à Jérusalem. Si טבעון se fût trouvé en Grèce ou en Arménie, ערדסקא y eût été nécessairement; il serait difficile de croire qu'à cette époque le commerce des Juifs de la Palestine s'étendît déjà en Grèce, ou même en Arménie.

Nous ne trouvons aucun endroit près de Tubun avec lequel nous puissions identifier ערדסקא [6].

קסטרא, Castra, ville ennemie[7] de Haïfa. Nous avons déjà rencontré ce nom dans un autre passage talmudique. M. Schwarz[8] croit pouvoir l'identifier avec le

---

[1] Robinson, *Bibl. researches*, t. III, p. 113, note 6.
[2] L'orthographe de ce mot varie beaucoup : ארדקסם, T. de Jér., *Eroubin*, III, 1 ; אדסקי, Tosiftha, *Oholoth*, ch. 4 ; ערדסקו, Tosiftha, *Theroumoth*, ch. 3 ; ערדסקיא, Tosiftha, *Nazir*, ch. 5.
[3] Tal. de Bab., *Eroubin*, 29 *a*.
[4] Cf. les passages de la Tosiftha cités ci-dessus.
[5] Tosiftha, *Beçah*, ch. 3 אמרו עליו על ר׳ אלעזר בר צדוק ועל אבא שאול בן בטנית שהיו חנוני בירושלים כל ימי חייהן.
[6] M. Grætz, *Gesch. der Juden.*, t. IV, p. 470, croit que le nom ערדיסקא représente la ville de Damas; mais cette ville s'appelle dans les Talmuds דרמסקום ; le mot ערדיסקום (Tal. de Bab., *Baba Bathra*, 57 *a*) est une faute de copiste. Quel endroit représenterait טבעון ?
[7] Midrasch, *Ekha*, I, 17.
[8] *Das heilige Land*, p. 129.

LIVRE PREMIER. LA PALESTINE   197

Castrum peregrinorum (Athlit) dans le voisinage de
Haïfa. Les ruines anciennes que M. Schwarz a vues de
ce côté ne datent que du moyen âge[1]. Toutefois il est
possible que du temps des Romains une localité fortifiée
(un camp) se soit trouvée aux lieux où l'on voit aujour-
d'hui *Athlit*.

שקמונה, Schikmonah est mentionné dans la Mischna[2]
pour ses grenades. Un certain R. Siméon[3] est originaire
de cette localité. Il n'y a pas de doute que Schikmonah
ne soit identique avec la ville maritime de *Sycaminon*[4]
entre Césarée et Acco, près du mont Carmel.

חיפה, Heïfa, ville natale de plusieurs docteurs[5].
Depuis Haïfa jusqu'à l'échelle de Tyr on pêchait, d'après
le Talmud[6], une espèce de limaçon appelé *Hilzon*[7]. Nous
savons que ce limaçon de pourpre se trouvait en quantités sur la côte de la Phénicie[8]. Heïfa ne peut donc être
l'endroit *Hippos* situé en Pérée; cette localité est appelée dans les Talmuds *Susitha*. Heïfa est probablement
la ville de Gaba que Josèphe[9] place près du Carmel. C'é-
tait une ville où Hérode envoya une colonie de soldats de sa

---

[1] M. de Raumer, *Palæstina*, p. 149. Le mot קסטרה signifie généralement dans les Talmuds « un camp de guerriers » ou « une
forteresse. » Cf. ci-dessus, p. 193, Castra de Cippori, et Reland,
Palæstina, t. II, p. 697. Cf. Tosiftha, *Oholoth*, ch. xviii. הקסטראות
קסטרה של פרסיין והלגיונות, Midrasch, *Ekha*, I.

[2] *Demoï*, I, 1, רימי שקמונה.

[3] Tal. de Bab., *Baba Bathra*, 119 a.

[4] Reland, *Palæstina*, t. II, p. 1024.

[5] Tosiftha, *Yebamoth*, iv; *Schemoth* rabba, xiv.

[6] Tal. de Bab., *Sabbath*, 26 a. ציידו חלוון מסולמות של צור ועד
חיפה. Nous ne comprenons pas pourquoi Reland (*Palæstina*, t. II;
p. 720) prend חלוון pour le nom d'une ville?

[7] Cf., pour ce mot, Winer, *Bibl. realwœrterbuch*, s. v. *Purpur*.

[8] Pline, *H. N.*, ix, 60. Cf. ci-dessus, note, 6, e Winer, *l. c.*

[9] *Guerre*, III, iii, 1. On lit dans l'*Onomasticon* : « Gabe in sexto
decimo lapide Cæsaræ. »

cavalerie licenciée. On rencontre dans le livre de Judith une ville de Gaïba. «Holopherne campa depuis Gaïba jusqu'à Scythopolis. » Gaïba représente sans doute la ville de Gaba de Josèphe et le Heïfa des Talmuds. Ici également on cite ensemble les deux villes de Heïfa et de Scythopolis, comme dans le dicton talmudique [1] sur la mauvaise prononciation des Hifni (habitants de Heïfa) et des Bischni (habitants de Beïsan, Scythopolis).

On trouve aujourd'hui au pied du mont Carmel une ville de Heïfa, avec trois mille habitants [2], qui est sans doute identique avec le Heïfa des Talmuds. Nous ne croyons pas que Sycaminon et Heïfa soient un seul et même endroit.

שפרעם, Schefaram, ville où le sanhédrin [3] vint tenir ses séances après avoir quitté *Ouscha*. Là, fut tué par les Romains, R. Yehouda ben Baba qui, dans un temps de persécution, témoigna d'un grand courage et d'un inébranlable attachement à sa foi. Voici ce que le Talmud [4] raconte à ce sujet : « Les Romains avaient défendu de s'occuper de l'étude de la loi ; aucun docteur ne devait donner la confirmation à un de ses disciples, car tous deux, celui qui confirmerait et celui qui serait confirmé, étaient punis de mort. En outre, la ville et le district dans lequel cette confirmation se ferait, devaient être détruits. Cependant R. Yehouda ben Baba, s'étant rendu (en un lieu déterminé) entre deux montagnes, entre deux grandes villes distancées de deux

---

[1] Judith, III, 10. Καὶ κατεστρατοπέδευσεν ἀναμέσον Γαβαὶ καὶ Σκυθῶν πόλεωσ. Cf. ci-desus, p. 184.

[2] M. de Raumer, *Palæstina*, p. 156.

[3] Tal. de Bab., *Rosch haschanah*, 31 b. Le Sanhédrin s'était rendu successivement de Jérusalem à Yabneh, à Ouscha, à Schefaram, à Beth-Schearim, à Sepphoris et enfin à Tibériade.

[4] Tal. de Bab., *Abodah zarah*, 8 b.

mesures sabbatiques, c'est-à-dire entre Ouscha et Schefaram[1], confirma cinq savants. Quand il vit arriver les Romains, il pressa ces cinq docteurs de fuir, tandis que lui resta et fut percé de trois cents flèches. »

Un certain nombre de Juifs habitent aujourd'hui l'endroit *Schefa Amr*, au nord-ouest de Sefuriyeh, et ils y possèdent une ancienne synagogue [2]. L'identification de cet endroit avec le Schefaram des Talmuds est assez admissible.

אושא, Ouscha. Le tribunal s'était établi dans cette ville, pour laquelle il quitta Yabneh peu avant la chute de Bettar. Ouscha est sans aucun doute en Galilée[3] ; on dit dans le Midrasch[4] que les savants de la Galilée s'y rendirent sur l'invitation de R. Yehouda. Il les remercia de la peine qu'ils s'étaient donnée en venant d'une distance de dix à quarante milles. Si Ouscha avait été en Judée, les savants galiléens auraient dû faire plus de quarante milles de chemin pour y arriver. Ouscha est très-souvent citée avec Schefaram ; nous avons vu[5] que ces deux localités n'étaient qu'à quatre milles l'une de l'autre. Or, si l'identification de Schefaram avec Schefa Amr est exacte, Ouscha doit se placer dans la Galilée inférieure. Nous ne trouvons aujourd'hui aucune localité avec laquelle nous puissions identifier Ouscha[6].

[1] בין שני הרים גדולים ובין שתי עיירות גדולות בין שני תחומי שבת בין אושא לשפרעם.

[2] M. Schwarz, *Das heilige Land*, p. 138 ; cf. M. Zunz, *Itinérai* de Benjamin de Tudèle (éd. Ascher), t. II, p. 428.

[3] Reland, *Palæstina*, t. II, p. 1062, dit : Ubi fuerit (Uscha) in certum est. Videtur tamen, fuisse in Galilea.

[4] *Schir ha-Schirim*, II, 5.

[5] Cf. ci-dessus, p. 198.

[6] Parhi trouve Ouscha au sud de Kaboul. M. Zunz, *Itinéraire*, t. II, p. 428, nomme une localité d'Elous que nous ne trouvons pas sur les cartes.

M. Schwarz[1] croit le retrouver dans *Usa,* au nord-ouest de Ferathi, dans la Galilée supérieure. Cette opinion est fort contestable : ainsi nous croyons que le tribunal siégeait exclusivement dans les villes de la Galilée inférieure, car le pays supérieur était habité en très-grande partie par des païens, et pour cette raison seule on ne l'aurait pas choisi comme siége de l'assemblée.

Certains passages talmudiques établissent que le tribunal s'est transporté deux fois de Yabneh à Ouscha, quittant ainsi alternativement une ville pour l'autre. Nous reviendrons sur ce sujet important dans notre partie historique. Les institutions (Thekanoth) de l'école d'Ouscha ont une grande valeur pour l'histoire de la dogmatique des Talmuds, mais ne jettent aucune lumière sur la géographie.

בית שערים, Beth Schearim fut le siége du sanhédrin après Schefaram ; Rabbi était alors le chef de l'école[2]. M. Schwarz[3] l'identifie avec le village de *Turan,* au nord de Sepphoris, car, dit-il, le mot araméen תערא rend le mot hébreu שער. Il faut cependant se rappeler qu'au quatrième siècle encore la ville portait toujours son nom hébreu ; or, à cette époque, l'araméen avait presque complétement disparu de la Palestine avec les Juifs. Comment la transformation du nom se serait-elle opérée? Il nous semble bien plus rationnel de l'identifier avec *Esch-Schayerah*[4] à l'est de Sepphoris.

חפר, Hefer, situé, d'après les Talmuds, à une distance moindre de douze milles de Sepphoris. Ainsi l'on

---

[1] *Das heilige Land*, p. 138.
[2] Tal. de Bab., *Sanhédrin*, 32 *b*.
[3] *Loc. cit.*, p. 138.
[4] Cf. *la carte* de M. Van de Velde.

y dit :[1] « Un disciple ne doit pas prononcer une décision dogmatique, s'il ne se trouve pas éloigné de plus de douze milles du séjour de son maître ; sur quoi l'on pose la question : pourquoi R. Tanhoum s'est-il permis cet acte étant à Hefer, lorsque Rabbi (le chef de l'École) demeurait à Sepphoris ? »

Hefer est sans doute identique avec le Gath-Hahefer de la Bible [2], ville natale du prophète Jonas. Saint Jérôme [3] place *Geth* (Hefer), endroit où l'on montrait alors le tombeau de ce prophète, à deux milles de Sepphoris, dans la direction de Tibériade. De son côté, Benjamin de Tudèle [4] rapporte que ce tombeau se trouve sur une montagne près de Sepphoris. Les indigènes montrent aujourd'hui le sépulcre du *Nâby Younas* [5] dans le village d'*el-Meschad* [6], près de Kefr Kenna, et la tradition des moines identifie ce village avec Gath-Hahefer, identification très-vraisemblable, puisque les indications des Talmuds, ainsi que celles de saint Jérôme, s'accordent avec les données modernes.

D'après un passage du Midrasch [7], Gath Hefer serait Goubabtha de Cippori ; cette ville aurait alors eu deux noms, si toutefois il n'y a pas de faute de copiste dans ce passage du Midrasch.

---

[1] Tal. de Jér., *Schebiith*, vi, 1.

[2] II Rois, xiv, 25.

[3] *Prœm. in Jonam* : Porro Geth in secundo Saphorim miliario quæ hodie appellatur Diocæsaræ euntibus Tiberiadems, haud grandis viculus, ubi et sepulchrum ejus ostenditur.

[4] *Itinerary* (éd. Ascher), t. I, p. 80.

[5] Robinson, *Bibl. researches*, t. II, p. 350.

[6] M. Schwarz, *Das heilige Land*, p. 62, croit que Meschad représente le mot hébreu מגח, car, dit-il, on appelait ce prophète : « Jonas de Gath Hahefer. »

[7] *Bereschith* rabba, ch. 98 ; גת חפר אילין גובבתא דציפורין ; cf. ci-dessus, p. 193.

שיחין, Sihin, endroit qui fut détruit (probablement à l'époque du premier Temple), parce que les habitants se livraient aux pratiques de la sorcellerie[1]. Sihin est situé dans le voisinage de Sepphoris. « Un incendie, dit le Talmud[2], éclata dans la cour de Joseph ben Simaï, à Sihin ; les habitants de Kaçra de Cippori[3] y accoururent pour s'en rendre maîtres. » Il est probable que le Kefar Sihin des Talmuds est identique avec notre Sihin. « Les pots qu'on fabriquait dans cet endroit, aussi bien qu'à Kefar Hananyah, dit le Talmud[4], sont bien cuits et solides. » Nous apprenons par un autre passage talmudique[5] que « la terre employée à cette industrie était de la terre noire (ordinaire) et non de la terre blanche. » Dans les environs de Kana on fabrique encore aujourd'hui une espèce de vases appelés *Bardak*[6], dans lesquels l'eau se conserve fraîche pendant la saison chaude. On mentionne dans les Talmuds un endroit *Kefar Sihia*[7], ville natale d'un certain R. Yonathan, et un *Kefar Sihon*[8], ville natale d'un certain R. Nehemya. Ces deux derniers lieux sont, selon toute apparence, identiques avec notre Sihin.

Nous ne trouvons aucune localité moderne avec laquelle nous puissions identifier Sihin. Josèphe[9] mentionne une plaine d'Asochis, non loin de Sepphoris ; peut-être Sihin s'est-il trouvé dans cette plaine.

---

[1] Tal. de Jér., *Taanith*, IV, 8 ; Midrasch *Ekha*, II, 2
[2] Même Talmud, *Nedarim*, v, 9.
[3] Cf. ci-dessus, p. 193, note 6.
[4] Tal de Bab., *Sabbath*, 120 *b*.
[5] Même Talmud, *Baba Mecia*, 74 *a*.
[6] Rosenmüller, *Morgenland*, t. III, p. 148 ; cf. aussi M. Wiesner, *Scholien*, fasc. II, p. 238.
[7] Tal. de Bab., *Yebamoth* à la fin כפר שיחיא.
[8] *Bereschith* rabba, ch. 12. איש כפר שיחון.
[9] *Vita*, 41, 45 ; *Guerre*, I, IV, 2.

LIVRE PREMIER. LA PALESTINE 203

רומא, Rouma se trouvait dans le voisinage de Sihin, cela résulte du moins du récit talmudique : « Pendant une année de sécheresse, les familles Beth Mamel et Beth Gorion, de Rouma, distribuèrent des figues aux pauvres de Kefar Sihin[1]. » Le Talmud de Babylone[2] appelle cette localité Arouma, et parle aussi de cette distribution de figues et de raisin sec faite aux pauvres de Kefar Sihin et de Kefar Hananyah. Rouma est peut-être identique avec l'endroit biblique[3] du même nom et avec le Ρουμᾶ que Josèphe[4] place en Galilée.

On trouve actuellement au nord de Sepphoris un village de *Rouma*[5] avec lequel le Rouma des Talmuds pourrait être identique.

יודפת הישנה, Yodaphath l'ancienne est mentionnée dans la Mischna[6] comme un endroit de la Galilée, fortifié par Josué. Le mot « ancien » ferait supposer qu'il y avait deux villes différentes ou une ville divisée en deux parties, l'une d'une date ancienne et l'autre plus récente. C'est près de cette ville qu'il faut peut-être placer la plaine appelée dans les Talmuds[7] « plaine de Yotabat. »

Le Yodaphath des Talmuds est sans doute le Jotapata de Josèphe, ville qu'il fortifia lui-même[8] et où il fut fait

---

[1] Tosiftha, *Eroubin*, ch. 3 ; Tal. de Jér., *même Traité*, IV, 10. מעשה במשפחת בית ממל ומשפחת בית גוריון ברומא (מרומה).

[2] *Eroubin*, 51 *b*. ארומה.

[3] II Rois, XXIII, 36. Josèphe (*Ant*., X, v, 2) rend רומה par Ἀβουμα, ce qui est probablement une faute de copiste, pour Ἀρουμα (ארומא) ; les lettres B et P sont faciles à confondre en négligeant le deuxième demi-cercle.

[4] *Guerre*, III, VII, 21.

[5] Robinson, *Bibl. researches*, t. III, p. 108.

[6] *Erakhin*, IX, 6.

[7] Tosiftha, *Niddah*, ch. 3. בקעת יטבת.

[8] *Vita*, 37.

prisonnier par Vespasien[1]. On identifie cette ville avec la localité actuelle de *Djefat,* au nord de Sefouriyeh.

On mentionne dans les Talmuds un certain Menahem *Yodfaat*[2]; serait-ce « Menahem de Yotapata ? »

סיכנין, סיכני, Sikhnin ou Sikhni, ville natale de R. Yehoschoua et de R. Hanina ben Theradyon[3], est probablement identique avec le village de *Souknin*[4], au nord de Jotapata. Josèphe mentionne un endroit nommé *Sogané*[5], à vingt stades d'Araba; peut-être est-ce le Sikhnin des Talmuds.

ערב, Arab, localité en Galilée, non loin de Sepphoris, ainsi qu'il appert du passage suivant : « Des marchands vinrent d'Arab à Sepphoris un vendredi et dirent : à l'heure où nous avons quitté Arab, R. Hanina ben Dosa commençait déjà à observer le sabbath[6]. » R. Yohanan ben Zakaï y résidait quelquefois, au dire de la Mischna[7]. La Guémare[8] ajoute qu'il y habitait dix-huit ans. Pendant ce long séjour dans cette ville, on ne le consulta que deux fois sur des questions casuistiques. C'est pourquoi, dit-on, il apostropha Arab en ces termes : « Galilée, Ga-

---

[1] *Guerre*, III, vii, 7-36. Quant au mot גופתתה que Reland (*Palæstina*, t. II, p. 816) veut prendre pour Jotapatha, nous en avons déjà parlé plus haut (p. 193).

[2] Tal. de Bab., *Zebahim*, 110 *b*. מנחם יודפאה

[3] Même Tal., *Rosch haschanah*, 29 *a* et dans d'autres passages.

[4] Robinson, *Bibl, researches*, t. III, p. 83.

[5] *Vita*, 51. Ἐκέλευσα τοῖς πλήθεσι πρὸς Σωγάνην Κώμην ἕπεσθαι Ἀράβων ἀπέχουσαν εἴκοσι στάδια.

[6] Tal. de Jér., *Taanith*, iv, 1. Le mot חמרייא dans ce passage signifie «des marchands de vins » ou « ceux qui chargeaient les ânes » pour le transport de certaines marchandises. M. Wiesner (*Scholien*, fasc. II, p. 238) le traduit par « marchands de blé. »

[7] *Sabbath*, xvi, 8.

[8] Tal. de Jér., *même Traité*, xvi, à la fin.

lilée! ta haine contre la loi te fera classer à la fin parmi les oppresseurs[1] (de la foi). »

Arab est peut-être identique avec le *Araba* que nous avons vu dans Josèphe[2], à vingt stades de Sogané. On trouve aujourd'hui une localité *Arrabeh*[3], au nord de Kana el Djelil, avec laquelle on pourrait identifier le Arab des Talmuds, ainsi que l'Araba de Josèphe.

כבול, Caboul, mentionné dans la Bible[4] comme ville des possessions d'Ascher. Les Talmuds[5] disent que Caboul fut détruite à cause de la discorde qui régnait entre les habitants. Hillel et Yehouda, fils de R. Gamliel II, y ont séjourné[6]. Josèphe[7] cite un endroit Χαβωλώ dans les environs de Ptolemaïs, qui est probablement identique avec Caboul. On veut identifier Caboul ainsi que Khabolo, avec le village de *Kaboul*, au sud-est de Saint-Jean-d'Acre[8].

Il ne faut pas confondre ce Caboul avec le pays du même nom qui renfermait vingt villes, et que le roi Salomon avait donné à Hiram, roi de Tyr[9]. Les talmudistes[10] diffèrent d'opinion sur la signification de ce mot כבול. « R. Houna dit : Il signifie « entortiller »; les habitants du pays de Caboul étaient enveloppés dans l'or et dans l'argent. Rabba lui fait l'objection suivante : Si le pays était d'une telle richesse, pourquoi Hiram se montrait-il mécontent

---

[1] *Ibid.* גליל שנאת התורה סופך לעשות במסיקין. Nous traduisons le במסיקין comme במציקין. Cf. T. de B. *Baba Kama*, 116 b.
[2] Cf. ci-dessus, p. 204, note 5.
[3] Robinson, *loc. cit.*
[4] Josué, xix, 27.
[5] Tal. de Jér., *Taanith*, iv, 8.
[6] Même Tal., *Pesahim*, iv, 1.
[7] *Vita*, 43.
[8] Robinson, *Bibl. researches*, t. III, p. 88.
[9] I Rois, ix, 13.
[10] Tal. de Bab., *Sabbath*, 54 a.

du présent que lui avait fait le roi Salomon? R. Houna répond : C'est que Hiram pensait : les habitants sont riches, élevés dans la mollesse, et par suite ne se prêteront pas aux corvées du roi. R. Nahman bar Yiçhak prend le mot כבול dans la signification de « cuisse; » le sol était tellement sablonneux[1] qu'on y enfonçait jusqu'à la cuisse. » Ce docteur cite à l'appui un dicton de la langue vulgaire araméenne, où *terre de Macbala* veut dire un territoire qui ne porte pas de fruits[2]. La traduction arabe du mot כבול est, jusqu'à un certain point, d'accord avec ce dernier docteur : elle rend *Ereç Caboul* par « *Ard esch Schouk* » (terre couverte d'épines).

Nous n'insisterons pas sur les explications des septante, de Josèphe ou de saint Jérôme; il suffira de renvoyer le lecteur au *Lexique* de Gesenius[3].

בירי, Biri est cité, conjointement avec Caboul, comme séjour des deux fils de R. Gamliel. « Hillel et Yehouda se sont promenés le jour de sabbath à Biri, portant des bijoux (malgré la défense de la loi)[4]. » Il y a plusieurs endroits du nom de *Bir* dans les environs d'Acco, et l'on ne saurait dire lequel est identique avec le Biri des Talmuds.

---

[1] *Ibidem*, ארץ חומטין. Le mot כרע « plier les genoux » est rendu dans le Targoum par חומטין. Buxtorf (*lex. Talm.*, s. v. חמט) croit que חומטין est le mot grec μαθον.

[2] ארעא מכבלא דלא עבדי פירא. *Thesaurus vet Test.* s. v. כבול.

[4] Tal. de Jér., *Pesahim*, IV, 1.

§ 2. Le cercle de Tibériade ou le pays de la vallée

Nous citerons d'abord cinq villes הצדים צר וחמת רקת וכנרת mentionnées dans un verset biblique [1] comme appartenant à la tribu de Nephthali, et que le Talmud de Jérusalem [2] donne avec les appellations du temps du second Temple.

כפר חטיא, Hacidim est rendu par *Kefar Hattya* ou *Hitya*. On pourrait peut-être l'identifier avec *Hattin* [3], au nord-ouest de Tibériade.

צר, Cer, que le Talmud place non loin du précédent [4]. Nous ne trouvons aucune identification pour la ville de *Cer*.

חמתא, Hamatha est le Hamath de la Bible. Nous avons dit [5] que ce mot, qui signifie « chaleur, » est une épithète commune à tous les endroits qui ont des eaux thermales : Antioche a son Hamath [6]; un Hamath se trouve près de Gadara [7]; la Bible cite un Hamath-Dor [8]. Notre Hamatha [9] était une petite ville, ou un

---

[1] Josué, xix, 35.
[2] *Meguillah*, i, 1.
[3] Robinson, *Bibl. researches*, t. III, p. 341.
[4] צר דסמיכא לה.
[5] Cf. ci-dessus, p. 34.
[6] *Vayikra* rabba, ch. 8.
[7] Cf. plus loin, art. *Gadar*.
[8] Josué, xxi, 32.
[9] Nous n'avons pas besoin d'insister sur la donnée du Tal. de Babylone (*Meguillah*, 6 a), que ce חמת de la tribu de Nephthali soit Hamath près de Gadara. Toute cette page qui est pleine de remarques géographiques, que nous avons souvent citées, est

bourg près de Tibériade, qui fut plus tard réunie, au point de vue de la loi du sabbath, à cette dernière. « Les habitants d'une grande ville, disent les Talmuds [1], peuvent se rendre le jour de sabbath dans une petite ville. Précédemment les habitants de Tibériade avaient la faculté de se promener le jour de sabbath dans tout Hamatha, tandis que les habitants de ce bourg ne pouvaient aller que jusqu'à la côte ; mais à présent Hamatha et Tibériade ne font qu'une seule ville [2]. » Hamath et Tibériade étaient, selon le Talmud [3], à une distance d'un mille l'un de l'autre. Josèphe [4] cite également un endroit 'Αμμαοῦς non loin de Tibériade, avec des eaux thermales.

טבריא, Tibériade est, selon le Talmud de Jérusalem [5], le Raccath de la Bible. Le Talmud de Babylone [6] l'identifie tantôt avec Hamath, tantôt avec Raccath et parfois avec Kinnereth, villes mentionnées dans la Bible. Ces contradictions ne doivent pas nous étonner ; le Talmud de Babylone, plus encore que celui de Jérusalem, dans ses indications géographiques et historiques, ne cherche qu'à interpréter à sa manière un verset biblique et tombe à chaque instant dans des erreurs manifestes. Reland [7] n'accepte même pas l'identification de Tibériade avec Raccath. Voici ses motifs : « Capernaüm, d'après l'Évangile, est situé aux confins de Zabulon et de

remplie de paroles légendaires. Le Talmud de Jérusalem a toujours plus d'autorité pour les données concernant la Palestine.

[1] Tal. de Jér., *Eroubin*, v, 5.
[2] עכשיו בני טבריא ובני חמתה עיר אחת היא.
[3] Tal. de Bab., *Meguillah*, 2 *b*.
[4] *Ant.* XVIII, II, 3.
[5] *Meguillah*, I, 1.
[6] *Même Traité*, 6 *a*.
[7] *Palæstina*, t. II, p. 1037.

Nephthali (c'est-à-dire à la frontière sud de ce dernier); or, Tibériade (Raccath) était incontestablement plus au sud que Capernaüm et n'aurait pas pu se trouver dans la tribu de Nephthali. » Cet argument n'est pas concluant; nous reviendrons sur ce sujet dans notre article de Capernaüm.

Le nom de Raccath pour Tibériade est encore en usage au quatrième siècle; nous le trouvons dans une lettre écrite dans ce style laconique et plein d'allusions compréhensibles seulement pour les rabbins, et relative au fait suivant : A l'époque où l'empereur Constantin renouvela les édits de persécution d'Adrien, le chef de l'Ecole de Tibériade voulut informer Rabba, docteur babylonien, qu'on avait décidé pour cette année l'intercalation d'un mois embolismique et que la persécution religieuse recommençait en Palestine. Voici la lettre qu'il lui adressa[1] : « Un couple (de savants) est venu de Raccath (Tibériade), l'aigle (les Romains[2]) les a saisis, car ils avaient sur eux des objets [de la laine bleue][3] qu'on fabriquait à Louz[4]; par la miséricorde de Dieu et par leur propre mérite, ils ont pu échapper. Les des-

---

[1] M. Grætz, *Geschichte der Juden* (2ᵉ éd.), t. IV, p. 442; Tal. de Bab., *Sanhédrin*, 12 *a*. שלחו ליה לרבא זוג בא מרקת ותפשו נשר ובידם דברים הנעשים בלוז (ומאי ניהו תכלת) ובזכות הרחמים ובזכותם יצאו בשלוה ועמוסי יריכי נחשון בקשו לקבוע נציב אחד ולא הניחולו ארמי הלו אבל בעלי אסופות נאספו וקבעו לו נציב אחד בירח שמת בו אהרן הכהן. M. Grætz, *loc. cit.*, p. 491 cite une lettre écrite dans le même style, dans laquelle l'ambassadeur romain Procopius annonce à Antonin la trahison du roi Schabour (*Amm. Marcellus*, XXIII, 9).

[2] Raschi l'explique par « les Perses. »

[3] Les mots que nous avons mis entre des parenthèses carrées ne se trouvaient pas dans la lettre et sont ajoutés par un copiste.

[4] La laine bleue qui servait pour les franges (Cicith, Nombres, XV, 38), se fabriquait à Louz. Cf. ci-dessus, p. 156.

14

cendants de Nahschon (le patriarche[1]) ont voulu établir un commissaire[2] chargé de l'approvisionnement des vivres pendant un mois (un mois embolismique), mais les Araméens[3] (Romains) les en ont empêchés. Ils ont cependant pu se rassembler pour établir un commissaire (un mois embolismique) pour le mois dans lequel mourut Aaron le pontife (le mois d'Ab[4]). »

Tibériade fut construite par le tétrarque Hérode Antipas, tout près de la côte ouest du lac de Genezareth[5]; elle fut nommée Tibériade, en l'honneur de l'empereur Tibère[6]. Voici les paroles de Josèphe[7] concernant l'origine de cette ville : « Le tétrarque Hérode (très-lié avec l'empereur Tibère) fonda une ville appelée par lui Tibériade, dans la meilleure partie de la Galilée, près du lac de Genezareth. Des eaux thermales se trouvaient à proximité dans un endroit appelé Emmaüs. Cette ville était habitée par des étrangers et aussi par des Galiléens. Un grand nombre d'habitants du pays appartenant à Hérode, furent forcés de s'expatrier pour venir peupler la nouvelle ville. Parmi ceux-ci il y avait aussi des gens de la meilleure classe. Il admit des pauvres, et même des personnes qui n'étaient pas gens libres. Il les

---

[1] Allusion à Nahschon ben Aminadab, prince (Nassi) qui présenta le premier son offrande pour le tabernacle. Cf. Nombres, VII, 12.

[2] Allusion aux commissaires que le roi Salomon établit pour pourvoir sa maison des vivres nécessaires. Cf. I Rois, IV, 7.

[3] Il faudrait peut-être lire אדומי « Iduméen »; nous avons vu (ci-dessus, p. 91) que les Romains sont désignés dans les Talmuds sous ce nom.

[4] D'après le *Seder Olam rabba*, ch. 10, Aaron mourut au mois d'Ab (juillet-août).

[5] Josèphe, *Ant.*, XVIII, II, 3 ; Pline, *H. N.*, v, 15.

[6] *Bereschith* rabba, ch. 23.

[7] *Antiquités*, XVIII, II, 3.

affranchit et les combla de bienfaits; il leur construisit des maisons à ses frais, et leur donna des terres, à la condition de ne jamais quitter Tibériade, car il savait qu'il répugnait aux Juifs de s'établir dans cette ville, parce qu'on avait dû enlever beaucoup de tombeaux sur l'emplacement où on la construisit. Ces demeures, d'après nos lois [1], rendent l'occupant impur pour sept jours. »

Le Talmud [2], de son côté, parle de Tibériade comme devant être une colonie, c'est-à-dire, libre d'impôts. Il semble qu'elle conserva longtemps cette prérogative; Vespasien la lui confirma en récompense de sa soumission hâtive qu'elle fit avant toutes les autres villes. Le Talmud [3] raconte qu'un docteur se rendit de Hamath près de Tibériade vers un autre endroit; des Romains l'ayant rencontré lui demandèrent à quel parti il appartenait, il répondit : à celui de Vespasien [4]; ils le laissèrent partir sans rien lui faire payer. On parle aussi dans les Talmuds [5] de la répugnance des Juifs contre Tibériade. R. Siméon ben-Yohaï, le prétendu auteur du fameux *Zohar*, obligé de se tenir caché pendant seize ans dans une caverne, en sortit fort malade et se rendit

---

[1] Nombres, xix, 11-14.
[2] Tal. de Bab., *Abodah zarah*, 10 a. Cf. ci-dessus, p. 153.
[3] Tal. de Jér., *Berakhoth*, ix, 1.
[4] *Ibidem*, מן דסופיינום ופנינה. Nous croyons que le mot סופיינום est comme אספיינום. La lettre א manque souvent au commencement des noms propres dans l'idiome du Tal. de Jérusalem. Cf. M. Derenbourg, *Essai sur l'Histoire et la Géographie de la Palestine*, Paris, 1867, p. 96.
[5] Tal. de Jér., *Scheliith*, ix, 1. Il faut peut-être attribuer à l'impureté de Tibériade la cause pour laquelle Jésus, d'après les récits des Évangiles, ne se rendit jamais dans cette ville. Bachiene (*Beschreibung*, etc., II, iv, 142) croit que c'est le séjour du tétrarque à Tibériade qui fit hésiter Jésus d'aller dans cette ville.

aux eaux de Tibériade. L'usage de ces eaux lui rendit la santé. Par gratitude il déclara la ville pure. Ce R. Siméon, le prototype de la Kabbale, était inspiré, dit le Talmud, par l'esprit saint, quand il accomplit cet acte hardi, acte qui ne fut cependant pas accepté sans hésitation. Le Talmud raconte : « Quelqu'un qui le vit passer, cria d'un ton ironique : Voilà Ben Yohaï qui déclare Tibériade pure! Cet homme fut aussitôt changé en un monceau d'ossements. » Nous reviendrons sur ce sujet dans notre partie historique [1].

Cette ville s'est sans doute agrandie peu à peu; ainsi nous voyons [2] qu'on y annexa Hamatha. Les vertus de ses eaux thermales y attiraient probablement de nombreux étrangers, et n'avaient pas dû contribuer médiocrement à son développement successif. Le Talmud parle déjà de l'*ancienne Tibériade* (peut-être le premier noyau de la ville) qui se trouve près de la synagogue de *Kipra* ou *Kifra*[3]. On mentionne encore la synagogue de *Serounguin*[4] dans cette ville.

La ville de Tibériade, ainsi que le lac du même nom, se trouve au-dessous du niveau de la mer [5]. Le Talmud [6] en parlant des quatre villes, Lod, Acco, Sepphoris et Tibériade, détruites à la même époque, dit également que Tibériade était située plus bas que les trois autres.

---

[1] Cf. M. Grætz, *Geschichte der Juden*, t. IV, p. 473 et pass.
[2] Cf. ci-dessus, p. 208.
[3] Tal. de Jér., *Meguillah*, I, 4. כנישתא דכיפרא ואמר הדא היא טבריא קדמייתא.
[4] Tal. de Jér., *Kilaïm*, ix, 5. כנישתא עתיקתא דסרונגין. Peut-être aut-il lire דסרונגין et comprendre la synagogue des habitants de *Serounya*; nous rencontrons cette localité dans le septième chapitre.
[5] Russeger, *Reisen*, etc. (Stuttgart, 1841), t. III, p. 213.
[6] Cf. ci-dessus, p. 195. וטבריא עמוקה מכולן

Tibériade joue un rôle important dans la première guerre contre les Romains [1] ; elle était après Sepphoris la plus grande ville en Galilée [2] ; ses fortifications étaient très-importantes [3]. Le *Castellum* de Tibériade, que le Talmud [4] mentionne, faisait peut-être une partie de son système défensif. On parle aussi dans les Talmuds des cavernes (communications souterraines) dans les environs de Tibériade [5], qui s'étendaient jusqu'à Sepphoris, distante de dix-huit milles [6].

Les habitants de cette ville s'occupaient de la pêche et des transports par la batellerie [7]. Nous avons vu [8] qu'une des conditions que le Talmud donne comme imposée à Nephthali par Josué, était la liberté de la pêche à l'hameçon. Le Talmud parle des pêcheurs de Tibériade qui ne travaillaient pas aux demi-fêtes [9]. De notre temps encore on y exerce la pêche, mais dans des proportions très-faibles.

Tibériade fut la résidence du dernier sanhédrin [10] ; c'est là que furent réunies et coordonnées les règles et les décisions qui forment la Mischna. Cette grande école perdit son importance et disparut même complétement pour laisser la place aux écoles babyloniennes de Soura, Nehardéa et Poumebeditha. La ville reprit plus tard quelque renommée comme siége des Masorèthes ; les Talmuds

---

[1] Josèphe, *Guerre*, II, xx. 6.
[2] *Vita*, 65.
[3] *Guerre*, III, x, 1.
[4] Tal. de Jér., *Abodah zarah*, III, 1. קסטליון דטבריא
[5] Cf. ci-dessus, p. 194, et Reland, *Palæstina*, t. II, p. 1040.
[6] Cf. ci-dessus, p. 192.
[7] Josèphe, *Vita*, 12.
[8] Cf. ci-dessus, p. 25.
[9] Tal. de Jér., *Pesahim*, IV, 2. חרמי טבריא
[10] Cf. ci-dessus, p. 198, note 3.

n'en font pas mention, de sorte que nous n'avons pas à nous en occuper.

La localité actuelle de Tabariyeh occupe, d'après l'opinion générale, une partie de l'emplacement de l'ancienne Tibériade[1]; on y trouve encore des traces de ruines. En 1837 on évaluait le nombre des habitants à 4,000 ; mais le tremblement de terre de cette même année détruisit presque toute la ville et coûta la vie à sept cents âmes. Les malades s'y rendent encore de nos jours ; ses eaux ont une certaine analogie avec celles d'Aix-la-Chapelle[2].

גינוסר, Guinosar, d'après le passage précité[3] du Talmud, est l'ancien Kinnereth[4]. Nous savons que le lac de Tibériade, qui rappelle dans la Bible « la mer de Kineroth[5], » change également dans Josèphe son nom en « lac de Genezareth. » Un docteur pose la question suivante[6] : « כנרות est une forme du pluriel ; il semblerait donc qu'il y a eu au moins deux endroits du nom de גינוסר ? » On lui répond : Il y avait plusieurs endroits qui formaient des fortifications autour de Kinnereth, comme, par exemple, *Beth Yerah* et *Cenabri* (de là la forme du pluriel). La ville principale (de Guinosar) fut détruite, et il ne reste que les fortifications des païens[7]. »

Les fruits de la plaine de Guinosar, comme nous

---

[1] Robinson, *Bibl. researches*, t. III, p. 344.
[2] M. de Raumer, *Palæstina*, p. 142.
[3] Cf. ci-dessus, p. 207.
[4] Josué, xix, 35.
[5] *Ibidem*, xii, 3.
[6] Tal. de Jér., *Meguillah*, i, 1. הערבה ועד ים כנרות מעתה שני גינוסריות היו או לא היו אלא שתי אבטניות כגון בית ירח וציגברי שהן מגדלות כינרים וחרב הכרך ונעשה של גוים.
[7] Cette dernière phrase est très-obscure.

l'avons vu[1], sont bien réputés dans les Talmuds ; aussi fait-on dériver[2] le nom de Kinnereth du mot כנור « harpe » ; « ses fruits sont doux comme le son d'une harpe. » Dans un autre passage du Midrasch[3], on donne le nom Guinosar comme étant composé des mots גן « jardin » et שר « prince ; » il faudrait donc le traduire par « jardin des princes. » On veut encore expliquer Guinosar par גן et עשר « jardin riche (en fruits), » explication très-forcée[4].

On ne trouve aucune localité avec laquelle on puisse identifier Guinosar ; mais il faut évidemment le placer au sud de Tibériade, d'après le passage talmudique précité, qui dit que cette ville était protégée par les fortifications ou « tours » de Beth-Yerah et de Cenabri[5].

צנברייי, Cenabri est sans doute le Ginnabaris ou Sennabaris que Josèphe[6] place à trente stades au sud de Tibériade, et où commence la grande plaine du Jourdain[7]. Cette localité est la ville natale d'un certain R. Lévi[8]. M. Schwarz[9] parle de ruines auxquelles les Arabes donnent le nom de Sinabri.

בית ירח, Beth-Yerah a dû se trouver dans le voisinage de Sennabris, et conséquemment au sud du lac

---

[1] Cf. ci-dessus, p. 45.
[2] Tal. de Bab., *Meguillah*, 6 *a*.
[3] *Bereschith* rabba, ch. 98.
[4] Cf. pour les différentes étymologies de גינוסר Otho, *lex. rabb.*, p. 263.
[5] Le Midrasch (*ibidem*) est ici plus explicite que le Talmud de Jérusalem (*l. c.*) : il identifie Kinnereth avec Sennabris et Beth-Yerah. כנרת ר' אליעור אמר ירח ר' שמואל בר נחמן אמר בית ירח ר' יהודה בר סימון אמר סנבראי ובית ירח.
[6] *Guerre*, III, ix, 7.
[7] *Ibidem*, IV, viii, 2.
[8] Tal. de Jér., *Schebiith*, ix, 7.
[9] *Das Heilige Land*, p. 141.

de Tibériade. Nous avons vu[1] que le Jourdain ne prend ce nom qu'à partir de Beth-Yerah. On ne se hasarde pas trop si l'on identifie Beth-Yerah avec le village actuel de *Kerak*[2].

Les cinq endroits dont nous venons de nous occuper, et que le Talmud réunit dans une liste d'ensemble avec leurs noms bibliques et talmudiques, comme nous l'avons dit, se trouvent au sud et au sud-ouest de Tibériade; nous allons passer maintenant aux localités situées au nord de cette ville, ce sont :

מגדלא, Magdala, localité placée à une distance moindre qu'une mesure sabbathique de Tibériade[3], est

---

[1] Cf. ci-dessus, p. 31.

[2] M. Schwarz, *l. c.* Robinson (*Bibl. researches*, t. II, p. 387) identifie Kerak avec le Tarichea que Josèphe place à trente stades au sud de Tibériade (*Vita*, 32). Nous croyons que בית ירח est devenu dans la bouche du peuple תריח. Sennabris et Tarichea, tous deux à trente stades de Tibériade, selon Josèphe, représentent les deux endroits סנבראי et בית ירח, que les Talmuds placent également l'un près de l'autre. Il est possible que le cercle *d'Ariah*, mentionné dans les Talmuds (תחום אריח, Tosiftha, *Kilaïm*, ch. 1.; Tal. de Jér., *même Traité*, I, 4), forme les environs de Yerah ou Beth-Yerah. גובתא דאריח, lieu natal d'un certain Pinehas (Tal. de Jér., *Sanhédrin*, x, 2, Siphré, *Nombres*, 131), et est peut-être une partie de Yerah. (Cf. sur le mot גובתא ci-dessus, p. 193). On mentionne encore dans le Talmud un Samuel Yarhinaï (Tal. de Bab., *Baba Mecia*, 85 *b* שמואל ירחינאי). Ce Samuel était peut-être de Yerah, comme R. Lévi de Sennabris. M. Schwarz (*Das h. Land*, p. 163) croit que ce Samuel était du village de *Yarhi*, près de Medjel-el-Keroum, en Galilée supérieure. Il se pourrait que ce docteur eût été originaire de la Babylonie.—L'identification de Kerak avec Rakkath (cf. la carte de M. Van de Velde) n'est nullement fondée. Kerak est peut-être la contraction des mots בית ירח—קיר ירח. Le Midrasch *Samuel*, ch. xxx, rend le nom biblique ארץ תחתים חדשי (II Sam., xxiv, 6), par Beth-Yerah.

[3] Tal. de Jér., *Eroubin*, v, 1.

probablement identique avec *el Medjdel*. Nous avons cité[1] déjà ce nom à propos de « Maria Magdalena. » Un R. Yiçhak *Magdalaah*[2] (de Magdala) est souvent mentionné dans les Talmuds. Magdala était une ville d'un certain renom. « Trois villes ont envoyé des trésors énormes pour Jérusalem : Sihin, Caboul et Magdala[3]. » Elle fut détruite à cause de la profonde corruption de ses habitants[4]. Ce dernier trait trouve une confirmation partielle et très-curieuse dans l'épisode de la pécheresse des Évangiles « Maria Magdalena. » Comme son nom l'indique, elle était de Magdala.

Il est possible que Migdal-El de la Bible[5] soit identique avec le Magdala des Évangiles et des Talmuds. La tribu de Nephthali, à laquelle cette ville forte est attribuée, possédait tout le bassin ouest du lac de Tibériade[6]. Le mot מגדל (Migdal), qui signifie « tour, forteresse, » entre dans la composition des noms de beaucoup de villes, de même que *Beth* et *Kefar*. Nous supposons que Magdala était le nom général de la ville ; celle-ci se composait de différentes parties, dont chacune portait le nom de *Migdal* suivi d'un autre mot. Tels étaient :

מגדל נוניא, Midgal Nounya (la tour des poissons), à un mille de Tibériade[7].

מגדל צבעיא, Migdal Ceboya (la tour des teinturiers). Il s'y trouvait, d'après le Talmud[8], quatre-vingts boutiques

---

[1] Cf. ci-dessus, p. 14.
[2] Tal. de Bab., *Baba Mecia*, 25 a.
[3] Tal. de Jér., *Taanith*, IV, 8,
[4] Midrasch *Ekha*, II, 2 ; le Tal. de Jér. a ici Migdal Ceboya.
[5] Josué, XIX, 38.
[6] Cf. ci-dessus, p. 25.
[7] Tal. de Bab., *Pesahim*, 46 b.
[8] Tal. de Jér., *loc. cit.*

de tisserands en laine fine, et, d'après le Midrasch[1], trois cents boutiques où l'on vendait des pigeons pour les sacrifices.

Les différents livres talmudiques confondent souvent les deux noms de Magdala et de Migdal Ceboya. Ainsi, à propos du bois de *Schittim* employé au tabernacle, le Midrasch[2] dit qu'il provenait de Migdal Ceboya ; le Talmud de Jérusalem[3] rapporte qu'il venait de Magdala. Le Talmud raconte qu'un certain Nikaï[4], bedeau et maître d'école à Migdal Ceboya, arrangeait les lumières dans la synagogue le vendredi, allait à Jérusalem prier et revenait encore assez à temps pour allumer les lumières avant l'entrée du sabbath[5]. Le Midrasch[6], qui rapporte le même fait, dit Magdala au lieu de Migdal Ceboya. Nous n'hésitons donc pas à prendre Migdal Ceboya pour une partie de Magdala.

בית מעון, Beth Maon se trouve, d'après le Talmud[7], entre une localité appelée Palatatha et Tibériade. « On monte à Beth Maon quand on vient de Tibériade et on descend vers ce lieu en arrivant de Palatatha. » Ce Beth

---

[1] Midrasch *Ekha*, loc. cit.
[2] Midrasch *Schir ha-Schirim*, 1, 18.
[3] *Pesahim*, iv, 1. אינין דשטים הוו במגדלא.
[4] Tal. de Jér., *Maaser Scheni*, v, 2. נקיי
[5] On veut dire que le voyage vers la capitale était facile en Palestine avant la guerre. On raconte dans le même passage ces sortes de voyages, des habitants de Lod, de Mahlûl et de Sepphoris.
[6] Midrasch *Ekha*, iii, 3.
[7] Tal. de Jér., *Sota*, 1, 6 ; *Baba Mecia*, vi, 1 (l. מעון) הדא בית מעיין (פלוגתה) פלטתה. שיורדים בה מפלטתה ועולין בה מטבריא. Le mot *palatium*. Le Midrasch *Bamidbar* rabba, ch. ix est peut-être le mot *palatium*. Le Midrasch (*Bereschith* rabba, ch. 85) porte pour le même passage: « On descend vers Beth-Maon de *Kefar Sobthi* (כפר שובתי). » Cette dernière localité pourrait être identifiée avec le village actuel *Kefr Sabt*, au sud-ouest de Tibériade.

Maon, pensent quelques savants, est le Beth Maüs que Josèphe[1] place à quatre stades de Tibériade. M. Schwarz[2] veut identifier notre Beth Maon avec la localité *Koulat Ibn Maûn*, à l'ouest de Mejdjel, identification très-douteuse.

ארבל, Arbel est cité dans le Talmud[3] pour sa fabrication de tissus communs. On nomme aussi une *saah* (mesure) d'Arbel[4]. Nous trouvons dans la Mischna un docteur d'Arbel, Nithaï Haarbéli[5]. Le liturgiste Éléazar Hakalir[6] comprend Arbel parmi les villes qui avaient un poste de prêtres. La plaine d'Arbel est souvent mentionnée dans les Talmuds[7]. Josèphe[8], de son côté, parle à différentes reprises d'Arbela, qu'il dit avoir fortifiée lui-même. Dans les rochers près d'Arbela, sur le lac de Génézareth, il y avait, selon le même historien[9], des cavernes où se réfugiaient les brigands; Hérode Ier s'en rendit maître. Arbela se trouvait donc sur les

---

[1] *Vita*, 12. Βηθμαούντα ἀπέχουσαν Τιβεριάδος στάδια τέσσαρα. Cf. Lightfoot, *Chorogr.*, ch. 78.

[2] *Das heilige Land*, p. 140. Il est curieux que ce savant appelle cette localité מעון et ne parle presque pas de Beth-Maon. M. Schwarz identifie encore Maon, que nous avons cité en Judée (cf. ci-dessus, p. 121), avec Beth-Mahon. La vue de la synagogue de Mahon serait, d'après M. Schwarz, sur Tibériade. — Le célèbre voyageur Parhi (*Caftor oupherah*, ch. 11) a trouvé habité Maon près de Tibériade; mais il fait une confusion quand il dit que c'est dans ce même Maon que David s'était réfugié (I Samuel, XXIII, 25).

[3] Tosiftha, *Para*, à la fin; Midrasch *Koheleth*, I, 18.

[4] Tal. de Jér., *Péah*, VII, 4.

[5] Mischna, *Aboth*, I, 6.

[6] M. Rappoport, *Erekh Millin*, p. 191.

[7] *Ibidem* et Reland, *Palæstina*, t. II, p. 575.

[8] *Vita*, 37; *Guerre*, II, xx, 6.

[9] *Antiquités*, XIV, xv, 4, 5; *Guerre*, I, xvi, 2-4.

bords du lac, et on peut en conséquence l'identifier avec la localité actuelle *Irbid* [1], à l'ouest de Mejdjel.

Eusèbe connaît un premier Arbela, à neuf milles de Legio, et un second dans le pays transjordanique [2]. La Bible [3] mentionne également un endroit Beth-Arbeel. On pourrait identifier l'Arbel des Talmuds avec un de ces Arbel; nous préférons cependant l'identification avec l'Arbela de Josèphe, dans la Galilée inférieure.

כרזים, Khorazim, renommé dans les Talmuds [4] pour la bonne qualité de son froment. « Si Khorazim et Kefar Ahim avaient été plus près de Jérusalem, on y aurait pris les blés pour le Temple. » Corazin (Χοραζίν ou Χωραζίν) est mentionné dans le Nouveau Testament [5] conjointement avec Beth-Saïda. Saint Jérôme [6] place cet endroit à deux milles de Capernaüm; il était déjà en ruines à son époque. On veut identifier cette localité si célèbre dans l'histoire de Jésus avec le *Bir Kherazeh* [7], au nord-ouest de *Tell Houm* (Capernaüm).

Quant à l'endroit *Kefar Ahim*, dans le passage tal-

---

[1] Robinson, *Bibl. researches*, t. III, p. 342.

[2] Reland, *loc. cit*.

[3] Osée, x, 14. On n'est pas d'accord sur l'emplacement de cette localité. Cf. Winer, *Bibl. realwœrterbuch*, t. I, p. 168.

[4] Tal. de Bab., *Menahoth*, 85 *a*. אף חיטי כרזים וכפר אחים אילמלא סמוכות לירושלים היו מביאין מהן. La Tosiftha, *Menahoth*, ch. ix, lit ברחיים au lieu de כרזים. Le mot חורשין, dans lequel Lightfoot (Opp., i, p. 160) veut reconnaître *Khorazin*, n'est pas un nom propre; il signifie « forêts. »

[5] Matthieu, xi, 21; Luc, x, 13.

[6] *Onom*. s. v. Chorath : Chorazin num desertum in secondo lapide a Capharnaüm. Eusèbe le place à 12 milles (ιβ) de Capernaüm; le ι est sans doute une faute des copistes, et il faut lire β. Cf. Winer, *l. c.*, p. 228.

[7] M. Van de Velde, *Mémoire*, p. 304. Cf. aussi M. Renan, *Vie de Jésus* (13ᵉ éd.), p. 146.

mudique précité, nous l'identifierons avec le Kefar Nahum des Talmuds, dont nous allons parler.

כפר נחום, Kefar Nahum (village de Nahoum), situé d'après les Évangiles sur le lac de Genezareth[1]; c'était une ville florissante et devenue célèbre par les fréquents séjours qu'y faisait Jésus[2]. Il semble même que le premier noyau de la nouvelle secte se forma à Capernaüm. Le Midrasch applique les mots bibliques « le pécheur y sera pris » aux enfants de Kefar Nahum[3]. Cet endroit n'est pas mentionné dans l'ancien Testament; Josèphe[4] le connaît sous le nom de Κεφαρνώμη. Il parle en un autre endroit[5] d'une source en Galilée nommée Καφαρναούμ, et que Robinson[6] identifie avec la source *Aïn-et-Tin*[7]. Le village actuel de *Khan Minyeh*, selon ce voyageur, occupe l'emplacement de Capernaüm. On a contesté avec raison cette identification[8] à laquelle on préfère celle qui place Capernaüm à *Tell Houm*. Les Talmuds mentionnent[9] *Kefar Tanhoum*, *Tanhoumin* et *Tehoumin* qui ne sont sans doute que des variantes de Kefar Nahoum; de tous ces noms il ne serait resté que

---

[1] Jean, VI, 17; παραθαλάσσια; Matthieu, IV, 13; Matthieu, XI, 23

[2] On l'appelle même « sa ville » (ἡ ἰδία πόλις); Matthieu, IV, 1; Marc, II, 1.

[3] וחוטא אלי בני כפר נחום ; Midrasch *Koheleth*, VII, 20.

[4] *Vita*, 72.

[5] *Guerre*, III, x, 8.

[6] *Bibl. researches*, t. II, p. 408.

[7] Aïn-et-Tin est peut-être identique avec la localité עין תאנה qu'on mentionne dans le Midrasch *Koheleth*, II, 2.

[8] M. Rœdiger, *Halt. Lit. Zeitung*, t. I, p. 581.

[9] ר' חמא דכפר תנחומין ; Midrasch *Schir ha-Schirim*, III, 18. ר' חייא דכפר תחומין; Tal. de Jér., *Theroumoth*, XI, 7. Le mot תנחום s'appliquerait bien à la signification « vicus consolationis » qu'Origènes donnait à Capernaüm. Cf. Winer, *Bibl. realwœrterbuch*, t. I, p. 210.

la syllabe *houm* [1], ce qui milite en faveur de l'identification avec Tell Houm.

On pourrait tirer d'un passage de l'Évangile une objection qui frappe également et l'identification de Capernaüm avec Khan Minyeh, et l'identification bien plus préférable de Capernaüm avec Tell Houm ; c'est que saint Matthieu place Capernaüm aux confins de Zabulon et de Nephthali [2]. Ni Khan Minyeh ni Tell Houm ne répondent aux données de l'évangéliste. Mais l'Évangile est ici en contradiction évidente avec les Talmuds et même avec la Bible.

Nous avons dit plusieurs fois [3] que, d'après les Talmuds, le lac de Tibériade et les lieux situés sur la rive de l'ouest appartenaient en totalité à Nephthali. Or, si Capernaüm, selon le témoignage unanime des évangélistes, est situé sur le lac, il ne peut se trouver en même temps aux confins de Zabulon. En outre, les démarcations que la Bible indique pour Nephthali ne permettent pas de faire remonter le territoire de Zabulon jusqu'au lac de Tibériade. On lit dans Josué [4] : « Les frontières de Nephthali sont : Méhelef, Méalon, Beçaananim et Adami, Hanekeb et Yabnéel jusqu'à Lakoum, et ses issues sont le Jourdain ; et cette frontière doit retourner du côté de l'occident vers Aznoth-Tabor, puis sortir de là à Houkok. » Or, nous verrons [5] dans la suite que Yabnéel se rend dans les Talmuds par Kefar Yama, qu'on retrouve encore

---

[1] Nous avons accepté pour la même raison l'identification que M. Rappoport (*Itinerary of Benjamin of Tudela*, t. II, p. 82) propose pour Kefar Ahim. Cf. ci-dessus, p. 220.

[2] IV, 13 ; ἐν ὁρίοις Ζαβουλών καὶ Νεφθαλείμ.

[3] Cf. ci-dessus, p. 213.

[4] Josué, XIX, 33, 34.

[5] Cf. ci-dessous, p. 225.

aujourd'hui sous le même nom presque au point où le Jourdain sort du lac de Tibériade. De Kefar Yama on se dirige vers Aznoth-Tabor qui se trouve, selon Eusèbe [1], non loin de Sepphoris dans la grande plaine. De ce dernier point on se rend vers Houkok, représenté par le village de Yakouk [2], qui se trouve encore à une certaine distance à l'orient du lac de Tibériade. Il est donc impossible que Zabulon touche ce lac.

L'erreur de l'évangéliste peut cependant s'expliquer fort naturellement, si l'on veut bien considérer que saint Matthieu parle ici de l'accomplissement des prophéties d'Isaïe, appliquées à Jésus, et qu'il faut dans l'intérêt de sa thèse que Capernaüm se trouve aux confins de Zabulon et de Nephthali. Saint Matthieu accommode ici la géographie aux besoins de la cause, comme nous l'avons vu faire en maintes circonstances aux talmudistes, quand ils veulent interpréter dans un sens préconçu quelque verset biblique. Saint Matthieu certes représente le mieux la tradition juive parmi les évangélistes. Pourquoi, en voulant établir le caractère messianique de Jésus, n'aurait-il pas suivi un système qu'il avait dû voir pratiquer très-souvent dans les écoles agadistes ?

C'est un grand tort, selon notre avis, de dresser la carte de la Palestine comme l'a fait M. de Raumer [3], d'après la seule indication de l'Évangile, sans tenir compte des données bibliques, surtout quand elles sont confirmées par les passages talmudiques [4].

---

[1] *Onomasticon*, a. v. Ἀζανώθ.

[2] Robinson, *Bibl. researches*, t. III, p. 81. On mentionne dans le Tal. de Bab. (*Pesahim*, 13 *b*) un docteur de Houkok, יוחנן חקוקאה

[3] *Palæstina*, 4ᵉ éd., Leipsik, 1860.

[4] M. Ewald est dans le vrai en disant (*Geschichte des volkes*

224   LA GÉOGRAPHIE DU TALMUD

Un passage talmudique[1] donne les noms portés à l'époque du second Temple par quelques villes appartenant, selon la Bible, à la tribu de Nephthali. La plupart de ces lieux se trouvent, d'après notre opinion, dans le pays de la vallée; c'est pourquoi nous citerons ce passage ici, malgré qu'il commence par des endroits qui font partie de la Galilée supérieure.

Les sept villes dont nous allons parler se trouvent énumérées dans Josué, xix, 33 : « Leur territoire est Mehélef, Mealon, Beçaananim et Adami, Hanekeb et Yabnéel jusqu'à Lakoum. »

חלף, Hélef est, d'après le passage du Talmud en question, le nom par lequel à son époque on désignait Mehelef de la Bible. Hélef est inconnu aujourd'hui, mais il semble se trouver, comme les deux endroits qui suivent dans le verset biblique, dans la Galilée supérieure.

אילון, Ayalon est le Méalon biblique, également inconnu.

אגניא דקדש, Beçaananim est rendu dans le Talmud par Agnia de Kedesch « le bassin de Kedesch. » Kedesch, ville des Lévites et en même temps ville[2] de re-

---

Israël, 3e éd., t. II, p. 211) que Nephthali habitait tout l'ouest des deux lacs de Merom et de Genezareth. Nous ne sommes pas de l'avis de M. Ewald au sujet du mot וביהודה (Josué, xix, 34) qui, en effet, ne donne aucun sens, car Juda n'avait aucune possession dans le pays transjordanique. M. Ewald veut בכנרות pour le mot וביהודה. Nous croyons que le texte portait וביד הירדן et qu'un copiste, par inadvertance, plaça le ה deux fois, ce qui a produit וביד ההירדן. Les Masorètes qui n'étaient plus certains du sens de ce mot, ont ajouté un autre ה encore; voilà comment nous lisons maintenant וביהודה הירדן au lieu de וביד הירדן « bord du Jourdain » Le premier ה de וביהודה est en effet annoté par la Masorah. Les Septante n'ont point ce mot ; on y traduit : καὶ ὁ Ἰορδάνης κλτ.

[1] Tal. de Jér., *Meguillah*, I, 1.
[2] Josué, xx, 7.

fuge, se trouvait, d'après Josèphe [1], à la frontière de Nephthali et du pays de Tyr. Les Apocryphes [2] l'appellent Kedesch de Nephthali pour le distinguer des deux autres Kedesch en Juda [3] et en Issachar [4]. Robinson [5] a trouvé un Kedes à l'ouest du lac Houleh. Le pays était probablement marécageux et tirait son nom *Beçaananim* de בצעא [6] « marécage, » ce que le Talmud rend par אגניא « bassin [7]. »

דמין, Damin est le nom talmudique de Adami. On pourrait peut-être l'identifier avec *Daméh* [8], au sud de Kurn Hattin, dans le pays de la vallée.

ציידתא, Hanekeb de la Bible se rend par Çaidatha. Serait-ce le *Beth-Saïda* des Évangiles [9] ?

כפר ימא, Yabnéel se traduit par Kefar Yamah. Josèphe [10] mentionne un bourg *Yamnia*, en Galilée, qui pourrait être identique avec Yabneel de la Bible; nous avons vu [11] que le Yabnéel en Judée se change également en Yamnia. On trouve un village de *Kefr Yamah* entre le mont Tabor et le lac de Tibériade, qui est peut-être identique avec le Kefar Yamah du Talmud.

לוקים, Loukim ou Loukis est le Lakoum de la Bible; endroit inconnu.

---

[1] *Ant.*, XIII, xv, 6.
[2] Tobie, i, 2. Κύδις ἡ Νεφθαλί.
[3] Josué, xv, 23.
[4] I Paralipomènes, vi, 57.
[5] Robinson, *Bibl. researches*, t. III, p 367-369.
[6] Cf. ci-dessus, p. 138.
[7] On peut expliquer le mot אגנייא par « jardin » ou environs, comme le mot גניא (ci-dessus, p. 21). Cf. M. Rappoport, *Erekh Millin*, p. 14.
[8] Robinson, *l. c.*, t. II, p. 369.
[9] Marc, vi, 45 ; viii, 22.
[10] *Guerre*, II, xx, 6.
[11] Cf. ci-dessus, p. 73.

§ 2. — La Galilée supérieure.

כפר חנניה, Kefar Hananyah est la ville frontière entre la Galilée inférieure et la Galilée supérieure. Nous l'avons identifiée avec Kefr Anan [1]. On fabriquait à Kefar Hananyah [2], d'après le Talmud, des pots de terre noire (ordinaire). Les habitants de cet endroit étaient en majeure partie des marchands [3] de pots. « Amener des marchands de pots à Kefar Hananyah [4] » correspond à notre proverbe « porter de l'eau à la rivière. » Les Talmuds connaissent encore des endroits, Kefar *Hanina*, Kefar *Hanin* [5] et Kefar *Hanan* [6], qui sont des variantes du nom de Kefar Hananyah.

עכברה, Akhbara, endroit où R. Yosé bar Abin tenait son école [7]. Les habitants sont désignés dans les Talmuds par *bené Akhbara* [8]. D'après un passage du Midrasch, on élevait des faisans à Akhbara [9]. Josèphe [10] mentionne un endroit de ce nom en Galilée supérieure, qu'il avait fortifié lui-même. Le village d'Akhbara [11] au sud de

---

[1] Cf. ci-dessus, p.
[2] Tal. de Bab., *Baba Mecia*, 74 a.
[3] Tal. de Jér., *Maaseroth*, II, 3.
[4] *Bereschith* rabba, ch. 86. קדרים בכפר חנניא
[5] *Ibidem*, ch. 6.
[6] *Ibidem*, ch. 9. « R. Samuel bar Nahman raconte : J'étais porté sur l'épaule de mon grand-père quand il alla de sa ville vers Kefer Hanan, en passant par Beth Schean. »
[7] Tal. de Jér., *Theroumoth*, x, 7.
[8] בני עכבוריא. Tal. de Bab., *Baba Mecia*, 84 b.
[9] Cf. ci-dessus, p. 190, n. 5.
[10] *Guerre*, II, xx, 6; Ἀχαβάρη, *Vita*, 37.
[11] Ritter, *Erdkunde*, t. XVI, p. 771.

Safed, est probablement identique avec la localité du même nom dans les Talmuds et dans Josèphe.

צפת, Cephath n'est pas mentionné dans la Bible, mais cet endroit paraît avoir été connu des talmudistes. On raconte à propos des feux par lesquels on signalait la néoménie, que Rabbi les avait supprimés partout, excepté sur le lac de Tibériade. R. Zeïra pose la question suivante [1] : « Ne faut-il pas prendre Cephath comme un des points affectés à ces signaux? » On répond : « Puisque les signaux sont abolis, pourquoi s'occuper de Cephath. » Le Talmud a évidemment en vue un endroit situé sur une montagne, d'où l'on pouvait apercevoir les feux. La situation du Safed actuel s'accorderait parfaitement avec les indications talmudiques ; on ne s'aventure donc pas beaucoup en identifiant le Cephath du Talmud avec Safed, d'autant moins que l'orthographe de Cephath est restée la même chez les écrivains hébreux postérieurs que dans le Talmud. Cette ville se trouve mentionnée dans la fameuse élégie de Kalir, comme un poste de prêtres [2].

Josèphe [3] parle d'une ville forte *Seph*, dans la Galilée supérieure, conjointement avec d'autres lieux, Akhabara, Jammith et Meroth. Probablement ce Seph est identique avec Cephath du Talmud. La ville a pu porter le nom de *Çophim*, dont Seph serait une forme au singulier. Le célèbre voyageur Parhi [4], en effet, reconnaît avec raison dans le nom *Ciphia*, que le Talmud cite à cause de son miel, l'endroit de Cephath [5]. Mais il est

---

[1] Tal. de Jér., *Rosch haschana*, II, 2. אלון דחמיין צפת מהו דיסבון

[2] ונהרם ונלפת כהן צפת « détruit et ravagé est le prêtre de Cephath. »

[3] *Guerre*, II, xx, 6. Σέφ.

[4] *Caftor ouphérah* (éd. Berlin), p. 67 a.

[5] Tal. de Bab., *Sotah*, 48 b. דבש הבא מן הציפיא Cf. l'art. *Cephat*

plus que douteux que *Sepheth* des Apocryphes[1] soit notre Cephath. Quelques savants[2] veulent même que « la ville sur la montagne » citée dans le sermon de la Montagne[3] désigne Cephath (Safed).

Safed ou Safad est situé au nord-est du mont Tabor, sur une hauteur d'où on jouit d'une vue superbe. Du château de Safed le regard s'étend jusqu'au lac de Tibériade. Safed, ainsi que Tibériade, a été détruit par l'effroyable tremblement de terre du 1er janvier 1837, dans lequel 5,000 personnes perdirent la vie[4].

מרון, Meron est presque toujours cité conjointement avec Gousch Halab. « Il est permis de manger des dattes (produit de l'année de relâche) jusqu'à ce que les dernières disparaissent des arbres à Jéricho, et les olives, jusqu'au moment où l'on n'en voit plus à Meron et à Gousch Halab[5]. » Ces deux villes, raconte le Midrasch[6], se sont disputé les restes mortels de R. Eliézer, fils de Siméon; on en arriva même aux coups de bâtons[7]. Un

---

de M. Rappoport dans la préf. de *Koré hadoroth* (Varsovie, 1829).

[1] Tobie, I, 1. Le texte grec n'a pas ce nom.

[2] Cf. Robinson, *Bibl. researches*, t. II, p. 423.

[3] Matthieu, v, 14. L'original aurait dû porter : צופיתא לא תטמר, si Jésus avait voulu parler de la ville de Safed. La traduction syriaque a ici : לא משכחא דתטשא מדינתא דעל טורא בניא. Cependant cette version ne prouve rien, car elle a été faite sur le texte grec.

[4] M. de Raumer, *Palæstina*, p. 138.

[5] Tal. de Jér., *Schebiith*, ix, 2.

[6] Midrasch *Koheleth*, xi, 3.

[7] M. Rappoport (préface de *Koré hadorotk*, article Meron) croit reconnaître dans le mot ובמורנייתא, une espèce de bois qui se trouvait dans les environs de Meron, ou une espèce de lance qu'on fabriquait dans cette ville. Ce savant s'appuie sur ce que le Targoum rend le mot תדהר (Isaïe, xli, 19), par מרנין; Burkhard (p. 855) aurait trouvé dans les environs de Tibériade des arbres que les Arabes appellent *Tadar*. Le mot חנית (I Sam., xiii, 22) est

passage talmudique nous apprend que la montée vers Meron était très-étroite ; deux personnes ne pouvaient pas marcher l'une à côté de l'autre [1]. Cette donnée s'appliquerait bien à la ville de Meroth que Josèphe [2] avait fortifiée et qui se trouvait sur une hauteur. Meron, nous apprend l'élégie de Kalir [3], était un poste de prêtres.

Il faut se garder de croire que la ville de Schimron Meron [4] de la Bible, soit identique avec Meron [5] ; le Talmud dit expressément : « Schimron, c'est Simonia [6]. » Il est encore très-douteux si la ville de Meroz de la Bible [7] (quelques savants proposent de lire Meron) est la même que notre Meron. On placerait plutôt Meroz, d'après l'ensemble du passage biblique précité, dans le voisinage du mont Tabor. Peut-être la ville de Madon,

rendu dans le Targoum par מורניתא ; M. Rappoport prouve par le verset (Ezéchiel, xxxix, 9) que les lances ainsi que les autres armes étaient faites de bois. Nous croyons ces étymologies trop hasardées ; le mot מורניתא a en syriaque la signification de « bâton, lance. » La lance dont il est question dans le passage (I Samuel, xiii, 22) est au contraire de fer, car on dit que les Israélites transformèrent leurs instruments aratoires en épées et en lances.

L'explication du nom « mérinos » par le mot araméen אמרין « brebis, » que le même savant donne à propos de Meron, où l'on trouvait des grands troupeaux, est insoutenable.

[1] Tal. de Bab., *Rosch haschana*, 15 a. כבני מרון Cf. Raschi pour ce passage.

[2] *Vita*, 37 ; *Guerre*, II, xx, 6.

[3] כנמסר הבית במסרבי מרון. Le sens de ce passage est assez difficile. M. Rappoport (*l. c.*) l'explique en disant que le Temple fut détruit pendant que les prêtres de Meron y étaient de service. Le Talmud de Jérusalem (*Taanith*, iv, 5) fait également allusion au poste des prêtres de Meron.

[4] Josué, xii, 20.

[5] Le mot מראן y est peut-être une faute de copiste, on ne le trouve point dans les Septante.

[6] Cf. ci-dessus, p. 189.

[7] Juges, v, 23.

où la version des septante lit Meron [1], est-elle identique avec le Meron des Talmuds et le Meroth de Josèphe. On trouve aujourd'hui un village de Meïron [2] au nord-ouest de Safed.

בירי, Biri ou Biré se trouve cité avec Akhbara, Meron et Gousch Halab. Le Talmud rapporte [3] que les villes d'Akhbara et de Biri se disputèrent le corps de R. Eliézer. Nous avons vu à l'article précédent que cette querelle eut lieu entre deux autres villes; nouvelle preuve qu'il ne faut accepter qu'avec beaucoup de réserve les données historiques et géographiques fournies par les Talmuds. Un village, Biria, se trouve à l'est de Meïron; il est peut-être identique avec le Biri des Talmuds.

גוש חלב, Gousch Halab est renommé pour l'abondance de ses huiles. Le Talmud raconte [4] : « On avait une fois besoin d'huile à Laodicée; on envoya à Jérusalem et à Tyr pour en acheter, mais on ne trouva la quantité voulue qu'à Gousch Halab. Voilà pourquoi il est dit dans la Bible, à propos de la tribu d'Ascher : il trempe ses pieds dans l'huile. » Gousch Halab se trouvait donc dans les possessions de la tribu d'Ascher, et on peut l'identifier avec la ville biblique d'*Ahlab* [5]. Nous avons déjà cité d'autres passages talmudiques où il est question des huiles abondantes de Gousch Halab [6].

La Mischna [7] mentionne la forteresse de Gousch

---

[1] Josué, XI, 1.
[2] Robinson, *Bibl. researches*, t. II, p. 444.
[3] Tal. de Bab., *Baba Mecia*, 84 a.
[4] Tal. de Bab., *Menahoth*, 85 b; Siphré, *Deutéronome*, 345 (éd. Friedmann, p. 148 a).
[5] Juges, I, 31.
[6] Cf. ci-dessus, p. 129.
[7] *Erakhin*, VIII, 6. וחקרה של גוש חלב

Halab; cette ville avait dû être fortifiée par Josué. Josèphe[1] parle d'un endroit, *Giskhala*, dans la Galilée supérieure, qu'il avait lui-même mis en état de défense, et qui se rendit plus tard à Titus[2]. Le village actuel d'*El-Djich* représente, d'après l'opinion générale, le Gousch Halab des Talmuds et le Giskhala de Josèphe.

Dans tous ces endroits de la Galilée supérieure on montre des tombeaux où seraient enterrés des docteurs du Talmud[3]; mais la plupart de ces traditions datent d'une époque récente, de sorte que nous ne croyons devoir leur accorder aucune attention.

בית דגן, Beth Dagon, mentionné par le Talmud[4] dans la Galilée supérieure; c'est sans doute la ville biblique du même nom située dans les possessions de la tribu d'Ascher[5].

Nous quitterons les montagnes de la Galilée supérieure pour arriver aux villes qui se trouvent sur la côte.

עכו, Acco, très-souvent mentionnée par la Bible, est considérée dans la Mischna comme ville frontière du nord de la Terre d'Israël[6]. Acco elle-même appartenait à la Palestine, par rapport à certaines pratiques religieuses seulement[7]. On demande dans les Talmuds[8] : « Comment Acco est-elle la dernière ville de la Palestine, puisqu'on dit : quand on va d'Acco à Kezib, le pays à droite (à l'est) est pur et on y est tenu de payer des dîmes, à

---

[1] *Guerre*, II, xx, 6.
[2] *Ibidem*, IV, ii, 1-5.
[3] Cf. *Hibbath Yerouscholaïm* (Jérusalem, 1844).
[4] Tosiftha, *Schebiith*, ch. 7.
[5] Josué, xix, 27.
[6] Cf. ci-dessus, p. 15.
[7] Tal. de Jér., *Schebiith*, v, 1.
[8] Tosiftha, *Oholoth*, ch. xviii; Tal. de Bab., *Guittin*, 7 b.

gauche (à l'ouest) le pays est impur[1], parce qu'il est habité par des païens? Si Acco était la dernière ville au nord de la Terre d'Israël, il serait superflu d'établir une règle pour le pays qui va jusqu'à Kezib. » On répond : « Il y a une zone de terre partant d'Acco, qui appartient encore à la Terre d'Israël. » Quelques docteurs limitent cette zone à *Kezib*, d'autres à *Leblabi*.

La côte d'Acco forme, selon quelques docteurs, la frontière de la Terre d'Israël. « R. Yosé Bar Hanina[2] avait baisé la terre de la côte d'Acco, en disant : la Terre d'Israël s'étend jusqu'ici. »

Acco, quoique habitée par des païens (on y mentionne des idoles[3] et un bain dit de Vénus Aphrodite[4]), était le séjour de Juifs nombreux; nous y trouvons R. Gamliel (le IIIe probablement) qui allait même aux bains de Vénus[5]. On nomme dans les Talmuds[6] des meuniers d'Acco, qui ne travaillaient pas pendant les demi-fêtes.

Les Talmuds connaissent aussi un *Kefar Acco*, lieu natal d'un certain R. Siméon. Cette localité, qui comptait, d'après le Talmud[7], 1,500 hommes, était probablement un faubourg d'Acco. Saint-Jean-d'Acre se trouve sur l'emplacement de l'ancien Acco.

לבלבי, Lablabo ou Lablabi, mentionné dans le pas-

---

[1] Dans le Talmud de Babylone on lit : « Le pays à droite est impur, » ce qui évidemment est une faute des copistes. Nous savons par plusieurs passages que la côte était ordinairement exclue de la Terre d'Israël.

[2] Tal. de Jér., *Schekalim*, iv, 9.

[3] Tal. de Bab., *Abodah zarah*, 11 *b*. נרבכה שבעכו

[4] Mischna, *même Traité*, iii, 4.

[5] Tal. de Jér., *Pesahim*, iv, 1.

[6] *Ibidem*.

[7] Tal. de Bab., *Sanhédrin*, 110 *b*.

sage talmudique précité[1] sur la frontière du nord, signifie peut-être « les plantations [2] d'Acco; » expression qui serait analogue aux « jardins d'Ascalon » que nous avons vus [3] dans les Talmuds aux indications des frontières.

נזיב, כזיב, Kezib ou Guezib, dernière ville de la Galilée[4] vers le nord-ouest. Nous voyons des docteurs aller d'Acco à Tyr, en passant par Kezib[5] et par le promontoire dit « l'échelle de Tyr[6]. » Acco et Kezib sont des villes fortes, dit le Talmud[7]. Ailleurs on mentionne aussi une synagogue à Kezib[8].

Cette ville est connue dans la Bible sous le nom d'Akhzib. Ascher, est-il dit[9], ne parvint pas à chasser les Chananéens de cette ville. Josèphe l'appelle *Ecdippon* [10] et *Actipous* [11]. Eusèbe[12] place Ecdippa (Achzif) à neuf milles d'Acco dans la direction de Tyr. On l'identifie avec l'endroit actuel, *Zib*, au nord de Saint-Jean-d'Acre.

---

[1] Cf. ci-dessus, p. 232. La Tosiftha imprimée porte כלאבו, Kelabo, qu'on pourrait identifier avec le village de *Koulavich*, à l'est de Tyr; mais c'est étendre trop loin la Terre d'Israël. Nous préférons la leçon du manuscrit לבלבו, d'autant plus que le Tal. de Bab. lit également לבלבי.

[2] Les Targoums rendent le mot פרח « fleurir » par לבלב; le mot לולב « branche de palmier ou simplement branche, » vient probablement de la racine לבלב.

[3] Cf. ci-dessus, p. 21.
[4] Cf. ci-dessus, p. 232.
[5] Tosiftha, *Demoï*, ch. 1.
[6] Tal. de Jér., *Abodah zarah*, I, 9.
[7] Tal. de Bab., *Eroubin*, 64 *b*. עכו וכזיב עיירות של בורגנין
[8] Tosiftha, *Demoï*, ch. 1.
[9] Juges, I, 31.
[10] *Guerre*, I, XIII, 4.
[11] *Ant.*, V, I, 22.
[12] *Onom.* s. v., Achzib.

בפר סימאי, Kefar Simaï ou Sama, un des lieux que les Talmuds placent parmi les villes « englouties[1], » c'est-à-dire, lieux qui rigoureusement ne devaient plus compter comme « Terre d'Israël, » mais qui le furent néanmoins en vertu d'une décision des rabbins. Kefar Sama se trouve, d'après les Talmuds, plus près de Sepphoris que d'Acco.

Dans cette localité vivait un certain Jacob qui faisait des cures merveilleuses au nom de Yeschou (Jésus) Pandéra. Un jour, dit le Talmud[2], il voulut guérir ainsi un certain Eléazar ben Dama qui venait d'être mordu par un serpent venimeux; mais R. Ismaël qui était présent, s'y opposa au nom de la religion. Le guérisseur ne se laissa pas rebuter. Il essaya de prouver à R. Ismaël, en s'appuyant sur les textes sacrés, qu'il était permis de guérir de toutes les façons. Jacob établit victorieusement sa thèse, mais dans l'intervalle le malade mourut. « Tu es bien heureux, Eléazar, s'écria R. Ismaël, d'avoir quitté ce monde, plutôt que de transgresser la haie des sages. »

Ce fait curieux est également rappelé dans le Talmud de Babylone[3] et dans le Midrasch[4]; tous deux l'attribuent à Jacob de Kefar Sekhanya[5] (Sikhnin). Nous préférons, comme toujours, la leçon du Talmud de Jérusalem.

On raconte[6] encore que ce même Jacob de Kefar Sekhanya communiqua une règle religieuse, au nom

---

[1] עיירות מובלעות; Tal. de Jér., *Guittin*, I, 2. Le Tal. de Bab., *Guittin*, 6 *b*, lit סימאי; la Tosiftha, *Oholoth*, ch. 18, סימית.

[2] Tal. de Jér., *Sabbath*, xiv, à la fin.

[3] *Abodah zarah*, 27 *b*.

[4] Midrasch *Koheleth*, I, 9.

[5] יעקב איש סכניא.

[6] Midrasch, *l. c.*; Tal. de Bab., *Abodah zarah*, 17 *b*.

de son maître Yeschou Pandéra, à R. Eliézer (ben Hyrcanos, contemporain de R. Akiba), qui le rencontra dans la ville haute de Sepphoris. Cette règle parut juste à R. Eliézer, qui l'approuva. Aussi ce docteur fut-il un instant accusé d'appartenir à la nouvelle secte. Il fut cité devant le *Hegemon* (gouverneur) qui l'apostropha en ces termes : « Est-il convenable qu'un grand homme comme toi s'occupe d'opinions aussi dénuées de valeur? » R. Eliézer, dit le Talmud, donna une réponse évasive et fut sauvé. Ce passage nous apprendrait que les talmudistes entretenaient des relations avec les premiers chrétiens; nous reviendrons sur ce sujet dans notre partie historique.

R. Ismaël dont il s'agit dans l'histoire précitée, est Rabbi Ismaël ben Elisa, qui habitait Kefar Aziz, en Idumée[1]. Tous les deux, R. Ismaël et R. Akiba, ont encore vu la destruction du second Temple. Ce Jacob, qui était en relation avec eux, a donc dû être un des disciples de la seconde ou troisième génération de Jésus. Ce n'est certainement pas Jacques, frère de Jésus, car le Talmud n'aurait pas manqué de le dire.

Kefar Sama est peut-être identique avec le village actuel de *Kefr Soumeïa*[2], au nord-est d'Acco, entre cette ville et Safed. Le Midrasch mentionne un lieu du nom de *Gobath Schamaï*[3], probablement un quartier de Kefar Samaï.

באינה ובאימה, Baïna et Baïma sont également des villes (englouties) qui comptent encore comme Terre

---

[1] Cf. ci-dessus, p. 117.
[2] Cf. *la carte* de M. Van de Velde.
[3] *Bereschith* rabba, ch. 34. גובת שמאי « la hauteur de Samaï. » Cf. sur le mot גובת ou גובבתה, p. 193.

d'Israël[1]. Au lieu de Baïna, la Tosiftha[2] porte *Beth Ana;* il n'y a donc pas de doute que Baïna ne représente la ville biblique[3] Beth Anath, de la tribu de Nephthali. On peut identifier Baïna avec le village d'*El-Baneh*[4], au sud de Kefar Soumeïa. Quant à Baïma, nous ne trouvons aucune localité avec laquelle nous puissions l'identifier.

Nous allons énumérer quelques villes que les traités géographiques modernes placent en Pérée, mais qui, d'après le Talmud, appartiennent à la Galilée, bien qu'elles soient situées au delà du Jourdain.

פניאס, Panéas, identique, d'après le Talmud[5], avec le Leschem de la Bible, identification très-douteuse ; Leschem ou Laïsch[6] est, selon la Bible, l'ancien nom de Dan. Or, Dan ne peut représenter Panéas, puisque Josèphe[7] cite un endroit du nom de *Dan*, près de Panéas. Le Talmud[8] aussi mentionne un Kefar Dan, lieu natal d'un certain R. Yosé. Le Targoum de Jérusalem[9] rend le mot Dan par Dan de Kisrion (Césarée) et nullement par Kisrion ou Panéas. La situation et le nom de la localité moderne de *Tell-el-Kady*[10] nous feraient volontiers croire qu'elle occupe l'emplacement de Dan.

Panéas ou Panias tire son nom d'une grotte qui se trouvait dans son voisinage, et qui était consacrée au

[1] Tal. de Jér., *Orlah*, vers la fin.
[2] *Kilaïm*, ch. 2. בית ענה
[3] Josué, xix, 38.
[4] Robinson, *Bibl. researches*, t. III, p. 86.
[5] Tal. de Bab., *Meguillah*, 6 a.
[6] Josué, xix. 47 ; Juges, xviii. 29.
[7] *Ant.* VIII, viii, 4 ; *Guerre*, IV. i, 1.
[8] Tal. de Jér., *Péah*, ii, 1.
[9] *Genèse*, xiv, 14. עד דן דקסריון. Le Midrasch *Samuel*, ch. 32, rend cependant דנה par פניים.
[10] M. de Raumer, *Palæstina*, p. 125.

dieu *Pan*[1]. C'est de cette grotte que les Tamulds, ainsi que Josèphe, font sortir la source du Jourdain[2]. Un passage talmudique[3] l'appelle « la grotte de Kisrion (Césarée). » Panéas possédait une communauté juive au temps de l'empereur Dioclétien. Le Talmud[4], qui fait venir cet empereur à Panéas, raconte qu'il y traita durement les Juifs.

Quelques savants[5] croient que l'endroit biblique Baal Gad est identique avec Panéas ; Gad représenterait l'idole qu'on y adorait. Les environs de Panéas sont en effet réputés comme des lieux pleins d'idolâtres. A Dan on adorait l'image de Mikha ; Yéroboam y érigea les deux veaux d'or, et non loin de là se trouvait l'endroit de Tarnegola où l'on adorait probablement le dieu *Tarnegol*[6]. On peut ajouter que la situation de Baal Gad, au pied du Hermon, se prêterait bien à son identification avec Panéas.

Panéas est identique avec le village actuel de *Banyas*.

קסרין וקסריון, Kisrion et Kisrin, la Césarée de Philippe, n'est autre, dit Josèphe[7], que Panéas agrandie par le tétrarque Philippe. Elle reçut ce nom pour la distinguer de Césarée de Palestine. Le nom Kisrion, que les Talmuds lui donnent, est une forme diminutive équivalant à « la petite Césarée, » par opposition à l'autre Césarée bien plus importante[8]. Le Talmud place expressément cette

---

[1] Winer, *Bibl. realwœrterbuch*, t. I, p. 207.
[2] Cf. ci-dessus, p. 29.
[3] *Mekhiltha, Beschalah* (éd. Weiss, p. 63 *b*).
[4] Tal. de Jér., *Theroumoth*, VIII, 10.
[5] Cf. M. de Raumer, *Palæstina*, p. 245.
[6] M. Schwarz, *Das heilige Land*, p. 36.
[7] *Ant.*, XVIII, II, 1 ; *Guerre*, II, IX, 1.
[8] Cf. ci-dessus, p. 94-96.

ville dans la Galilée supérieure. « R. Eliézer [1] passa le sabbath dans la cabane de R. Yohanan ben Haï à Kisri ou à Kisrion, en Galilée supérieure. » Cette ville est regardée comme le dernier point de la Terre d'Israël. On dit proverbialement de quelqu'un qui a fait un long voyage : « Tel est allé à Kisrin [2]. »

Panéas et Césarée de Philippe, d'après l'opinion générale, sont identiques. Il faut cependant remarquer qu'on rencontre ces deux noms simultanément dans le Talmud, comme nous venons de le voir, ce qui est rare chez les talmudistes[3]; quand il s'agit de Dioclétien, ils emploient exclusivement le nom de Panéas. Peut-être une partie de Césarée conserva-t-elle le nom de Panéas; peut-être aussi, sous Dioclétien, ou même auparavant, préférait-on le nom de Panéas, qui se rapportait à une divinité romaine, à celui de Philippe, son fondateur juif. Le nom de Panéas semble l'avoir définitivement emporté, car dans les relations du moyen âge nous trouvons Belinas, qui se rapproche de Panéas, et non Césarée.

סוסיתא, Sousitha, très-souvent citée avec Tibériade, est habitée par des païens [4]. Ce fut pendant un certain temps, selon les Talmuds [5], une ville ennemie de Tibériade. Les deux villes, situées sur les rives opposées du lac, étaient en relations fréquentes. « Les marchands, dit le Talmud [6], allaient et venaient de Sousitha à Tibériade. » Un passage du Midrasch [7] nous indique même

[1] Tal. de Bab., *Soukka*, 27 a.
[2] *Bereschith* rabba, ch. 68. פלן אזל לקיסרין.
[3] Cf. ci-dessus, p. 87.
[4] Tal. de Jér., *Rosch haschana*, II, 1.
[5] Midrasch *Ekha*, I, 18.
[6] Tal. de Jér., *Schebiith*, VIII, 3.
[7] *Bereschith* rabba, ch. 32.

que ces deux villes étaient l'une en face de l'autre. Il y est dit, à propos de l'arche de Noé : « Elle glissait comme sur deux planches qu'on aurait posées de Sousitha à Tebarya. »

Nous n'hésitons pas à idendifier Sousitha avec la ville de *Hippos* que Josèphe[1] place à trente stades de Tibériade, et à soixante de Gadara. Le nom Sousitha, qui dérive de סוס « cheval, » rend parfaitement Hippos.

Hippos, une des villes de la Décapole[2], fut donnée à Hérode le grand par Auguste[3]. Les Juifs la détruisirent pendant la guerre des Romains[4]; dans une autre circonstance les habitants de Hippos massacrèrent les Juifs[5]. C'est probablement à cette époque que se rapporte le dicton du Midrasch[6], que Sousitha était ennemie de Tibériade. Le célèbre voyageur Burkhard[7] a trouvé à trois quarts d'heure du village de *Feik* (Aphek), une colline avec des ruines, que les Arabes appellent *el-Hosn* « le cheval, » et qu'on veut identifier avec Hippos (Sousitha). Eusèbe[8] dit en effet : « Apheca est un château près de Hippos. »

R. Yehoschoua ben Lévi[9] explique le nom biblique [10] « pays de Tob » par Sousitha, « province de Hippené. » Le mot טוב « bon, beau, » répondrait aussi au mot

---

[1] *Vita*, 65. Le Tal. de Bab. (*Baba Bathra*, 30 a) mentionne un Bar Sisin (בר סיסין), qui veut peut-être dire un habitant de Hippos.
[2] Reland, *Palæstina*, t. I, p. 215.
[3] Josèph, *Ant*., XV, vii, 3.
[4] Josèphe, *Guerre*. II, xviii, 1.
[5] *Ibidem*, 5.
[6] Cf. ci-dessus, p. 238.
[7] *Reise*, etc. (trad. de Gesenius), t. I, p. 438.
[8] *Onom*. s. v., Apheca.
[9] Tal. de Jér., *Schebiith*, vi, 2.
[10] ארץ טוב; Juges, xi, 3.

arabe *el-Hosn*. On mentionne dans les livres des Maccabées[1] une ville de *Toubion*, qui pourrait bien être la même que Tob (Hippos), puisque dans le passage en question il s'agit de la Galilée.

Il faut remarquer cependant qu'el-Hosn (le château) est en Syrie un mot générique pour désigner toutes les ruines situées sur une hauteur, ce qui enlève beaucoup de force à tous les rapprochements qui précèdent.

גמלא, Gamala, ville fortifiée par Josué, d'après la Mischna[2]. La Guémare[3] place cette ville en Galilée. Selon Josèphe, elle appartient à la province de la Gaulonitide[4]; cet historien parle cependant[5] du cercle de Gamala et de la Gaulonitide, comme de deux provinces séparées. On fait dériver Gamala de גמל « chameau; » la ville couronnait une colline qui avait ainsi quelque analogie avec la bosse de ce quadrupède[6]. Elle joua un grand rôle dans la guerre contre les Romains, et fut prise d'assaut par Vespasien[7]. Gamala se trouve sur l'autre rive du lac, en face de Tarichea, ville que nous avons identifiée avec le Beth-Yerah[8] des Talmuds.

[1] I Maccabées, v, 13.
[2] *Erakhin*, VIII, 6.
[3] Tal. de Bab., *même Traité*, 32 *a*.
[4] *Guerre*, IV, I, 1.
[5] *Ibidem*, III, III, 5.
[6] *Ibidem*, IV, I, 1.
[7] *Ibidem*, 1-7, 9, 10.
[8] Cf. ci-dessus, p. 216, note 2.

CHAPITRE V

LE PAYS TRANSJORDANIQUE OU LA PÉRÉE

Le pays transjordanique, l'*Eber hayarden* de la Bible, comprend les territoires donnés aux tribus de Reüben, de Gad et à la moitié de celle de Menasché [1]. Les frontières de ce pays ont varié souvent à l'époque du premier Temple, selon que les peuples voisins empiétaient sur le territoire des Israélites ou étaient refoulés par ces derniers. Nous n'avons pas à nous occuper de ces modifications successives. En général, le pays transjordanique était compris entre les sources du Jourdain et la rivière d'Arnon [2].

A la dernière période du second Temple, la Pérée s'étendait, selon Josèphe [3], depuis le pays de Moab au sud, jusqu'à Pella au nord; vers l'est, ce pays touchait les territoires de *Gerasa*, *Rabbath Ammon* et l'Arabie. Les talmudistes accordent bien moins d'attention à la Pérée qu'à la Judée et à la Galilée; elle était moins importante à leurs yeux, comme il résulte du texte suivant : « Autrefois on avait l'habitude de dire : Juda représente le blé, la Galilée la paille, et le pays trans-

---

[1] Josué, i, 12-15.
[2] M. de Raumer, *Palæstina*, p. 223.
[3] *Guerre*, III, iii, 3.

jordanique l'ivraie; aujourd'hui on ne voit plus que l'ivraie en Judée et en Galilée, tandis que la Pérée n'a même plus d'ivraie[1]. » Aussi s'est-il élevé de longues discussions parmi les rabbins contemporains, pour décider si le pays transjordanique jouissait des mêmes privilèges, quant à certains exercices religieux, que la Judée et la Galilée[2]; nous passerons sous silence ces discussions, nécessaires aux études historiques de la *Halakha*, mais sans aucune valeur pour la géographie proprement dite.

Le Talmud en partageant la Pérée, comme la Judée et la Galilée, en trois subdivisions physiques[3] : montagnes, plaines et vallées, conserve les limites bibliques de ce pays. « Le pays montagneux est Makhvar[4] (Machærus), Gador[5] et autres; la plaine est représentée par Hesbon avec toutes ses villes dans la plaine, telles que : Dibhon, Bamoth Baal, Beth-Baal Meon et autres; la vallée est Beth-Haran, Beth Nimrah et autres. » Le pays au-dessus de Gadara appartenait, d'après les Talmuds, à la Galilée ; nous avons vu que, baignés par le lac et le Jourdain, Césarée de Philippe[6] et Gamala sont attribués à la Galilée.

Le Jourdain, nous l'avons dit[7], commence, d'après le Talmud, seulement à Beth-Yerah, au sortir du lac; donc il est naturel que les villes situées au-dessus de ce point ne soient pas en pays transjordanique pour les talmu-

---

[1] *Aboth de R. Nathan*, ch. 27, à la fin.
[2] Cf. M. Rappoport, *Erekh Millin*, p. 211 et pass.
[3] Tal. de Jér., *Schebiith*, ix, 2.
[4] Cf. ci-dessus, p. 40.
[5] Cf. ci-dessous, p. 243.
[6] Cf. ci-dessus, p. 236.
[7] Cf. ci-dessus, p. 31.

distes, le Jourdain n'existant pas pour eux à cette hauteur. Conformément à ces systèmes, nous commencerons notre énumération des villes de la Pérée par Gadara.

גדר, Gadar, dans le pays montagneux. Sur ses hauteurs on allumait les feux pour signaler la néoménie [1]. Eusèbe [2] place également Gadara sur une montagne, au pied de laquelle on trouvait des eaux thermales. Celles-ci sont connues des talmudistes [3]; elles étaient sans doute à Hamthan que les Talmuds mentionnent avec Gadar. « Rabbi a permis aux habitants de Gadara de se rendre le sabbath à Hamthan et de remonter vers Gadar, tandis que les habitants de Hamtha ne pouvaient aller ce même jour à Gadar [4]. » Le voyageur Parhi connaît de son temps une localité d'*el-Hami* [5], à une distance sabbathique de Gadara, qu'il identifie avec raison avec le Hamthan des Talmuds. El-Hami se trouvait, d'après ce voyageur, à l'autre bout de la vallée qui commence au pied du mont sur lequel était situé Gadar, et que le Talmud désigne par « déclivité de Gadar. » Dans la discussion, si la « Terre d'Israël » doit être considérée, concernant l'observation du sabbath, comme une place publique ou non, on dit que la Terre d'Israël est encavée d'un côté par l'échelle de Tyr [6] et de l'autre côté par la déclivité de Gadar [7]. Nous avons déjà parlé

---

[1] Cf. ci-dessus, p. 40.

[2] *Onomasticon*, s. v. Gadara.

[3] Cf. ci-dessus, p. 35.

[4] Tal. de Jér., *Eroubin*, v, 7.

[5] *Caphthor oupherah*, ch. 10 : cf. M. Zunz, *Itinerary*, etc., t. II, p. 402.

[6] Tal. de Bab., *Eroubin*, 22 b. דמקיף לה סולמא דצור מהך גימא ומחתנא דגדר מהך גימא.

[7] M. Wiesner (*Scholien*, etc., fasc. III, p. 18) croit que le docteur comprend ici, sous le nom de la «Terre d'Israël,» la Gali-

de l'échelle de Tyr[1], qui se trouve sur la côte de la Méditerranée. La déclivité de Gadar est, selon Parhi[2], vers le nord-ouest, du côté du lac de Tibériade.

Gadar est une ville fortifiée par Josué, dit la Mischna[3]; Josèphe qui donne Gadara comme la capitale de la Pérée[4], en fait aussi une ville forte[5]. Une partie des ouvrages défensifs portait probablement le nom de *Migdal-Gadar* « tour de Gadar. » Il s'y trouvait une école importante. R. Simon ben Halaftha, en revenant de l'école, se promenait aux bords du fleuve[6], probablement le *Scheriat-el-Mandhour*. Une autre leçon talmudique porte : « Il se promenait au bord de la mer[7]. » Dans ce cas, R. Simon se serait dirigé vers le lac de Tibériade. Les deux variantes prouvent qu'il s'agit de Migdal Gadar et nullement, comme le veut un autre passage, de Migdal Eder[8], près de Jérusalem[9]; il n'y a là ni fleuve

---

lée, parce que les écoles se trouvaient dans cette province. Ce serait un exemple unique pour cette dénomination de la Galilée. Nous avons dit très-souvent qu'il ne faut pas prendre à la lettre les indications talmudiques pour la géographie. Dans la discussion de la *Halakha* mentionnée dans le texte, on se trouvait en Galilée, et on n'indiquait que les enclaves de la frontière nord et nord-est de la Terre d'Israël.

[1] Cf. ci-dessus, p. 39.
[2] M. Zunz, *loc. cit.*; cf. aussi M. de Raumer, *Palæstina*, p. 36.
[3] *Erakhin*, ix, 6. On rencontre souvent dans les Talmuds גדור et même גרד au lieu de גדר; nous croyons que sous l'expression חירובי גידודה (Tal. de Jér., *Orlah*, i, 2), on doit comprendre des végétations de Gadar. On trouve aussi בית גדר (Tosiftha *Thaharoth*, ch. 6). Cf. M. Schwarz, *das heilige Land*, p. 186.
[4] *Guerre*, IV, vii, 1.
[5] *Antiquités*, XIII, xiii, 3.
[6] Tal. de Bab., *Taanith*, 20 a. Cf. Reland, *Palæstina*, t. II, p. 898.
[7] Masekheth *Derekh Ereç*, ch. 3.
[8] Cf. M. Schwarz, *das heilige Land*, p. 186.
[9] Cf. ci-dessus, p. 152.

ni mer. Le Midrasch parle d'une salle de justice à Gadar[1]; c'est peut-être celle où siégeait le sanhédrin institué par Gabinius dans cette ville [2].

Le mot *Guedéroth* de la Bible[3] représente peut-être la ville de Gadar, car il s'agit ici du pays transjordanique. La fondation de Gadar devait, en effet, remonter très-haut; nous trouvons cette ville très-importante déjà sous Alexandre Jannée[4]. Nous voyons des Juifs à Gadara pendant toute l'époque de la guerre contre les Romains; nous avons vu[5] qu'on s'en occupe encore aux deuxième et troisième siècles, sous le rapport des pratiques religieuses.

On identifie Gadar ou Gadara avec le village actuel d'*Om Keïs*.

נוה, Navah ou Neveh est mentionné avec Halamisch; cette dernière était ennemie de Naveh[6]. Les Talmuds mentionnent des docteurs originaires de Neveh[7]. Une ville de Neve se trouve à seize milles vers l'est de Gadar, et à six de Capitolias[8]. Eusèbe[9] l'appelle Nineve et dit que des Juifs y demeuraient de son temps. Les géographes arabes[10] parlent d'un endroit, *Navi*, appartenant à la préfecture de *Djedour* (Gadara). On veut

[1] Midrasch *Esther*, ch. i, 2. ארכיון דגדר
[2] Josèphe, *Guerre*, I, iv, 2.
[3] Jérémie, xlix, 3.
[4] Josèphe, *Guerre*, I, viii, 5.
[5] Cf. ci-dessus, p. 243.
[6] Midrasch *Ekha*, i, 17.
[7] Tal. de Bab., *Sabbath*, 30 a. ר' תנחום דמן נוי; *Vayikra* rabba, ר' שילא דנוהא; Tal. de Bab., *Abodah zarah*, 36 a, אבימי נותא.
[8] *Itinéraire d'Antonin* dans Reland, *Palæstina*, t. I, p. 449.
[9] *Onom.* s. v. Νινευή : « Est et alia usque hodie civitatis Judæorum nomine Ninive in angulo Arabiæ quam nunc correpte Neneven vocant. »
[10] Aboulfeda, *Tal. syr.*, p. 79.

identifier[1] Nevah avec le village de *Nova,* le plus considérable de la province de Djolan. On y rencontre des ruines nombreuses.

חלמיש, Halamisch, qui doit se trouver dans le voisinage de Nevah, serait, d'après M. de Raumer[2], l'endroit *Salamen,* à trente milles de Neve. Naveh et Halamisch étaient, dit le Midrasch, deux villes rivales. Or, les autres villes citées comme ennemies entre elles ne se trouvent pas loin l'une de l'autre : Lod à trois milles d'Ono, Naaran à trois milles de Jéricho, Sousitha en face de Tibériade[3]. On peut en conclure que Halamisch n'était pas à trente milles de Naveh ; d'ailleurs la rivalité de deux villes, à ces époques primitives, implique nécessairement leur proximité.

עשתרות קרנים, Astharoth Karnaïm, située, selon le Talmud[4], entre deux montagnes qui y répandaient beaucoup d'ombre, ainsi que cela résulte d'une discussion sur les constructions pour la fête des Cabanes. La ville est souvent mentionnée dans la Bible ; l'endroit *Karnaïm*[5] que Juda Maccabée détruisit, est probablement identique avec la ville biblique de ce nom. Eusèbe[6] la place à six milles d'Edreï. Le capitaine Newbold[7] parle d'un *Tell Astareh,* à deux heures environ d'Adraha (Edreï), qui pourrait être Astharoth Karnaïm. Ce voyageur y a trouvé des rochers assez élevés ; c'est de ces hauteurs peut-être que parle le Talmud, quand il dit : « ce n'est

[1] M. de Raumer, *Palæstina,* p. 253.
[2] *Loc. cit.*
[3] Cf. ci-dessus, p. 86, 163 et 239.
[4] Tal. de Bab., *Soukka,* 2 a.
[5] I Maccabées, v, 43, 44.
[6] *Onom.,* s. v. Astaroth.
[7] *Journal of the Royal geogr. society,* 1845, t. II, p. 331.

pas la cabane qui donnera l'ombre, ce seront les montagnes. »

רגב, Ragab ou Régueb, renommé dans le Talmud[1] pour son huile, est probablement identique avec le *Ragaba* de Josèphe[2] ; Alexandre Jannée mourut devant cette ville. Eusèbe[3] parle d'un endroit d'Arga, à quinze milles de Gerasa, vers l'ouest (? nord-est). Il a peut-être en vue la province biblique d'Argob[4], que la version samaritaine rend par *Rigobaah* et le Targoum d'Onkelos par Tarkhouma (Trachonitide). Le pays d'Argob est le *Ledja* qui sûrement n'a rien à faire avec le Régueb, Ragab ou Ragaba du Talmud ou de Josèphe.

Un ouady *Radjib* se trouve en Pérée, en ligne droite avec Naplouse. On pourrait y placer le Régueb des Talmuds et le Ragaba de Josèphe.

Le Talmud donne dans sa division physique de la Pérée, les noms modernes aux quatre villes bibliques suivantes :

בית רמתה, Beth Ramtha est le nom moderne de Beth Haram ou Haran de la Bible[5], sur le Jourdain, appartenant à la tribu de Gad. Eusèbe et saint Jérôme[6] connaissent également le nom de Beth Ramtha; le dernier ajoute qu'Hérode avait donné à cette ville le nom de Livias, en l'honneur de la femme d'Auguste. Josèphe[7] l'appelle Julias; Hérode Antipas aurait ainsi nommé Beth Ramtha, après l'avoir fortifiée, en l'honneur de la femme d'Auguste, que Josèphe connaît sous le nom de

[1] Mischna, *Menahoth*, VIII, 3. Cf. ci-dessus, p. 129.
[2] *Antiquités*, XIII, xv, 5.
[3] *Onom.*, a. v. Argob.
[4] Deutéronome, III, 4.
[5] Nombres, XXXII, 36 ; Josué, XIII, 27.
[6] *Onom.*, s. v. Bethharam et Fogor.
[7] *Antiquités*, XVIII, II, 1.

Julia. Il faut dire cependant que cet historien appelle ailleurs[1] cette ville, Livias.

Au sud de Jéricho, dans la vallée du Jourdain, se trouve le *Beït* ou *Tell Haran* avec lequel on veut identifier notre Beth Ramtha[2].

בית נמרין, Beth-Nimrin est, d'après le Talmud, le *Beth-Nimrah* de la Bible. Cet endroit se trouve, dit Eusèbe[3], à cinq milles au nord de Beth-Haram. La Mischna[4] mentionne une localité de Beth-Namr, qui n'est probablement autre que Beth-Nimrah. On rencontre des ruines sur le Jourdain, près du ouady Shaïb, que les Arabes appellent *Nymreïn*[5]; on les identifie avec Beth Nimrin.

On parle dans les Talmuds[6] de deux villes, *Schoulami* et *Namri*, qui sont séparées par le Jourdain et qui ont chacune un gouverneur à elle. Si ce Namri est notre ouady Nimreïn, Schoulami ne peut pas être la localité de Salem, près de Scythopolis.

תרעלה, Tarala ou Taréla est le Souccoth[7] de la Bible. Eusèbe[8] place cette ville dans les possessions de Gad;

---

[1] *Ibidem*, XIV, 1, 4.

[2] M. de Raumer, *loc. cit.*, p. 260.

[3] *Onom.*, s. v., Bethamnaram.

[4] *Péah*, IV, 5. בית נמר.

[5] M. de Raumer, *loc. cit.*

[6] Les trois textes talmudiques ont ici chacun une autre leçon : La Tosiftha (*Bekhoroth*, ch. 7) a השולמי ומנרי; le T. de Jérusalem (*Baba Bathra*, III, 3) שלומי ונבירא והירדן מפסיק ביניהן; le T. de Babylone (*Bekhoroth*, 55 a) כגון נמר ונימורן. Nous avons combiné la leçon de la Tosiftha avec celle de T. de Bab., et nous lisons שלמי ונמרי.

[7] On mentionne dans le T. de Jérusalem (*Haguiga*, I, 1) les habitants de Sakoutha בני סכותא. Nous croyons que le mot סכותא est la traduction araméenne du mot מצפה; cf. ci-dessus, p. 21.

[8] *Onomasticon* : « Suchoth in tribu Gad trans Jordanem. »

saint Jérôme[1] ajoute qu'elle se trouve dans les environs de Scythopolis. Souccoth, au delà du Jourdain, se trouvait peut-être en face de la ville du même nom en Samarie, car il est possible que toute la vallée des deux côtés du Jourdain, ait porté le nom de Souccoth[2].

Quant à Taréla, comme le Talmud appelle Souccoth, cette dénomination ne se rencontre point dans la Palestine actuelle, à en juger d'après les relations des voyageurs modernes. M. Zunz[3] veut l'identifier avec la localité de Tharsilla, qui est, selon Eusèbe[4], un village samaritain en Bathanée. Tharsilla est trop loin du Jourdain pour qu'on puisse accepter cette identification.

עמתי, Amatho est le Çaphon de la Bible. Eusèbe[5] connaît un endroit, Amathus, dans le pays transjordanique, à vingt et un milles au sud de Pella. Josèphe[6], de son côté, appelle Amathus la principale forteresse sur le Jourdain ; elle fut prise par Alexandre Jannée. Un des cinq sanhédrins qu'avait institués Gabinius[7], siégeait à Amathus. On peut identifier toutes ces localités avec l'*Amatheh* moderne, situé sur le Jourdain, près du ouady Radjib[8].

Le district Amathitis[9], où Jonathan Maccabée se porta à la rencontre des généraux de Démétrius, ne peut être

---

[1] *Comm. ad. Gen.*, XXXIII, 17 : « In parte Scythopoleos. »
[2] Burkhard a trouvé à l'ouest du Jourdain un *Souccouth*, entre le ouady *Yabis* et le ouady *el-Hemar* à l'est du Jourdain ; un de ces deux ouady formerait la vallée de Souccoth mentionné Psaumes, LX, 8. Cf. M. de Raumer, *Palæstina*, p. 260.
[3] *Itin. of Benjamin of Tudela* (éd. Ascher), t. II, p. 405.
[4] Reland, *Palæstina*, t. II, p. 1033.
[5] *Onom.*, s. v. Aemath.
[6] *Guerre*, I, IV, 2 ; *Ant.*, XIII, XIII, 5
[7] Josèphe, *Ant.*, XIV, v, 4.
[8] Cf. *la carte* de M. Van de Velde.
[9] I Macc., XII, 24-32 ; Josèphe, *Ant.*, XIII, v, 10.

notre Amathus, en Pérée, comme le pense Reland [1], car, y est-il dit, Jonathan atteignit l'ennemi qui s'était retiré de l'autre côté du fleuve Eleuthérus ; or, ce fleuve a son embouchure dans la mer Méditerranée. Amathitis des Maccabées est sans doute la province de Hamath [2] (Epiphania).

גרש, Guerasch, d'après le Midrasch [3], est Giléad. On comprend sous le nom de Gilead une partie du pays transjordanique, quelquefois ce pays tout entier [4]. La Bible [5] mentionne cependant une ville du nom de Gilead. Eusèbe [6] aussi connaît une ville de Galaad. Guerasch est la ville célèbre de *Gerasa* [7], aujourd'hui *Djerasch*. Il est possible en effet que cette ville dans l'antiquité ait été appelée *Galaad*.

מחנים, Mahnaïm, très-souvent mentionné dans l'Ancien Testament, est une ville à la frontière de Gad et de Manassé [8]. Nous ne trouvons cet endroit dans aucun auteur postbiblique, si ce n'est dans un Midrasch composé longtemps après la clôture du Talmud de Babylone, mais qui sans doute est tiré d'anciens Midraschim perdus. Dans ce Midrasch [9] on explique Mahnaïm par Rimos ou Ritmos, localité inconnue.

רמות בגלעד, Ramoth en Gilead, ville des lévites [10]

---

[1] *Palæstina*, t. II, p. 559.
[2] Cf. M. de Raumer, *Palæstina*, p. 242.
[3] Midrasch *Samuel*, ch. 13.
[4] Cf. Winer, *Bibl. realwœrterbuch*, t. I, p. 429.
[5] Hosée, VI, 8 ; cf. Winer, *l. c.*, p. 430.
[6] *Onom.*, s. v., Galaad.
[7] Josèphe, *Guerre*, III, III, 3.
[8] Josué, XIII, 26, 30.
[9] Midrasch *Yalkout*, II Samuel, XVII, 23, ריטמיש ; Midrasch *Tilim*, ch. 3, רימום ou דימום.
[10] Josué, XXI, 36 ; Deutéronome, IV, 43.

et de refuge dans les possessions de la tribu de Gad, se trouvait, d'après le Talmud [1], en face de Sichem. Eusèbe [2] la place à quinze milles à l'ouest de Philadelphia (Rabbath bené Ammon). On veut l'identifier avec la localité actuelle d'*Es-Ssalt* d'Aboulfeda [3]. D'après le Talmud, cet endroit serait trop vers le sud, et d'après Eusèbe, trop vers le nord, pour qu'il puisse représenter Ramoth. Cette identification est néanmoins admissible, car ni le Talmud ni Eusèbe ne sont assez précis dans leurs indications à ce sujet.

בית הישימות, Beth-Hayeschimoth, point extrême où les Israélites établirent leur camp de Sittim ou d'Abel Sittim [4]. Le Talmud [5] évalue la distance entre ces deux endroits à douze milles. Rabba bar bar Hanah [6], témoin oculaire, dit que les deux lieux sont éloignés de trois parsa l'un de l'autre, ce qui revient presque au même. Ces indications sont en désaccord avec celles d'Eusèbe [7], qui place Bethsimuth à dix milles au sud de Jéricho, et Sittim (Abel Sittim) au pied du mont Pegor [8] (Peor); Beth-Hayeschimoth et Abel Sittim se trouveraient donc beaucoup plus rapprochés. Comme nous avons d'un côté un témoignage oculaire, il faut ici s'en rapporter de préférence au Talmud, et ce d'autant plus qu'Eusèbe, en plaçant Beth-Hayeschimoth au sud de Jéricho, se trouve en contradiction complète avec

---

[1] Cf. ci-dessus, p. 55.
[2] *Onom.*, s. v., Rammoth.
[3] Gesenius, *trad. des voyages de Burkhard*, t. II, p. 1061.
[4] Nombres, XXXIII, 49.
[5] Tal. de Jér., *Schebiith*, VI, 1.
[6] Tal. de Bab., *Yoma*, 75 *b*.
[7] *Onom.*, s. v., Bessimuth.
[8] *Ibidem*, s. v., Sattim.

les indications bibliques [1] ; d'après celles-ci cet endroit se trouve à l'est du Jourdain vers la mer Morte.

מידבא, Medbha, ville de la tribu de Reüben [2], était, selon la Mischna, habitée par des juifs postérieurement à la destruction du Temple. « Les habitants de Medbha [3] ont apporté leur témoignage pour une Halakha que R. Ismaël avait établie. » Eusèbe [4] mentionne Medbha comme une ville de l'Arabie, près de Hesbon. Le célèbre voyageur Burkhard [5] a trouvé, à deux heures de Hesbon, des rames que les Arabes désignent par le nom de *Medaba*. Il n'y a pas de doute que ce nom ne représente le Medbha de la Bible.

בית פעור, Beth-Peor est une localité appartenant à la tribu de Reüben [6]. Le Talmud raconte que le gouvernement romain avait envoyé dans le camp de Beth-Peor pour s'informer du lieu de sépulture de Moïse [7]. Nous rencontrons l'endroit de Peor dans d'autres passages talmudiques : « un certain Sabataï d'Oulam avait loué son âne à une samaritaine qui se dirigeait vers Peor [8]; » ailleurs on lit : « un gouverneur est venu de la province

---

[1] Josué, XII, 3 ; cf. Winer, *l. c.*, t. I, p. 17 *a*.
[2] Josué, XIII, 9, 16.
[3] *Mikvaoth*, VII, 1.
[4] *Onom.*, s. v. Medaba
[5] *Reise*. (tr. allem. par Gesenius), t. II, p. 625.
[6] Josué, XIII, 20.
[7] Tal. de Bab., *Sotah*, 13 b. וכבר שלחה מלכות הרשעה אצל גסטרא של בית פעור. Le mot גסטרא que nous avons rendu par camp (Castra) est expliqué dans *Raschi* par « gouverneur » (chef du camp).
[8] Tal. de Bab., *Sanhédrin*, 64 *a*. Le Siphré (*Nombres*, 131, éd. Friedmann, p. 47 *b*.) porte au lieu de כותית « samaritaine » גויה « païenne, » et au lieu de פעור les mots בית ע"ז « temple de l'idolâtrie. »

maritime pour se prosterner devant Peor[1].» Il résulterait de ces passages que Peor ou Beth-Peor existait encore après la destruction du second Temple, à moins qu'on ne prenne ces passages talmudiques dans un sens légendaire, ce qui est assez probable. Eusèbe[2] place Beth-Peor en face de Jéricho, à six milles de Beth-Haram.

נבו, Nebo, ville appartenant à la tribu de Reüben[3]. Eusèbe[4] la place à six milles au sud de Hesbon. Il semble que Nebo ne se trouvait pas très-près de la montagne de ce nom, car Eusèbe[5] place cette dernière en face de Jéricho, à six milles à l'ouest de Hesbon. Le Talmud[6], de son côté, dit que le mont Nebo appartenait au territoire de la tribu de Reüben[7] et s'avançait à quatre milles dans celui de Gad. Le Talmud s'appuie ici sur deux versets bibliques, dont l'un dit que Moïse est mort dans le territoire de Reüben[8], tandis que l'autre dit qu'il fut enseveli dans celui de Gad[9]. Cette interprétation, sans doute, est légendaire; cependant, comme Eusèbe se rencontre en ce point avec le Talmud, nous n'hésitons pas à adopter l'opinion de M. Schwarz[10]; ce savant place le Nebo près du ouady Hesbon, au nord-ouest de la ville du même nom.

---

[1] Siphré, *ibidem* (p. 48 a).
[2] *Onom.*, s. v., Bethfogor.
[3] Nombres, xxxii, 3, 38.
[4] *Onomasticon*, s. v. Nabo.
[5] *Ibidem*, s. v. Nabo.
[6] Tal. de Bab., *Sotha*, 13 b.
[7] Le Talmud dit que ce mont appartenait à Reüben, parce que la ville du même nom lui appartenait (Nombres, xxxii, 38).
[8] Sur le mont Nebo (Deutéronome, xxxiv, 1).
[9] Deutéronome, xxxiii, 21, « car là (dans le territoire de Gad) le territoire du législateur est caché. »
[10] *Das heilige Land*, p. 182.

254 LA GÉOGRAPHIE DU TALMUD

קלרחי, Calliroë était le nom postbiblique de Lescha [1]. Nous avons déjà parlé [2] de cette localité au chapitre des eaux thermales.

בצר, Becer, ville de refuge dans la tribu de Reüben [3], se trouvait, d'après le Talmud, en face de Hébron [4]. Le Targoum de Pseudo-Jonathan rend le nom de cette ville par כותירין, terme tout à fait inconnu. Il y a peut-être une faute de copiste ou d'impression; il faudrait sans doute lire בוריתין et traduire par « Becer de Machærus. » Nous avons vu [5] que dans les Targoumim, יעור signifie Machærus. Le Targoum l'a expliqué par ce mot, parce qu'on trouve plus au sud, dans l'Idumée [6], un endroit Boçra, dérivé du Becer qui, dans Jérémie, est même appelé Boçrah. Le Talmud [7], dans un passage de nature légendaire, distingue ces deux villes l'une de l'autre. Il y est dit : « Le patron d'Edom, après une bataille perdue, se réfugia à Boçra, oubliant que Becer seule est une ville de refuge et non Boçrah.

Boçra, ville des Edomites, est mentionnée dans la Bible [8]; M. de Raumer l'identifie très-judicieusement avec le village de *Bouzeirah,* au sud de *Toufileh* (le Tofel de la Bible), dans le pays des Edomites. Bouzeïrah est un village de cinquante maisons, mais Burkhard y a trouvé des ruines qui indiquent une ancienne grande ville [9].

---

[1] *Bereschith* rabba, ch. 37.
[2] Cf. ci-dessus, p. 36.
[3] Deutéronome, IV, 43.
[4] Cf. ci-dessus, p. 55.
[5] Cf. ci-dessus, p. 242. Le Targoum d'Ounkelos a במרין, au lieu de בוורין (*Nombres,* XXXII, 3).
[6] Cf. ci-dessous.
[7] Tal. de Bab., *Maccoth,* 12 a.
[8] Isaïe, XXXIV, 6; LXIII, 1. Amos, I, 12.
[9] Cf. Winer, *Bibl. realwœrterbuch,* t. I, p. 191.

L'endroit de Boçrah, mentionné par Jérémie [1] parmi les villes de Moab, est sans doute identique avec le Becer de la tribu de Reüben ; on le donne sous le nom de Bossora, dans les livres des Maccabées [2].

Nous avons déjà parlé d'un troisième Boçrah, à la frontière de la province Trachonitide [3]. Les Talmuds [4] mentionnent des docteurs originaires de Boçrah ou en faisant leur séjour [5]. Nous croyons que ces docteurs demeuraient dans le second Boçrah qu'Aboulfeda mentionne, sous le nom de Bouçra, comme capitale du Hauran, car de la Galilée il n'y avait qu'une étape pour le Hauran. Dans un passage talmudique [6], Boçrah est cité en même temps qu'une localité דריי (Derii) que nous supposons être la ville biblique d'Edreï. Eusèbe [7], de son côté, indique également Bostra à vingt-quatre milles d'Edreï.

La rivière d'Arnon (ouady el-Modieb) forme la frontière entre le pays de Moab et celui des Israélites. Les Midraschim [8] décrivent cette rivière comme étant enfermée par des montagnes dans lesquelles on rencontre un grand nombre de cavernes. On trouve la même description de ce pays dans les livres des voyageurs modernes.

---

[1] Jérémie, XLVIII, 24.
[2] I Maccabées, v, 26.
[3] Cf. ci-dessus, p. 19.
[4] Tal. de Jér., *Moêd Katon*, III, 1 ; ר' יונה בוצרייה.
[5] Même Talmud, *Kilaïm*, IX, 1. ר"ש בן לקיש הוה בבוצרה.
[6] Tal. de Jér., *Schebiith*, VI, 1. נהגין כהניא מטייא עד דריי והדין חוטא דבוצרייה עד דפרדימא. Ce passage est très-obscur.
[7] *Onomasticon*, s. v. Bostra.
[8] Midrasch *Tanhouma*, sec. Houkkath (éd. de Vienne, p. 229 et 239) ; cf. M. Zunz, *Itinerary*, etc., t. II, p. 410.

צוֹעַר, Çoar, surnommé « ville des palmiers » dans les Talmuds [1]. « Il est permis de manger des dattes (produit de l'année de relâche) jusqu'à ce qu'il n'en reste plus à Çoar [2]. » Les récits des croisades [3] l'appellent également « la ville des palmiers. » Çoar, mentionné dans l'épisode de Sodome et Gomorra, est compté par la Bible comme ville de Moab. A l'époque du second Temple c'était, d'après Josèphe, une ville arabe. Ptolémée aussi en fait une ville de l'Arabie Pétrée [4]. Saint Jérôme, de son côté, place cette ville à la frontière du pays de Moab [5]. Il n'y a donc pas de doute que Çoar ne se soit trouvé sur le bord est ou sud-est de la mer Morte; on peut donc adhérer à l'opinion presque générale que Çoar doit se chercher dans les vieilles ruines qui couvrent la partie inférieure du *ouady Kerak* [6].

M. Schwarz [7], en s'appuyant sur la Bible qui place Sodome dans la partie ouest du territoire occupé actuellement par la mer Morte, ne veut pas admettre que Çoar où Loth se réfugia, soit la même ville que Çoar en Moab, à l'est de la mer Morte. Le premier, dit-il, doit nécessairement se trouver sur le bord ouest, puisque R. Hanina, témoin oculaire, dit [8] que Çoar n'était distant que de cinq milles de Sodome. Or, le lac a partout une largeur plus considérable. La Bible [9] confirme,

---

[1] Mischna, *Yebamoth*, xvi, 10; Tosiftha, *Schebiith*, ch. 7.
[2] Tal. de Babylone, *Pesahim*, 53 *a*.
[3] Gesta Dei per Francos (Hanau, 1611), p. 1041 et 1076 : « Segor, vallis illustris, vallis palmarum, Palmer, Paumier. »
[4] Cf. Winer, *Bibl. realwœrterbuch*, t. II, p. 737.
[5] *Comm. in Isaïam*, ch. 15 : « Segor in finibus Moabitarum sita est dividens ab iis Philistiim. »
[6] Cf. M. de Raumer, *Palæstina*, p. 273.
[7] *Das heilige Land*, p. 365.
[8] Tal. de Bab., *Pesahim*, 93 *b*.

en effet, cette évaluation. «Loth, dit la Genèse[1], étant parti dès l'aube de Sodome, arriva à Çoar au lever du soleil.» M. Schwarz, se basant sur ces motifs, identifie le Çoar de Loth avec la localité d'*ez-Zouveïrah*, sur le bord-ouest de la mer Morte. Le Çoar situé dans le pays de Moab s'identifie, selon ce savant, avec la localité d'*es-Safieh*, au sud de ce lac.

Le passage talmudique ne milite point en faveur de l'hypothèse de M. Schwarz. Le docteur en disant : « Moi, j'ai vu cette place, et elle n'était qu'à cinq milles, » pourrait très-bien entendre par là le point dans le lac même, où, de son temps, la tradition indiquait l'emplacement de la ville maudite, qui dans ce cas ne se serait trouvée qu'à cinq milles du ouady Kerak. Il n'y avait donc qu'une seule ville de ce nom. Remarquons encore qu'un des fils conçus par les filles de Loth, dans leur retraite de Çoar, porte le nom de Moab.

Le Midrasch[2] mentionne un endroit, *Cihour*, qui est peut-être une variante de Çoar.

[1] Genèse, xix, 15 et 23.
[2] *Vayikra* rabba, ch. 24.

CHAPITRE VI

NOMS DES LOCALITÉS TRÈS-DOUTEUSES.

Les lieux que nous avons nommés et examinés jusqu'à présent, portaient une indication quelconque, d'après laquelle nous les avons rangés dans les différentes provinces de la Palestine. Dans ce chapitre, nous donnerons à la fois la liste des localités que nous identifierons, selon la ressemblance même vague des noms, avec des localités actuelles, et celle des lieux pour lesquels nous n'avons même pas trouvé une identification quelconque. Nous énumérerons ces endroits d'après l'ordre de l'alphabet hébreu.

אבל, Abel. Ce mot entre dans la formation de plusieurs noms de villes bibliques, tels que : Abel-Beth-Maakha, Abel-Keramim, Abel-Mehola et autres. La signification de ce terme est douteuse; la plus vraisemblable, d'après notre opinion, est celle de « torrent, conduit d'eau, » nuance de *Nahal*[1]. Les Talmuds mentionnent des endroits qui portent le nom d'Abel.

En première ligne il se trouve comme appellation d'un district. Le Midrasch[2] raconte : « Les messagers

---

[1] נחל est dans cette acception homogène avec נהל « conduire; » un torrent n'est autre chose qu'un conduit d'eau. יבל signifie également « conduire; » nous trouvons, en effet, אובל אולי (Daniel, VIII, 2), qui signifie « le torrent d'Oulaï. » Cf. pour les autres explications de ce mot, Winer, *Bibl. realwœrterbuch*, t. I, p. 7.

[2] *Vayikra* rabba, ch. 17. יצאו מכפר קורײנוס והלכו את כל האבלין ובאו למגדל צבעייא ומחו שם.

qui venaient annoncer la mauvaise nouvelle de la capture du bétail de Job, sont sortis de *Kefar Koureïnos*, ont traversé tous les *Aboulin* et sont arrivés à *Migdal Ceboyeh*, où tous, à l'exception d'un seul, sont morts. » Nous n'avons pas besoin de dire que c'est un passage légendaire ; cependant les noms propres sont exacts. Nous verrons [1] que Kefar Koureïnos (ou Karnaïm) doit se placer dans le voisinage de Beth-Schean ; Migdal Ceboyeh n'est autre que Magdala (el-Medjel) sur le lac de Tibériade [2]. Pour arriver de Beth-Schean à Magdala on traverse le pays de la vallée en Galilée, qui est désigné dans le Midrasch par Aboulin. M. Schwarz [3] ne se rend pas exactement compte de la situation de Kefar Koureïnos et explique Aboulin par « les environs d'Abel-Beth-Maacha. »

La Mischna [4] mentionne un filet d'eau à Abel. La Guémare [5] dit plus explicitement que ce ruisseau coulait d'Abel à Cippori (Sepphoris). On trouve au nord-ouest de Seffuriyeh une localité *Abilin*, mais qui est trop loin pour représenter Abel, d'où ce filet serait allé jusqu'à Sepphoris. Abel Arab, lieu natal de R. Hiya [6], est peut-être identique avec Abel près de Sepphoris. Nous avons vu [7] qu'Arab se trouve dans le voisinage de cette ville.

Un troisième *Oubal* ou *Abel* est mentionné pour ses treilles. « On peut manger des raisins jusqu'à ce que

---

[1] Cf. ci-dessous, p. 276.
[2] Cf. ci-dessus, p. 218.
[3] *Das heilige Land*, p. 163.
[4] *Eroubin*, VIII, 8. באמה של אבל
[5] Tal. de Bab., *même Traité*, 87 a.
[6] Même Tal., *Pesahim*, 72 a, ר' חייא מאבל ערב
[7] Cf. ci-dessus, p. 205.

ceux des treilles d'Oubal ou d'Abel aient disparu [1]. » Cet Abel est peut-être l'Abel Keramim de la Bible [2], où l'on cultivait, comme le nom l'indique, beaucoup de vignes. Eusèbe [3], qui l'appelle Abela, le place à six milles de Philadelphia. Cette localité était encore riche en vin du temps de ce Père de l'Église.

Un endroit *Oublin* est connu comme séjour [4] ou lieu natal[5] des docteurs. Peut-être est-ce *Abila*, ville de la Décapole, à douze milles à l'est de Gadara [6], ou la province *Abilene Lysaniœ* [7], entre Damas et Héliopolis. Cette province fut donnée par l'empereur Claude à Hérode Agrippa Ier [8]. M. Rappoport veut identifier Oublin avec le château d'*Ibélin*, du temps des croisades ; il est fort douteux que le nom d'Ibélin remonte à l'époque talmudique.

Quant au mot Ablonim, endroit où, d'après le Midrasch [9], on rencontre des eaux thermales, nous avons vu que c'est une faute de copiste.

כפר אגין, Kefar Aguin, séjour de R. Tanhoum [10] ; c'est peut-être une variante de Kefar Ahim [11].

אהליא, Ohliya [12]. M. Rappoport [13] le transcrit *Helio*, et croit que c'est une des nombreuses « villes du soleil »

---

[1] Tal. de Bab., *Pesahim*, 53 a.
[2] Juges, XI, 33.
[3] *Onomasticon*, s. v., Abel vinearum.
[4] T. de B., *Eroubin*, 11 b, שהלך ...לאובלין
[5] Même T., *Holin*, 55 b, יהודא איש אובלים
[6] Cf. M. de Raumer, *Palæstina*, p. 241.
[7] Evangile selon saint Luc, III, 1.
[8] Josèphe, *Ant.*, XIX, v, 1.
[9] Cf. ci-dessus, p. 37.
[10] *Bereschith* rabba, ch. 100.
[11] Cf. ci-dessus, p. 221.
[12] Mischna, *Edouyoth*, VII, 4.
[13] *Erekh Millin*, p. 85.

LIVRE PREMIER. LA PALESTINE 261

qu'on rencontre dans la Bible, dénomination analogue à
Héliopolis en Egypte, qui est appelée en hébreu עיר השמש.

אולם, Oulam, lieu natal d'un certain Sabataï[1]. Nous
avons déjà parlé[2] des différentes localités de ce nom.

כפר אימרא, Kefar Emra ou Imra, où il y avait quatre-
vingts boutiques de marchands de pigeons pour les
sacrifices[3]. Cette localité doit se trouver en Galilée,
comme les autres qui sont nommées dans ce chapitre
du Talmud de Jérusalem.

כפר אימי, Kefar Emi ou Imi[4] est peut-être une variante
de la localité précédente.

אסירי, Asiré[5]. On peut l'identifier avec *Asireh*, au
nord de Sichem[6].

כפר אריה, Kefar Aryeh[7]. Il faut probablement lire
comme dans la Tosiftha, אריח *Ariah*, au lieu de *Aryeh*.
Nous avons identifié Ariah avec *Tarichea*[8], sur le lac de
Tibériade.

בדן, Badan, mentionné dans la Mischna[9] pour ses
grenades. Nous apprenons par un autre passage[10] que
Badan est un endroit samaritain. On pourrait peut-être
l'identifier avec le *ouady Badyah*[11].

---

[1] Tal. de Jér., *Sanhédrin*, x, 2; Siphré, sect. *Balak* (éd. Friedmann, p. 47 *b*.).
[2] Cf. ci-dessus, p. 18.
[3] Tal. de Jér., *Taanith*, iv, 8.
[4] Même Tal., *Sabbath*, xvi, vers la fin.
[5] Tosiftha, *Mikvaoth*, ch. 4.
[6] Robinson, *Bibl. researches*, t. III, p. 134.
[7] Tal. de Jér., *Kilaïm*, i, 4.
[8] Cf. ci-dessus, p. 216.
[9] *Orlah*, iii, 7.
[10] Tosiftha, *Kelim*, ch. 6; le mot כדון (Tal. de Jér. *Eroubin*, v, 1)
doit peut-être se lire בדן.
[11] Robinson, *Bibl. researches*, t. III, p. 304.

בולי, Boli. R. Yohanan[1] se trouva une fois dans cette synagogue. On mentionne aussi une idole de Boli[2].

בורני, Borni[3], endroit où R. Yohanan ben Zakaï se trouva une fois.

בוטנה, Botnah, ville ayant un marché (Yerid) très-important. Les Talmuds[4] comptent trois marchés: à Gaza, à Acco et à Botnah; le dernier est le plus important. Cette ville est peut-être la même que la ville biblique de Betonim[5], qu'Eusèbe appelle Βοθνία[6]. Elle se trouve à la frontière des possessions de la tribu de Gad. On veut l'identifier avec l'endroit de *Batneh*[7], au sud d'*Es-Salt*. Le Midrasch[8], qui cite ces trois marchés, à propos de la circoncision des esclaves d'Abraham, a peut-être fait allusion à l'endroit de *Betanin*[9], qu'Eusèbe place près de Hébron, demeure d'Abraham. C'est là que la légende fait vendre par Adrien les juifs devenus esclaves après la chute de Bettar[10].

בי קצרא, Bé Kaçra; il est possible que ce mot soit le nom d'une famille.

בירת הפליא, Birath ha-Pelî[11].

בית אונייקי, Beth Ouneiki, cité dans la Mischna[12] pour

---

[1] Tal. de Jér., *Schekalim*, VII, 3.
[2] Tal. de Jér., *Abodah Zarah*, III, 12.
[3] Tal. de Bab., *Sanhédrin*, 32 a.
[4] Tal. de Jér., *Abodah Zarah*, I, 4.
[5] Josué, XIII, 26.
[6] *Onom.*, s. v., Bothnin.
[7] Winer, *loc. cit.*, t. I, p. 178.
[8] *Bereschith* rabba, ch. 47, שלשה ירידים הם יריד עזה יריד עכו יריד בטנן ואין לך מחוור מכולם אלא יריד בטנן.
[9] Reland, *Palæstina*, t. II, p. 626 et 714.
[10] Tal. de Jér., *Kilaïm*, IX, 1.
[11] Mischna, *Edouyoth*, VII, 3.
[12] *Abodah Zarah*, II, 5.

son fromage. La rédaction de la Mischna dans le Talmud de Jérusalem porte ותירייקי ; la Tosiftha a הניקיא. M. Rappoport[1] croit pouvoir l'identifier avec l'endroit de *Veneca*, en Médie. Nous ne croyons pas que la Mischna parle d'un lieu spécial en Médie ; elle aurait dit « le fromage de la Médie, » comme elle dit « la cervoise de la Médie. »

בית אילנים, Beth Ilanim [2], mentionné à propos du Carmel.

בית אלהים, Beth Elohim [3], cité à propos du mont Tabor.

בית בוקיא, Beth Boukiya [4].

בית ברסנא, Beth Bersenah [5].

בית דלי, Beth Deli [6]. Le Talmud de Jérusalem [7] cite des docteurs surnommés Bar Deliah, qui sont sans doute originaires de Beth Deli. Robinson [8] mentionne un *ouady ed-Dalieh* sur le chemin de Tibnin à Safed.

בית טברינות [9], Beth Tabrinoth est peut-être une variante de *Tibériade*.

בית מקושש, Beth Mekoschesch et בית צבאים, Beth Ceboïm, cités ensemble dans la Tosiftha [10], à propos de deux familles de prêtres. Les autres livres talmudiques [11]

---

[1] *Erekh Millin*, p. 25. D'autres savants expliquent ce mot par la province de Bithynie, en Asie mineure; nous y reviendrons quand nous parlerons de cette province.
[2] Siphré, *Deutéronome*, 30 *b* (éd. Friedmann, p. 132 *a*.).
[3] *Mekhiltha* (éd. Weiss), 25 *a*.
[4] Tal. de Bab., *Yebamoth*, 84 *a*.
[5] Tal. de Jér., *Schebiith*, ix, 6, *Theroumoth*, 1, 6, בר ברסנה, R. Simon bar Barsana. On lit une fois (Tal. de Jér. *Sabbath*, 1, 1) ר"ש כרסנה ; nous ne croyons pas que le Talmud de Jérusalem veuille parler ici de la province de Khorasan.
[6] Mischna, *Yebamoth*, xvi, 7.
[7] *Schebiith*, ii, 6. בר דליה
[8] *Bibl. researches*, t. II, p. 412.
[9] *Bereschith* rabba, ch. 20.
[10] *Yebamoth*, ch. 1.
[11] Tal. de Bab., *Yebamoth*, 15 *b*

prennent Beth Ceboïm comme nom de famille, et la font venir de Beth Akhmaï (בית עכמאי); au lieu de Beth Mekoschesch de la Tosiftha, on y lit *ben Mekoschesch*.

בית מקלה, Beth Makleh, un territoire dans la vallée de Kidron, d'où l'on apportait l'*Omer*[1].

בית שריון, Beth Schiryon[2] ou (בית שרי) Beth Scheri[3], représentent sans doute une seule et même localité. M. Schwarz ajoute encore (סרוניא) Serounya[4], et veut les identifier toutes avec la localité de *Sirin*[5], entre Beth-Schean et Tibériade.

בקעת בית כוזבא, la plaine de Beth Cozeba[6], pourrait nous rappeler la plaine non loin de Bettar, dernier rempart de Bar Coziba ; mais dans d'autres rédactions on lit la plaine de Beth Netopha[7], au lieu de Beth Cozeba.

בקעת בית תופת, La plaine de Beth Thopheth[8] est peut-être un territoire dans la vallée de Thopheth près de Jérusalem.

ברתותא, Barthotha[9], lieu natal de docteurs, serait, selon M. Schwarz[10], en Galilée supérieure.

גבע, Guéba, mentionnée[11] pour une espèce de légume appelée חציר (Hacir), dont il faut donner la dîme. Selon les commentaires, Guéba est une localité samaritaine.

---

[1] Tosiftha, *Menahoth*, ch. 10.
[2] Tal. de Jér., *Sanhédrin*, vii, 2.
[3] Même Tal., *Theroumoth*, viii, 6.
[4] Tal. de Jér., *Kilaïm*, à la fin.
[5] Robinson, *loc. cit.*, t. II, p. 256.
[6] Midrasch *Tanhouma*, sect. Houkkath (68 *a*).
[7] Cf. M. Herzfeld, dans le *Zeitschrift*, de M. Frankel, année 1866, p. 106.
[8] *Bamidbar* rabba, ch. 18.
[9] Mischna, *Orlah*, i, 1 et ailleurs.
[10] *Das heilige Land*, p. 160.
[11] Mischna, *Kelim*, xvii, 5.

גוזריא, Gozria[1], lieu natal de R. Youdan. C'est peut-être le Guezer de la Bible[2] ou le Gazorus de Ptolémée[3].

כפר גון, Kefar Goun[4], lieu natal de R. Tanhoum. Peut-être le même que Kefar Aguin que nous avons déjà mentionné[5].

גרסים, Garsis[6], lieu natal de R. Yehoschoua; on peut croire que c'est le *Garsis* de Josèphe[7]. Ritter[8] mentionne une localité de *Garis* en Galilée.

דבתרתה, Dabathartha, lieu natal d'un certain R. Mathia[9]. La Bible mentionne un Dabrath[10] appartenant à Issachar, et se trouvant à la frontière de Zabulon[11]. Eusèbe[12] place un endroit *Dabira* dans le voisinage du mont Tabor. Josèphe[13] parle d'une localité *Dabaritta*, dans la plaine de Yezréel. Tous ces endroits sont sans doute identiques avec la localité actuelle *Debouriyeh*[14], au pied du mont Tabor.

כפר דטיא, Kefar Datiyeh[15]; il faut peut-être lire חטיאה et l'identifier avec *Kefr Hattin*[16].

---

[1] Tal. de Jér., *Rosch haschana*, IV, 9.
[2] Josué, XVI, 10.
[3] Cf. Reland, *Palæstina*, t. II, p. 801.
[4] Tal. de Jér., *Baba bathra*, V, 1.
[5] Cf. ci-dessus, p. 260.
[6] Tal de Bab., *Eroubin*, 21 *b*.
[7] *Guerre*, VI, XI, 5.
[8] *Erdkunde*, t. XVI, p. 768.
[9] Tal. de Jér., *Orlah*, I, 1.
[10] Josué, XXI, 28.
[11] *Ibidem*, XIX, 12.
[12] *Onomasticon*, s. v. Dabira.
[13] *Vita*, 62; *Guerre*, II, XXI, 3. Guillaume de Tyr (p. 1026) connaît cette localité sous le nom de *Buria*.
[14] Robinson, *Bibl. researches*, t. II, p. 350.
[15] *Bereschith* rabba, ch. 65.
[16] Cf. ci-dessus, p. 207.

חבתה, Habthah ou Hibthah[1], lieu natal de Pinéhas, devenu pontife par le sort. Josèphe[2] mentionne ce pontife sous le nom de Phannias, fils de Samuel, du village d'*Aphtha*. Dans le Midrasch[3], on appelle ce Pinéhas, « Pinéhas le tailleur de pierres. » Nous reviendrons sur ce sujet dans la partie historique.

חוטרא, Hotra[4], lieu natal de R. Idi.

חוצי, Hoci, lieu natal d'un certain Yehouda[5]. Ritter[6] parle d'une localité de *Kûza*, non loin de Naplouse, avec laquelle Hoci pourrait être identique.

חרוב, Haroub. Ce mot entre dans la formation de plusieurs noms. Ainsi, nous avons vu[7] Migdal Haroub, Kefar Haroub dans les localités frontières. R. Siméon ben Yohaï se cache dans la caverne de *Heroubin*[8]. Le même Talmud mentionne un Kefar Haréba[9], où deux frères continuent une guerre de partisans. Nous croyons que toutes ces localités se trouvent en Galilée.

טובניא, Toubnia est mentionné[10] à cause de ses dattes qui mûrissent très-tard. D'après un passage de la Tosiftha[11], Toubnia serait en Galilée inférieure. Cette lo-

---

[1] Tosiftha, *Yoma*, ch. 1.
[2] *Guerre*, IV, III, 8.
[3] *Vayikra* rabba, ch. 26, פנחם הסתת
[4] Tal. de Jér., *Sabbath*, v, à la fin.
[5] Même Tal., *Schebiith*, VIII, 7.
[6] *Erdkunde*, t. XVI, p. 635.
[7] Cf. ci-dessus, p. 17 et 23.
[8] Tal. de Jér., *Sabbath*, IX,
[9] Taanith, IV, 8, כפר חריבה; le Midrasch *Ekha*, I, porte טרובא; ce qui est une faute de copiste. Il est difficile de dire de quelle guerre le Talmud et le Midrasch parlent dans ces chapitres de la plus grande importance, les deux guerres sous Vespasien et sous Adrien étant continuellement confondues.
[10] Tal. de Bab., *Pesahim*, 53 a, תובני
[11] *Schebiith*, ch. 7.

calité est peut-être identique avec *el-Taïbiyeh*, près de Beth-Schean.

M. Schwarz[1] veut identifier Toubnia avec Tiboun des Talmuds, ce qu'on peut admettre ; mais il est impossible que la localité d'*Aïn Tab*, où certains docteurs se sont rendus pour la cérémonie de la néoménie, soit identique avec notre Toubniya ou Tiboun. Aïn Tab, comme nous le verrons, doit se trouver en Judée.

טוריא, Tourya ou Touri, ville natale de plusieurs docteurs[2]. On connaît le village de *Tireh*[3], entre Acco el Schefaramer, et un autre de *Touria*, au sud du mont Carmel ; on peut identifier Tourya des Talmuds avec un de ces deux endroits.

טור שמעון, Tour Simon (montagne de Simon), ville qui faisait distribuer aux pauvres 300 paniers de pain tous les vendredis ; elle fut détruite à cause de la corruption de ses habitants[4]. Dans un autre passage, cette ville est appelée *Tour Malka* (montagne du roi[5]). C'est évidemment une traduction des mots הר המלך, que nous avons signalés comme les montagnes de la Judée. La dénomination de « mont de Simon » confirmerait la conjecture émise[6], que le nom de « mont Royal » dérivait des rois asmonéens, qui construisirent des forteresses sur ces hauteurs. On sait que Simon fut le premier chef de cette dynastie.

---

[1] *Das heilige Land*, p. 134.
[2] Il est probable que טירנאה (T. de B., *Keritoth*, 9 a), תריתאה et תורתאה (Tal. de Bab., *Nedarim*, 57 b. et 59 b.) sont des variantes de טוריא.
[3] Robinson, *loc. cit.*, t. III, p. 104.
[4] T. de Jér., *Taanith*, IV, 8 ; Midrasch *Ekha*, II, 2.
[5] Tal. de Bab., *Guittin*, 57 a, טור מלכא
[6] Cf. ci-dessus, p. 41.

C'est à tort que M. Schwarz [1] prend la ville du « mont de Simon » pour « les montagnes de Simon, » afin d'établir par là que la tribu de Simon avait des possessions dans les montagnes de Juda.

מערת טלימאן, caverne de Taliman [2]; elle paraît devoir se trouver dans les environs de « Césarée maritime. »

טרלוסא, Tarlousa, endroit où, d'après quelques docteurs, Apostomos aurait brûlé le Pentateuque [3]; selon d'autres, ce fait se serait passé à Lod [4]. On pourrait en conclure que Tarlousa était située dans le voisinage de Lod.

בקעת בי טרפא, la plaine de Bé Tarfa [5].

ידמא, Yadma, lieu natal de R. Kiris [6].

ינוח, Yanoah, lieu natal d'Aba Yosé ben Yohanan [7]. La Bible connaît une ville de ce nom qui, d'après le contexte, doit se trouver au nord de la Palestine [8]. Eusèbe mentionne un endroit de *Yano*, à douze milles vers l'est de Néapolis, et un autre de *Yanoua*, à trois milles vers le sud de Legio [9]. Les voyageurs modernes [10] ont trouvé un *Yano* en Galilée, avec lequel notre Yanoah pourrait être identifié.

בכפר יתמא, Kefar Yethma, lieu natal d'un certain Do-

---

[1] *Das heilige Land*, p. 94.
[2] Tal. de Jér., *Demoï*, II, 2.
[3] Même Talmud, *Taanith*, IV, 8.
[4] Cf. ci-dessus, p. 80.
[5] *Bereschith* rabba, ch. 10. Le mot טרפא rappelle involontairement le Τυροποιῶν de Josèphe (*Guerre*, V, IV, 1), mais nous ne croyons pas que le Midrasch connaisse cette vallée sous le nom de Tarfa.
[6] T. de J., *Sabbath*, v, à la fin, ר' קירים דידמא
[7] Tal. de Jér., *Kilaïm*, II, 6.
[8] Josué, XVI, 6; II Rois, XV, 29.
[9] *Onomasticon*, s. v. Jano et Janua.
[10] Robinson, *loc. cit.*, t. III, p. 297.

sitaï[1]; on pourrait l'identifier avec la localité de *Yelma*[2] en Samarie.

כוכבא, Kokhba, lieu natal de R. Dositaï[3], est sans doute identique avec l'endroit de *Kaukab*; mais ce nom était très-fréquent; on ne saurait dire quel *Kaukaba* le Talmud veut entendre.

כופרא, Koufra; ses habitants possédaient une synagogue à Tibériade[4]. On pourrait peut-être l'identifier avec le village de *Koufeïr*[5], non loin de Hasbeya.

מלחיא, Malhiya, lieu natal de R. Yosé[6]. M. Schwarz[7] l'identifie avec le village de *Maliha*, près de Jérusalem. Nous serions plutôt incliné de l'identifier avec la localité de *Mellaha*[8], en Galilée supérieure; car ce R. Yosé est nommé avec R. Yehoschoua de Sikhnin, localité située en Galilée. On mentionne dans le Talmud une tour de Malha[9], dans les environs de Césarée maritime. Peut-être faut-il prendre le mot מלח dans le sens de « naviguer[10] » et le traduire « la tour des navigateurs. » Il est possible qu'auprès de cette tour se trouvait un village ou un faubourg de la ville, portant le nom de Malhiya.

כפר מנדי, Kefar Mendi, lieu natal de R. Isascar[11]. On

---

[1] Mischna, *Orlah*, II, 5. Parhi a ici la variante כפר דמי דמא ; cf. M. Zunz, *Itinerary*, etc., t. II, p. 425.
[2] Robinson; *Bibl. researches*, t. II, p. 272.
[3] *Pesiktha rabbathi*, ch. 16.
[4] Cf. ci-dessus, p. 212.
[5] Robinson, *loc. cit.*, t. III, p. 382.
[6] *Vayikra* rabba, ch. 26.
[7] *Das heilige Land*, p. 89.
[8] Robinson, *loc. cit.*, t. III, p. 363.
[9] Tal. de Jér., *Demoï*, II, 2, מגדל מלחא
[10] Cf. le Targoum des mots יורדי הים (Psaumes, CVII. 23).
[11] *Bereschith* rabba, ch. 52 et 74.

l'appelle aussi Kefar Mandon[1]. Il est probable qu'il soit également identique avec *Kefr Menda*[2], non loin de Nazareth. Quant à la ville biblique de Madon[3], avec laquelle M. Schwarz[4] veut identifier Kefar Menda des Talmuds, et toutes les deux avec la localité actuelle de Kefr Menda, elle doit se placer, d'après les contextes, dans la Galilée supérieure.

מצפה, Miçpah, lieu natal de R. Simon[5]. Un grand nombre d'endroits portent ce nom, et il serait difficile de fixer de quel Miçpah ce docteur était originaire.

כפר נבוריא, Kefar Nebouriya, lieu natal d'un certain Jacob[6], que nous voyons très-souvent porter des décisions religieuses à Tyr. Il résulte d'un passage du Midrasch[7] que ce Jacob appartenait à la secte Judéo-chrétienne. On lui applique le mot biblique « le pécheur. » Kefar Nebouriya est peut-être identique avec la localité *Nouburetein*, au nord de Safed.

נגנינר, Nagniner, endroit où demeurait R. Yohanan ben Nouri[8]. Nous avons vu que les Galiléens se conformaient aux préceptes dogmatiques de ce docteur. Le Talmud de Jérusalem[9] porte ici נגנגר.

נרווד, Narwad, mentionnée dans la Mischna[10] à propos des préceptes pour les lépreux. D'autres éditions lisent ici גדווד.

---

[1] Tosiftha, *Yebamoth*, ch. 10, כפר מנדון
[2] Robinson, *loc. cit.*, t. II, p. 243.
[3] Josué, XI, 1; XII, 19. Cf. ci-dessus, p. 229.
[4] *Das heilige Land*, p. 138.
[5] T. de J., *Halla.*, II, 3, ר״ש איש המצפה
[6] Tal. de Jér., *Berakhoth*, IX, 1.
[7] Midrasch *Koheleth*, VII, 20, וחוטא זה יעקב איש כפר נבוריא
[8] Tal. de Bab., *Eroubin*, 11 *a*.
[9] *Même Traité*, I, 9.
[10] *Negaïm*, VII, 4.

סליכא, Salikha[1] est peut-être *Seleucia*[2] sur le lac Merom, ou la ville biblique *Salkha*[3], que le Targoum rend par Seloukia, et qu'on identifie avec le village de *Salkhat*[4].

ספסופא, Safsoufa, endroit où certains docteurs furent faits prisonniers et amenés ensuite devant Zénobie, reine de Palmyre[5]. Nous parlerons de cet épisode dans notre partie historique. On connaît un endroit, *Aïn-Soufsafeh*, au sud-ouest de Nazareth; le territoire soumis à Palmyre, n'a jamais atteint ce point. Il est même très-douteux que la localité de *Soufsaf*, au nord-ouest de Safed, ait jamais été sous la domination de Zénobie.

כפר עיכום, Kefar Ekos ou Ikos, lieu natal d'un R. Yehouda[6]. Dans quelques rédactions on lit Kefar Ebos ou Ibos. M. Schwarz[7] veut l'identifier avec le *Capharabis* de Josèphe[8]; cependant la leçon de עיכום est beaucoup plus fréquente que celle de איבום.

עין בול, En-Boul[9], cité à propos de discussions religieuses; on écrit ce nom quelquefois en un mot, Enboul[10].

עין טב, En-Tab; c'est là que se rendit R. Hiya sur l'ordre de Rabbi, pour la cérémonie de la néoménie.

---

[1] *Vayikra* rabba, ch. 5, מן בני דסליכא; il est vrai que la construction demanderait מן בני סליכא; cependant un endroit דסליכא est peu probable.
[2] Josèphe, *Guerre*, IV, 1, 1.
[3] Deutéronome, III, 10.
[4] M. de Raumer, *Palæstina*, p. 255.
[5] Tal. de Jér., *Theroumoth*, VIII, 9.
[6] Tosiftha, *Sotah*, ch. 8; Tal. de Bab., *Holin*, 55 b.
[7] *Das heilige Land*, p. 89.
[8] *Guerre*, IV, IX, 9. Cf. ci-dessus, p. 71.
[9] Tosiftha, *Niddah*, ch. 5; *Oholoth*, ch. 2.
[10] Tal. de Bab., *Holin*, 57 b. ענבול

Celui-ci, pour faire reconnaître la mission de son mandataire, lui donna pour mot d'ordre le texte suivant : « Le roi David vit éternellement[1]. » Cette expression a fait supposer à M. Wiesner[2] qu'En-Tab serait la localité d'*Aïn-Tab* en Syrie (Sourya), parce que le roi David fit la conquête de ce pays, considéré par suite comme la Terre d'Israël. Nous croyons plutôt avec M. Graetz[3], qu'Aïn-Tab doit se chercher en Judée. Nous avons déjà fait remarquer[4] que la fixation de la néoménie se faisait encore en Judée, quand les écoles étaient depuis longtemps en Galilée.

Nous ne voyons pas de raison, une fois l'accomplissement de cette cérémonie transporté en dehors de la Judée, pourquoi elle se serait faite en Syrie plutôt qu'en Galilée. En outre, En-Tab jouissait des mêmes priviléges que Yabneh[5]; ce qui n'aurait pas eu de raison d'être si l'endroit avait été en Syrie. Le mot d'ordre qu'on avait donné à R. Hiya lui servait probablement à cacher sa mission, et à se soustraire ainsi aux dénonciations des Samaritains, qui opposaient toutes sortes d'obstacles à la fixation de la néoménie par les juifs.

כפר עמיקו, Kefar Amiko, habité seulement par cinq cents habitants[6], est peut-être identique avec Beth-

---

[1] Tal. de Bab., *Rosch haschana*, 25 a, דוד מלך ישראל חי וקים; cf. aussi, T. de J., *Soukka*, II, 5.

[2] Cf. *Ben Hananyah* (les recherches talmudiques), 1866, p. 49.

[3] *Geschichte der Juden* (2e éd.), t. IV, p. 218.

[4] Cf. ci-dessus, p. 80.

[5] Cf. les passages du Tal. de Jérusalem et de la Pesiktha dans les *Tosefoth* (Rosch haschana, 25 a); cf. aussi *Pesiktha rabbathi*; ch. 41, où l'on dit qu'En-Tab était le siège du tribunal (בעינטב שהוא בית וועד של בית דין).

[6] Tal. de Bab., *Taanith*, 21 a; le texte porte 500 hommes (רגלי).

Haëmek de la Bible[1]. La Mischna[2] mentionne des sandales fabriquées à Amki. *Amka,* au nord-est d'Acco, est probablement identique avec Kefar Amiko du Talmud. Il ne faut pas le confondre avec *Amiouka,* au nord de Safed, dont les environs sont peu cultivés et considérés dans le Talmud comme un désert[3].

עטישיא, Atischiya, lieu natal de R. Yiçhak[4].

ענתודריא, Anthodrya, lieu natal de R. Youdan[5]. Cette localité est également mentionnée dans l'élégie de Kalir. Serait-ce la ville maritime d'Anthedon, à vingt stades au nord de Gaza[6]? Elle fut donnée à Hérode le grand par Auguste; les Juifs la détruisirent plus tard au temps de Gessius Florus[7].

עמסיות, Essasayoth, ville d'une certaine importance, puisqu'il y avait deux gouverneurs[8]. C'est peut-être Essa, conquise par Alexandre Jannée[9]. Le nom lui-même paraît être une forme plurielle de עמיא, que nous avons identifié[10] avec Essa; il se rapporterait alors aux deux parties de la ville, dont chacune avait son gouverneur particulier.

כפר עקביה, Kefar Akabyah, où naquit R. Aba Bar

---

[1] Josué, xix, 27.
[2] *Kelim,* xxvi, 1, סנדל עמיקו. Maïmonide l'explique par des sandales d'une forme particulière.
[3] Cf. ci-dessus, p. 53.
[4] Tal. de Jér., *Péah,* viii, 1.
[5] T. de J., *Berakhoth,* iv, 1; on lit *ibid.,* 2, ענתוריא. Peut-être faudrait-il lire ענתרודיא, Antarudya, et y comprendre la ville d'Antaradus, en Syrie; mais celle-ci ne pourrait pas être mentionnée dans l'*Elégie.*
[6] Zosom, *Hist. ecc.,* v, 9; Pline, *Hist. nat.,* v, 12.
[7] Josèphe, *Ant.,* XV, vii, 3; *Guerre,* II, xviii, 1.
[8] Tal. de Bab., *Guittin,* 4 *b.*
[9] Josèphe, *Ant.,* XIII, xv, 3.
[10] Cf. ci-dessus, p. 38.

Cohen[1]; c'est peut-être une des localités actuelles qui portent le nom d'Akbi[2].

פגוטיה, Pagoutiyah, endroit samaritain d'après le contexte[3].

חמתא דפחל, Hamtha de Fahal, citée à propos d'un voyage de R. Zeïra[4]. Nous n'hésitons pas d'identifier פחל avec *Pella* en Pérée, qui s'appelle encore aujourd'hui *Toubakat fahil*[5], d'autant moins que dans le passage talmudique en question il s'agit des endroits de Neve, de Dereï et de Boçra[6], qui se trouvent au nord de Pella.

Cette ville est très-souvent mentionnée par Josèphe. Elle était au pouvoir des Juifs sous Alexandre Jannée et fut détruite par eux, parce que les habitants refusaient de se soumettre aux cérémonies juives[7]. Il est possible que Hamtha ait été un endroit avec des eaux thermales, près de Pella.

פיתקא, Pithka. R. Yona s'y trouva une fois[8].

בקעת פני מנון, la plaine de Penée Manon[9], probablement en Galilée, car on raconte que R. Simon ben Yohaï y conduisait ses élèves.

---

[1] Tal. de Jér., *Nazir*, ix, 3.
[2] Ritter, *Erdkunde*, t. XV, p. 535.
[3] Tal. de Jér., *Demoï*, ii, 1. פרשתא ורציפתא ונפשה דפגוטיה עד פרשתא. Il faut peut-être lire ici כפר קרנים וכפר קרנים כבית שאן דרציפתא ou דציפתא; le mot פגוטיה est sans doute le même que פגש que nous avons cité (ci-dessus, p. 173) comme localité samaritaine. On lit dans la Tosiftha, *Aboda zarah*, ch. 7 : ג' אשרות באי״י חרום שבכפר פטם ושבכפר פגשה שקמה שבראני ושבכרמל.
[4] Tal. de Jér., *Schebiith*, vi, 1.
[5] Ritter, *Erdkunde*, t. XV, p. 1023.
[6] Cf. ci-dessus, p. 255, note 6.
[7] Josèphe, *Ant.*, XIII, xv, 4; *Guerre*, I, iv, 8.
[8] Tal. de Jér., *Berakhoth*, iii, 3.
[9] *Schemoth* rabba, ch. 52.

פרוד, Perod ou Perved, lieu natal de R. Nahman. Le poëte Bar Kappara y mourut [1].

פרך, Perekh ou Ferekh. La Mischna [2] mentionne cet endroit pour ses noix. On pourrait l'identifier avec le village de *Ferka* [3], en Samarie.

פרת, Perath ou Ferath, lieu natal de Yosé [4]. M. Schwarz [5] veut l'identifier avec le village de *Ferati*, au nord de Kefr Anan. On lit dans d'autres passages *Ephrath* [6] pour Ferath, mais il n'y a pas lieu ici de penser à Ephrath, premier nom de Beth-Lehem; à l'époque talmudique, cette ville ne portait plus le nom d'Ephrath.

צלמון, Çalmon, souvent mentionné dans les Talmuds [7] sans aucune donnée sur sa situation géographique. La Bible [8] connaît un mont Çalmon, près de Sichem; peut-être la localité du même nom était-elle située au pied de ce mont. On pourrait aussi l'identifier avec l'endroit de *Calamon* [9], mentionné dans les anciens itinéraires.

צרדה, Ceredah, lieu natal de Yosé ben Yoézer [10]. La Bible cite une ville de ce nom, appelée également Ce-

[1] Talmud de Bab., *Abodah zarah*, 31 a.
[2] *Kelim*, xvii, 5; *Orlah*, iii, 7.
[3] M. de Saulcy, *Voyage*, etc., t. II, p. 239.
[4] *Bereschith* rabba, ch. 100, יוסי הפינום ויוסי הפרתי
[5] *Loc. cit.*, p. 148.
[6] Tal. de Bab., *Kethouboth*, 103 a, יוסי חפני ויוסי אפרתי; le Tal. de Jérusalem a toujours אפרתי. On rencontre une fois יעקב עפרתים « Jacob Ephrathaïm (T. de J., *Sabbath*, xiv, 3), qui est probablement le même qu'Ephrath. Quant au nom חפני, nous l'avons pris pour « Haïfa. » Cf. ci-dessus, p. 197.
[7] Mischna, *Yebamoth*, xvi, 6; *Orlah*, i, 2.
[8] Cf. ci-dessus, p. 106.
[9] Reland, *Palæstina*, t. II, p. 678.
[10] Mischna, *Aboth*, i, 5.

rera et Çarthan (en Pérée)[1] ; elle était donc située dans cette province. M. Schwarz[2] l'identifie avec une localité de Çaradah, du côté de Hasbeyah ; la tradition juive postérieure y place le tombeau du même Yosé ben Yoézer.

כפר קורייגום, Kefar Koreïnos, cité dans le Midrasch, à propos de l'histoire de Job[3]. Nous préférons ici les leçons des autres livres talmudiques : Kefar Karnaïm[4]. D'après le Talmud de Jérusalem[5], un endroit de ce nom se trouvait non loin de Beth-Schean.

קיני, Kini, endroit que Rabbi déclara pur[6], doit être cherché dans un pays peu habité par les Juifs. Nous croyons pouvoir l'identifier avec le *ouady Kanah*[7], près de Kefr Jet (Gitta), en Samarie. M. Schwarz[8] veut l'identifier avec *En Keni*, près de Lod, mais il n'y a pas de raison pour que cet endroit eût été impur à une certaine époque, ce pays ayant toujours été habité par des juifs. Le Talmud[9] mentionne aussi « les habitants de Keni. »

קלנבו, Kelanbo, résidence de R. Schemaya[10].

---

[1] Cf. Kaplan dans l'*Ereç Kedoumim*, t. II, p. 190.
[2] *Das heilige Land*, p. 161.
[3] Cf. ci-dessus, p. 258.
[4] *Pesikta rabbathi*, ch. 17, כפר קרנים
[5] Tal. de Jér., *Schebiith*, VI, 2 ; cf. ci-dessus, p. 259.
[6] Mischna, *Oholoth*, XVIII, 9.
[7] Robinson, *Bibl. researches*, t. III, p. 135.
[8] *Das heilige Land*, p. 106.
[9] Tal. de Jér., *Theroumoth*, à la fin. בעלי קניי
[10] Tal. de Bab., *Yoma*, 21 a (Ms. Bod. libr. Opp. Add. 23, ר' שמעון ; Midrasch *Yalkout*, Lévitique, § 490, שמעת au lieu de שמעיה). M. Wiesner (*Ben Hananyah*, Tal. forsch., 1866, col. 74) veut reconnaître dans le mot קלנבו l'endroit *Calvaria*, ce qui est inadmissible, car ce docteur ne vivait pas à Jérusalem, et le nom de Calvaria n'a aucune ressemblance avec קלנבו.

קמטריא, Kematriya, lieu natal d'un certain Simon[1].

קפרא, Kafrah, ville natale de R. Eliézer[2], et peut-être aussi du poëte Bar-Kafrah[3]; on pourrait l'identifier avec la localité de *Kefrah*, au nord de Beth-Schean. Il est possible que כופרא et כפרא[4] ne forment que des variantes de קפרה.

קרובה, Keroba, lieu natal de R. Alexandri[5]; dans d'autres éditions on lit קרובץ, Kerobaç.

קריוה, Kiryava, lieu de naissance d'Aba Hilkiyah[6], est peut-être la ville de Kerioth, en Judée[7].

קרציון, Karcion, endroit d'où R. Yohanan était originaire[8]. Ce nom a inspiré à M. Schwarz[9] la conjecture suivante : קרציא signifie « matin, aube, » comme le mot hébreu שחר. Il est possible, dit-il, que Karcion soit la ville biblique[10] *Cereth Haschahar ;* c'est assez ingénieux comme conjecture, mais trop peu sérieux pour motiver une identification.

ראני, Rani, où l'on avait planté un sycomore consacré à une idole[11].

רביתא, Rabitha[12], une rivière, d'après les commentateurs. M. Schwarz[13] l'identifie avec le *ouady Rouboudiyeh* qui se jette dans le lac de Tibériade, près de

---

[1] Tal. de Jér., *Berakhoth*, ix, 3.
[2] Tal. de Bab., *Berakhoth*, 31 *a*.
[3] Cf. M. Graetz, *Geschichte der Juden*, t. IV, p. 229.
[4] Cf. ci-dessus, p. 269.
[5] *Vayikra* rabba, ch. 19.
[6] Tosiftha, *Maaser scheni*, ch. 4.
[7] Cf. ci-dessus, p. 171.
[8] Tal. de Jér., *Berakhoth*, viii, 7.
[9] *Loc. cit.*, p. 181.
[10] Josué, xiii, 19, צרת השחר
[11] Cf. ci-dessus, p. 274, note 3.
[12] Tal. de Bab., *Holin*, 60 *a*.
[13] *Loc. cit.*, p. 141.

Medjel. M. Schwarz a oublié que l'interlocuteur, dans ce passage légendaire, est R. Yehoschoua ben Hananya, qui se trouvait dans les environs de Yabneh. Il y est question d'un vaste emplacement à choisir pour réunir une grande assemblée. Pourquoi ce docteur aurait-il donné la préférence au rivage d'un ouady, en Galilée? Il y a évidemment là une faute de copiste dans le texte; peut-être faut-il lire « sur le bord de la grande mer [1], » d'autant plus que la légende finit par dire que tous les objets préparés pour la réunion projetée furent lancés dans la mer.

רומנה, Romanah, lieu natal de R. Jacob [2]. M. Schwarz [3] s'empresse de l'identifier avec l'endroit de Rimmon. Nous croyons que דרומנה est une faute de copiste pour דרומייא [4]; ce serait alors « R. Jacob de la province de Darom, » désignation souvent employée dans les Talmuds [5].

רציפתא, Reciphtha, endroit samaritain [6].

שאב, Schaab, où naquit R. Meni [7] cité avec R. Yehoschoua de Sikhnin. On pourrait l'identifier avec *Schoaïb*, dans la Galilée supérieure, ou avec Schaab, en Pérée [8].

שיזור, Schizour [9], endroit d'où R. Siméon était originaire; on veut l'identifier avec la localité de *Seïjour* [10], à l'ouest de Kefr Anan.

---

[1] צבית לגידא ד(ימא) רבתא
[2] Tal. de Jér., *Berakhoth*, I, 1. ר' יעקב דרומנה
[3] *Loc. cit.*, p. 91.
[4] On trouve, en effet, dans le même Talmud, *Berakhoth*, III, 3, ר' יעקב דרומייא.
[5] Cf. ci-dessus, p. 63, et suiv.
[6] Cf. ci-dessus, p. 274, note 3.
[7] *Vayikra* rabba, ch. 20 et ailleurs.
[8] Robinson, *Bibl. researches*, t. III, p. 87.
[9] Mischna, *Demoï*, IV, 3, ר' שמעון שזורי
[10] M. Schwarz, *loc. cit.*, p. 148.

כפר שחרא, Kefar Schahra, lieu natal d'un certain Yohanan[1]. M. Schwarz veut l'identifier avec la localité de *Beit Sahour*[2], près de Beth-Lehem. Nous croyons que la leçon du Talmud de Babylone[3], *Kefar Schihia*, est meilleure; nous avons déjà cité cette localité[4].

שפכוני, Schifkouni, mentionné dans la Mischna[5] pour ses olives qui donnent beaucoup d'huile.

תורמסיא, Thormasia, lieu natal d'un certain Jacob[6]. On veut l'identifier avec la localité de *Tourmous-Aya*[7], non loin de Naplouse.

תימן, Theman, lieu natal d'un certain Simon[8]. Une ville de ce nom se trouvait, selon la Bible[9], dans le pays d'Edom; d'après Eusèbe[10], elle est distante de quinze milles de *Petra*, et d'après saint Jérôme, de cinq[11]. Les habitants de Theman jouissent d'une grande réputation de sagesse[12]. Il est probable que ce Simon était de la ville biblique de Theman.

Quelques savants veulent identifier Theman avec l'endroit de *Maan*, au sud du ouady Musa[13]; le pays pos-

---

[1] Tosiftha, *Yebamoth*, à la fin.
[2] *Loc. cit.*, p. 90.
[3] *Même Traité*, à la fin, כפר שיחיא
[4] Cf. ci-dessus, p. 202.
[5] *Péah*, VII, 1; cf. ci-dessus, p. 128.
[6] M. Schwarz, *loc. cit.*, p. 119.
[7] Robinson, *Bibl. researches*, t. III, p. 268.
[8] Mischna, *Taanith*, III, 8, שמעון התימני
[9] Jérémie, XLIX, 7, 20; Amos, I, 12.
[10] Onom. s. v. Theman : « Theman regio principium Edom in terra Gabalitica. Sed et usque hodie est villa Theman nomine, distans ab urbe Petra quinque (selon Eusèbe, 15) millibus, ubi et Romanorum militum præsidium sedet. »
[11] Obadia, 8; Baruch, III, 22.
[12] Le principal personnage parmi les trois compagnons de Job est Eliphaz de Theman.
[13] Cf. M. de Raumer, *Palæstina*, p. 280.

sède de nombreuses sources et est riche en toutes sortes de provisions. D'autres croient que Maan représente un endroit de Maon[1].

תל ארזא, Thel Arza, où dans un certain temps eurent lieu des massacres[2].

כפר תמרתא, Kefar Thamratha, sans l'épithète « en Judée, » lieu natal de R. Schila[3], est peut-être identique avec l'endroit de *Tamra*, près d'En-dor. Il est possible aussi que l'épithète « en Judée » fut omise par l'inadvertance d'un copiste.

Un grand nombre de localités sont peut-être désignées par les mots que l'on trouve précédés du mot *ben* (בן, fils) dans la nomenclature des docteurs. Ainsi, par exemple : R. Yosé *ben Kisma* pourrait bien être R. Yosé, de *Kasmeya*, en Galilée supérieure. Mais comme la plus grande quantité des mots précédés de *ben* expriment généralement le nom du père, nous ne pouvons nous hasarder d'établir une exception pour quelques-uns.

[1] Cf. Winer, *Bibl. realwœrterbuch*, t. II, p. 607.
[2] Mischna, *Yebamoth*, xvi.
[3] Tal. de Bab., *Meguilla*, 16 *a*.

CHAPITRE VII

RÉSUMÉ.

Le lecteur a pu se convaincre que notre exposé géographique de la Palestine, d'après les documents talmudiques, tourne fatalement dans un cercle de conjectures. Il est donc très-hasardeux de donner un résumé exact. Cependant nous essaierons de présenter aussi complétement que possible les résultats de nos recherches, fondées au moins sur un nombre considérable de conjectures à défaut de documents certains.

La Palestine, désignée dans les Talmuds par « Terre d'Israël » ou « Terre » par excellence, a une superficie de 1,600 milles romains carrés (57,400 km. carrés). Il est question dans les Talmuds de trois lignes de frontières pour ce pays, savoir : 1° les frontières promises par la Bible, au nord jusqu'au mont *Hor hahar* (Amanus), et à l'est jusqu'à l'Euphrate, frontières que le pays n'a jamais atteintes ; 2° les frontières du pays tel que les Israélites envahisseurs l'ont occupé, c'est-à-dire, au delà de Kézib et presque jusqu'à l'Amanus vers le nord ; 3° les frontières des possessions des Juifs revenus de Babylone, qui sont indiquées en détail dans les Talmuds, sous le rapport, non de la politique, mais de l'accomplissement obligatoire de certaines prescriptions religieuses, telles que la dîme, les fruits de la septième année (année de relâche), etc. Aussi, rencontrons-nous dans cette dernière délimitation les variations les plus fréquentes ; car tout dépendait du chef de l'école.

A l'ouest, la frontière naturelle de la Palestine était la mer Méditerranée. Cependant la plupart des villes de la côte ne sont pas considérées comme appartenant à la Palestine. Le rayon d'Éleuthéropolis marque la frontière sud. A l'est les endroits situés en Pérée, dans le voisinage du Jourdain, appartenaient encore à la Palestine. La frontière du nord offre la plus grande instabilité. A une certaine époque (probablement sous les derniers Asmonéens) Hasbeya était encore soumise au règlement des dîmes et autres offrandes; une autre fois, c'est Kézib (Zib) et Césarée de Philippe qui sont les points extrêmes de la frontière nord de la Palestine ; en dernier lieu, Acco (St-Jean-d'Acre) n'est plus regardé comme Terre d'Israël, et les localités de la Galilée, que les Talmuds nous présentent pour limites, sont des plus douteuses. Nous avons dû nous borner à rapporter le texte, sans pouvoir en donner une explication suffisante.

Outre la mer Méditerranée, que les Talmuds appellent « la grande mer, » on mentionne : le lac Asphaltite, sous la désignation de la mer de Sodome, avec des remarques sur l'action délétère de ses eaux ; le lac de Tibériade, avec ses eaux thermales ; le lac de Samochonide, sous le nom de lac Houleh ; le lac Phialé ; le lac d'Apamée en Syrie, et enfin un septième lac inconnu pour nous, et qui nous a paru être une pure invention pour arriver au chiffre de sept, qui est déjà nombre de prédilection pour la Bible. Le lac d'Emèse n'est pas compté parmi ces sept lacs, parce qu'il n'est pas de formation naturelle ; c'est l'empereur Dioclétien qui l'aurait créé par la réunion de plusieurs rivières.

Le fleuve de la Palestine est le Jourdain, qui ne prend

ce nom qu'en sortant du lac de Tibériade. Il a sa source dans la grotte de Panéas, traverse le lac de Tibériade, avec les eaux duquel il ne se mêle point, et arrive à la mer de Sodome pour se jeter dans la mer Méditerranée. Cette dernière donnée est une des plus curieuses. Les rivières de Yarmoukh (Scheriath-el-Mandhour), de Karmion, que nous avons identifié avec le Nahr-el-Mokatta (le Kischon de la Bible), et de Figah, que nous prenons pour le Belus, ont des eaux troubles ; elles ne peuvent servir pour les sacrifices. Une autre rivière, le Guinaï, qui grossit quelquefois tellement qu'on ne peut la traverser, nous est demeurée inconnue. Nous avons mentionné le fleuve Sabbathique, bien qu'il ne joue qu'un rôle légendaire dans les Talmuds. Ce fleuve s'identifie avec le Nahr-el-Arus, et ses eaux ne coulent que tous les trois jours. D'après les Talmuds, les eaux de ce fleuve coulent pendant six jours de la semaine, pour s'arrêter le jour du sabbath.

Trois sources d'eaux thermales sont mentionnées dans les Talmuds, savoir : celles de Tibériade, de Gadara et de Biram. Cette dernière est identique, d'après notre opinion, avec les eaux thermales de Callirhoë. Une quatrième source, qu'on désigne sous le nom d'*Esya*, se trouve, selon notre conjecture, près de la ville d'Essa.

Quant aux montagnes, on mentionne dans les Talmuds le Liban, l'Échelle de Tyr, la montagne de Neige (une partie de l'Antiliban), le Carmel, le Tabor, en Galilée ; les monts Gadara et Machaerus, en Pérée, et le mont Royal, en Judée. Le mont *Quarantania*, d'après une conjecture, se trouverait également dans les Talmuds, sous le nom de Çouk. La plaine qui occupe tout le sud de la Judée est appelée plaine de Darom ; celle de

Scharon en est la continuation ; la plaine de Génézareth est vantée pour sa fertilité ; celles de Saveh et de Josaphat sont mentionnées dans des relations légendaires. La plaine de Yezréel est appelée « plaine par excellence. » On énumère encore d'autres petites plaines, mais elles portent le nom de la ville à laquelle elles se rattachent. Il est question dans les Talmuds de déserts en Palestine ; on entend par là des terrains peu cultivés et servant de pâturage.

Les Talmuds divisent la « Terre d'Israël » en trois pays, savoir : La Judée, la Galilée et le pays transjordanique. Chacun de ces trois pays a ses subdivisions physiques : pays montagneux, pays de plaine et pays de la vallée. La Samarie, province entre Kefr Koud et Antipatris, n'est pas traitée comme une province à part ; on la considère comme une zone de terre séparant la Judée de la Galilée. Ce pays, habité par des Samaritains et déclaré impur pour les Juifs, ne mérite pas une grande attention aux yeux des talmudistes. Nous avons pu reconnaître dans les Talmuds les toparchies de *Daroma*, de *Geraritica* et de *Gabalena*, citées par Josèphe. Le pays de plaine en Judée est la plaine le long de la côte, commençant par la plaine de Scharon, continuant par celle du Darom supérieur, et finissant avec le Darom inférieur (la Schefela de la Bible), au sud de la Palestine. Dans cette zone, nous avons pu consacrer un article assez étendu à la Césarée maritime, ville haïe par les talmudistes et habitée par des païens, ennemis des Juifs ; à ces torts, elle joignait celui d'être la rivale de Jérusalem. Lod (Lydda) et Yabneh (Jamnia) sont traitées assez longuement, ces villes ayant été le centre des écoles rabbiniques après la destruction de Jérusalem. Joppé, Gaza et Ascalon formaient des centres importants; mais les renseignements fournis sur ces villes par les Talmuds ne sont pas de nature assez intéressante pour être rapportés. Nous ne mentionnerons pas les endroits énumérés en ce pays de plaine, sur lesquels nous n'avons pu fournir que des données restreintes. Au sud, Éleuthéropolis seule attirait quelque peu l'attention des talmudistes ; cette ville appartient plutôt au pays montagneux.

Cette contrée est formée par la chaîne de montagnes commencée par la frontière de la Samarie, allant vers Jérusalem et descendant jusqu'à Hébron. Nous y avons placé Beth-Laban et Beth-Rimma, endroits d'où provenait le vin pour les libations ; Afraïm et Mikmasch fournissaient les meilleurs blés ; Thécoa, la meilleure huile ; Hébron, les veaux pour les sacrifices. La Judée était donc un pays riche et bien cultivé. Bettar, la fameuse ville, dernier rempart de Bar-Coziba, et qui résista si longtemps aux légions d'Adrien, se trouve, d'après notre conjecture, à l'ouest de Jérusalem, près de Beth-Schemesch, dans le pays montagneux. Nous ne nous arrêterons pas aux localités que nous avons à peine mentionnées, faute de données talmudiques.

Jérusalem, la capitale des Juifs, et pour laquelle le lecteur attendait certainement des renseignements très-précis, est, nous l'avons dit, très-négligée dans les Talmuds. Il n'y a que les édifices sur le mont Moriah qui soient traités avec beaucoup de minutie ; ces détails, quelque intérêt qu'ils présentent, n'appartiennent pas à la géographie proprement dite. On connaît dans les Talmuds « la ville haute et la ville basse. » Cette dernière est identifiée pour nous avec la place qu'on appelle *Biça*, et qu'on désigne en grec par *Bezetha*. La porte des Ordures et la partie du mur occidental sont les seuls points qui soient mentionnés dans les Talmuds, encore est-ce accidentellement. On parle une seule fois de l'*Akra*, de l'*Ophel* et, d'après notre conjecture, de *Baris* (Antonia). Les eaux de Jérusalem provenaient pour la plupart de l'aqueduc arrivant d'Étam ; la source de Siloah en fournissait également une certaine quantité, et il y avait en outre de nombreuses citernes. Le mont des Oliviers était mis en communication avec la place du Temple, au moyen d'un escalier ; sur ce mont se trouvait Beth-Phagué, entouré d'un mur, et Béthania avec les boutiques des marchands.

Dans la vallée de la Judée nous avons trouvé En-Gédi avec ses plantations de baumiers, et Jéricho, ville importante située dans un pays très-fertile.

La Samarie, à laquelle nous avons consacré un chapitre spécial, ne trouve pas de place dans les Talmuds. Le hasard amène les talmudistes à mentionner Sichem (Naplouse) et Schomron (Sebasté) ; ils s'occupent plus de Beth-Schean (Beïsan) qui, à une certaine époque, était déclaré pur pour les Juifs. Cette ville se trouve dans une région très-fertile ; on la compare à la porte du paradis.

La Galilée est divisée en Galilée supérieure et Galilée inférieure ; celle-ci renferme le pays de la plaine et celui de la vallée, et s'étend jusqu'à Kefr Anan. Nous avons rapporté quelques traits particuliers attribués par les Talmuds aux habitants de ce pays. Les Galiléens tenaient plus à l'honneur qu'à l'argent ; le contraire avait lieu chez leurs frères de la Judée. Ceux-là étaient querelleurs, prompts à s'irriter, et par conséquent faciles à soulever. Il existait également des différences concernant quelques cérémonies religieuses entre les habitants de la Galilée et ceux de la Judée.

Nous avons reconnu dans un passage talmudique la fameuse Nazareth sous la dénomination de *Cerieh*. Sepphoris, capitale de la Galilée, selon Josèphe, Beth-Schéarim, Ouscha et Schefaram, endroits où se trouvait la grande école aux deuxième et troisième siècles de l'ère vulgaire, sont traités avec peu de détails ; on parle à peine de la forteresse importante de Jotapata. Heïfa, où l'on trouvait les limaçons à pourpre, est mentionné, selon notre opinion, dans les Talmuds.

Nous avons parlé d'autres localités dans la Galilée inférieure, où les docteurs avaient établi leur résidence.

Le cercle de Tibériade est le pays de la vallée. Tibériade, ville construite sur un ancien cimetière, fut longtemps antipathique aux Juifs, pour devenir, en définitive, le dernier siège de la grande école. C'était une ville très-fréquentée pour ses eaux thermales. Magdala est un endroit qui avait fort mauvaise réputation ; Capernaüm est la ville de la nouvelle secte ; Khorazim produit du bon blé.

La Galilée supérieure ou le pays montagneux commence à Kefr Anan, où l'on fabriquait des pots avec de la terre ordinaire. Dans ce pays se trouvent les forteresses de Meroth et de Giscala ; cette dernière est nommée dans les Talmuds Gousch-Halab, célèbre par ses huiles abondantes. On s'occupe peu, dans les Talmuds, d'Acco (Saint-Jean d'Acre) ainsi que de Césarée de Philippe, villes habitées cependant par les Juifs. L'empereur Dioclétien aurait séjourné quelque temps dans cette dernière ville. Gamala et Hippos sont comptées comme villes galiléennes.

Le pays transjordanique (la Pérée) est traité avec le moins de détails ; il est également divisé en trois parties.

La ville de Gadara joue ici le plus grand rôle ; Régueb est mentionné pour son huile. Boçra, Nebo, Çoar et autres sont nommées sans données particulières.

Nous ne pouvons résumer les localités que nous avons mentionnées dans le dernier chapitre, leur identification étant trop douteuse.

LIVRE SECOND

LES PAYS HORS DE LA PALESTINE

Dans les chapitres suivants nous trouverons des villes et des contrées appartenant aux parties les plus éloignées de la Palestine, que les Talmuds citent souvent. Pour les unes, ils ajoutent des observations intéressantes pour les sciences géographiques et ethnographiques; pour d'autres, ils se bornent à donner simplement le nom, sans que nous puissions nous en servir en aucune façon dans l'identification avec les localités actuelles.

Il serait difficile de dire à quelle époque et dans quelles circonstances les Juifs ont émigré dans les différentes contrées de l'Asie, de l'Afrique et de l'Europe; mais le fait est confirmé non-seulement par les Talmuds, mais aussi par d'autres sources. Les Actes des Apôtres [1]

[1] *Actes*, ii, 9.

mentionnent l'existence de Juifs parmi les Parthes, les Mèdes, les Élamites et les Babyloniens. Alexandre le Grand contribua à développer la colonie juive naissante à Alexandrie [1] ; sous Antiochus le Grand ils s'établissent en Syrie et en Asie mineure, et on leur accorde à Antioche et à Séleucie le droit de cité, appelé *isopolitéia* [2]. Cicéron [3] les a connus à Apamée, à Laodicée, à Pergame et à Hadrumète. On trouve en Asie mineure surtout de très-importantes communautés juives au temps des Apôtres ; saint Paul mentionne une synagogue florissante à Corinthe [4]. Mais il semble que les Juifs de ces contrées connaissaient aussi peu l'hébreu que leurs frères d'Égypte ; l'idiome grec prédominait parmi eux. R. Meïr qui se rendit en Asie pour y accomplir une cérémonie religieuse, ne trouva pas chez les habitants le livre d'Esther en hébreu [5] ; il le leur écrivit de mémoire, afin de pouvoir en faire la lecture dans la synagogue le jour de Pourim. La Grèce aussi renfermait des Juifs, peut-être déjà avant que l'ambassade de Hyrcan n'y arrivât [6]. Si l'on en croit Cicéron, un grand nombre de Juifs habitaient Rome ; il est probable que le premier noyau de cette communauté date de l'époque où les Macchabées conclurent une alliance avec les Romains. La Babylonie, ou plutôt la Mésopotamie, était déjà le centre des écoles quand florissaient encore celles de la Palestine. Le chapitre qui traitera de ce pays sera par conséquent le plus

---

[1] Josèphe, *Con. Apion*, II, 4.
[2] Josèphe, *Ant.* XII, III, 4 ; *Con. Ap.*, I, 2.
[3] *Pro flacco* ; cf. M. Delaunay, *Philon d'Alexandrie*, p. 95 et suiv.
[4] *Actes*, XVIII, 4, 19.
[5] Tosiftha, *Meguilla*, ch. 2, מעשה בר׳ מאיר שהלך לאסיא לעבר השנה ולא מצא שם מגלה כתובה עברית כתבה מפיו וחזר וקראה מתוכה.
[6] Josèphe, XIV, VIII, 5.

étendu, bien que là aussi les données talmudiques soient malheureusement très-souvent incomplètes et manquent de précision.

Nous commencerons par la Sourya (Syrie), pays limitrophe de la Palestine et jouissant d'un grand nombre de prérogatives en matière religieuse, à l'égal de la Palestine même ; nous passerons ensuite à l'Asie mineure, qui touche à la frontière de la Sourya. Nous descendrons par l'Arménie à la Mésopotamie, puis nous donnerons les notices talmudiques sur les autres contrées de l'Asie, et finalement nous nous occuperons de l'Afrique et de l'Europe, dont les Talmuds ne parlent presque pas. Pour toutes ces contrées, nous ne pouvons pas donner une description systématique, même incomplète, comme nous l'avons fait pour la Palestine ; nous devons nous borner à l'énumération des différents pays et ne parler de leurs villes que quand les Talmuds les mentionnent.

CHAPITRE PREMIER

LA SOURYA (SYRIE, סוריא).

Sous le nom de *Sourya* on désigne une partie des contrées situées au nord-est de la Palestine, ce qu'on appelle aujourd'hui la Syrie. Ce pays, nous l'avons dit[1], est considéré tantôt comme appartenant à la Palestine, tantôt comme un pays hors de la Palestine. Vers le nord, Sourya s'étendait, d'après les Talmuds, jusqu'à Antioche[2]; la démarcation vers le nord-est n'y est point indiquée, et nous sommes réduits à nous en rapporter à un passage de Maïmonide, qui sans doute est fondé sur d'anciennes traditions.

Ce docteur du moyen âge dit[3] que Sourya renferme les pays que David avait conquis; il en donne l'énumération dans un autre passage[4] : « Sourya comprend les pays au delà d'*Ereç Israël*, vers *Aram Nahraïm* (la Mésopotamie), *Aram Çoba* (les environs d'Alep) et tout le rivage de l'Euphrate (à l'ouest) jusqu'à *Babel*. Ainsi

---

[1] Cf. ci-dessus, p. 2.
[2] Cette ville est considérée comme la première dans les pays « hors de la Terre; » cf. notre article sur Antioche.
[3] Yad Hahazakah, *Helakhoth Theroumah*, I, 1.
[4] *Ibidem*, 9, איזה היא סוריא מארץ ישראל ולמטה כנגד ארם נהרים וארם צובא כל יד פרת עד בבל כגון דמשק ואחלב וחרן ומנבג וכיוצא בהן עד שנער וצהר הרי היא כסוריא·

Damas, *Alep*, *Haran*, *Manbedj*[1] et d'autres villes jusqu'à *Sinéar* (Sindjar) et Çohar[2] sont considérés comme Sourya. » Nous suivrons le système de Maïmonide, et nous nous arrêterons, dans l'énumération des villes de la Sourya, aux environs d'Alep.

On ne mentionne aucune grande communauté juive dans le pays de la Sourya. Nous croyons pouvoir même conclure d'un passage que le pays de la côte contenait peu de Juifs. « Les habitants de Bar-Aschtor demandèrent à un docteur si, puisqu'on y trouvait peu de Juifs, ils pouvaient s'acquitter de la dîme entre les mains des païens[3]. » Il est probable que tout en possédant des terres en Sourya bien des Juifs préféraient demeurer en Palestine.

Villes de la Sourya.

צור, Çor, nom biblique[4] pour la ville phénicienne de Tyr. Comme Césarée, elle est appelée dans les Talmuds « la grande ville[5] » et la « ville de vie[6] » (ville

[1] Nos éditions portent וּמִגְבַב; nous avons corrigé וּמִנְבַּג d'après les msc. de la Bodleienne à Oxford (Opp. add. 25 et 30).

[2] צֹהַר est peut-être la localité de *Zehereh*; cf. Ritter, *die Erdkunde*, t. X, p. 946.

[3] Tal. de Jér., *Abodah zarah*, I, à la fin; cf. ci-dessous, p. 300.

[4] Isaïe, XXIII, 7.

[5] Midrasch, *Ekha*, II, 7, כרך גדול של צור. M. Schwarz (*Das h. Land*, p. 154) croit que le mot טרסיים (Tal. de Bab., *Meguillah*, 26 a) se rapporte à Tyr; il le traduit par « la synagogue des Tyriens ; » nous ne croyons pas que le nom de Tyrus ait été usité parmi les Juifs. Nous parlerons plus loin du mot טרסיים.

[6] Tal. de Jér., *Kilaïm*, IX, 4, והלא אין ארצות החיים אלא צור וחברותיה קיסרין וחברותיה; cf. ci-dessus, p. 13.

agréable). Tyr, en effet, aux premiers siècles de l'ère vulgaire, était encore une ville florissante et industrieuse ; elle possédait deux ports : l'un tourné vers l'Égypte et l'autre vers Sidon [1]. Il est probable que le Talmud se reporte à la fondation de Carthage par une colonie de Tyr, quand il dit : « De Tyr jusqu'à Carthaguéné on connaît les Israélites et leur père au ciel ; mais de Tyr vers l'est et de Cathaguéné vers l'ouest, on ne les connaît plus. [2] » On rencontre des docteurs originaires de cette ville, ou qui s'y sont rendus. De Tyr à Sidon, on pouvait passer par des voies souterraines, disent les Talmuds [3]. L'interprétation agadique établit une distinction dans la Bible pour le mot Çor écrit avec ou sans *vav* ; le premier se rapporte à Tyr et le second à Rome [4]. La Mischna mentionne souvent la monnaie de Tyr [5]. Aujourd'hui sur l'emplacement de la ville de Tyr il existe une localité sans importance, appelée Çour.

צידן, Sidon, autre ville phénicienne, où l'on trouve également des docteurs allant et venant ; de nos jours, Çaïda, plus à l'ouest que l'ancien Sidon, est une ville de 8,000 habitants [6].

[1] Cf. Winer, *Bibl. Realwœrterbuch*, t. II, p. 639.

[2] Tal. de Bab., *Menahoth*, à la fin, מצור ועד קרטיגיני מכירין את ישראל ואת אביהם שבשמים ומצור כלפי מערב ומקרטיגיני כלפי מזרח אין מכירין אתישראל ולא אביהן שבשמים. M. Schwarz (*Das h. Land*, p. 274) corrige avec raison ומצור כלפי מזרח, car à l'ouest de Tyr se trouve la mer. Nous ne savons à quoi le Talmud fait allusion en disant que de Tyr jusqu'à Carthage on ne connaît pas Dieu.

[3] Tal. de Jér., *Eroubin*, VI, 1.

[4] *Bereschith* rabba, ch. 62. La ville de Tyr s'écrit en hébreu צור *plene* et צר *defecte*.

[5] Mischna, *Bekhoroth*, VIII, 7, מנה של צורי. Cf. M. A. Levy, Geschichte der judischen Münzen, Leipsik, 1862, p. 455.

[6] Winer, *loc. cit.*, a. v.

La côte phénicienne était célèbre par sa pourpre [1] et par la fabrication du verre ; Zébulon, dont les possessions s'étendaient presque jusqu'à Sidon, aurait reçu ces avantages en récompense de la stérilité de son territoire. L'agadiste raconte : « Zebulon s'étant plaint que la possession de Nephthali était semée de vignes et de champs fertiles, aurait eu pour réponse que tous les peuples seraient obligés de recourir à lui seul, à cause de la pourpre et du verre qu'il fabrique, car il est écrit : Les peuples goûteront l'abondance de la mer : de ce qui est enseveli, de ce qui est caché et du sable. *Enseveli* (Sephouné, ספוני) est une allusion au murex qui produit la pourpre ; *caché* (Temouné, טמוני) est une allusion aux poissons et *sable* (Hol, חול) est une allusion au verre. [2] »

Le Midrasch explique le passage biblique « et sa côte ira jusque vers Sidon » par la localité de Zeboud de Guélilah, selon un docteur, et par celle de Bagdal de Yo, selon un autre [3].

זבוד הגלילה, Zeboud de la Galilée est peut-être la localité de *Zebdani*, au Liban, sur la route de Damas [4].

בגדל דיו, Bagdal de Yo ; au lieu de בגדל il faut sans doute lire מגדל (Migdal) ; nous croyons pouvoir l'identifier avec la localité de *Médjdel Yon* [5], au nord-est de Sidon.

---

[1] Cf. ci-dessus, p. 197.
[2] Tal. de Bab., *Meguillah*, 6 *a*, שפוני זו חלזון טמוני זו טרית חול זו זכוכית לבנה׃
[3] *Bereschith* rabba, ch. 98, וירכתו על צידון ר״א אומר זבוד הגלילה ר׳ יוחנן אומר בגדל דיו׃
[4] Ritter, *die Erdkunde*, t. XVII, p. 252.
[5] Robinson, *Bibl. researches*, t. III, p. 57 ; le copiste a négligé le ן de דיון. M. Schwarz (*l. c.*, p. 139) propose la leçon de מגדל רוי et croit l'identifier avec *Bourdj er-Riu*.

On mentionne d'ailleurs dans les Talmuds un endroit *Beth-Zabdé*, en Sourya, et qui n'est autre que la localité précitée, Zebdani. « On a institué une demi-fête le dix-sept Adar, parce que les docteurs persécutés par les païens dans les villes de Khalkis et de Beth-Zabdé [1] furent miraculeusement sauvés. »

כלקים, Khalkis est sans doute la ville de Chalcis à l'est de Tripolis, appelée aujourd'hui Anjar [2].

דורמסקין, Dormaskin est appelé la porte du paradis. « Si le paradis doit se trouver entre les fleuves, c'est Dormaskin [3]. » Il n'y pas de doute que Dormaskin ne soit la même ville que le Darmeschek, ou le Dameschek de la Bible [4], et aussi le Damas moderne. Les Arabes considèrent encore aujourd'hui cette ville comme le paradis terrestre. Damas se trouve en effet dans un pays des plus pittoresques, fertile et riche en eau. Au milieu de ces régions brûlantes, ces avantages lui ont valu la qualification, très-méritée, de paradis. Dans l'antiquité elle était célèbre pour la fabrication de ses tissus [5]; aussi disait-on proverbialement: « Tu apportes de la paille à Aphraïm, des pots à Kefar Hana-

---

[1] *Meguillath Taanith*, ch. 11, בשבע עסר ביה קמו עממיא על פליטת ספריא במדינת בלקוס זבית זבראי והוה פורקן לבית ישראל. Le Tal. de Jér., *Taanith*, II, 13, lit בית זבדין et כולקים; le Scholion במדינה קוסליקום. La leçon du Tal. de Jér. est préférable. Nous croyons que le mot מדינה doit se prendre ici comme en arabe dans le sens de « ville. » Pour le fait historique consigné dans ce passage, cf. M. Graetz, *Geschichte der Juden* (2ᵉ éd.), t. III, p. 425, et M. J. Derenbourg, *Essai sur l'histoire et la géographie de la Palestine*, etc., p. 99.

[2] Ritter, *loc. cit.*, t. XVII, p. 486.

[3] T. de B., *Eroubin*, 19 a; cf. M. Wiesner, *Scholien*, fasc. III, p. 16.

[4] Isaïe, VII, 8. On appelle cette ville en syriaque דרמסוק.

[5] Gesenius, *Thesaurus l. h.*, I, 346.

nyah, de la laine à Damas et la magie en Egypte.[1] »
Ceci équivaut au dicton moderne : Porter de l'eau à la
rivière.

On mentionne aussi une sorte de prunes[2] appelée
Dormaskin, et une espèce d'herbe médicinale[3] qui porte
le même nom.

חדרך, Hadrakh[4], endroit dans le voisinage de
Damas, d'après le témoignage de R. Yosé, originaire de
Damas. Le docteur ne paraît pas être un grand admirateur de l'interprétation agadique de la Bible. Il interpelle R. Yehoudah, qui explique le mot *Hadrakh* par
« le messie qui est dur pour les païens et doux pour les
Juifs, dans les termes suivants : « Rabbi, pourquoi détournes-tu le sens des versets bibliques? Je suis de Damas et je prends à témoins le ciel et la terre qu'il y a
une localité près de Damas qui s'appelle Hadrakh[5]. » Un
Arabe, Yoseph Abassi, dit également qu'un endroit peu
important, appelé Hadrakh, existe encore aujourd'hui.
Cyrille d'Alexandrie place Hadrakh entre Hamath
(Epiphanie) et Damas[6]. Ptolémée aussi connaît une localité d'*Adarin* dans ces environs, et les voyageurs
mentionnent un endroit de Hadhra non loin de Damas[7].

---

[1] *Bereschith* rabba, ch. 86, גווין בדמשק.
[2] Tal. de Bab., *Berakhoth*, 39 *a*, דורמסקין
[3] Même Talmud, *Baba Kama*, 116 *b*. דורמסקנין
[4] Zacharie, ix, 1.
[5] *Siphré*, sect. Debarim (éd. Friedmann, p. 65), זה משיח שחר
לאומות העולם ורך לישראל אמר לו ר' יוסי בן דורמסקית לרבי יהודה
ברבי למה אתה מעוות עלינו את הכתובים מעידני עלי שמים וארץ
שאני מדמשק ויש שם מקום ושמו חדרך.
[6] Winer, *loc. cit.*, a. v.
[7] Ritter, *loc. cit.*, t. XVII, p. 268. Le lexicographe caraïte David
ben Abraham (dixième siècle; cf. Pinsker, *Likouté Kadmonioth*,
p. 117 (texte) et notre *Notice sur la lexicographie hébraïque*, jour.
as. 1861, t. II, p. 465 et suiv.), place Hadrakh également à Damas.

בלבק, Balbek est mentionné dans le Midrasch [1] au sujet de son vin. La Mischna parle de l'ail, *Baal-bekhi* [2], qui provenait probablement de Balbek. Cette localité s'appelait autrefois Héliopolis « ville du soleil » et possédait un grand temple dont il reste des ruines considérables. Un marché célèbre se trouvait, d'après les Talmuds, à *En-bekhi* [3] ; nous croyons que ce nom est une variante de Baal-bekhi.

אטריבולים, Atribolis, ville où enseignait quelquefois R. Simon ben Lakisch [4]. On connaît dans les Targoumim, comme on le verra dans la suite, une autre localité du même nom en Afrique ; mais puisque la même *Halakha* est rapportée ailleurs [5] comme enseignée à Sidon, il n'y a pas de doute que ce R. Simon ne se trouvât à Tripolis en Syrie. Cette ville était située au sud d'Orthosia, au pied de la plus grande hauteur du Liban. Elle se composait de trois parties qu'habitaient les colons de Tyr, de Sidon et d'Aradus ; elles étaient éloignées de trois stades l'une de l'autre. Son nom Tripolis signifie la ville de trois parties. On trouve aujourd'hui vers l'est de l'ancienne Tripolis une ville

---

Voici ce qu'il dit (Msc. Oxford, Bodleienne, Opp. add. fol. 25) au chapitre חד קאל אן פי דמשק מסגד לכצרא גליל גדאאסמי בה׃ אבלד : « On dit qu'il y a à Damas une très-belle mosquée appelée *Mesdjed el-Khadhra*, qui a donné le nom à cette ville. » Hadrakh serait alors, selon ce lexicographe, un faubourg de Damas. Cf. M. Ewald, *Gesch. des Volkes Israël* (3e éd.), t. III, p. 779.

[1] Midrasch *Koheleth*, ix, 9, יין בלבקי.
[2] *Maasseroth*, v, 8, שום בעל בכי.
[3] Tal. de Bab., *Abodah zarah*, 11 *b*., ירוד שבעין בכי ; *Yerid* était sans doute une place publique où on adorait la divinité à laquelle elle était consacrée. Cf. ci-dessus, p. 262.
[4] Tal. de Jér., *Sabbath*, I.
[5] Tal. de Bab., *Sabbath*, 45 *b*.

Trablos, plus importante par son commerce que Çaïda[1].

לודקיא, Loudkia; nous avons dit[2] que les Talmuds confondent les localités de Lydda en Palestine, de Laodicée en Syrie, de Laodicée en Asie mineure et celle de la Lydie. La ville de Laodicée, où l'agadiste[3] envoie son homme chercher de l'huile, est probablement la Laodicée de la Sourya, au nord-est d'Aradus, puisque de là il fait aller son envoyé à Tyr.

ערקת לבנה, Arkath Lebanah, endroit où se trouvait R. Ismaël ben Sathriel.[4] Il raconte qu'on y avait vu un cèdre d'une telle grosseur, qu'étant abattu, seize voitures[5] pouvaient passer à la fois sur le tronc dans le sens longitudinal. Il est probablement question des cèdres du Liban, et Arkath Lebana serait alors identique avec l'*Arkath de Libanon* par lequel le Midrasch[6] explique le mot biblique *Arkim* (ערקים). Les géographes grecs, ainsi que Josèphe, mentionnent une ville d'*Arké* au pied du côté nord-est du Liban[7]; Josèphe place aussi dans les environs de cette ville le fleuve *Sambation*[8]. On rencontre encore aujourd'hui une localité d'Arkeh ou d'Arka, au nord-est d'Antaradus[9].

חמץ, Hamaç n'est autre que la ville d'Emèse, sur l'Oronte. Nous avons mentionné[10] le lac près de cette

---

[1] Winer, *Bibl. Realw.*, t. II, p. 633.
[2] Cf. ci-dessus, p. 78.
[3] Cf. ci-dessus, p. 230.
[4] Tal. de Bab., *Bekhoroth*, 57 *b*.
[5] Le sens du mot קרונות est douteux.
[6] *Bereschith* rabba, ch. 37; cf. ci-dessus, p. 33.
[7] Winer, *loc. cit.*, t. I, p. 86.
[8] Ce fleuve joue un rôle légendaire dans l'Agadah; on croit les dix tribus établies sur ses rives; cf. Buxtorf., *lex. tal.*, a. v.
[9] Winer, *loc. cit.*
[10] Cf. ci-dessus, p. 29.

ville qui, d'après les Talmuds, n'est pas un lac naturel, mais bien un réservoir creusé par Dioclétien. Les Talmuds, ainsi que le Targoum de Jérusalem, rendent la tribu *Cemari*[1] de la Bible par *Homçoï* (habitants de Homs). Les Talmuds[2] prétendent que ces gens s'appellent Cemari parce qu'ils s'occupaient de la fabrication de tissus de laine. On identifie ce nom avec la ville de *Simura,* que Pline place sur le fleuve d'Éleuthérus[3] ; nous croyons cependant que pour l'identification des peuplades citées dans la Bible, la tradition juive doit être prise en considération, et maintes fois préférée à l'identification des villes que citent très-souvent les auteurs grecs et latins mal renseignés. Hamaç s'appelle aujourd'hui *Hœms.*

בר עשתור, Bar-Aschthor, endroit non loin de Hamaç, d'après le contexte[4]. R. Haguin, en se rendant à Hamaç, fut questionné par les habitants de Bar-Aschthor, afin de savoir s'ils pouvaient s'acquitter de la dîme entre les mains des païens. Les voyageurs modernes[5] mentionnent un endroit *Deïr-el-Baaschtar,* à une demi-heure à l'ouest du temple appelé *Keniseth-el-Avamid* ; notre Bar-Aschthor pouvait être identique avec la localité précitée.

ברברית, Barbarith ; R. Simon ben Lakisch y gardait les figues[6]. On penserait au premier abord à la Ber-

---

[1] Genèse, x. 18, צמרי

[2] Tal. de Jér., *Meguillah,* i, 1 ; *Bereschith* rabba, ch. 37.

[3] Winer, *loc. cit.*, t. II, p. 726.

[4] Tal. de Jér., *Abodah zarah,* à la fin, ר' חגין נחית להמץ אתון ושאלין ליה אלין דבר עשתור בגין דלית ישראל שכיחין ואנן מוגרין לעממיו מה לעשות על ידיהם.

[5] Ritter, *die Erdkunde,* t. XVII, p. 596.

[6] Tal. de Jér., *Moëd Katon,* iii.

berie en Afrique ; mais ce docteur est en rapport avec les Lydiens, les Palmyriens, et ne paraît jamais en Afrique ; nous l'avons déjà mentionné [1] à Tripolis et à Sidon. Nous croyons avec M. Rappoport [2] que Barbarith est identique avec la ville de *Barbalissus* dans la province Chalybonitide.

תרמוד, Tharmod est une corruption volontaire de Thadmor, selon l'habitude des talmudistes, quand il s'agit des dénominations usitées chez les païens [3]. Cette ville est connue par la Bible [4]. Les auteurs grecs et latins l'appellent Palmyre ; elle est située dans une oasis couverte de palmiers, entre Damas et l'Euphrate.

Les habitants de cette ville, ou plutôt de ce pays, étaient exclus de la société juive ; on les considérait comme les descendants des esclaves de Salomon [5]. Tharmod n'était, par conséquent, pas comptée comme faisant partie ni de la

---

[1] Cf. ci-dessus, p. 298.

[2] *Erekh Millin*, p. 29.

[3] C'est la méthode des talmudistes (Tal. de Bab., *Abodah zarah*, 46 a), בית גליא « maison de la porte » (temple de Janus) est transformé en ביתכריא « maison du porc (כריא serait ici le mot grec Χοῖρος. Le T. de J., même Traité, III, lit גליי אותו קורין גדיי ; cf. aussi Landau, *Maarkhé Laschon*, a. v.) ; כל (T. de J. כום) עין en עין קוץ, paragramme que nous ne comprenons pas ; פני מלך en פני כלב (cf. ci-dessus, p. 9, et Assemani, *Bibl. or.*, t. I, p. 327, le mot כלבותא). Nous verrons dans la suite que le paragramme de Tharmod pour Thadmor s'applique aux yeux faibles des habitants de Palmyre ainsi qu'à leurs mœurs commerciales ; ce n'est certainement pas tout, et il y avait sans doute une plaisanterie plus incisive cachée dans le mot Tharmod et que nous ignorons jusqu'à présent. Quant à en faire une faute de copiste, comme le veut M. Derenbourg (*Essai*, etc., p. 14), l'erreur serait trop forte ; un des nombreux copistes au moins aurait dû connaître le nom biblique, le corriger et écrire Thadmor.

[4] I Rois, ix, 18.

[5] Tal. de Bab., *Yebamoth*, 7 a ; on ne les accueillait même pas comme des prosélytes (*Ibidem*, 16 a).

Sourya ni de la Babylonie, et à ce titre nous aurions dû lui consacrer un chapitre à part. Mais Palmyre se trouvant au delà de l'Euphrate, nous la comptons parmi les villes syriennes, les renseignements que les Talmuds nous donnent sur ce pays étant trop sommaires pour lui consacrer une étude particulière.

Les Palmyriens habitaient un pays sablonneux, voilà pourquoi leurs yeux étaient chassieux, dit Hillel [1]. Nous ne pouvons pas juger si cette infirmité a réellement existé chez ce peuple (aucun auteur, à notre connaissance, n'en parle); mais le fait est dans l'ordre naturel : le sable en s'introduisant dans les yeux peut causer une inflammation qui peu à peu devient une affection, une infirmité qui peut être transmissible sous l'influence continue de la cause première. Les Palmyriens s'occupaient sans doute de commerce; car leur pays étant entouré par un désert, la culture ne pouvait probablement pas suffire à leurs besoins. Les Talmuds en fixant l'heure jusqu'à laquelle il est permis d'allumer la lampe de Hanoukha (fête des Illuminations) disent : « Jusqu'à ce que le dernier pied des *Tharmodiens* (marchands) ait disparu [2]. »

Le petit royaume de Palmyrène s'agrandit aux dépens

---

[1] Tal. de Bab., *Sabbath*, 31 a. C'est certainement une allusion à une des significations de la racine רמד en arabe ; עין דמודה veut dire « un œil chassieux, » et cela rend exactement le mot talmudique תרוותות

[2] Une autre signification de la racine רמז en arabe est « être habile dans les affaires. » Peut-être le paragramme de Tharmod se rapporte-t-il à une troisième signification de la racine רמז en arabe, et qui veut dire « faire une invasion hostile ; » il est probable que les habitants de Palmyre ont souvent fait des incursions dans les pays voisins, et que c'est là ce qui leur a valu le nom de תרמודיים « les envahisseurs ; » ainsi le nom des Saracène, dans les Talmuds סריא, veut dire « brigands. »

de ses voisins. En soutenant les Romains dans leurs entreprises sur l'Asie occidentale, les rois de Palmyre s'étaient assuré l'amitié des conquérants. L'empereur Galliène fut même forcé de reconnaître Odonath comme corégent. Sous le règne de sa femme, la reine Zénobie [1], ce petit royaume était très-florissant. Il est donc probable que les Palmyriens étaient les alliés des Romains dans leurs guerres contre les Juifs. R. Yohanan, que nous avons vu déjà très-enclin aux exagérations [2], prétend même que Palmyre était pour beaucoup dans la destruction du premier Temple. Voici comment il s'exprime : « Heureux celui qui verra la chute de Tharmod qui s'est associée à la destruction tant du premier que du second Temple; elle fournit 80,000 archers pour la destruction du premier Temple, et 8,000 pour celle du second [3]. »

Les voyageurs vont encore aujourd'hui admirer les ruines magnifiques de Palmyre; les indigènes continuent à l'appeler Thathmour ou Thadmour.

רכבה, Rikhba, mentionné dans la Mischna [4] conjointement avec Baal-bekhi pour ses oignons; il faut peut-être lire רצפה au lieu de רכבה et l'identifier avec la ville de *Resapha* [5] sur l'Euphrate, appartenant à la province de Palmyrène.

אורתוסיה, Orthosia. Le Midrasch [6], ainsi que les

---

[1] Son nom s'écrit dans le Talmud זנביה (Tal. de Jérusalem, *Theroumoth*, VIII, 10.
[2] Cf. ci-dessus, p. 41, 72 et ailleurs.
[3] Tal. de Jér., *Taanith*, IV, 8; Midrasch *Ekha*, II, 2.
[4] *Maaseroth*, V, 8, בצל של רכפה. M. Zunz (*Itinerary*, t. II, p. 120) explique ce nom par Raphanée.
[5] M. Forbiger, *Handbuch der alten Geographie*, t. II, p. 656.
[6] *Bereschith* rabba, ch. 37.

Targoumim, rendent le mot Sini[1] désignant une peuplade dans les environs du Liban, par Orthosia. C'est probablement la ville d'Orthosias mentionnée dans les livres des Macchabées[2] et qui se trouvait au sud du fleuve d'Éleuthérus, au nord de Tripolis. Les voyageurs modernes mentionnent des ruines du nom d'Orthosia. Saint Jérôme conserve le mot Sini, et dit que c'était une ville non loin du Liban; on trouve *Syn*, un endroit peu important, au pied de l'Antiliban[3]; ce qui, d'après sa situation, pourrait parfaitement être Orthosia.

פסוניא, Pafounya; le Midrasch[4] rend Hamath de la Bible par Pafounya, ce qui n'est autre qu'Épiphanie. Ce nom était en usage depuis la conquête macédonienne; cependant l'ancien nom de Hamath s'est conservé; on trouve encore aujourd'hui entre Apamée et Emèse une ville très-considérable appelée Hamath[5].

אספמיא[6], Aspamia est la ville d'Apamée. Nous avons vu que les Talmuds regardent le lac d'Apamée comme appartenant à la Palestine[7]. La Mischna[8] raconte qu'un certain Ariston avait le premier apporté les prémices à Jérusalem, qu'on avait acceptées bien qu'elles vinssent de la Sourya. Apamée, capitale de la province d'Apamène, se trouve en effet dans une région très-fertile, et il se pourrait que les fruits y mûrissent plus tôt qu'en Palestine. On n'est pas d'accord sur l'emplacement d'Apamée[9]

---

[1] Genèse, x, 17.
[2] I Macc., xv, 37.
[3] Winer, *loc. cit.*, t. II, p. 474.
[4] *Bereschith* rabba, ch. 37.
[5] Winer, *loc. cit.*, s. v.
[6] On trouve אספמיא plus fréquemment que אפמיא.
[7] Cf. ci-dessus, p. 28.
[8] *Hallah*, iv, 11.
[9] M. Forbiger, *loc. cit.*, t. II, p. 648; nous croyons que *Famieh*

Les Targoumim rendent le mot Sepham [1], ville frontière de la Palestine, par *Apaméa*; ce qui ne concorde pas avec la situation de la Hamath de la Bible.

מפג, Mapeg; le Talmud y mentionne une idole du nom de *Tharatham* [2]. Mapeg, en siriaque Mabog [3], est la ville de Manbedj, dernière ville de la Syrie, à l'ouest ; elle s'appelait autrefois Hiérapolis et possédait un temple très-célèbre. On y adorait la déesse Derceto ou Atergatis [4].

קן נשריא, Kan Nischraya; nous y rencontrons R. Simon ben Lakisch qui rapporte deux mots usités dans le district de Kan Nischraya. Nous croyons bien faire

---

représente bien l'ancien Apaméa. M. le Dr Joël (*Monatsschrift* de M. Frankel, 1867, p. 384 et suiv.) essaie d'expliquer le nom אפמיא par א־פומא, « ville à l'embouchure, » et le compare au nom latin *Ostium* et au nom allemand *Mündung*; si cette explication est vraie, il faudrait supposer que tous les endroits du nom d'*Apaméa* ont été fondés par des colonies sémitiques, ce qui n'est guère probable. M. Joël identifie le פום נהרא du Talmud avec notre Apamée, ce qui n'est nullement motivé; nous en parlerons au chapitre de la Mésopotamie où cette localité de Poume-Nahra doit se trouver, du moins d'après notre opinion.

[1] Nombres, xxxiv, 10; cf. Winer, *loc. cit.*, t. II, p. 450.

[2] Tal. de Bab., *Abodah zarah*, 11 *b*, אמר רב חמשה בתי עבודה זרה קבועין הן אילו הן בית בל בבבל בית נבו בכורסי תרעתם שבמפג צריפא שבאשקלון נשרא שבערביא כי אתא רב דימי הוסיפו עליהן יריד שבעין בכי נדבכה שבעכו איכא דאמרי נתברא שבעכו.

[3] מבוג Assemani, *Bibl. or.*, t. II, p. 22.

[4] Atergatis est sans doute une corruption de תרעתא (Assemani, *l. c.*, t. I, p. 327). On explique le mot Tharatha par *Janua*, qu'on rapproche du temple de Janus. Nous croyons que Tharatha n'est autre que עתרעתא « la Vénus, » composé de עתר, qui signifie Astharoth dans les inscriptions himyarites (cf. Fresnel, *jour. as.*, 1845, t. II, p. 199 et suiv.; Osiander, *Morgenlændische Zeitschrift*, t. X, p. 62) et de עתא qui signifie temps, destinée, fortune; עתרעתא donnerait presque le même sens que בעל גד.

de donner ce passage[1] qui pourrait être d'une certaine valeur pour la philologie. « R. Akiba dit : Quand je suis allé en *Arabie*, j'ai entendu nommer un bélier *Youbla*[2]; pendant mon séjour en *Galia*, j'ai remarqué qu'on appelait une femme menstruelle *Galmoudah*[3]; voyageant en *Africa*[4], j'ai observé qu'on dit *Keschita* pour *Maah* (une monnaie biblique). Rabbi ajoute : Dans les provinces de la mer[5] on emploie le mot *Kira* pour dire *vendre*. R. Simon ben Lakisch dit : Quand je suis allé dans le district de Kan Nischraya, j'ai entendu dire *Nimphi*[6] pour fiancée, et *Schekhvi* pour coq. »

[1] Tal. de Bab., *Rosch haschana*, 26 *a*. אמר רב עקיבא כשהלכתי לערביא היו קורין לדכרא יובלא ואמר רבי עקיבא כשהלכתי לגליא היו קורין לנדה גלמודה [למאי גלמודה גמולה דא מבעלה] ואמר רבי עקיבא כשהלכתי לאפריקא היו קורין למעה קשיטא (למאי נפקא מינה לפרושי מאה קשיטא דאורייתא מאה דנקי) אמר רבי כשהלכתי לכרכי ים היו קורין למכירה כירה (למאי נפקא מינה לפרושי אשר כריתי לי) אמר רבי שמעון בן לקיש כשהלכתי לתחום קן נשרייא היו קורין לכלה נינפי ולתרנגול שכוי. Nous n'avons pas traduit les mots entre parenthèses, qui contiennent l'application de ces idiomes à des passages bibliques. — Le T. de Jér. (*Berakhoth*, IX, 2), rapporte ces idiomes au nom de R. Levi; on y dit que c'est à Rome (ברומי) qu'on appelle le coq *Schekhvi*.

[2] Ce mot se trouve avec le sens de *bouc* dans l'inscription phénicienne de Marseille, ligne 7.

[3] Une singulière décomposition du mot גלמודה « elle est sevrée de son mari. »

[4] Nous parlerons aux chapitres suivants des noms de *Galia* et d'*Africa*.

[5] Il est difficile de dire de quelle province le talmudiste veut parler. Nous croyons que le mot כירי « mon esclave, » que les Galiléens confondaient, dans leur prononciation, avec קורי «mon maître » (T. de B., *Eroubin*, 53 *b*), vient de l'idiome כיר «vendre.» L'esclave est susceptible d'être vendu; cette idée trouve son analogie dans l'expression biblique קנין כספו. (Lév. XXII, 11) pour « esclave. »

[6] C'est probablement le mot grec Νύμφη.

Nous avons vu ce dernier docteur dans les différentes localités de la Syrie. Kan Nischraya est probablement la partie-nord de la Syrie appelée aujourd'hui *Kennisrin* [1]. On donne également ce nom à la porte d'Alep qui conduit vers cette région [2].

[1] Assemani, *Bibl. or.*, t. II, p. 54, קנסרין. Quelques savants identifient Kinnesrin avec חלבון de la Bible; d'autres croient que Helbon est l'Alep actuel, qui se trouve non loin de Kinesrin. Cf. M. Forbiger, *loc. cit.*, t. II, p. 645.

[2] Cf. M. Wiesner, *Talm. forsch.* (Ben Han., 1866, n° 25, col. 74).

CHAPITRE II

L'ASIE MINEURE.

L'expression *Asia* est une des plus vagues chez les auteurs grecs et latins : tantôt elle signifie l'Asie entière par opposition à l'Europe et à l'Afrique, tantôt elle ne désigne que quelques provinces de l'Asie mineure [1]. Ainsi Antiochus le Grand est appelé le roi de l'Asie, même lorsqu'il ne possède que la province de la Cilicie. Dans le Nouveau Testament, on cite *l'Asie* et la Cilicie comme provinces romaines dans l'Asie mineure ; on adresse des messages aux sept communautés chrétiennes : à Éphèse, à Smyrne, à Pergame, à Thiatyre, à Sardes, à Philadelphie et à Laodicée en Asie (proconsularis) [2].

Les Talmuds, si peu exacts dans les citations géographiques et historiques (nous en avons eu assez d'exemples), ne sont certainement pas exempts de cette confusion concernant l'expression Asia (עסיא, אסיא). Ici également on nomme « Asia » à côté d'Antioche ou de Laodicée ; on cite « Asia » tantôt comme une ville, tantôt comme un pays. Sortir de ce labyrinthe serait impossible ; il ne nous reste qu'à donner les quelques passages talmudiques qui parlent de l'Asie, et à les expliquer d'après nos conjectures.

[1] Cf. M. Forbiger, *Handbuch der alten Geographie*, t. II, p. 39.
[2] Cf. Winer, *loc. cit.*, t. I, p. 96, 97 ; Pauly, *Encyclopedie*, a. v.

Nous distinguons avant tout la différence qui existe entre les deux noms אסיא et עסיא; nous avons identifié[1] le second avec la ville d'Essa que mentionne Josèphe.

La Mischna [2] raconte qu'on avait noyé un homme dans la mer à Esya (עסיא); ce qui incontestablement ne se rapporte pas à l'Asie. « Les habitants d'Esya (עסיא), racontent les Talmuds [3], sont allés lors des trois fêtes (Pessah, Schebouoth et Soukkoth) à Yabneh, pour s'instruire sur une question religieuse. » A moins de traiter ce passage de légende, nous ne voyons pas comment à cette époque on aurait pu se rendre en Asie et revenir à Yabneh, dans les six semaines qui séparent Pessah de Schebouoth. Quand le Talmud permet de se baigner [4] le jour de sabbath dans les eaux de Gadara, de Hamatha, de Tibériade et d'*Esya*, il ne peut entendre par ce dernier nom l'*Asie*. Les trois premières localités se trouvent en Palestine. Pourquoi n'aurait-on pas cité des eaux thermales de Mésopotamie ou de Perse, aussi bien que celles de l'Asie, dans le sens d'Asie mineure? Tous ces passages précités se rapportent à quelqu'endroit en Palestine, et selon notre opinion à Essa.

Citons maintenant des passages où il faut nécessairement prendre אסיא pour une province en Asie.

Aschkenaz [5] est expliqué dans les Talmuds [6] et dans

---

[1] Cf. ci-dessus, p. 38. Cf. M. Rappoport, *Erekh Millin*, p. 154, qui croit que אסיא et עסיא sont identiques. Les copistes n'ont pas observé exactement la différence orthographique de ces deux noms; cependant une différence existait sans doute.

[2] *Yebamoth*, XVI, 3, מעשה בעסיא באחד ששלשלוהו לים

[3] T. de B., *Holin*, 48 *a* et ailleurs. ועלו עליה בני עסיא ג' רגלים.

[4] Cf. ci-dessus, p. 38.

[5] Genèse, x, 3.

[6] Tal. de Jér., *Meguillah*, I, 1, אסיא; Tal. de Bab., *Yoma*, 10 *a*; cf. notre chapitre sur les peuplades mentionnées dans les Talmuds et les Targoumim.

le Targoum par *Asia*; ce qui est sans doute une allusion au nom d'*Ascania* [1], province dans la Phrygie majeure. Tous les noms des tribus, mentionnés dans ce passage biblique, sont expliqués par ceux des peuplades en Asie mineure. On dit dans les Talmuds qu'Israël possédera à l'arrivée du Messie dix peuples au lieu de sept; les trois nouveaux sont : Keni, Kenizi et Kadmoni. Il y a divergence d'opinion dans l'explication de ces trois noms par ceux des peuples existant à l'époque talmudique. R. Simon dit : « ce sont Asia, Aspamia et Dameschek [2]. » Aspamia ou mieux Apamia signifie sans doute la province d'Apamène, Dameschek la province de Damascéné et Asia une province de l'Asie mineure.

Il nous reste à citer des passages talmudiques où אסיא désigne une ville.

« L'empire romain, dit le Talmud [3], est fier et orgueilleux, et il n'a cependant que quatre villes dignes d'être capitales : *Asia*, *Alexandria*, *Carthagena* et *Antiochia*. Asia signifie probablement ici la ville de Sardes qui en effet était une des plus importantes en Asie mineure. R. Meïr [4] qui se rendit en *Asia* et qui y mourut, habitait selon toute apparence Sardes; il y existait déjà une grande communauté juive [5] du temps de saint Paul.

---

[1] M. Rappoport, *loc. cit.*, p. 153, explique ici אסיא par « Asia proconsularis. »

[2] Tal. de Jér., *Schebiith*, VI, 1, אספמיא דמשק ואסיא. Nous donnerons les explications des autres docteurs ainsi que les variantes que présente le Tal. de Babylone dans le chapitre sur les peuplades. Nous aurons l'occasion d'entrer dans des détails plus circonstanciés sur ce sujet.

[3] Siphré, sec. *Balak* (éd. Friedmann, p. 47 b).

[4] Cf. M. Graetz, *Geschichte der Juden*, t. IV, p. 189.

[5] Cette communauté était formée probablement de Juifs helléniques; c'est là que R. Meïr, n'ayant pas trouvé la *Meguillah*

Le mot *Karena* est expliqué dans le Talmud[1] par le vin doux qui vient de l'Asia; Asia représente ici la ville de Sardes, qui se trouvait dans un pays très-fertile et planté de vignes [2]. Dans le passage talmudique où le prophète Élie dit à un docteur [3] : « Ton père est allé en *Asia* et toi rends-toi a Lodkia, » ces deux noms peuvent représenter également des provinces ou des villes.

Nous allons passer à l'énumération des provinces et des villes de l'Asie mineure, nommées par les Talmuds.

אנטוביא, Antioche, troisième ville de l'empire romain, est souvent mentionnée; elle portait le nom de son fondateur [4], Antiochus (Épiphane). Le Talmud en fait une grande ville [5] : c'était en effet une ville de cinq cent mille âmes [6]. Ici finissait la province de Sourya, et Antioche était la première ville des pays « hors de la Terre. » Quand on avait vendu un esclave à un Antiochien, à Antioche même, dit le Talmud [7], cet esclave devenait libre, parce qu'on n'a pas le droit de le vendre dans un lieu hors de la « Terre d'Israël. » Antioche renfermait une grande communauté juive; elle datait de Séleucus Nicator, et ses membres jouissaient des mêmes droits que les Grecs [8]. A Antioche se forma la

---

(livre d'Esther) en hébreu, écrivit le livre de mémoire pour pouvoir en faire la lecture dans la synagogue. Cf. ci-dessus, p. 290.

[1] Tal. de Bab., *Abodah zarah*, 30 *a*.
[2] Pline, *Hist. nat.*, v, 29, 30.
[3] Tal. de Bab., *Baba Mecia*, 84 *a*.
[4] *Bereschith* rabba, ch. 23, אנטיוכם בנה אנטוביא ; *Seder Olam zouta*, אנטוקי.
[5] Tal. de Bab., *Eroubin*, 63 *b*, בעיר אפילו היא גדולה כאנטובא
[6] Cf. M. Renan, *les Apôtres*, p. 215 et suiv.
[7] Tal. de Bab., *Guittin*, 44 *b*, פלוני עבדי מכרתי לאנטיכי שבאנטוכי יצא לחירות.
[8] Josèphe, *contre Apion*, ii, 4; cf. aussi M. Renan, *l. c.*, p. 223.

première Église chrétienne dégagée complétement du judaïsme [1]; saint Paul vint y prêcher la nouvelle doctrine, et il est probable que les Juifs, à Jérusalem aussi bien qu'à Antioche, furent effrayés des prédications de cet esprit hardi entre tous les Apôtres. Il n'est jamais question dans les Talmuds des relations entre les juifs et les premiers chrétiens à Antioche; mais on dit que R. Éliézer, R. Yehoschoua et R. Akiba se sont rendus à *Holath Antiochia* pour une motif religieux [2]. Holath signifie un « endroit sablonneux [3], » qui formait probablement la campagne d'Antioche; on y cultivait le riz, dont les

---

[1] M. Renan, *loc. cit.*, p. 226.

[2] Tal. de Jér., *Horayoth*, III, 7, מעשה בר' אליעזר ור' יהושע ור' עקיבא שעלו לחולת אנטוכיא על עסק מגבת חכמים. Le mot מגבת n'est pas très-clair. Nous croyons que si la politique n'est pas étrangère aux voyages de R. Akiba, la religion y joue un plus grand rôle; on ne peut douter que ce docteur, ainsi que son disciple R. Meïr, se soient rendus en Asie mineure pour combattre la propagande du christianisme parmi les juifs. Nous développerons ce point dans notre partie historique.

[3] M. Rappoport (*Erekh Millin*, p. 48) veut expliquer le mot חולת par le mot latin (*chia?*) « caverne, vallée. » Le voyageur Parhi (*Kaftor oupherah*, ch. 11) dit qu'entre Hamath et le Hor hahar se trouve un désert, endroit de pâturage, que les Arabes appellent *Amik-el-Harem*. Le mot *Amik* représenterait le חולת hébreu d'après M. Rappoport; nous croyons cette explication trop forcée, car חולת ne peut signifier « vallée. » En outre, Hamath est trop loin d'Antioche pour pouvoir désigner l'*Amik-el-Harem* du Parhi, localité près d'Antioche. Il est vrai que le Targoum de Jérusalem rend Hamath par Antiochia (cf. ci-dessus, p. 8); mais le Midrasch, auquel il faut plutôt se fier, rend ce nom par Épiphania (cf. ci-dessus, p. 304). M. Rappoport ajoute encore que le Talmud de Babylone (*Kiddouschin*, 66 *a*) comprend par les mots כוחלית במדבר Kohlith dans le désert d'où Hyrcan était revenu victorieux (cf. M. Derenbourg, *Essai*, etc., p. 80), le désert entre Hamath et le Hor hahar que Parhi mentionne; cependant aucun historien ne mentionne la victoire d'Hyrcan de ce côté.

Talmuds[1] permettent l'usage sans qu'on en ait prélevé la dîme. Nous ne trouvons pas ailleurs mention de territoire sablonneux près d'Antioche; la topographie de l'ancienne Antiochia est presque inconnue [2].

Les controverses religieuses entre juifs et chrétiens à Antioche sont plus fréquentes au deuxième siècle. Ainsi on avait posé à R. Tanhouma[3] la question suivante : « Le mot *Elohim* (Dieu) se trouve au pluriel et par conséquent il y a une pluralité en Dieu. » Ce docteur répond que le verbe se rapportant à Elohim est au singulier. Plusieurs autres questions sont adressées par les *Minin* à R. Schimlaï[4] qui, ainsi que R. Yiçhak[5], avait son école à Antioche.

Dans le voisinage de cette ville de luxe et de plaisirs on voyait *Daphné*, séparée d'Antioche par l'Orontès; là se trouvaient un bois et un temple consacrés à Diane et à Apollon [6]. Daphné était sans doute un des endroits les plus agréables dans les environs d'Antioche, plein d'ombrages et traversé par des cours d'eau, à en juger d'après son nom actuel *Beit-el-maa*. « C'était, dit M. Renan [7], une sorte de plagiat, de contrefaçon des mythes de la mère patrie, analogue à ces transports hardis par lesquels les tribus primitives faisaient voyager avec elles leur géographie mythique. » La légende talmudique [8] place à Daphné le grand sanhédrin

---

[1] Tal. de Jér., *Demoï*, II, אורן שבחולת אנטוכיא מותר
[2] M. Renan, *l. c.*, p. 226.
[3] *Bereschith* rabba, ch. 8.
[4] Tal. de Jér., *Kiddouschin*, III, 13.
[5] Tal. de Bab., *Kethouboth*, 88 *a*.
[6] M. Winer, *l. c.*, t. I, p. 249.
[7] *Les Apôtres*, p. 215.
[8] Tal. de Jér., *Sanhédrin*, XVII, 8.

qui se rendit à la rencontre de Nabuchodonosor. Dans un autre passage[1] on dit qu'une partie des dix tribus fut conduite à Daphné d'Antiochia; on pourrait peut-être en tirer la conclusion qu'il y avait une communauté juive à Daphné [2].

On mentionne dans la Mischna [3] des ustensiles d'Antioche sous le nom *Antiki*. Une des principales branches de commerce d'Antioche était les épices [4]. Antioche s'appelle aujourd'hui *Antakieh* et occupe à peine le tiers de l'ancienne Antioche [5].

קליקי, Kilikia, séparée de la Syrie par l'Amanus, est située dans une région très-fertile [6]; on parle dans la Mischna [7] des pois de ce pays. Pline [8] y connaît beaucoup de vignes; son vin délicieux est également mentionné dans les Talmuds [9]. Aristote parle des chèvres de la Cilicie, très-célèbres dans l'antiquité [10]; peut-être, avec le poil de ces animaux a-t-on fait les tissus ciliciens, que mentionne la Mischna [11].

---

[1] Tal. de Jér., *Schekalim*, vi, 4. Il y avait plusieurs villes du nom d'Antiochia, mais il n'y avait qu'un Daphnaé en Asie; d'ailleurs le Talmud de Jérusalem mentionne des pays hors de la Palestine et de la Sourya, mais très-rarement des villes.

[2] Le Targoum de Jérusalem ainsi que saint Jérôme rendent le nom רבלה (Nombres, xxxiv, 11) par *Daphnaé*; le Talmud de Babylone (*Sanhédrin*, 96 *b*), par Antiochia. La *Pesiktha rabbathi* (ch. 31) parle également de ces trois émigrations et lit לדפנו של רבלתה.

[3] *Sabbath*, iii, 14, אנטוכי.
[4] Tal. de Bab., *Kethouboth*, 67 *a*, בשמים של אנטוכיא
[5] Winer, *loc. cit.*, t. I, p. 61.
[6] *Ibidem*, p. 230.
[7] *Maaseroth*, v, 8. וגריסין הקילקים
[8] *Hist. nat.*, xiv, 11.
[9] Tal. de Jér., *Hallah*, iv, 11, יין מקליקיה
[10] Winer, *loc. cit.*
[11] *Kelim*, xxix, 1, הקולקין

La Cilicie était habitée par les Juifs[1]. Le roi juif Alexandre avait des soldats ciliciens dans son armée[2]. Saint Paul était originaire de Tarses, capitale du pays. Les Talmuds mentionnent[3] une synagogue des *Tarsiim* à Jérusalem; il est possible qu'elle ait appartenu à une communauté juive de Tarses. La Pesiktha nomme un docteur, Nahoum, qui faisait des conférences agadiques à Tarses[4].

פרוגתייא, Phrygie, un pays bien cultivé et bien arrosé, qui produisait probablement du bon vin. Le Talmud dit[5]: « Le vin phrygien et les bains (de ce pays) ont séparé les dix tribus de leurs frères. » Ce passage est certainement légendaire, néanmoins le vin de la Phrygie lui-même n'est pas une légende. Les habitants de ce pays sont réputés luxurieux et efféminés; on trouvait à Hiérapolis, ainsi que dans d'autres endroits de la Phrygie, des bains célèbres[6]. L'existence des communautés juives en Phrygie est suffisamment établie. Josèphe parle de deux mille Juifs transportés dans ce pays par Antiochus le Grand[7]. Nous avons déjà

---

[1] Actes, vi, 9; Philon, *Opp.*, ii, 587.

[2] Josèphe, *Ant.*, XIII, xiii, 5.

[3] Cf. ci-dessus, p. 293, note 5.

[4] Msc. Bodl., 25, fol. 16 דרש נחום בר׳ סימא בטרסום.

[5] Tal. de Bab., *Sabbath*, 147 *b*. א ר חלבו חמרא דפרוגתייא ומיא דיומסת קיפחו עשרת השבטים מישראל Nous avons déjà dit (cf. ci-dessus, p. 100) que le Talmud confond דיומסית avec Emmaüs. La leçon du Midrasch (*Vayikra* rabba, ch. 5) פתוגתא et פלוגתא pour פרוגתא tend simplement à pouvoir y appliquer les mots פתה et פלג; nous rencontrons souvent de semblables variantes, même pour la Bible, dans les passages talmudiques qu'on introduit avec אל תקרי.

[6] Cf. M. Wiesner, *Scholien*, etc., fasc. II, p. 259.

[7] Winer, *loc. cit*, t. II, p. 259.

vu [1] que les Juifs en Asie mineure, étrangers à la civilisation hellénique d'Alexandrie, et ne possédant pas la connaissance de la langue hébraïque, se sont convertis au christianisme, bien plus facilement que leurs frères de Palestine ou d'Égypte. Le Talmud, en parlant des dix tribus en Phrygie, qui se détachaient des autres Juifs, fait peut-être allusion à ces convertis, fort nombreux dans ce pays.

לוד, (Loud), Lydie, capitale Sardes, ville dont nous avons déjà parlé [2]. Cette province est assez connue par son dernier roi Crœsus. Le repas de la première heure de la matinée (six heures du matin) est appelé dans le Talmud [3] « le repas des Lydiens », probablement parce que la première occupation des habitants de ce pays après leur lever était le repas. Hérodote nous dit en effet qu'ils étaient très-efféminés. R. Simon ben Lakisch, l'aventureux docteur talmudique, s'est vendu aux Lydiens [4], probablement pour être livré comme eunuque à la cour de Perse; les Lydiens s'occupaient beaucoup de ce genre de trafic.

Ce peuple était très-industrieux et commerçant; on parle dans la Mischna des sandales lydiennes [5]. Nous avons déjà dit [6] que les Talmuds confondent souvent Laodicée (Lodkia), Lod (Diospolis, Lydda) et Lydia.

La Mysie, la Thracie et la Bythinie ne sont men-

---

[1] Cf. ci-dessus, p. 290.
[2] Cf. ci-dessus, p. 310 et 311.
[3] Tal. de Bab., *Sabbath*, 10 *b*. שעה ראשונה מאכל לודים.
[4] Tal. de Bab., *Guittin*, 47 *a*, ריש לקיש ובין נפשיה ללודאי. Les commentateurs expliquent ce fait d'une façon bizarre : Ils prétendent que les Lydiens étaient des anthropophages. Cf. aussi M. Wiesner, *l. c.*, p. 8.
[5] *Kelim*, XXVI, 1, סנדל לדיקי.
[6] Cf. ci-dessus, p. 78.

tionnées que pour la traduction des noms de quelques peuplades Japhetites dont parle la Bible ; nous y reviendrons au chapitre sur les peuples dans les Talmuds.

גליא, Galia. R. Akiba rapporte un mot de l'idiome qui était usité dans ce pays [1]. On l'explique ordinairement par la province de Galata en Asie mineure. On mentionne aussi un docteur originaire de *Galia* [2] ; il y avait des communautés juives dans ce pays [3].

Dans un autre passage talmudique [4], on parle des bateaux qui se rendent de « Galia à Aspamia. » Ici Galia ne peut pas signifier Galatia, cette province n'étant pas située sur la mer. On peut identifier ce Galatia avec l'île de Galata dans la Méditerranée, à côté de la Numidie [5] ; il est probable que des bateaux partaient de là pour se rendre en Espagne. Il est possible aussi que le Talmud comprenne par Galia la province de Gallia en Europe, qui, déjà à l'époque de César, s'étendait vers le sud jusqu'à la mer Méditerranée [6], et communiquait sans doute avec l'Espagne, par voie de mer.

קפוטקיא ou קפודקיא, Kapoutkia ou Kapoudkia, province de la Cappadocie, entre la petite Arménie, la Phrygie, la Paphlagonie et la mer Noire. Ce pays, situé sur la frontière de l'Arménie, renfermait beaucoup de Juifs ; ils entretenaient probablement des relations nombreuses avec leurs frères de la Babylonie. Cette pro-

---

[1] Cf. ci-dessus, p. 306. On lit dans les *Halakhoth Guedoloth* (éd. Venise, 1548, p. 38 *a*) גלילא an lieu de גליא.

[2] Tosiftha, *Eroubin*, ch. 8 מנחם איש גליא ; Tal. de Jér., *Berakhoth*, IV, 4 ; נחום au lieu de מנחם dans le Tal. de Bab., *Kethouboth*, 60 *a*.

[3] Josèphe, *Ant.*, XVI, VI, 2.

[4] Tal. de Bab., *Yebamoth*, 63 *a*, ספינות הבאות מגליא לאספמיא.

[5] Pline, *H. N.*, III, 14 ; V, 7.

[6] M. Forbiger, *loc. cit.*, t. III, p. 110.

vince est très-souvent mentionnée dans les Talmuds. A Sepphoris[1] se trouvait une communauté de Juifs cappadociens. La contrée n'était pas très-fertile et était couverte de pâturages[2]; il n'y avait pas d'oliviers notamment. Le Talmud dit que les habitants de la Cappadocie se servaient de naphte[3].

Le Cappadociens ne jouissaient pas d'une bonne réputation; ils étaient surtout infidèles et indolents[4]. Aussi les Talmuds parlent-ils souvent de brigands saisis dans ce pays[5]. La capitale était Césarée-Mazaga, que le Talmud nomme Mazaga de Césarée[6] ou Césarée de la Cappadocie[7]. R. Akiba, dans ses voyages lointains, séjourna aussi dans cette ville, en même temps que R. Meïr[8]. Il y existait sans doute une école, car un grand nombre de docteurs sont cités[9] comme originaires de la

---

[1] Tal. de Jér., *Schebiith*, IX, 5. קפודקאי דצפורין

[2] Winer, *loc. cit.*, t. I, p. 649.

[3] Tal. de Bab., *Sabbath*, אנשי קפוטקיא שאין להם אלא נפט.

[4] Winer, *loc. cit.*, p. 650.

[5] Tosiftha, *Yebamoth*, ch. 4. מעשה בלסטים אחד שנתפסו בקפוטקיא; Tal. de Jér., même Traité, IV et VI, à la fin, בקיסרי שבקפודקייא; Tal. de Bab., même Traité, 25 b.

[6] Cf. ci-dessous, p. 349.

[7] Cf. ci-dessus, note 5.

[8] Tal. de Jér., *Yebamoth*, XVI, א"ר עקיבא מעשה שעשיתי מפרש בים הגדול וראיתי ספינה אחת ששקעה בים והייתי מצטער על תלמיד חכם אחד שהיה בתוכה וכשבתי למגיזה של קפודקיא והתחיל מקדמיני ושואל לי שאלות. R. Akiba dit : « Je suis allé sur la grande mer, et j'ai vu un bateau prêt à faire naufrage ; je fus chagriné à cause d'un savant qui s'y trouvait. En arrivant à Mazaga de la Cappadocie, il est venu à ma rencontre et m'a posé des questions. » Dans le Tal. de Bab. (*Yebamoth*, 124 a) on nomme ce savant, qui n'était autre que R. Meïr. Cf. aussi Tosiftha, *Yebamoth*, ch. 13.

[9] Tal. de Jér., *Kilaïm*, VII, 1 ר' יודן קפודקאי; même Talmud, *Hallah*, III, 1, ר' שמואל קפודקאי

Cappadocie. Dans une insurrection contre le roi Schabor (Sapor), d'après les Talmuds[1], 12,000 Juifs furent tués à Mazaga. Les historiens mentionnent, en effet, le siége de cette ville, qui ne comptait pas moins de 40,000 habitants. Elle fut prise par trahison, et Sapor, dit-on, fut impitoyable pour les habitants [2]; le massacre des Juifs, raconté par le Talmud, se rapporte peut-être à ce siége.

Quelques savants[3] prétendent que, dans ses nombreux voyages, R. Akiba s'est rendu à Zephyrium sur la mer Noire, ainsi qu'en Ibérie; nous reviendrons sur ce sujet quand nous parlerons du pays des dix tribus.

לודקיא, Laodicée, ville très-riche, très-commerçante dans la grande Phrygie. Cette ville tremblait, dit le Talmud[4], au bruit des flèches qu'on avait tirées dans Mazaga. Il n'y a donc pas de doute ici sur la Laodicée dont le Talmud veut parler.

---

[1] Tal. de Bab., *Moëd Katon*, 26 *a*. קטל שבור מלכא תריסר אלפי יהודאי במוזנת קיסרי

[2] La chronologie du Talmud ne s'accorde pas ici avec les historiens; nous y reviendrons dans notre partie historique. Cf. M. Graetz, *Geschichte der Juden*, t. IV, p. 288.

[3] Cf. M. Harkavy, dans le *Zeitschrift* de M. Geiger, année 1867, p. 34 et suiv.

[4] Tal. de Bab., *Moëd Katon*, 26 *a*, לקול יתרי דמויגת קסרי פקע שורא דלודקיא.

CHAPITRE III

LA BABYLONIE (MÉSOPOTAMIE).

Sous la dénomination de *Babel* les Talmuds comprennent : 1° les environs de l'ancienne ville de Babel, dans le voisinage de laquelle se trouvait la ville de Soura, siége de l'école de Rab ; le district de Nehardaa était distinct de ce pays [1] ; 2° toute la contrée entre le Tigre et l'Euphrate, au-dessus du confluent de ces fleuves jusques et y compris Nehardaa [2] ; 3° toute la Mésopotamie [3], une partie de la grande Arménie et quelques pays limitrophes du côté-est du Tigre [4]. C'est surtout dans le sens de cette dernière délimitation que nous avons à nous en occuper dans ce chapitre.

---

[1] Tal. de Bab, *Kethouboth*, 54 a, בבל וכל פרוודהא נהוג כרב נהרדעא וכל פרוורדהי נהוג כשמואל.

[2] Même Talmud, *Eroubin*, 45 a, אמר רב נחמן ובבל עיר הסמוכה לספר דמיא ותרגומא נהרדעא « Babel est considérée comme une ville frontière, et Babel veut dire ici *Nehardaa*. » Les guerres continuelles entre les Parthes et les Romains exposaient surtout Nehardaa à une attaque continuelle ; cf. M. Wiesner, *Scholien*, etc., fasc. III, p. 38. Samuel, qui résidait à Nehardaa, est appelé le « Rabbi de Babel. » רבותנו שבבל (T. de B., *Sanhédrin*, 17 b ; cf. aussi *Holin*, 95 b.)

[3] On trouve le mot Mésopotamie (מאסופוטמה) dans le Midrasch (*Bereschith* rabba, ch. 30) : « Dieu dit à Abraham : Tu iras répandre la lumière en Palestine, comme tu l'as fait en Mésopotamie. »

[4] Strabon comprend aussi sous la dénomination de *Babylonia* la Mésopotamie et l'Assyrie ; cf. M. Forbiger, *loc. cit.*, t. II, p. 616.

La Babylonie, seconde patrie des Juifs, n'occupait pas moins l'attention des talmudistes que la Palestine. S'il s'agissait de fixer les limites de ce pays pour les dîmes et les autres prélèvements [1], on devait le faire en Babylonie, à cause des nombreux descendants des familles juives qui y étaient constamment restées depuis la captivité, et de beaucoup d'autres qui étaient venues s'y établir plus tard. Le soin que prend Esdras [2] de séparer les Juifs de leurs femmes païennes, nous apprend qu'une partie des captifs n'étaient pas restés fidèles à la loi mosaïque, et qu'ils s'alliaient volontiers aux nations voisines. Les rabbins possédaient un « livre de généalogie [3] » dans lequel on inscrivait des faits historiques, mais principalement la généalogie des familles. On savait, ou l'on prétendait savoir, dans quelles localités les Juifs ne contractaient pas mariage avec les païens ; ces endroits étaient comptés comme Babylonie, et on fixe la frontière de ce pays pour indiquer jusqu'où le sang juif était resté pur de tout mélange. Nous verrons qu'en Babylonie, comme en Palestine, la fixation de cette frontière varie selon les différentes écoles et les différentes époques.

Pour mieux faire ressortir cette pureté des familles en Babylonie, nous citerons des passages talmudiques,

---

[1] Cf. ci-dessus, p. 10 et 22.
[2] Esdras, x, 2, 3 ; Tal. de Bab., *Kiddouschin*, 69 b, א"ר אלעזר לא עלה עזרא מבבל עד שעשאה כסלת נקיה « Esdras n'avait pas quitté Babel jusqu'à ce qu'il l'eût rendue pure comme de la farine. »
[3] Tal. de Bab., *Pesahim*, 62 b. On y dit : « Depuis le jour où ce livre fut caché, la valeur des docteurs est devenue plus faible » מיום שנגנז ספר יוחסין תשש כחן של חכמים. Ce livre a dû jouer un grand rôle ; Hérode le fit brûler. On sait combien on tient chez les peuples orientaux aux arbres généalogiques ; saint Matthieu commence par là son Évangile.

21

dans lesquels on subordonne même la Palestine à la Babylonie, au point de vue généalogique des Juifs. « Tous les pays sont comme la pâte (entremêlée) comparés à la Palestine [1]; mais ce pays l'est par rapport à la Babylonie. » On lit dans un autre passage [2] : « Babylone est toujours considérée pure, jusqu'à ce qu'il se présente un motif pour lequel on doit la déclarer impure. Les autres pays, au contraire, sont regardés comme impurs, jusqu'à ce qu'il y ait évidence pour pouvoir les déclarer purs. » Avons-nous besoin de dire que cette fierté des familles en Babylonie, produisait une grande jalousie entre les écoles de ce pays et celles de la Palestine? A l'époque de Rabbi, dit le Talmud [3], on voulait assimiler la Babylonie à la *pâte* relativement à la Palestine.

D'après la tradition juive, les plus anciennes synagogues se trouvaient à Nehardaa [4]. Loin du Temple, les Juifs de ce pays devaient en effet avoir un centre quelconque, et des usages religieux, dont l'uniformité formait un lien puissant entre les différentes communautés. Les Babyloniens communiquaient toujours avec leurs frères en Palestine et envoyaient des subsides pour le Temple [5].

---

[1] Tal. de Bab., *Kiddouschin*, 71 *a*. כל ארצות עיסה לארץ ישראל וארץ ישראל עיסה לבבל. L'expression עיסה « pâte (levain), » est très-souvent employée dans ce sens dans les Évangiles; cf. saint Matthieu, XVI, 6, 11; saint Marc, VIII, 15.

[2] Même Talmud, 71 *b*.

[3] *Ibidem*. בימי רבי בקשו לעשות בבל עיסה לארץ ישראל

[4] Le roi Yechonyah, dit-on, aurait construit, avec les matériaux du Temple de Jérusalem, la synagogue de *Schafyathib*, dans le voisinage de Nehardaa. Elle était certainement très-ancienne, puisqu'au deuxième siècle on prétendait que la majesté divine (שכינה) y résidait; cf. M. le Dr Fürst, *Kultur- und Literaturgeschichte der Juden in Asien*, Leipsik 1849, t. I, p. 8.

[5] Josèphe, *Ant.*, XVIII, IX, 1, 9.

Quelques-uns d'entre eux se rendirent en Palestine pour y étudier la loi. On dépendait en Babylonie de la mère patrie, principalement à cause de la fixation des fêtes par l'intercalation du treizième mois des années embolismiques. Bientôt on attribua aux écoles babyloniennes la supériorité sur celles de la Palestine, et on n'accorda aux habitants de ce dernier pays que le mérite d'observer le règlement de la dîme. « R. Ismaël bar Yoseph demanda[1] à Rabbi : Pour quelle bonne action Dieu laisse-t-il vivre les Babyloniens? Pour l'étude de la loi, lui répondit-il. Et les Palestiniens? Pour les dîmes. Et les habitants des autres pays? Parce qu'ils observent les sabbaths et les fêtes. » Cet avantage des Babyloniens dans l'étude de la loi humiliait les Palestiniens. Ceux-ci les appellent fiers et pauvres, et disent que leurs études ressemblent aux ténèbres[2].

Les Babyloniens sont stupides, dit-on en Palestine[3]; car ils mangent du pain avec du pain[4]. A la fin l'Euphrate l'avait emporté sur le Jourdain. La fatale issue de la guerre de Bar-Coziba amena un grand nombre de Juifs dans le pays entre l'Euphrate et le Tigre. Nehardaa et Soura rivalisèrent avec Ouscha et Tibériade; nous trouvons à la fin du second siècle des communautés et des écoles dans toute la Mésopotamie, jusqu'à Nisibe. C'est grâce à cette dispersion que nous rencontrons quelques données géographiques sur ces pays et sur les noms des villes, que nous ne trouvons pas dans les au-

---

[1] Tal. de Bab., *Menahoth*, 85 *b*.
[2] Tal. de Bab., *Sanhédrin*, 24 *a*.
[3] Même Talmud, *Pesahim*, 34 *b*.
[4] *Ibid.*, *Beçah*, 17 *a*. בבלאי טפשאי דאכלין נהמא בנהמא; cela se rapporte probablement à leur pauvreté : ils ne mangent que du pain.

teurs grecs et latins. Beaucoup d'entre elles n'existent réellement plus, et les anciens noms ne se sont pas conservés dans la Mésopotamie aussi exactement qu'en Palestine. Le pays entre l'Euphrate et le Tigre exige encore une exploration plus minutieuse [1], avant qu'on puisse se permettre d'identifier tous les noms de localités que nous allons énumérer, et qui sont rapportés par les Talmuds.

La Babylonie, d'après le Talmud, est située au nord de la Palestine [2], et se trouve enclavée entre l'Euphrate et le Tigre [3], généralement parlant. A l'est de ce dernier fleuve se trouve un canal appelé *Nahar-Youani*, point où Samuel porte la frontière de la Babylonie; ce canal est probablement identique avec le *Nahr-Avan*. Rab étend le nom de Babylonie, vers l'est, jusqu'au Nahr-Azek [4], qui est peut-être la rivière actuelle de *Kongitun*, marquée sur les cartes.

De ce côté, nous trouvons *Elem* et *Gabiané*, où le Talmud déclare que la race juive a subi des mélanges: « Mesa est morte; Madaï, malade; Elam (et Gobaï) prêt

---

[1] Les explorations du colonel Chesney sont, sans doute, d'une grande valeur pour la topographie de la Mésopotamie, mais elles se bornent généralement aux cours de l'Euphrate et du Tigre; de sorte que l'intérieur du pays est encore assez peu connu.

[2] Tal. de Bab., *Baba bathra*, 25 *b*; la situation de ce pays relativement à la Palestine est plutôt nord-est-est; mais le docteur a besoin de cette position vers le nord pour arriver à une interprétation agadique. Les Babyloniens, quand ils parlent de la Palestine, l'appellent מערבא « le pays vers l'ouest. »

[3] Tal. de Bab., *Eroubin*, 22 *b*. בבל נמי מקיף לה פרת מהאי גיסא ודיגלת מהאי גיסא.

[4] Même Talmud, *Kiddouschin*, 71 *a*. עד היכן היא בבל רב אמר עד נהר עזק ושמואל אמר עד נהר יואני. Le T. de J. (*Kiddouschin*, iv, 1) lit: נהר יוק.

à mourir[1] ». Madaï est sans doute la province de Médie, qui touche à l'Assyrie et à l'Arménie vers l'ouest[2] ; Élam est ici la partie de la Susiane où demeuraient les Élémaïtes[3] ; Gabiané, la province entre l'Elymaïs et la Médie, sur les monts Zagros[4]. Telle est la frontière de la Babylonie vers l'est. Mesa ou Meson est sans doute la province de Mésène, s'étendant vers le golfe Persique, depuis la jonction du « canal royal » avec le Tigre[5], au-dessus du Schat-el-Arab. Là, se trouvait la ville d'*Apaméa*[6], que Rab et Samuel considèrent comme la frontière-sud de la Babylonie. Le Talmud ajoute « qu'il y avait deux Apamée, l'une supérieure, l'autre inférieure ; la première était considérée comme pure, ayant une population juive, tandis que dans l'autre, elle était impure. Elles sont éloignées l'une de l'autre d'une parsa. Néanmoins les habitants ne communiquent pas entre eux ; ils ne se prêtent même pas du feu les uns aux autres. L'Apamée impure commence là où est la langue

---

[1] *Ibidem*, תמן אמרין מישא מיתא מדוי חולה אילם וגבבאי גוססות le Tal. de Bab. (*ibidem*) commence par בבל בריאה « Babel se porte bien, » et n'a pas le mot וגבבאי, bien qu'ailleurs, comme nous le verrons, il cite ce mot. Nous avons adopté la leçon du Tal. de Jér., parce que dans tous ces noms il y a une allusion sur l'analogie du sens de la racine ; ainsi מישא, qui est prononcé Mesa, se rapproche de מיתה « mort ; » מדוי ou מדוי ressemble au mot מדוי « maladie ; » אלם à אילם « muet ; » un homme près de la mort ne peut plus parler. בבל n'a aucune ressemblance avec בריא « bien portant » et est certainement ajouté au proverbe primitif (peut-être fait-on allusion au nom de *Babirou*, que porte Babylone chez les Perses) ; le mot נובבא n'y appartient pas non plus.

[2] Mannert, *Geographie der Griechen und Rœmer*, t. V., 2ᵉ partie, p. 79 et suiv.

[3] *Ibidem*, p. 354.

[4] *Ibidem*, p. 355.

[5] *Ibidem*, p. 264.

[6] *Ibidem*, p. 266.

mésénenne[1]. » Apamée était composée peut-être de deux parties, comme tant d'autres villes orientales, l'une supérieure, l'autre inférieure, et les quartiers juifs de ces deux parties[2] étaient distants d'une parsa. Peut-être ces quartiers étaient-ils séparés par la ville des païens, et c'est pourquoi les Juifs de ces deux Apamée ne communiquaient pas entre eux. Il est possible aussi que les deux Apamée aient été deux villes distinctes.

Au sud et au sud-ouest, on comptait encore dans la Babylonie une partie du pays que Ptolémée appelle *Chaldœa*[3], et qui était la fleur de la Babylonie, d'après le Talmud. « Hanna ben Pinhas dit : *Hebil-Yama* est la couronne de Babel ; *Schounya*, *Gobya* et *Ciçora* sont

---

[1] Tal. de Bab., *Kiddouschin*, 71 *b*. לתחתית בדיגלת עד היכא רב (אמר עד אפמייא עילאה שמואל) אמר עד אפמייא תתאה תרתי אפמויא הוון חדא עיליתא וחדא תחתיתא ובינייהו חדא לחדא פרסא וקא קפדי אהדדי ואפי נורא לא מושלי אהדדי וסימנך דפסולתא הא דמשתעיא מישנית. Les mots entre parenthèses manquent dans nos éditions, mais ils sont nécessaires pour comprendre la phrase ; d'ailleurs Samuel ne porte jamais le titre de *Rab*, que le Talmud lui attribue dans ce passage. Le manuscrit (Oxford, Bod. lib., opp. 4°, 248) porte פומיתא au lieu de אפמייא, ce qui confirmerait l'explication du nom *Apaméa* par א־פומא ; cf. ci-dessus, p. 305. Dans ce manuscrit on lit רב דמשתעיא לשון מיש[ן] במישנית. Il faut peut-être אמר עד פומיתא תחתיא, car nous verrons que ce docteur étend plus loin les frontières de la Babylonie que Samuel.

[2] Cf. M. Rappoport, *Erekh Millin*, p. 180. M. le Dr Joël (*Monatsschrift*, 1867, p. 337) place l'Apamée supérieure à l'embouchure du « fluvius regius, » et l'Apamée inférieure à l'endroit actuel *Korna*. M. Joël croit qu'entre ces deux endroits il y a une distance de vingt-cinq milles, et que les lettres כ״ה (25) sont omises devant le mot פרסה. Nous croyons que la locution « ils ne se prêtent même pas de feu les uns aux autres » ne peut se rapporter qu'à deux endroits très-voisins.

[3] Mannert, *loc. cit.*, p. 256.

la couronne de Hebil-Yama. » R. Papa explique Hebil-Yama par l'Euphrate de *Borsi*[1]. » Nous croyons que בורסי doit se lire ici בורסיף, et qu'il s'agit de l'Euphrate près de Borsippe, qui se rend par des canaux vers les lacs et le désert. On trouve dans ces environs le Maarsès de Ptolémée et le Pallacopas. Ce pays, aujourd'hui désert, était très-fertile lorsque des canaux y existaient. Les mots חביל ימא signifient ou le district vers l'ouest[2] ou le district de la mer, peut-être appelé de ce nom, parce qu'il s'y trouvait des lacs considérables. Schounya rappelle peut-être la localité actuelle de Semauë[3] sur l'Euphrate; Gobya ou Goubya représente peut-être l'ancien nom de Vologesia, sur l'emplacement duquel se trouvait plus tard la ville de *Koufa*[4]; et Ciçora pourrait être identique avec la localité actuelle de *Ciaceri*[5], non loin de Hit. Le pays de « Hebil-Yama » s'étendrait alors dans le triangle formé par l'Euphrate et les trois endroits mentionnés.

Un autre passage talmudique loue, si nous ne nous trompons, la fertilité de cette contrée que nous avons désignée par Hébil-Yama. En désignant la porte du paradis dans les différents pays[6], on demande dans le

---

[1] Tal. de Bab., *Kiddouschin*, 72 *a*, חנן בר פנחם אומר חביל ימא תבילתא דבבל שיניא וגוביא וציצורא תבילתא דחביל ימא .... מאי חביל ימא אמר רב פפא זו פרת דבורסי [ף]. Le Tal. de Jér. (*loc. cit.*) porte וצרריא au lieu de וציצורא.

[2] Le mot ים signifie dans la Bible « ouest » (Genèse, xii, 8). Nous verrons cependant, à l'article Soura, que le Talmud désigne le lac situé près de cette localité par « mer » (ימא).

[3] Ritter, *die Erdkunde*, t. X, p. 43.

[4] Mannert, *loc. cit.*, p. 304.

[5] Ritter, *loc. cit.*, p. 144; nous lisons עד ציצורא avec le manuscrit précité.

[6] Cf. ci-dessus, p. 296.

Talmud où se trouve celle de la Babylonie ? Abbayé vante les fruits du côté-sud de l'Euphrate (c'est-à-dire la Chaldée)[1] ; Rabba, ceux de Hipparenum[2], qui se trouve non loin de Hit[3]. Ces deux docteurs appellent alors « la porte du paradis », ce qu'un autre désigne par « la couronne de la Babylonie. »

Avant de passer à la frontière-nord du Babel du Talmud, nous devons nous arrêter un instant sur les autres frontières. Il nous importe d'ajouter encore quelques preuves pour démontrer qu'une partie des rives de l'Euphrate et du Tigre, opposées à la Mésopotamie, était considérée comme appartenant à la Babylonie. Un docteur demande jusqu'où va la frontière de Babel de l'autre côté-ouest de l'Euphrate ? On lui donne une réponse un peu évasive, en disant : « Tu poses ta question à cause de Biram ; mais les meilleures familles de Pome-Beditha concluent des mariages avec celles de Biram[4]. » Nous avons vu que Biram était la première station[5] en

---

[1] Tal. de Bab., *Eroubin*, 19 *a*, פיתח' בבבל אביי משתבח בפירי דמעבר ימינא רבא משתבח בפירי דהרפניא. Nous avons traduit ce passage d'après le sens que lui donnent les commentateurs. Il est possible que l'on doive lire משתכחי« la trouve » au lieu de משתבח, et que פירי signifie peut-être ici « le pays bas ; » (cf. Buxtorf, *lex. Talm.*, a. v.) ; on traduirait alors « Abbayé *trouve* la porte du paradis dans la *plaine* du sud de l'Euphrate, et Rabba, dans celle d'Hipparenum. Dans l'une ou l'autre traduction les résultats géographiques restent les mêmes.

[2] Nous ne pouvons pas admettre l'opinion de M. Wiesner (*Scholien*, etc., fasc. III, p. 120) que מעבר ימינא signifierait « la rive droite du fleuve *Chaboras* ; celui-ci s'appelle כבר et non מעבר. Le manuscrit précité porte עיבר au lieu de מעבר.

[3] Nous reviendrons plus loin sur cette ville.

[4] Tal. de Bab., *Kiddouschin*, 72 *b*, להא גיסא דפרת עד היכא אמר ליה מאי דעתך משום בירם מייחסי דפומבדיתא מבירם נסבי.

[5] Cf. ci-dessus, p. 43.

arrivant de la Syrie en Mésopotamie [1]; elle doit par conséquent se trouver à une certaine distance vers le nord de Pome-Beditha. Si la partie-sud de la rive-ouest de l'Euphrate n'était pas comptée comme Babylonie, pourquoi n'aurait-on pas cité une ville située plus près de Pome-Beditha sur la rive opposée?

« Si quelqu'un, dit le Talmud, prête de la marchandise sur une pièce de monnaie, et que celle-ci cesse d'avoir cours, il faut payer avec la monnaie courante. C'est l'opinion de Rab. Samuel prétend que l'emprunteur peut dire au créditeur : « Va dépenser la pièce à Meson [2]. » Samuel, qui habitait Nehardaa [3], loin de Messène, aurait pu citer un pays plus près du côté-ouest de l'Euphrate, si toutefois la Chaldée n'avait pas appartenu à la Babylonie.

Nous avons pu fixer avec quelque certitude les frontières de la Babylonie talmudique vers l'ouest, le sud et l'est; nous parlerons maintenant de la frontière-nord de ce pays; on la détermine le long du cours des deux fleuves.

Rab étend cette frontière sur l'Euphrate jusqu'à *Akra de Tholebanke*; Samuel, jusqu'au *pont de Bé-Perath*; R. Yohanan, jusqu'au *passage de Guizma*. Abbayé, et d'après quelques autres, R. Joseph aussi, désapprou-

---

[1] Il n'y avait que deux chemins pour arriver de la Palestine en Mésopotamie. On traversait le désert de Palmyre, ce que les Juifs n'aimaient pas faire, surtout pour aller accomplir une cérémonie religieuse (l'annonce de la nouvelle lune); l'autre chemin traversait la Syrie, et passait l'Euphrate près de Thapsacus (cf. Ritter, *loc. cit.*, t. X, p. 1090; M. Duncker, *Geschichte des Alterthums* (3e éd.), t. I, p. 231). Là se trouvait sans doute Biram. Nous aurons l'occasion d'y revenir dans l'énumération des villes de la Mésopotamie.

[2] Tal. de Bab., *Baba Kama*, 87 b. יכול לומר לו לך הוציאו במישן

[3] Cf. ci-dessous, notre article *Nehardaa*.

vaient Rab, parce qu'il étend trop loin la Babylonie[1]. » Si l'endroit d'Akra de Tholebanke est identique avec le *Thelbekané* de Ptolémée[2], chose fort probable, cette localité devait se trouver au nord de Nehardaa, autrement Samuel, qui restreint la frontière de la Babylonie, en aurait exclu sa propre résidence; ce qui n'est guère admissible[3]. Quant à « Guischra de Bé-Perath, » nous croyons que *Bé-Perath* est ici le nom d'une localité et non l'Euphrate. Il ne peut y avoir aucune relation entre le passage de Guizma et le *Gizama*[4] des auteurs latins et grecs; car le Guizma de R. Yohanan doit se trouver, comme nous le verrons tout à l'heure[5], plus au sud qu'Ihi d'Akira, qui est sans doute le *Dakira* de Ptolémée.

Le Talmud mentionne un autre endroit qui appartenait à la Babylonie. Un homme est arrivé et dit : « Moi, je suis de Schot-Mischot; R. Yiçhak Nap'ha se leva pour dire que cet endroit se trouve entre les deux fleuves (et qu'il appartient par conséquent à la Babylonie). Là-dessus on pose la question suivante : Mais Schot-Mischot, d'après R. Yohanan, se trouve au-dessus d'Ihi Dakira, et ce docteur lui-même avait limité la Babylonie au passage de Guizma. Abbayé répond : Schot-Mischot se

---

[1] Tal. de Bab., *Kiddouschin*, 71 *b*. לעיל בפרת עד היכא רב אמר עד אקרא דתולבנקי ושמואל אמר עד גישרא דבי פרת ר' יוחנן אמר עד מעברתא דגיזמא ליט אביי ואיתמא דיוסף אדרב.

[2] Ritter, *loc. cit.*, t. XI, p. 782; M. Rappoport, *loc. cit.*, p. 190.

[3] Il est vrai qu'un docteur veut prouver que Samuel fut blâmé tacitement; mais les réponses des élèves des dernières écoles sont scolastiques. Avant tout, pour excuser Samuel, une école amie des opinions de ce docteur transigeait avec les données géographiques.

[4] Ritter, *loc. cit.*, t. XI, p. 373.

[5] Cf. ci-dessous, p. 331.

trouve sur une langue de terre[1] (et peut être attribué à la Babylonie, tout en étant au-dessus d'Ihi d'Akira). » Nous n'avons pas besoin de répéter que la réponse d'Abbayé est peu rigoureuse, et que Schot-Mischot se trouve sur le cours-nord de l'Euphrate. Nous croyons avec M. Graetz[2] que cet endroit représente Samosata, à la frontière de la Syrie. La frontière-nord sur l'Euphrate variait entre le « passage de Guizma » (au nord de Nehadaa) et Samosata.

La Babylonie talmudique s'étendait beaucoup plus loin vers le nord, en suivant le cours du Tigre; « selon Rab jusqu'à *Bagda-Vavna*, et d'après Samuel jusqu'à *Moschkheni* exclusivement. Un autre docteur rapporte au nom de Samuel que Moschkheni elle-même appartenait également à la Babylonie[3]. » Moschkheni est très-probablement la province de *Moexene*[4], à la frontière de l'Assyrie. Le Tigre arrive jusque-là, et dans ces environs on rencontre la province de Gordyéné ou Kor-

---

[1] Tal. de Bab., *Kiddouschin*, 72 a, ההוא גברא דאמר להו אנא מן שוט מישוט עמד ר' יצחק נפחא על רגליו ואמר שוט מישוט בין הנהרות עומדת .... והיכא קיימא אמר ר' יוחנן מאיהי דקירא ולעיל. Le והא אמר ר' יוחנן עד מעברתא דגיזמא אמר אביי רצועה נפקא manuscrit précité lit שש מישוט.

[2] Cf. *Monatsschrift* de M. Frankel, année 1853, p. 195. M. Rappoport (*loc. cit.*, p. 35) croit pouvoir identifier שט מישוט avec *Sitha* et *Megia* dans Zosime; mais ce sont deux villes, et il faudrait שט ומישוט. Nous verrons que Sitha n'est autre que la ville de Hit. M. Graetz (*ibidem* p. 194) reproche à M. Rappoport de vouloir étendre trop loin vers le nord les frontières de la Babylonie; nous trouverons, en effet, que Samuel considère comme Babylonie les contrées allant presque jusqu'aux monts Caucase.

[3] Tal. de Bab., *Kiddouschin*, 71 b, אמר רב היכא עד בדגלת לעיל עד בגדא ואוונא ושמואל אמר עד מושכני ולא מושכני בכלל והאמר ר' חייא בר אבא אמר שמואל מושכני הרי היא כגולה ליוחסין אלא עד מושכני ומושכני בכלל.

[4] Mannert, *loc. cit.*, p. 163.

duéné, dont les habitants, dit le Talmud, ne pouvaient être reçus comme prosélytes[1]. Nous avons vu[2] que Rab étend les frontières de la Babylonie, sur l'Euphrate, plus loin que Samuel ; ici ce docteur est conséquent également et porte les limites de la Babylonie jusqu'à *Bagrauadanéné*, au nord de la province de Gorduéné[3]. Nisibe, actuellement en Arménie, possédait en effet une grande école[4]. On cite un docteur célèbre, Rabba Thospaah, qui sans doute est originaire de la province de *Thospitis*[5]. Quoi d'étonnant qu'on ne déclarât pas les Juifs de ce pays indignes de contracter mariage avec leurs autres coreligionnaires? Nous verrons plus loin[6] que les talmudistes connaissent même la province des *Moskhi*, qui est beaucoup plus au nord que Bagradauéné.

On ne parle pas dans les Talmuds de montagnes en Babylonie. Ce pays était situé dans une plaine, et par suite exposé aux inondations. C'est pourquoi, dit le Talmud, il n'y avait pas de bourg ou châteaux-forts en Babylonie[7], il n'y existait point de hauteurs, au moyen desquelles ils auraient pu être protégés contre les inondations.

---

[1] Tal. de Bab., *Yebamoth*, 16 a.

[2] Cf. ci-dessus, p. 330.

[3] M. Forbiger, *loc. cit.*, p. 672. Nous corrigeons בנרא ואונא en בנרא דאינא ; le ו et le ד, ainsi que le ו et le נ, sont faciles à confondre ; le manuscrit précité lit אננרא ואונא. M. Rappoport adopte l'opinion de M. Landau, qui croit trouver dans ce nom la ville d'*Ecbatana* ; M. Graetz (*loc. cit.*, p. 194) dit avec raison qu'Ecbatana est aussi loin du Tigre que Paris l'est du Rhin. Ecbatana, en outre, est mentionné dans le Talmud sous le nom de *Hamadan*.

[4] Tal. de Bab., *Sanhédrin*, 32 b.

[5] Même Tal., *Sabbath*, 95 a. רבא תוספאה

[6] Cf. l'article sur les dix tribus.

[7] Tal. de Bab., *Eroubin*, 21 a. אין בורגנין בבבל

Les pluies étaient rares en Babylonie. « Babel est riche sans pluie, » dit un docteur [1]. L'Euphrate comme le Nil, sortait régulièrement de son lit au printemps (avril-mai), quand la neige commence à fondre dans les montagnes [2]. Rab croyait que les crues de ce fleuve, précisément à l'époque où les pluies cessent en Palestine, sont causées par la communication des eaux de ce dernier pays [3]. Samuel, plus familiarisé avec les causes des phénomènes de la nature, dit que l'Euphrate augmente de lui-même [4]. Les inondations dans la province de la Babylonie proprement dite étaient fréquentes; souvent au lieu d'un bienfait, elles devenaient une plaie pour les basses contrées de la Chaldée. On avait, il est vrai, établi des canaux et dérivé le fleuve pour empêcher les plus grands désastres. Toutefois, quand les neiges fondaient trop rapidement, ces précautions étaient impuissantes. Plus d'une fois les habitants, surpris par l'inondation, ont dû avoir de la peine à échapper aux flots. Le Talmud [5] fait sans doute allusion à cette calamité, quand il dit que le grand-prêtre récitait pour les habitants de ces contrées la prière suivante : « Fasse Dieu que leurs maisons ne deviennent pas leurs tombes. » Nous avons rencontré une prière analogue pour les habitants de la plaine de Sharon [6]. La terre, sur les bords de l'Eu-

---

[1] Même Talmud, *Taanith*, 15 *a*. בבל עתירא חצדא בלא מטרא

[2] Cf. Col. Chesney, *the expedition* for the survey of the rivers Euphrates and Tigris, t. I, p. 64.

[3] Tal. de Bab., *Bekhoroth*, 55 *b*, אמר רבא מטרא במערבא סהדא רבא פרת. Nous ne savons pas où M. Joël a pris ses renseignements, quand il affirme (*l. c.*, p. 379) que l'Euphrate grossit quelquefois au mois d'août; à cette époque ce fleuve a le moins d'eau.

[4] *Ibidem*, נהרא מביפיה מדרך

[5] Tal. de Bab., *Taanith*, 22 *b*.

[6] Cf. ci-dessus, p. 49.

phrate, où l'eau séjournait le plus longtemps, était d'une fertilité extraordinaire [1].

Tout autre est la nature du frère jumeau de l'Euphrate, le Tigre. Si les eaux de l'Euphrate d'ordinaire s'élèvent graduellement pour amener la fertilité, celles du Tigre sont rapides comme la flèche [2]. » Le long de l'Euphrate, les digues servaient à empêcher l'inondation ; au Tigre, au contraire, elles devaient modérer la rapidité des eaux et amener ainsi cette inondation. Les Macédoniens, ne connaissant pas la nature du pays, voyaient une œuvre stratégique dans ces digues élevées par les Perses [3]; c'était une erreur; on ne craignait pas d'invasion de ce côté. En détruisant ces ouvrages si utiles, Alexandre rendit au Tigre son cours rapide, pour le très-grand dommage du pays. Les inondations du Tigre ne sont pas régulières comme celles de l'Euphrate, et elles ne se font qu'en aval de Mossul. Les habitants de Niniveh, raconte le Talmud [4], firent deman-

---

[1] Tal. de Bab., *Beçah*, 32 *b*; cf. Raschi à ce passage.

[2] Ce fleuve est appelé dans le Talmud *Diglath*; Pline le nomme Diglito (*H. N.*, vi, 31), et les Arabes *Didjlath*. Il porte le nom de Tigre à cause de son courant rapide; Tigre signifie flèche, dit Pline (גירא a la même signification en araméen). Le Talmud donne la même explication pour le nom biblique du Tigre, *Hidekel*. חדקל est composé de חד « tranchant » et קל « léger; » les eaux du Tigre sont légères et coulent avec une grande rapidité. (Il n'y a pas de doute que דקל dans le nom de Hidekel ne soit le mot Dikla. חדקל est peut-être un composé de חד et דקל « le Dikla rapide » ou de חץ et דקל « le Dikla flèche. » Le *daguesch* dans le *daleth* de Hidekel veut indiquer qu'une lettre y manque. (De telles étymologies populaires ne sont pas rares; nous en rencontrerons d'autres plus loin). פרת vient de פרה « fructifier; » ses eaux rendent la terre fertile; cf. Tal. de Bab., *Bekhoroth*, 155 *b*, et *Bereschith* rabba, ch. 15.

[3] Cf. Mannert, *loc. cit.*, p. 272.

[4] Tal. de Jér., *Taanith*, i, 1 ; Tal. de Bab., *même Traité*, 14 *b*.

der à Rabbi quelle sorte de jeûne ils devaient fixer pour obtenir du ciel la pluie, dont ils sentaient le besoin, au mois de *Tamouz* (juin), c'est-à-dire, après que le Tigre était déjà grossi par la neige. Ces digues et écluses établies sur les deux fleuves entravaient souvent la navigation[1]. C'est pour ce motif qu'on se servait pour faire les transports par eau d'une espèce de paniers en saule (le bois étant très-rare dans ce pays), de forme oblongue et revêtus d'une peau dure. Deux hommes habiles maniaient ces singuliers bâtiments. On les fabriquait en Arménie[2], et aussi à Hipparenum, d'après le Talmud[3]. Arrivé à Babylone, on vendait la cargaison et on détruisait le canot; la peau en était rapportée au point de départ sur un âne, que l'on emmenait d'avance sur le canot; le retour ne pouvait se faire en remontant le fleuve, à cause de la rapidité de son cours.

L'Euphrate, nous l'avons dit, avait été dérivé de son lit, d'abord pour empêcher les inondations, et ensuite pour amener l'eau dans ce pays chaud que nous connaissons sous le nom de la Chaldée. Ce pays est actuellement privé des eaux de l'Euphrate (les anciens ouvrages ont disparu sans laisser presque de traces), et forme un vrai désert. Les auteurs grecs et latins rapportent que l'Euphrate était forcé, grâce à des digues, de traverser les pays du côté-ouest sur trois points et de revenir, après une journée, à un même endroit, appelé *Arderikka*. On nomme le *Pallacopas* et le *Naarsès* se dirigeant vers la Chaldée [4].

Le Talmud connaît également cette dérivation de

---

[1] Tal. de Bab., *Guittin*, 73 *a*; il y est question du canal royal.
[2] Mannert, *loc. cit.*, p. 275.
[3] Tal. de Bab., *Baba Mecia*, 84 *a*. דקורי הרפניא
[4] Mannert, *loc. cit.*, p. 255 et suiv.

l'Euphrate et nomme les points où elle s'opérait. « Quand on voit les beautés de la nature, on doit réciter la bénédiction suivante : Béni soit celui qui a fait la création. » On ajoute dans le Talmud : « Celui qui voyait autrefois Perath au-dessus du *pont de Babel,* pouvait réciter également cette bénédiction (plus bas l'Euphrate n'étant plus tel que la nature l'avait formé); mais à présent que les Perses y ont fait des modifications, on ne peut faire cette bénédiction qu'en voyant l'Euphrate au-dessus de *Schabor.* R. Yoseph dit : au-dessus d'*Ihi Dakira*[1]. » Le pont de Babel pourrait être à la place où le Pallacopas se jette dans les lacs formés par lui-même, à la frontière de l'Arabie[2]. Schabor est sans doute la ville de Sipphara de Ptolémée, où le Maarsès sort de l'Euphrate et coule en ligne parallèle avec celui-ci sur une longueur de plusieurs milles; son lit est presque constamment aujourd'hui à sec ; mais le courant redevient navigable quand les eaux grossissent[3]. La dérivation près d'Ihi-Dakira est sans doute le canal que les Arabes font commencer à *Hit,* et qui est identique, comme nous le verrons, avec Ihi Dakira. Le Talmud confirme les idées des indigènes; il a plus d'autorité ici que les auteurs grecs et latins : ceux-ci donnent une description de la Mésopotamie, d'après ce qu'ils en ont entendu dire, ou tout au plus après avoir fait un très-court séjour dans le pays. Nous croyons que les renseignements du Talmud sur la Mésopotamie, quelque vagues et incertains qu'ils soient, seront d'une grande

---

[1] Tal. de B., *Berakhoth,* 59 *b*, הרואה פרת אגשרא דבבל אומר ברוך עושה מעשה בראשית והאידנא דשניוה פרסאי מבי שבור ולעיל רב יוסף אמר מאיהי דקירא ולעיל.

[2] Mannert, *loc. cit.*, p. 255.
[3] *Ibidem,* p. 256.

utilité pour de futures explorations de ce pays si curieux, théâtre de la première lutte entre le monothéisme et le paganisme.

Le Talmud [1] mentionne une dérivation pour le Tigre également : « En voyant le Tigre au *pont de Schebesthana*, on peut réciter la bénédiction susdite. » Nous ne sachions pas qu'un auteur grec ou latin parle d'une dérivation de ce fleuve.

Canaux.

L'intérieur de la Babylonie proprement dite était traversé par des canaux, dont quelques-uns auraient plutôt mérité le nom de fleuves. La construction de ces canaux y était plus facile, car les deux fleuves commencent à se rapprocher l'un de l'autre dans ce pays. Ces canaux, qu'on désigne dans le Talmud par *Nahar* [2], servaient d'abord de moyen de communication entre les grandes et importantes villes situées sur l'Euphrate et le Tigre ; ils devaient en second lieu suppléer à l'absence de la pluie, excessivement rare dans ces régions, comme nous l'avons déjà dit. Un des plus grands de ces canaux était le *Nahar Malka*.

Le canal royal, entre l'Euphrate et le Tigre, est appelé

---

[1] *Ibidem,* הרואה דגלת אגשרא דשביסתנא אומר ברוך עושה בראשית

[2] Beaucoup de noms composés avec *Nahar* appartiennent à des localités qui se trouvaient sans doute sur un canal du même nom ; nous compterons la plupart de ces noms parmi les villes, comme nous l'avons fait, pour la Palestine, aux noms composés avec le mot *Aïn*.

par les auteurs grecs et latins le « fleuve royal [1], » en syriaque et par les talmudistes, *Nahar Malkha* ou *Malka*. Nous nous servirons de la dernière dénomination. On l'appelait *fleuve*, grâce à ses proportions considérables ; Ptolémée [2] le nomme un des trois fleuves de la Babylonie. Il ne dit point où il commence, mais il le fait couler vers le sud-est, et ajoute qu'entre la tête de ce canal et son embouchure dans le Tigre il y a peu de terre ferme (peu de distance). Pline dit que le « fluvius regius » se joint au Tigre près d'Apamée [3]. Cette dernière localité se trouvait non loin du Schat-el-Arab, et jusqu'à ce point s'étendait la Babylonie talmudique [4]. Ptolémée place *Séleucie* sur le canal royal [5], ce qui nous ferait croire, avec Mannert, que Séleucus Nicator, en fondant la ville non loin du Tigre, établit une communication plus directe entre Séleucie et le Tigre. Les traces de cet embranchement du canal royal vers le Tigre, furent encore remarquées par l'empereur Julien, quand il passa par ce pays. « Immédiatement après la séparation de l'Euphrate et du Nahar Malka, Julien traversa un pays sillonné de canaux, et à l'emplacement de l'ancienne Séleucie on remarqua le lit d'un canal, alors à sec et encombré de pierres ; ce canal était à trente stades du Tigre, et est appelé par Ammien, *Naarmalcha*.

[1] *Fluvius regius*; on l'appelle aussi *Armalchar*; cf. Mannert, *loc. cit.*, p. 251.

[2] *Ibidem*, p. 254.

[3] Nous ne comprenons pas pourquoi M. Forbiger (*Handbuch der alten Geographie*, t. II, p. 615) dit que le canal royal se joint au Tigre près d'Apaméa d'Assyrie ; en ce cas il devait aller vers le nord-est, ce qui n'est guère possible.

[4] Cf. ci-dessus, p. 325.

[5] D'après Pline (*H. N.*, vi, 26 (30), ce canal se réunirait au Tigre auprès de cette ville, chose impossible, Séleucie étant à quelque distance du Tigre.

Zosime dit que ce n'était qu'un embranchement du *Narmalches*, qui se jetait autrefois dans le Tigre [1]. » Le Nahar Malka traversait donc la Babylonie, en sortant de l'Euphrate vers le sud-sud-est, et passait devant Séleucie, ou plutôt Séleucie fut construite sur ce canal, car il est certainement très-ancien ; c'est sans doute celui dont Hérodote [2] dit que le plus grand canal du pays est un fleuve navigable.

Nous pouvons placer le commencement du Nahar Malka, d'après le Talmud, à Nehardaa [3]. Cette ville se trouvait sur l'Euphrate, d'après Josèphe [4], et sur le Nahar Malka, d'après le Talmud. Ce canal peut donc avoir son commencement là seulement. Voici les passages talmudiques d'où il résulte que Nehardaa était située sur le Nahar Malka, et de plus sur la rive-sud de ce canal.

« Samuel (qui habitait Nehardaa) [5] était assis avec Karna au bord du Nahar Malka [6] ; il voyait l'eau très-agitée, et disait à Karna que son âge ne lui permettrait pas d'aller à la rencontre de Rab, qui arrivait de la Palestine. » Nous avons déjà dit [7] que la route ordinaire de la Palestine traversait el-Bir, et que Samuel devait passer le « fluvius regius » pour se rendre à la rencontre de

---

[1] Mannert, *loc. cit.*, p. 252.

[2] *Histoire*, I, 193. Pline (*H. N.*, VI, 26) croit savoir que ce canal fut construit par un gouverneur du nom de *Gobares*.

[3] Les données des auteurs latins sur le point de départ du canal royal, sont des plus confuses ; nous ne voulons pas les citer ici (elles sont inutiles pour les indications talmudiques sur ce sujet) ; nous renvoyons le lecteur à Mannert, *loc. cit.*, p. 284 et 285.

[4] *Antiquités*, XVIII, IX, 1.

[5] Tal. de Bab., *Guittin*, 81 a. נהרדעי אתרא דשמואל הוי

[6] Même Talmud, *Sabbath*, 108 a, שמואל וקרנא הוי יתבי אגודא דנהר מלכא.

[7] Cf. ci-dessus, p. 329.

Rab. Dans un autre passage on raconte que les habitants de Nehardaa voulurent un jour lapider R. Yehouda qui avait médit de leur arbre généalogique ; mais, comme alors il leur adressa des remontrances, et les menaça même de prononcer des paroles qui leur seraient très-désagréables, ils jetèrent leurs pierres dans le Nahar Malka, et aussitôt les eaux du Nahar s'arrêtèrent [1].

Pline mentionne un canal de *Narraga*, qui était le premier au nord de la Babylonie ; la province portait le même nom à cause du canal. Ptolémée met à la même place Naarda, et les Tables de Peutinger, Naharra. [2] Il est donc certain que Narraga et Naharda sont identiques avec la ville de Nehardaa du Talmud, et le canal de Narraga n'est autre que le Nahar Malka du Talmud [3] ; ce canal s'appelle actuellement *Nahr Isa*. Hipparenum se trouve également sur le canal de Narraga, mais au nord ; on peut donc très-bien ne pas considérer Hipparenum comme la traduction grecque de Narraga, ainsi que le veut Mannert [4].

---

[1] Tal. de Bab., *Kiddouschin*, 70 a; cf. M. Joël (*loc. cit.*), p. 382.

[2] Mannert, *loc. cit.*, p. 283. Le passage de Pline concernant ce canal est très-obscur. Voici comment il s'exprime : « Sunt etiam in Mesopotamiam oppida Hipparenum, Chaldæorum doctrina et hoc sicut Babylon, juxta fluvium Narragam, qui cadit in Narragam, unde civitati nomen (*H. N.*, VI, 26). » Les corrections de M. Joël (*loc. cit.*, note 1) sont ingénieuses, mais trop hardies ; il faut qu'il mette *Narraga* au lieu de Narragam, et il doit ajouter devant *juxta* le mot *deinde*, variantes qui ne sont pas confirmées par les dernières éditions de Pline. Cf. l'éd. d'Ansart, Paris, 1828, où l'on lit : Babylonii... Qui dedit civitati nomen.

[3] La Babylonie, dans le sens restreint du Talmud, irait alors d'une extrémité du canal royal à l'autre, de Nahardaa à Apamée.

[4] *Loc. cit.*, p. 283.

LIVRE SECOND. PAYS HORS DE LA PALESTINE   341

Le Talmud mentionne encore un *Nahar Malka Saba*
« vieux canal royal. » On dit qu'il ne peut être épuisé
au moyen d'écluses, mais seulement par une sécheresse
générale du pays [1]. Nous croyons qu'on appelait « canal
royal, » la partie du canal allant de Nehardaa au Tigre,
et qui, en passant près de Séleucie, formait peut-être un
angle dont un côté tombait perpendiculairement sur le
fleuve ; tandis que l'autre partie, celle qui va de Séleucie à Apamée, était appelée « Nahar Malka Saba, » parce qu'elle était antérieure à la première.

נהר בורן, Nahar Boran, se trouvait près de Matha
Mehasya. R. Asché avait permis aux habitants de cette
ville de nettoyer le Nahar Boran [2]. Il paraît que ce canal
fut creusé par les Juifs, et qu'ils avaient la faculté de le
fermer avec des écluses [3].

נהר אנק, Nahar Anak. Les élèves de Rab, en revenant des funérailles de leur maître, prirent leur repas
au bord de ce canal [4]. Il doit par conséquent se trouver
dans les environs de Soura.

נהר אבא, Nahar Aba, où l'on cultivait du bon lin [5].
Cet endroit, qui portait sans doute le nom d'un canal qui
l'arrosait, doit se trouver dans les environs de Capri ou
de Soura, endroits où demeurait R. Hasda. On peut

---

[1] Tal. de Bab., *Baba mecia*, 106 *b*, נהר מלכא סבא לא עביד למיסכר מכת מדינה היא.

[2] Tal. de Bab., *Moëd katon*, 4 *b*, רב אשי שרי לבני מתא מחסיא לאקרוחי נהר בורניץ. Nos éditions portent נהר בורניץ ; le msc. (Opp. add., fol. 23), ainsi que les *Halakhoth guedoloth* (91 *b*), נהר בירן.

[3] T. de B., *Baba Mecia*, 24 *b* ; *Hal. Gued.*, *ibidem*.

[4] Tal. de Bab., *Berakhoth*, 42 *b* ; nos éditions portent נהר דנק, ce qui est peut-être une contraction de דאנק

[5] Même Talmud, *Sabbath*, 140 *b* ; cf. M. Wiesner, *Scholien*, etc., fasc. II, p. 255.

l'identifier avec la localité de *Nahraban*, au sud de Vasit.

La Babylonie, sillonnée de canaux, comme nous l'avons dit, était très-fertile; les dattes surtout y abondaient. Un docteur dit [1] : « Ils achètent un *kab* de dattes pour un *zouz*, et on veut qu'ils s'occupent des études! » Comme toutes les régions chaudes, cette province n'avait pas d'oliviers, mais on y cultivait beaucoup de *sesam* [2]. Les femmes babyloniennes portaient aux fêtes des vêtements de couleur [3], tandis que celles de la Palestine portaient du lin fin.

La Babylonie était divisée en plusieurs districts qui portaient le nom de leur chef-lieu; ainsi avait-on les districts de Nehardaa, de Soura, de Pome-Beditha, etc. Les mœurs, les habitudes, les poids et mesures et les dialectes variaient d'une province à l'autre [4]. La prononciation des Babyloniens se rapprochait de celle des Galiléens; ils supprimaient les lettres gutturales [5].

---

[1] Tal. de Bab., *Taanith*, 9 *b*.

[2] שמשם, souvent mentionné dans le Talmud.

[3] Tal. de Bab., *Pesahim*, 109 *a*. Le Midrasch (*Bereschith* rabba, ch. 85) rend les mots אדרת שנער (Josué, VII, 21) par פורפירא בבליקון « pourpre de Babylone. » Cf. M. Duncker, *l. c.*, t. I, p. 230.

[4] Cf. ci-dessous, p. 364.

[5] Rabbi appelait le Babylonien *Hiya* (חייא) *Iya*; cf. M. Fürst, *Kultur- und Literaturgeschichte der Juden in Asien*, p. 19.

LES VILLES DE LA BABYLONIE (MÉSOPOTAMIE).

§ 1. — Villes du côté de l'Euphrate.

סורא, Soura (Sora), était la première ville au sud, dans une région très-fertile, grâce aux lacs formés par l'Euphrate[1], et dont l'un s'appelait *Soura*. Rab, nommé aussi Abba Arekha[2], y établit une école importante, celle de Nehardaa ne pouvant pas suffire pour toute la population juive entre le Tigre et l'Euphrate. Nous ne nous occuperons pas ici des systèmes d'études suivis dans ces différentes académies de la Babylonie ; ce sujet trouvera sa place dans la partie historique.

סורא דפרת, Soura de Perath, où Rabina se rendait souvent, est l'endroit de Soura situé sur l'Euphrate[3],

---

[1] Tal. de Bab., *Eroubin*, 8 *a*, מרימר פסק ליה לסורא באולי אמר שמא יעלה הים שרטון.

[2] Tal. de Bab., *Holin*, 137 *b*, אבא אריכא. M. Fürst (*loc. cit.*, p. 33) croit qu'Arekha signifie ici la ville d'*Arekha*, à la frontière de la Babylonie et de la Susiane. Le mot ארוך, comme Raschi le fait très-bien observer, est un titre des docteurs; nous trouvons l'expression לוי גברא אריכא (Tal. de Bab., *Sabbath*, 59 *b*.), où אריכא n'est point le nom d'une ville. En tout cas, il vaudrait mieux expliquer אריכא par la ville d'*Orchoë*, puisque le Talmud (Tal. de Bab., *Yoma*, 10 *a*) rend la ville d'Erekh (ארך) par אוריכות.

[3] Tal. de Bab., *Moëd katon*, 24 *b*. רבינא איקלע לסורא דפרת. Nous ne croyons pas que Rabina, qui demeurait à Soura, se soit rendu à Soura, près de Thapsaque.

appelé aujourd'hui *Soura-Soura*. On le distinguait, par l'attribut *de Perath*, du Soura où se trouvait l'Académie, et qui était situé, non sur l'Euphrate, mais sur le bord des lacs.

מתא מחסיא, Matha Mehasya, un faubourg ou du moins un endroit tout près de Soura ; nous y trouvons le chef d'école presque un siècle avant la clôture du Talmud de Babylone [1]. Il est probable que la population païenne, sous la dernière domination des Perses, avait expulsé les Juifs de Soura, et leur avait permis seulement de demeurer dans un endroit pauvre et sans importance, qu'on nommait Matha Mehasya. On disait en Babylonie [2] : Il vaut mieux demeurer sur le fumier de Matha Mehasya que dans les palais de Pome-Beditha. Les Juifs demeuraient là aussi parmi les païens obstinés, qui ne voulaient pas se convertir au judaïsme [3].

On a l'habitude d'identifier Soura avec Matha Mehasya [4] ; mais ces deux villes sont mentionnées dans un seul et même passage [5]. On ne voit pas pourquoi on aurait substitué le nom de Matha Mehasya à celui de Soura.

בבל, Babel, la célèbre capitale de la Chaldée, détruite par Darius, perdit complétement son importance par le voisinage de Séleucie et de Ctesiphon [6] ; elle n'avait

---

[1] *Lettre de Scherira* (éd. Filipowski), p. 53.

[2] Tal. de Bab., *Keritoth*, 6 *a*.

[3] Tal. de Bab., *Berakhoth*, 17 *b*.

[4] *Lettre de Scherira* (éd. Filipowski), p. 51.

[5] Cf. ci-dessous, p. 364, et Tal. de Bab., *Baba mecia*, 67 *b* et 68 *a*, משכנתא דסורא, משכנתא דמתא מחסיא ; cf. aussi M. Graetz, *Monatsschrift*, 1853, p. 198. Il résulte cependant des mots de Scherira, ר' אשי גאון בסורא ובא למתא מחסיא, et d'autres passages, que Soura et Matha Mehasya ne sont pas identiques. Les mots (*ib.*, p. 53), הנקראת מתא מחסיא, sont une glose d'un copiste ignorant, où il faut peut-être lire הקרובה au lieu de הנקראת.

[6] Winer, *loc. cit.*, t. I, p. 124.

cependant pas disparu entièrement au cinquième siècle. On raconte que des marchands ayant apporté des paniers à vendre à Babel, les habitants *de la ville* se sont plaints à Rabina de ce qu'on permettait aux marchands étrangers d'y venir, au détriment des marchands de la ville. Le contexte ne permet pas de douter que le Talmud ne parle ici d'une ville et non d'une province. On rapporte des cas semblables de Pome-Nahra [1]. Nous avons vu [2] que le Talmud mentionne encore l'existence du « pont de (la ville de) Babel. »

Les talmudistes parlent du temple de Bel [3], qu'on veut identifier avec la place actuelle de *Birs Nimroud* (l'ancienne tour de Babel [4]). Mais le Talmud mentionne un autre lieu d'idolâtrie, qu'il appelle *Beth Nimrod* [5], et qui représentait mieux le Birs Nimrod. Les ruines de Babel se voient aujourd'hui au nord de *Helle* [6] (Hilleh).

ברניש, Bernisch; la synagogue de Daniel se trouve à trois parsa de cette dernière localité [7]. Cette synagogue est probablement dans le voisinage de la place, à Babylone, où Théodore le Grand fit construire (399) une église et un monastère, qu'on appelait l'église de Daniel [8].

---

[1] Tal. de Bab., *Baba bathra*, 22 *a*, הנהו דיקולאי דאייתי דיקלאי לבבל אתו בני מתא קא מעכבי עלויהו .... הנהו עמוראי דאייתי עמרא לפום נהרא התקבל לי. Cf. aussi Tal. de Bab., *Guittin*, 65 *a*, גיטא במתא מחסיא ווימנין דמשכחת לי בבבל.

[2] Cf. ci-dessus, p. 336.

[3] Tal. de Bab., *Abodah zarah*, 11 *b*.

[4] M. Oppert, *Expédition scientifique en Mésopotamie*, t. I, p. 200 et suivantes.

[5] Tal. de Bab., *Abodah zarah*, 53 *b*.

[6] M. Oppert, *loc. cit.*, t. I, p. 135 et suivantes.

[7] Tal. de Bab., *Eroubin*, 21 *a*.

[8] Ritter, *loc. cit.*, t. X, p. 60; cf. aussi M. Wiesner, *Scholien*, etc., fasc. III, p. 17.

Bernisch pourrait, dans ce cas, être identique avec *Khan Birnus*[1], aux environs de Helle.

בורסיף, Borsip, est confondu dans les actes officiels avec Babel[2]; en effet, cette ville n'était pas loin de Borsippon ou Borsippa[3]. Ptolémée l'appelle Barsita[4], et il la place près du confluent du Maarses et de l'Euphrate. Nous avons identifié[5] ce pays avec le Perath de Borsip, dans le Talmud. La ville biblique de *Kelah* est, d'après le Talmud, Perath de Borsip[6]; une ville de ce nom pouvait avoir existé aux temps des talmudistes. Nous trouvons Perath Maïsoun mentionné par les géographes arabes et dans le Talmud : c'est l'ancien *Rehoboth Ir*. A Borsippa était établie une secte d'astronomes chaldéens, auxquels la ville donna son nom ; c'est pourquoi l'on dit dans le Talmud[7] que Borsip est un lieu défavorable aux études. Le Talmud[8] mentionne une idole de Beth-

---

[1] Ritter, *loc. cit.*, t. XI, p. 787. M. Oppert *(l. c.*, p. 133) prononce ce nom *Bir-oun-nous*.

[2] Tal. de Bab., *Eroubin*, 36 *a*.

[3] Josèphe, *contre Apion*, I, 20.

[4] Mannert, *loc. cit*, p. 305.

[5] Cf. ci-dessus, p. 327.

[6] Tal. de Bab., *Yoma*, 10 *a*, ותהי ראשית ממלכתו בבל ארך ואכד וכלנה בבל כמשמעה ארך זו אריכות ואכד זה בשכר כלנה זו נפר [נינפי] מן הארץ ההיא יצא אשור תני ר' יוסף אשור זו סליקא נינוה כמשמעה רחובות עיר זו פרת דמישן כלח זו פרת דבורסיף ואת רסן בין נינוה ובין כלח היא העיר הגדולה רסן וה אקטיספון « Babel est Babylone; Erekh, Orikhoth (Orchoë; cf. M. Oppert, *loc. cit.*, p. 264); Akad est Bascar (probablement בשכר contracté de בי שכר, la ville de Saccada chez Ptolémée, à l'embouchure du Lycus dans le Tigre); Khalné est Niffer ou Ninphé (?). Aschour est Séleucie; Niniveh, la ville du même nom; Rehoboth Ir est Perath de Méson; Kelah, Perath de Borsip; Resen est Ctesiphon. »

[7] M. Rappoport, *Kerem hemed*, t. VI, p. 129.

[8] Tal. de Bab., *Abodah zarah*, 11 *b*, בית נבו בבורסיף; on lit dans nos éditions בכורסי. Cf. cependant *Hal. gued.*, p. 120 *b*.

LIVRE SECOND. PAYS HORS DE LA PALESTINE   347

Nebo, à Borsip ; c'était probablement le temple de Nebo, divinité qu'adoraient ces astronomes.

On n'a pas encore trouvé les traces de cette ville remarquable. Mannert [1] espère qu'un voyageur y parviendra en se guidant par les chauves-souris qui, d'après Strabon, y sont d'une taille plus forte que partout ailleurs, et que l'on fumait avant de les manger. Il faut convenir que voilà une singulière indication donnée aux futurs voyageurs pour reconnaître les traces d'une ville perdue.

הגרוניא, Hagrounya, est peut-être la ville d'Agranum, que Pline dit avoir été une des plus grandes du pays, et qui, selon lui, fut détruite par les Perses [2] ; elle se trouve du côté où il y a une dérivation de l'Euphrate. Le Talmud dit [3] : « R. Mordekhaï avait accompagné R. Schimi depuis Hagrounya jusqu'à Be-Kipi, et selon d'autres, jusqu'à Be-Doura. » Si Hagrounya est identique avec Agranum, Kipi ou Kifi pourrait être la localité de Koufa, et Be-Doura, un endroit dans la plaine du même nom, plaine dans laquelle était bâtie Babylone [4]. C'est également dans cette plaine, dit le Talmud [5], qu'Ezéchiel ressuscita les morts. On mentionne aussi « les anciens de Hagrounya [6], » c'est-à-dire les savants de cette ville. Akra de Hagrounya [7] est sans doute la forteresse qui se

---

[1] *Loc. cit.*, p. 305.
[2] Mannert, *loc. cit.*, p. 305.
[3] Tal. de Bab., *Berakhoth*, 31 a, מהגרוניא ועד בי כיפי ואמרי לה (בי קפאי ... בי דראי 23 ,.Msc. Opp. add) עד בי דורא.
[4] D'après la leçon du msc. une ville דראי, que nous rencontrerons encore ailleurs.
[5] Tal. de Bab., *Sanhédrin*, 92 b.
[6] Même Talmud, *Sabbath*, 11 a. סבי דהגרוניא
[7] *Ibid. Baba bathra*, 73 b.

trouvait de ce côté; on y comptait soixante maisons seulement, d'après le Talmud. Soixante ainsi que quarante [1] sont des nombres dont les Talmuds se servent fréquemment quand ils ne veulent rien préciser.

חרתא דארגו, Hartha de Argaz, appartenait à la province de Soura, résidence de Rab [2]. Nous ne trouvons dans ces environs aucune localité avec laquelle nous puissions l'identifier, si ce n'est les ruines d'*el-Hirr* [3].

אפסטיא, Afsatya, endroit où vint un jour Rab (qui séjournait à Soura). Cette localité doit être située dans le district appartenant à la juridiction de Rab [4]. On veut l'identifier avec Abusatha [5], au nord de l'Assyrie. A l'époque de Rab, où il n'y avait que deux écoles, à Nehardaa et à Soura, l'Euphrate adhérait probablement à Samuel et le Tigre à Rab.

פקתא דערבות, Piktha d'Arboth, endroit où l'eau était très-rare [6]. Rabina (qui demeurait à Soura) s'y rendait souvent; cette localité était par conséquent dans les environs de Soura. Non loin de cette ville, à partir des lacs chaldéens, se trouvaient déjà les Arabes, et il est possible que le nom d'Arboth provient du voisinage de ce peuple.

אשתטית, Ischthatith. Rab se tenait au passage (pont)

---

[1] Cf. ci-dessus, p. 41, 72 et ailleurs. Les Arabes disent également *Sittîn senîn* dans leurs exclamations d'admiration.

[2] Tal. de Bab., *Sabbath*, 19 *b* et ailleurs. Raschi croit qu'Argoz était le nom d'un mage auquel cette ville était attribuée. Cf. M. Rappoport, *Erekh Millin*, p. 192.

[3] M. Oppert, *loc. cit.*, t. I, p. 255.

[4] Tal. de Bab., *Eroubin*, 100 *b*.

[5] M. Wiesner, *Scholien*, etc., fasc. III, p. 64.

[6] Tal. de Bab., *Moëd katon*, 9 *a*; Raschi explique פקתא par plaine; nous croyons que les deux mots réunis forment le nom d'une localité.

d'Ischthatith[1], qui doit se placer dans le voisinage de Soura.

פום בדיתא, Pome-Beditha, ville importante par son académie et résidence des premières familles juives de la Babylonie[2]. On la désigne aussi par le nom de *Golah*, « capitale des exilés[3]. » Elle se trouvait à vingt-deux parsa au nord de Soura[4], probablement à l'embouchure d'un canal appelé Beditha[5]. Nous avons vu[6] que cette ville possédait des palais, ce qui n'a rien d'étonnant, les plus nobles familles y ayant fixé leur résidence. Malgré l'antiquité de cette ville, elle ne devint le siège de l'académie qu'en dernier lieu, après Nehardaa et Soura. La populace a dû y être fort nombreuse, car les gens de Pome-Beditha sont réputés comme voleurs et fraudeurs[7]. Après l'établissement de l'école, on dit que les gens de Pome-Beditha étaient très-spirituels; mais leur esprit s'attachait aux subtilités et à la scolastique, ainsi qu'il appert du dicton proverbial : « Tu es de Pome-Beditha, donc tu peux faire passer un éléphant à travers le trou d'une aiguille[8]. » A Pome-Beditha, comme à Nehardaa, on enseignait sur les places publiques; c'était aussi l'usage en Palestine[9].

---

[1] Tal. de Bab., *Holin*, 95 *a*.

[2] Cf. ci-dessus, p. 328, מייחסי דפומבדיתא.

[3] Tal. de Bab., *Rosch haschana*, 23 *b*.

[4] Même Talmud, *Sabbath*, 60 *b*.

[5] בדיתא est expliqué par tous les commentateurs comme nom d'un canal; le mot פום, qui signifie « embouchure, » corrobore cette opinion. Nous ne trouvons aucun canal de ce nom. Cf. M. Fürst, *loc. cit*, p. 114.

[6] Cf. ci-dessus, p. 344.

[7] Tal. de Bab., *Holin*, 127 *a*.

[8] Même Talmud, *Baba mecia*, 38 *b*.

[9] Tal. de Bab., *Yebamoth*, 110 *b*; il faut lire (*Kiddouschin*, 70 *b*) בשוקא דנהרדעא au lieu de בשורא

בי כובי[1], Be-Koubé, endroit non loin de Pome-Beditha, dont tous les habitants descendaient d'anciens esclaves[2]. Cette localité est, d'après R. Yoseph, hors de la Babylonie[3]. Elle est aussi loin de Pome-Beditha que Kefar Lodim de Lod[4]. On ne peut l'identifier avec la localité de *Bacouba*[5], sur le Naravan, qui est trop éloignée de Pome-Beditha.

שף יתיב, Schaf-Yathib, localité dans le district de Nehardaa[6]. Nous avons dit que là on voyait la plus ancienne synagogue de la Babylonie[7]. On raconte que la statue d'un roi avait été placée dans cette synagogue, ce qui n'empêchait pas les docteurs d'y aller faire leurs prières[8].

הוצל, Hoçal, autre localité à une parsa de Schaf-Yathib, avec une ancienne synagogue[9] tenue également en grande vénération.

נהרדעא, Nehardaa[10], la communauté juive la plus ancienne en Babylonie. De Nehardaa on expédiait vers Jérusalem les impôts volontaires des Juifs de la Baby-

---

[1] Le mot בי, dans le dialecte talmudique, est fort usité pour בית. La paraphrase samaritaine (manuscrit) a également toujours בי pour בית; à l'état construit le ת reparaît.
[2] Tal. de Bab., *Kiddouschin*, 70 b.
[3] *Ibidem*, 71 b.
[4] Tal. de Bab., *Guittin*, 4 a.
[5] Ritter, *loc. cit.*, t. IX, p. 498.
[6] Benjamin de Tudèle place cet endroit à deux journées de Soura ; cf. *Itinerary*, t. I, p. 69.
[7] Cf. ci-dessus, p. 322.
[8] Tal. de Bab., *Rosch haschana*, 24 b.
[9] M. Fürst, *loc. cit.*, p. 8.
[10] Chez les auteurs grecs et latins, *Naarda*, *Naharra* et *Nearda*. L'étymologie de ce nom n'est pas connue. L'explication de M. le Dr Joël (*Monatsschrift*, 1867, p. 383) de נהר דעא « canal artificiel » (Kunstkanal) n'est pas acceptable; le canal auprès de Nehardaa s'appelait Nahar Malka. En outre, ni ידע ni דעא ne signifient « art. »

onie. Cette ville était défendue d'un côté par l'Euphrate, et de l'autre par des murs [1]; les Juifs y trouvèrent un refuge contre la persécution. C'est en cet endroit que commençait le canal royal [2]; Samuel Aryokh ou Yarhinaï [3] demeurait à Nehardaa. Jusque vers la fin du troisième siècle, il n'y avait pas de *Minim* [4] (chrétiens) à Nehardaa; on les y connaît au cinquième [5], et cette ville est mentionnée sous le nom de Nouharda ou de Bé-Nouharda, comme siége d'un évêché [6].

שבור, Schabor, où nous avons signalé [7] une dérivation de l'Euphrate, est sans doute la ville de Persebora, la plus grande de l'Assyrie, après Ctesiphon. C'est le Sipphara de Ptolémée, où le Maarses sort de l'Euphrate [8]. Elle fut connue plus tard sous le nom de *Firouz-Schabor* : En l'année 588, raconte Scherira, une terrible catastrophe affligea la ville de Pome-Beditha; l'académie de cette ville cessa et les docteurs se réfu-

---

[1] Josèphe, *Ant.*, XVIII. ix, 1.

[2] Cf. ci-dessus, p. 339.

[3] M. Fürst (*loc. cit.*, p. 100) explique אריוך « ami des Ariens; » en effet, Samuel était en grande faveur chez le roi Sapor, de sorte qu'on a surnommé Samuel שבור מלכא « le roi Sapor. » Quant au nom de ירחינאי (Yarhinaï), on veut le faire dériver du mot ירח « lune, » et on le traduit par « l'astronome; » Samuel s'occupait beaucoup d'études astronomiques. Il disait : « Je connais mieux les chemins du firmament que les rues de Nehardaa. » Il est possible que Samuel ait été originaire d'une ville dont le nom était composé avec le mot ירח (cf. ci-dessus, p. 246), et de là le nom de Yarhinaï.

[4] T. de B., *Pesahim*, 56 *a*, ובנהרדעי דליכא מינין עד השתא

[5] Même T., *Berakhoth*, 12 *a*.

[6] Assemani, *Bibl. or.*, t. II, p. 249 et 459.

[7] Cf. ci-dessus, p. 336.

[8] Mannert, *loc. cit.*, p. 284.

gièrent à Firouz-Schabor. On veut l'identifier avec la ville d'Anbar[1].

הרפניא, Harpanya, localité que nous avons déjà mentionnée pour ses bons fruits et pour la fabrication de ses paniers-canots, dont on se servait en guise de canots[2]. Harpanya avait une mauvaise réputation chez les Juifs ; les habitants de cette ville étaient reconnus pour être plus mélangés que ceux de Meson et de Tadmor[3]. « R. Hamnouna pâlit quand Oula, en admirant sa science, témoigna le regret qu'il fût de Harpanya[4]. » Harpanya représente sans doute le Hipparenum que Pline[5] place sur le Nahar Malka, probablement au nord de ce canal. Cette ville possédait une secte d'astronomes chaldéens, qu'on appelait les « Hippareniens[6] ; » voilà pourquoi Hipparenum n'était pas en bonne odeur chez les talmudistes.

אקרא דתולבנקי, Akra de Tholébanké, est identique, nous l'avons dit[7], avec le Thelbenkané de Ptolémée ; Akra signifie forteresse, et il y en existait une, selon toute apparence, à l'époque des talmudistes. De cet endroit jusqu'à Be-Coubé, on compte dans le Talmud vingt-deux parsa de longueur et six parsa de lar-

---

[1] M. Fürst, *loc. cit.*, p. 6.
[2] Cf. ci-dessus, p. 335.
[3] Tal. de Bab., *Yebamoth*, 17 a.
[4] *Ibidem*.
[5] *Hist. nat.*, VI, 26. הרפניא au lieu de הפרניא est encore un paragramme que le Talmud explique par הר שהכל פונים « tout le monde s'y réfugie, » c'est-à-dire c'est une population fortement mêlée. Nous ne voyons pas la nécessité de réfuter l'opinion de M. Joël (*loc. cit.*, p. 376), qui veut identifier הרפניא avec Raphanea, en Syrie ; nous y reviendrons en parlant de Pome-Nahra.
[6] Ritter, *loc. cit.*, t. X, p. 146.
[7] Cf. ci-dessus, p. 330.

geur[1]. Nous avons vu[2] que Be-Coubé se trouve dans le voisinage de Pome-Beditha. Nous avons vu[3] aussi qu'on compte vingt-deux parsa de Pome-Beditha à Soura. La Babylonie allant depuis Akra de Tholebanké jusqu'à Soura, Pome-Beditha était à mi-chemin.

איהי דקירא, Ihi Dakira, sans doute identique avec l'*Idikara* de Ptolémée et le *Diakara* d'Ammien, était situé probablement en face de la localité actuelle de *Hit*. Là se trouve encore aujourd'hui une dérivation de l'Euphrate vers Koufa[4]; le Talmud en mentionne une à Ihi Dakira. Hit est sans doute la ville d'*Is* que Hérodote place à huit jours de distance de Babylone, vers le nord, sur l'Euphrate. Il dit encore que près d'Is coule une rivière du même nom, qui amène une telle quantité d'asphalte dans l'Euphrate, qu'on s'en est servi pour cimenter les murs de Babylone[5]. En effet, au moyen âge on connaît encore Hit par son commerce de bitume[6].

Hit est probablement identique avec les localités de *Sitha* et d'*Æipolis* des historiens romains, qui y connaissent des sources asphaltiques; la localité d'*Addaya* de Ptolémée, pourrait appartenir à ce groupe[7]. Il est possible que les villes de Sitha (Is, Hit) et de Dakira,

---

[1] Tal. de Bab., *Meguillah*, 6 *a*. On lit dans d'autres passages בי מכסי au lieu de בי כובי; nous préférons la dernière leçon.

[2] Cf. ci-dessus, p. 350.

[3] Cf. ci-dessus, p. 349.

[4] Niebuhr chez Mannert, *loc. cit.*, p. 256.

[5] Hérodote, *Hist.*, I, 193. M. Rappoport croit pouvoir expliq[r.] le mot קירא, dans le nom de cette ville, par « asphalte; » dans l Targoum, on rend בארות חמר (Genèse, XIV, 10) par בארין דקירא.

[6] Ritter, *loc. cit.*, t. XI, p. 751. Le voyageur Teixeira (*Itin.*, p. 110) conserve le mot *Kira* : « Hit celebre por *el guir*; » cf. aussi M. Graetz, *Monatsschrift*, 1853, p. 194.

[7] Mannert, *loc. cit.*, p. 239.

séparées seulement, selon toute probabilité, par l'Euphrate, portaient comme une seule et même ville, le nom talmudique d'Ihi Dakira. Cette ville était peu habitée par les Juifs, dit le Talmud[1]; elle se trouve, d'après R. Yohanan, hors de la Babylonie[2].

קרקסיון, Kirkesiyon. Le Midrasch traduit le nom biblique de Kharkemisch[3] par Kirkisiyon sur l'Euphrate[4]. C'est sans doute la ville de Circessium, à l'embouchure du Khaboras dans l'Euphrate. Les Arabes l'appellent Kirkesiyeh[5].

בירם, Biram, appelé aussi Beth-Baltin, était sans doute la première station en venant de la Syrie en Mésopotamie; les messagers y venaient pour signaler par le feu la nouvelle lune[6]. Nous croyons pouvoir mettre Biram en face de la ville actuelle de Bir ou Birat. Là passent encore aujourd'hui les caravanes qui viennent d'Alep[7]. Or, on sait combien les choses ont peu changé en Orient; sans doute le passage avait déjà lieu au même endroit au temps de la Mischna. L'ancien nom de Beth-Baltin pourrait être cherché dans le nom de *Tel Balkis*[8], non loin de Bir.

שוט מישוט, Schot-Mischot. Nous avons expliqué[9] ce nom par Samosata, ville au nord de Bir. Samosata, ainsi que Bir, sont d'anciennes villes.

---

[1] Tal. de Bab., *Baba bathra*, 24 a.
[2] Cf. ci-dessus, p. 330.
[3] Isaïe, x, 9; Jérémie, xlvi, 2.
[4] Midrasch, *Ekha*, i, 18. קרקסיון דעל פרת
[5] Winer, *loc. cit.*, t. I, p. 212.
[6] Cf. ci-dessus, p. 42.
[7] Ritter, *loc. cit.*, t. X, p. 925.
[8] *Ibidem.* בלת est peut-être la forme féminine de בל, comme בעלת de בעל.
[9] Cf. ci-dessus, p. 331.

§ 2. — **Villes du côté du Tigre.**

אפמיא, Apamya, endroit où la Babylonie talmudique finit; c'est sans doute l'Apamée de Ptolémée, à l'embouchure du canal royal dans le Tigre [1]. On raconte dans le Talmud que l'Exilarche Yiçhak s'était rendu de Kortobah à Aspamya [2]. On confond dans le Talmud Aspamya avec Apamya; il faut sans doute lire dans ce passage: Apamya [3]; l'Espagne seule s'appelle Aspamya dans la Talmud, et il ne peut être question de l'Espagne dans ce passage. L'Exilarche, demeurant en Babylonie, ne se rendait pas aussi aisément en Espagne; la communication entre ces deux pays, au quatrième siècle, n'a pas pu être des plus faciles. Apamya, dans le passage en question, est probablement notre Apamée. Il est possible aussi que l'Exilarche soit allé à Apamée, en Assyrie [4]. Quant à l'endroit de Kortoba, nous ne trouvons aucune localité avec laquelle nous puissions l'identifier [5].

---

[1] Cf. ci-dessus, p. 325.
[2] Tal. de Bab., *Yebamoth*, 115 *b*. מקורטבא לאספמיא
[3] M. Rappoport, *Erekh Millin*, p. 157.
[4] M. Forbiger, *Handbuch*, etc., t. II, p. 615.
[5] M. Rappoport (*loc. cit.*) veut lire קרטרא au lieu de קורטבא, et l'identifie avec la ville « de Cartara, en Mésopotamie, sur le Tebriz. » M. Graetz (*Monatsschrift*, 1853, p. 196) y voit le pays des Kurdes (Corduené); le nom de ce pays s'écrit le plus souvent קרדויי, et le passage que cite M. Graetz est isolé et probablement une faute de copiste. Peut-être faudrait-il lire au lieu de קורטבא, קירטבא *Kir-Toba;* un grand nombre de localités portaient le nom de *Taïbe.*

מחוזא, Mahouza, se trouve, d'après le Talmud, sur le Tigre. « Les habitants de Mahouza boivent l'eau du Diglath [1] et deviennent spirituels. » « Rabba (qui séjourna à Mahouza) amena par sa prière une telle pluie que tous les canaux (de Mahouza) affluèrent dans le Tigre [2]. Mahouza formait une seule et même ville avec *Cokhé;* elle servait de rempart à Cokhé, ville fortifiée elle-même. « Pourquoi ne met-on pas de *Mezouzoth* aux portes de la forteresse de Mehouza? demande le docteur. Parce qu'elle sert de défense à Akra de Cokhé, lui répond-on [3]. » On a l'habitude d'identifier Mahouza avec la grande forteresse de *Maogamalcha* [4], ce qui n'est pas admissible, si Mahouza doit se trouver dans le voisinage de Cokhé; car entre ces deux villes, l'empereur Julien traverse d'abord *Bezuchis* et ensuite les ruines de l'ancienne Séleucie [5]. Cokhé, comme nous le verrons [6], occupe, selon toutes les sources, un emplacement au sud du petit canal qui joignait le Tigre au Nahar Malka; Mahouza, par conséquent, était au sud de Cokhé, sur le Tigre, et probablement non loin de l'embouchure du canal royal, vers le nord. Il n'y a chez les

---

[1] Tal. de Bab., *Berakhoth*, 59 *b*.

[2] Même Tal., *Taanith*, 24 *b*; on ne mentionne pas dans ce passage Mahouza, mais on le comprend suffisamment par le contexte.

[3] Tal de Bab., *Yoma*, 11 *a*. On appelle Mezouza (מזוזה) un petit rouleau de parchemin sur lequel sont écrits deux chapitres du Pentateuque, et qu'on applique aux poteaux des portes, suivant le précepte de Moïse.

[4] M. Fürst. *loc. cit.*, p. 107; M. Graetz, *Geschichte der Juden.*, t. IV, p. 274 (2e éd.). Mahouza ne peut être à la fois sur le Tigre et sur le canal royal, à moins de se trouver à l'embouchure même de ce canal dans le Tigre.

[5] Mannert, *loc. cit.*, p. 286.

[6] Cf. ci-dessous, p. 358.

anciens géographes aucune localité de ce côté, avec laquelle nous puissions identifier Mahouza [1].

La plupart des familles juives de Mahouza descendaient de prosélytes [2]; on était si près de la Mésène, que l'immigration se faisait sur une grande échelle. Les étrangers gardaient probablement leurs habitudes frivoles et étaient adonnés au luxe. Le Talmud appelle les habitants de Mahouza « les enfants de l'enfer [3]. » On raconte encore que Levi ben Sisi avait apporté de la Palestine à Nehardaa une *halakha*, selon laquelle il était permis aux femmes de porter des bijoux le jour de sabbath. A Nehardaa, vingt-quatre femmes seulement firent usage de cette latitude, tandis qu'à Mahouza, d'*un seul* quartier de la ville, dix-huit femmes sortirent avec des bijoux très-précieux [4]. » Il y avait peut-être une autre cause à cette vie de luxe et de mollesse des habitants de Mahouza. Le pays étant fertile, on ne s'occupait guère de commerce. Les villes de Ctesiphon, d'Ardeschir et de Cokhé avaient de grandes communautés juives qui imitaient le luxe des Parthes; leur exemple avait probablement beaucoup d'influence sur les habitudes des habitants de Mahouza [5].

מברכתא, Mabrakhtha, dans le district de Mahouza,

---

[1] M. Wiesner (*Scholien*, etc., fasc. I, p. 121) veut identifier notre Mahouza avec la ville de *Roumia*, fondée au ve siècle par Khosroës Anuschirvan, sur le modèle d'Antioche, en Syrie. Aboul-Faradj l'appelle *el-Mehuza* (Ritter, *loc. cit.*, t. X, p. 170 et suiv.). Notre Mahouza, comme M. Wiesner le remarque fort bien, existait déjà au ive siècle, et ne peut avoir été fondée par ce roi.

[2] Tal. de Bab., *Kiddouschin*, 73 *a*.

[3] Même Tal., *Rosch haschana*, 17 *a*. בני גיהנם; ailleurs (Tal. de Bab., *Taanith*, 26 *a*), on les traite encore d'ivrognes.

[4] *Ibidem*, *Sabbath*, 33 *a*.

[5] Cf. M. Graetz, *loc. cit.*, p. 275.

situé à moins d'une mesure sabbatique[1] de cette ville.

בי אגובר, Bé Agoubar. Le Talmud parle toujours de la synagogue de Bé Agoubar, placée dans le voisinage de Mabrakhtha[2]. Il est possible que Bé Agoubar soit le nom d'un homme, fondateur de cet édifice[3].

בי כוכי, Bé Cokhé, formait une seule cité avec Mahouza, ville dont nous venons de parler[4]. Cokhé est sans doute identique avec le Koché des auteurs grecs et latins, sur le bord-sud du petit canal qui réunissait le canal royal au Tigre, presque en face de Ctesiphon[5].

ארדשיר, Ardeschir[6], construit par le roi Ardeschir Babegan, non loin de l'ancienne Séleucie et plus rapproché encore du Tigre. Ctesiphon et Ardeschir ne sont séparés que par le Tigre, dit le Talmud, et sont en communication continuelle[7]. Pour pouvoir aller d'une ville à l'autre le jour de sabbath, les habitants de Ctesiphon plaçaient leur *Eroub*[8] du côté d'Ardeschir, et les habitants d'Ardeschir fixaient le leur du côté de Ctesi-

---

[1] Tal. de Bab., *Eroubin*, 47 b.

[2] *Ibidem.*, 61 b.

[3] On pourrait l'identifier avec les ruines de *Djerbouiyeh*; cf. M. Oppert, *loc. cit.*, p. 250.

[4] Cf. ci-dessus, p. 356.

[5] Mannert, *loc. cit.*, p. 296.

[6] On appelle quelquefois cette ville דרדשיר contracté de דארדשיר (*Yebamoth*, 376 b.); on dit que Rab s'y rendait souvent. Rab, ainsi que plus tard R. Hasda, visitaient fréquemment les villes placées sous leur juridiction (cf. Tal. de Bab., *Guittin*, 6 a). Peut-être דרשיש (Tal. de Bab., *Yoma*, 18 b), où se trouvait quelquefois Rab, est-il également une variante de דרדשיר. Cf. M. Rappoport, *Erckh Millin*, p. 196.

[7] Tal. de Bab., *Eroubin*, 57 b.

[8] Pour pouvoir se rendre d'une localité à l'autre le jour de sabbath, les rabbins ont imaginé une espèce de domicile fictif à mi-chemin des deux localités, et qu'on désigne par *Eroub*.

phon. Nous verrons tout à l'heure [1] que cette dernière ville était la plus importante.

הורמיז ארדשיר, Hormiz-Ardeschir, probablement fondée par le roi Hormûz; il faut se garder de la confondre avec Ardeschir [2]. Un certain R. Hiya était originaire de Hormûz-Ardeschir [3].

סלוקיא, Seleukia, n'a pas disparu complétement de la mémoire des habitants. Sur les ruines de cette ville magnifique, l'orgueil des Séleucides, s'élevaient quelques villages, dont un, sans doute, conservait l'ancien nom. L'empereur Julien, qui visita ces ruines immenses, y trouva des habitations [4]. Un docteur du cinquième siècle mentionnne encore « Séleucie et l'Akra (forteresse) de Séleucie [5]. » Nous trouvons au dixième siècle un évêché à Séleucie [6].

קטיספון אקטיספון, Ctesiphon, grande ville sur la rive-est du Tigre, qui servait de refuge aux Juifs de Séleucie et d'autres villes babyloniennes, lors des persécutions des Grecs unis aux Syriens [7]. Nous avons dit qu'à la place de Séleucie, le roi Ardeschir construisit une autre ville du même nom. Au troisième siècle, ces deux villes possédaient de grandes communautés juives; Ctesiphon,

---

[1] Cf. ci-dessous, p. 360.
[2] M. Fürst, *loc. cit.*, p. 95.
[3] Tal. de Bab., *Baba bathra*, 52 *a*.
[4] Mannert, *loc. cit.*, p. 287.
[5] Tal. de Bab., *Maccoth*, 10 *a*, אקרא דסליקום. M. Rappoport (*loc. cit.* p. 190) croit que le docteur veut parler d'une autre Séleucie que celle « sur le Tigre; » car, dit-il, cette ville s'appelait Ardeschir à l'époque talmudique. Les anciens noms des villes reviennent cependant souvent; ce docteur est R. Aschi, et pense certainement à Séleucie, qui se trouvait dans le voisinage.
[6] Assemani, *Bibl. or.*, t. II, p. 359.
[7] Mannert, *loc. cit.*, p. 299.

néanmoins, était la plus importante. Il s'y tenait un grand marché, pour lequel les habitants d'Ardeschir se rendaient à Ctesiphon. C'est pourquoi, dit le Talmud, les habitants de cette dernière ville connaissent l'écriture de ceux d'Ardeschir, tandis que ceux d'Ardeschir ne connaissent pas celle des habitants de Ctesiphon [1]. La ville biblique de *Khalneh*, dans le pays de Schinear, est expliquée dans les anciens commentaires par Ctesiphon [2]; elle reçut ce nom du roi perse Pacorus; le nom de Khalné disparut.

Les deux villes d'Ardeschir et de Ctesiphon s'appellent, chez les Arabes, *el-Madaïn* (les deux villes). Aujourd'hui il ne reste de cette cité importante que quelques ruines; les indigènes les appellent *Tak Kesri* [3].

בגדת, Bagdath, lieu natal de R. Hana [4]; probablement identique avec l'Eski Bagdad d'aujourd'hui. On ne peut songer à en faire la ville des kalifes, qui ne fut construite qu'au huitième siècle.

פפוניא, Paphounya, souvent mentionnée conjoinement avec Pome-Beditha, Neresch et Mahouza [5]. C'est sans doute la ville d'Epiphania [6], sur l'Euphrate, appelée aussi *Arcesicerta*. Il ne faut pas la confondre avec Epiphanie, en Syrie.

נינוה, Niniveh, ville célèbre dans la Bible, capitale de

---

[1] Tal. de Bab., *Guittin*, 6 *a*.

[2] Winer, *loc. cit.*, p. 22; nous avons vu (ci-dessus, p. 346) que le Talmud explique כרסן par Ctesiphon. Un habitant de Ctesiphon est appelé קטוספאה (Tal. de Bab., *Baba bathra*, 93 *b*).

[3] Winer, *loc. cit.*

[4] Tal. de Bab., *Zebahim*, 9 *a* et ailleurs.

[5] Même Tal., *Baba mecia*, 68 *a* et ailleurs.

[6] Cf. *Realencyclopedie* de Pauly, s. v.

l'Assyrie[1]. Nous avons vu[2] qu'une communauté juive y existait au deuxième siècle. On mentionne au moyen âge un château du nom de *Ninivé*. On croit voir aujourd'hui l'emplacement de Niniveh dans les environs de Mossul, sur la rive-est du Tigre. Les ruines de ces contrées sont très-considérables[3].

§ 3. — Localités à l'intérieur de la Babylonie.

Ce petit pays, entre Nehardaa, Ctesiphon et Digba (réunion du Tigre avec l'Euphrate), était parsemé de petites villes ; la plupart d'entre elles ont complétement disparu, et nous pouvons rarement en donner une identification quelconque.

כפרי, Capri ou Caphri, lieu natal de Hiya, surnommé le Babylonien. R. Hasda abandonna Soura et fonda là une école[4]. On veut l'identifier avec Okbara, sur le Tigre[5].

נוניא, Nezonia. Les anciens de cette localité ne se sont pas rendus aux cours de R. Hasda[6].

סיכרא, Sikhra, lieu natal de Rafram[7]. Des docteurs se rendaient de Mahouza à Sikhra et *vice versâ*[8]. Sikhra se trouvait donc dans le district de Mahouza.

[1] Genèse, x, 11 ; Nahum, iii, 18.
[2] Cf. ci-dessus, p. 334.
[3] Winer, *loc. cit.*, t. II, p. 158.
[4] Tal. de Bab., *Eroubin*, 62 *b* et ailleurs.
[5] M. Wiesner, *Scholien*, f. II, p. 54. Benjamin de Tudèle trouva là une communauté juive de 10,000 âmes.
[6] Tal. de Bab., *Kiddouschin*, 25 *a*.
[7] Tal. de Bab., *Baba Mecia*, 42 *a*.
[8] Même Tal., *Holin*, 94 *b*.

המדך, Hamdakh, endroit qui appartenait à la juridiction d'Abbayé[1] (à Soura), et par conséquent à la Babylonie proprement dite.

סבותא, Sacoutha. R. Yermiyah avait permis aux habitants de cette localité d'ouvrir le canal qui était fermé[2]. Dans un autre passage, on dit que R. Yermiyah arriva à Sabtha[3]. Peut-être faudrait-il lire dans les deux passages : Sabtha, et l'identifier avec Minas Sabytha[4], village sur les ruines de Séleucie.

היני, Hini, qui vit naître Rabba[5], se trouvait non loin de Pome-Beditha.

שילי, Schili, situé à une distance moindre d'une mesure sabbatique de Hini[6].

שלניא, Schalnia[7], où R. Aschi possédait un bois ; il est possible que ce soit le même que Schili.

Scherira mentionne une localité de Schilhi, où se rendit R. Schescheth après la destruction de Nehardaa par Papa ben Naçr[8]. Il est possible que ce Schilhi soit identique avec les localités précitées. Quelques savants croient que Schilhi est le Pome-el-Celhi actuel sur le Tigre[9].

---

[1] Tal. de Bab., *Moëd katon*, 4 a.
[2] *Ibidem*. Le msc. (Opp. add. fol. 23) lit סבנתא.
[3] Tal. de Bab. *Abodah zarah*, 58 b. ר' ירמיה איקלע לסבתא
[4] Mannert, *loc. cit.*, p. 287.
[5] M. Fürst, *loc. cit.*, p. 130.
[6] *Ibidem*, Honna bar Hiya s'est fait porter dans une chaise, le jour de sabbath, de Hini à Schili.
[7] Tal. de Bab., *Moëd katon*, 12 b. L'île de *Saliya* (Ritter, *l. c.*, t. X, p. 738), au-dessus de Hit, avec laquelle M. Wiesner (*Tal. Forsch.*, 1866, p. 49) veut identifier שלניא, est trop loin de la ville où R. Aschi séjournait ordinairement.
[8] Cf. M. Graetz, *loc. cit.*, t. IV, p. 295 et 489. M. Graetz identifie Papa ben Naçr avec le roi Odonathe ; nous reviendrons sur ce sujet dans notre partie historique.
[9] M. Fürst, *loc. cit.*, p. 108.

שכנציב, Schekencib, non loin de Nahardaa, où R. Nahman se rendait souvent [1]. Les habitants de cette ville avaient la réputation d'être fort caustiques, c'est pourquoi Rabba [2] recommanda à ses fils de ne pas y demeurer. D'après Scherira [3], il y existait une académie à la fin du troisième siècle. Schekencib est peut-être identique avec Es-Sib sur le Tigre [4].

ארטיבנא, Artibana, non loin de Pome-Beditha [5]; c'est probablement une ville construite par le roi Artaban [6].

בי תורתא [7], Be-Thortha, se trouve sur le chemin de Pome-Beditha, d'après le Talmud [8]. On peut l'identifier avec Bithra, au sud du canal royal, sur le chemin de Séleucie, endroit habité exclusivement par les Juifs et incendié par l'empereur Julien [9].

נהר פקוד [10], Nehar Pakor, est toujours cité comme

---

[1] Tal. de Bab., *Yebamoth*, 37 *b* et ailleurs.

[2] Même Tal., *Pesahim*, 112 *b*. Il faut lire (avec le msc.) רבא au lieu de רבינו הקדוש

[3] M. Graetz, *l. c.* R. Nahman se serait réfugié là après la destruction de Nehardaa par ben Naçr.

[4] Ritter, *l. c.*, t. X, p. 191. Peut-être l'endroit זיפתא (Ziphtha), que porte le msc., au lieu de גיפטי (Tal. de Bab., *Eroubin*, 64 *a*), représente-t-il la localité d'*Es-Sib*. Le canal נהר זיופטי qu'on mentionne à côté, s'écrit dans les *Hal. guedoloth* (5 *b*) נהרא דווּפתי; il se pourrait qu'un canal près de Sib portât le nom de la ville ou *vice versâ*.

[5] Tal. de Bab., *Eroubin*, 51 *b*.

[6] M. Rappoport, *l. c.*, p. 196.

[7] M. Derenbourg (*Essais*, etc., p. 179) croit que ce nom, ainsi que ביתתר, est en quelque sorte la traduction de מצפה; ce nom est rendu dans les Targoumim par סכותא. Cf. ci-dessus, p. 21.

[8] Tal. de Bab., *Abodah zarah*, 26 *a* et ailleurs.

[9] M. Forbiger, *l. c.*, t. II, p. 625.

[10] Ce nom est écrit dans le Talmud נהר פקוד (Nahar Pekod); peut-être l'a-t-on fait par allusion à *Pekod*, nom allégorique de Babylone (Jérémie, L, 21).

une ville qui était probablement située sur un canal du même nom. Nous donnerons relativement à cet endroit un passage qui n'est pas sans importance pour la philologie : La Mischna défend de demander au boucher de la viande les jours de fête contre de l'argent ; le boucher doit préparer des parties égales et les distribuer aux clients, sans que ceux-ci désignent la somme représentant la valeur de la viande. Or, la Guémare pose à ce sujet la question suivante : « Comment les personnes demanderont-elles de la viande? On répond : A Soura on demande un Tharta ou un demi-Tharta ; à Neresch, un Helka ou un demi-Helka ; à Pome-Beditha, un Ouzia ou un demi-Ouzia ;

Nehar Pakor et à Matha Mehasya, un Riba ou un demi-Riba [1]. » Les endroits mentionnés dans le passage précité ne se trouvaient pas loin l'un de l'autre ; on en cite quelques-uns conjointement. » R. Guidal dit au nom de Rab [2] : « Si un habitant de Neresch t'embrasse, compte tes dents ; si quelqu'un de Nehar Pakor t'accompagne, c'est parce qu'il a vu sur toi un bel habit ; si un habitant de Pome-Beditha va avec toi, change ton hôtel (afin qu'il ne sache pas où tu demeures). » Nous verrons dans la suite encore que toutes ces contrées avaient mauvaise réputation.

Nehar Pakor était sans doute situé dans le voisinage de Neresch. Le Talmud raconte ce qui suit [3] : Un homme avait loué un âne ; le loueur lui fit la condition de ne

---

[1] Tal. de Bab. *Beçah*, 29 a, בסורא אמרי תרטא ופלגא תרטא בנרש אמרי חלקא ופלגא חלקא בפומבריתא אמרי אוזיא ופלגא אוזיא בנהר פקוד ובמתא מחסיא אמרי רבעא ופלגא רבעא.

Même Tal., *Holin*, 127 a, ר' גידל אמר רב נרשאה נשקיך מני כביך נהר פקודאה לווייך מגלימא שפירא דחזי עלך פומבדיתא לווייך אשני אושפיזך.

[3] Tal. de Bab., *Kethouboth*, 27 b.

pas aller par le chemin de Nehar Pakor (parce qu'il y a de l'eau et que l'âne ne pourrait endurer la fatigue), mais par celui de Neresch (où il y a peu d'eau). L'âne étant néanmoins mort, il s'ensuivit un procès : l'homme avoua avoir passé par Nehar Pakor, mais il soutint qu'il n'y avait pas d'eau, ce que le juge déclara mensonger. Nehar Pakor est peut-être la localité de Pacora[1] de Ptolémée, fondée par le roi Pacorus.

נרש, Neresch, sur un canal; on parle du pont de Neresch[2]. Les habitants étaient réputés voleurs et méchants[3]; le Talmud parle dans ce sens de tous les habitants sur l'Euphrate, excepté de ceux de Soura et de Matha Mehasya. On trouvait à Neresch une espèce de castors[4].

Nahras ou Nahr-sar, sur un canal du même nom, du côté-ouest du Tigre[5], pourrait représenter le Neresch du Talmud. On cite Neresch conjointement avec Mahouza, Paphounia et Nehar Pakor[6]; de sorte qu'il serait permis d'en conclure que tous ces endroits étaient voisins les uns des autres. Scherira[7] place cette ville dans le voisinage de Soura.

בירי, Biri, lieu natal d'Oula[8], de R. Dosthaï et de plusieurs autres docteurs, est cité avec Neresch[9] et se trouvait par conséquent dans la Babylonie proprement dite.

---

[1] Ritter, l. c., t. XI, p. 340.
[2] Même Tal., *Baba mecia*, 93 b. אגמלא דנרש
[3] *Ibid.*, *Yebamoth*, 110 a.; cf. ci-dessus, p. 364.
[4] *Ibidem.* ביברי דנרש אינן מן הישוב
[5] Ritter, l. c., t. X, p. 191.
[6] Cf. ci-dessus, p. 360 et 364.
[7] *Lettre* (éd. Filipowski), p. 52.
[8] Tal. de Bab., *Eroubin*, 45 a.
[9] Cf. ci-dessus, p. 103.

ורדינא, Vardina, cité conjointement avec Neresch [1] et Be-Bari. Les habitants passaient pour avares [2].

פום נהרא, Pome-Nahra, situé dans une région très-fertile dans le voisinage d'une embouchure d'un canal ou d'un fleuve. « Une grande place se trouvait près de Pome-Nahra ; d'un côté on allait vers la ville, et l'autre côté s'étendait vers le chemin des vignobles. Ceux-ci descendaient jusqu'au bord du canal ou du fleuve. » Pome-Nahra se trouvait dans le voisinage de Nehardaa.

Selon le Talmud on ne peut faire les cérémonies de deuil un jour de fête, excepté pour un savant, dans le lieu même où il est mort, en un mot, devant le cadavre. R. Cahna (qui résidait à Pome-Nahra) avait fait une cérémonie funèbre un jour de fête, à l'occasion de la mort de R. Zebid de Nehardaa, parce qu'on considérait la distance entre ces deux villes si peu importante, que la cérémonie était censée avoir eu lieu devant le mort même [3]. R. Nahman de Nehardaa s'était rendu la veille du Kippour chez R. Cahna, à Pome-Nahra [4] ; on ne se risque pas à entreprendre un long voyage la veille de cette grande fête, la plus solennelle de l'année.

Pome-Nahra se trouvait également dans le voisinage de Hipparenum. « R. Hamnouna était assis devant Oula et lui expliquait une halakha ; Oula, enchanté de la science de ce docteur, s'écria : Quel homme ! quel homme ! c'est dommage qu'il soit de Harpanya ! R. Hamnouna pâlit. Oula, voyant qu'il avait mal fait, dit à R. Hamnouna : Dans quel lieu, paies-tu la capi-

---

[1] *Ibidem.*
[2] Tal. de Bab., *Eroubin*, 49 a ; cf. Raschi à ce passage.
[3] Tal. de Bab., *Moëd katon*, 27 b.
Tal. de Bab., *Holin*, 95 b.

tation? R. Hamnouna répondit : à Pome-Nahra. Alors, dit Oula, tu es de Pome-Nahra[1] ». Nous avons vu [2] que Hipparenum se trouve presque en face de Nehardaa, sur le canal royal ; Pome-Nahra serait alors située dans le voisinage de ces deux villes et probablement au-dessus de Nehardaa, car il semble que Pome-Nahra n'était pas considérée comme appartenant à la Babylonie proprement dite. R. Cahna avait accompagné R. Simi depuis Pome-Nahra jusqu'à Bé-Cintha de Babel[2] ; ce dernier endroit est probablement la première station de la Babylonie proprement dite.

Pome-Nahra possédait sans doute une grande communauté juive avec une école ; cette ville était exposée aux attaques des habitants de Hipparenum et de ceux de Humania[4] ; dans cette dernière ville se trouvait, d'après le Talmud, une colonie d'Amonites. Nous croyons qu'on peut identifier Humania avec la localité *Hymenia*, où l'on voit des ruines importantes[5].

---

[1] Même Tal., *Yebamoth*, 17 a, מה גברא ומה גברא אי לאודהרפניא מאתיה איכסוף אמר ליה כסף גלגלתא להיכא יהבת אמר ליה לפום נהרא אמר ליה אם כן מפום נהרא את. M. le Dr Joël (*l. c.*, p. 835 et suiv.) veut identifier פום נהרא avec Apamée en Syrie et הרפניא avec Raphanée. Il a oublié qu'Apamée s'appelle אפסמיא (cf. ci-dessus, p. 299) ; Emesa s'appelle חמץ (cf. ci-dessus, p. 304). R. Hamnouna n'était pas en Palestine ; il faut lire avec le msc. (Opp. add. fol. 23) לדרא מתא au lieu de דרומתא.

[2] Cf. ci-dessus, p. 352.

[3] Tal. de Bab., *Berakhoth*, 31 a. מפום נהרא עד ביצינתא דבבל

[4] Même Tal., *Kiddouschin*, 73 a, כגון הפרניא והימניא לפום נהרא (Msc. Opp. 4°, 248) ; nos éditions portent כגון הומניא לפום נהרא. On dit dans le Talmud (*Ibidem*) que Himaniya avait une population amonite ; on veut sans doute faire un jeu de mots de הומניא avec עמונאי, c'est pourquoi on désigne les païens de ce pays par Amonites.

[5] Ritter, *loc. cit.*, t. XI, p. 931.

Avant de terminer ce chapitre, nous signalerons des endroits, probablement sans importance, que le Talmud place encore dans la Babylonie proprement dite. Une identification en serait impossible à cause de la connaissance imparfaite de la topographie actuelle de ce pays.

Un messager royal ayant poursuivi Rabba bar Nahmani [1], se rendit de Pome-Beditha à Akra, de là à Agma, d'Agma à Schehin, de ce dernier lieu à Cerifa, de Cerifa à En-Damim, de ce point il retourna à Pome-Beditha. Ces localités doivent, par conséquent, se trouver dans les environs de Pome-Beditha. Il n'y a qu'Agma qu'on rencontre dans d'autres passages du Talmud, sous la dénomination d'Akra d'Agma [2]; c'était le lieu natal de R. Ada bar Ahba. Nous avons dit qu'Akra signifie forteresse.

---

[1] Tal. de Bab., *Baba mecia*, 86 a, ערק ואזל מפומבדיתא לאקרא מאקרא לאגמא ומאגמא לשחין ומשחין לצריפא ומצריפא לעינא דמים ומעינא דמים לפומבדיתא.

[2] T. de B., *Baba bathra*, 129 a; cf. M. Rappoport, *loc. cit.*, p. 189. Dans le passage précité il faut probablement lire מאקרא דאגמא לשחין. (T. de B., *Kiddouschin*, 71 a).

CHAPITRE IV

LES AUTRES PAYS DE L'ASIE.

Plus nous nous éloignons du centre des communautés juives, plus les données géographiques des Talmuds deviennent rares. Il y avait cependant des Juifs dans presque tous les pays connus. Nous avons traité des parties de l'Asie à l'ouest et au nord-ouest de la Mésopotamie [1]; il nous reste à parler de celles situées au nord, au nord-est et à l'est de ce pays, et aussi de l'île de Chypre, dont le nom paraît dans les Talmuds.

קיפרים, Kipris, est le nom talmudique de l'île de Chypre. Cette île renfermait des communautés juives [2], qui étaient probablement chargées d'envoyer le vin de Chypre (Kafrisin) [3], à l'usage des sacrifices dans le Temple de Jérusalem. Kipros est mentionné aussi dans un passage agadique où il est question des massacres des Juifs sous Trajan : « Le sang des victimes coula à travers la mer jusqu'à Kipros [4]. » On mentionne dans le

---

[1] La Syrie et l'Asie mineure.
[2] Josèphe, *Ant.*, XIII, x, 4.
[3] Tal. de Jér., *Yoma*, IV, 5. יין קפריסין
[4] *Ibidem*, *Soukah*, v, 1. והולך הדם בים עד קיפרום. Le Midrasch (*Ekha*, I, 16) lit עד נהר קיפרום et parle de cet événement comme ayant eu lieu sous Adrien ; nous reviendrons sur ce sujet dans notre partie historique.

Talmud le *cyminium*[1] de Chypre, à la forme courbe.

נציבין, Necibin. A la frontière de l'Arménie, vers la Mésopotamie, nous trouvons la ville de Nisibe, qu'on appelle dans le Talmud : *Necibin;* là se trouvait une école célèbre, dont le chef était R. Yehouda ben Bethera[2]. La communauté juive y était probablement considérable, car cette ville sert aux Juifs de refuge contre les persécutions, vers le nord, comme Nehardaa vers le sud[3].

תוספאה, Thosphaa, est sans doute la province de Thospitis de Ptolémée. Rabba, le chef de l'école à Soura (469), était originaire de ce pays[4], au nord de l'Arménie. Nous avons vu, d'après Rab, les frontières de la Babylonie talmudique s'étendre jusqu'à Bagraudanéné, et d'après Samuel[5], jusqu'aux montagnes Moexéné.

ארמיניא, Arminia, est mentionné à propos de passages des exilés à travers ce pays. « Pour prolonger le malheur des Juifs, Dieu ne les a pas fait traverser des déserts, où tous auraient péri, mais il leur a fait prendre le chemin des *Arménies,* où on rencontre des villes et des forteresses, et où l'approvisionnement est très-facile[6]. » Ce passage est agadique; cependant l'agadiste fait certainement allusion à une tradition connue parmi les Juifs d'alors, et qui fait prendre ce chemin aux dix tribus. Peut-être le pluriel dans le nom d'Arménie veut-il indiquer les deux Arménies, la grande et la petite.

---

[1] Tal. de Jér., *Demoï*, II, 1, והא כמון בקיפרוס עקום הוא

[2] Tal. de Bab., *Sanhédrin*, 32 b.

[3] Josèphe, *Ant.*, XVIII, IX, 9.

[4] Tal. de Bab., *Sabbath,* 95 a ; cf. M. Wiesner, *Scholien, etc.*, fasc. II, p. 193.

[5] Cf. ci-dessus, p. 332.

[6] Midrasch, *Ekha*, I, 14. אמר אם אני מגלה אותם דרך מדבר דהם מתים ברעב אלא הריני מגלה אותם דרך ארמניות שהם כרכין ומחווות ומאכל ומשתה מצוי להם.

Les Arméniens sont en relation avec le peuple juif au temps des rois asmonéens [1]. On parle dans le Talmud des prisonniers juifs amenés d'Armon à Antioche [2], au deuxième siècle. Armon est sans doute ici l'Arménie.

Quelques savants veulent trouver la province de l'Arménie dans le mot du prophète : « On vous jettera à Harmona [3]. » Les traductions chaldaïque et syriaque rendent la province de *Minni* [4] par *Hourmini* et *Armenia*. La dénomination Ararat s'applique très-souvent à la province de l'Arménie [5]. On explique aussi la peuplade de Thogarmah par les Arméniens. Ce peuple, en effet, conserve une tradition d'après laquelle il descend d'un certain Thorgomass [6], de la famille de Japheth ; les Arméniens se donnent le nom de « maison de Thorgom. » L'examen plus minitieux de pareilles traditions populaires serait certainement d'une grande utilité pour la science ethnographique, mais ces recherches n'entrent pas dans le cadre de notre travail.

Avant de nous occuper des provinces à l'est du Tigre, nous devons parler ici des pays où le Talmud place les dix tribus.

---

[1] Josèphe, *Ant.*, XIII, xvi, 4.
[2] Tal. de Bab., *Yebamoth*, 45 *a*, ר' אחא שר הבירה ור' תנחום בריה דר' חייא איש כפר עכו פרוק הנהו שבויתייא דאתו מארמון לאנטוכיא. Nos éditions portent לְמֶבְרִיָא au lieu de לְאַנטוֹכיָא. Le msc. Opp. 248, ainsi que Parhi (*Kaftor oupherah*, ch. 11), ont לְאַנטוֹכיָא. Nous avons vu (ci-dessus, p. 8) qu'on confond ces deux villes dans les Targoumim.
[3] Amos, iv, 3, והשלכתנה ההרמונה ; cf. M. Rappoport, *loc. cit.*, p. 206.
[4] Jérémie, li, 27,
[5] Winer, *loc. cit.*, t. I, p. 87.
[6] Eusèbe, *Chron. Arm.*, ii, 12 ; Moses de Chorène dans Winer, *loc. cit.*

Quatre contrées différentes[1] sont indiquées par les talmudistes comme étant habitées par les dix tribus; on peut en tirer la conclusion qu'à l'époque talmudique déjà, ces Juifs étaient amalgamés avec les autres nations, parmi lesquelles ils demeuraient; mais on peut dire qu'une petite fraction s'en est conservée, et se retrouve probablement dans la population juive du Caucase[2]. Nous avons vu que le Talmud parle des dix tribus en Phrygie[3]. Ailleurs, on dit qu'on les avait transportées en *Afriké*[4]. Les passages les plus remarquables sont ceux où l'on explique dans le Talmud les noms bibliques[5] « Halah, Habor, Nehar Gozan et les villes médiques (Aré Madaï). » Voici ces passages *in extenso*[6] :

---

[1] La Phrygie, la Médie jusqu'au Caucase, l'Afriké et les montagnes de Seloug.

[2] Cf. la curieuse épigraphe de Yehouda Mizrahi dans le savant mémoire (*Achtzehn hebr. Grabsteine aus der Krim*, p. 59 et suiv.) de M. D. Chwolsohn, dans les Mém. de l'Acad. Imp. de St-Pétersbourg, t. IX; voir aussi notre livre *Aus der Pet. Bibliothek*, Leipsik, 1866, p. 29 et suiv.

[3] Cf. ci-dessus, p. 315.

[4] Tal. de Bab., *Sanhédrin*, 92 a, אפריקי.

[5] II Rois, xvii, 6; xviii, 11, בחלח ובחבור נהר גוזן וערי מדי; I Paralipomènes, v, 26 לחלח וחבור והרא ונהר גוזן. Nous ne discuterons pas ici les différentes explications des commentateurs de la Bible; notre tâche se borne aux passages talmudiques concernant ce sujet. Nous renvoyons le lecteur à M. Ewald (*Gesch. d. V. Isr.*, 3e éd., t. III, p. 658), à M. Herzfeld (*Gesch. d. V. Isr.*, t. I, p. 356) et à l'article étendu de M. Wichelhaus dans le *Zeitschrift d. M. G.*, t. V, p. 467 et suiv.

[6] Tal. de Bab., *Kiddouschin*, 72 a, אמר ר' איקא בר אבין [אמר ר' חננאל] אמר רב חלוון [הלוון ניהוונד] הרי היא כגולה ליוחסין... אזיל שיילוה לרב חננאל אמר להו הכי אמר רב נחמן חלוון [אמר רב חלוון ניהוונד] הרי הי כגולה [ליוחסין] ופליגא דר' אבא בר כהנא דאמר ר' אבא בר כהנא מאי דכתיב וינחם בחלח וחבור נהר גוזן וערי מדי חלח זו חלוון [חלוון] חבור זו חדייב [הדייב] נהר גוזן זו גינזק וערי מדי

« R. Hananel rapporte, au nom de Rab Nahman, que Holvân est compté sous le rapport de la pureté des familles, comme pays des exilés (Golah ou la Babylonie proprement dite). R. Aba bar Kahna dit le contraire, car Halah est Halvan, Habor est Hadaïb, Nehar Gozan est Guinzak, et les villes de Madaï sont Hamadan et les autres villes. D'après une version différente, les villes de Médie sont Nehar Youani (Nehavend) et les autres (villes). Sous l'expression « les autres, » Samuel comprend Kharakh, Moschkhi, Hoski et Romki. »

חלוון, Holvân, est, selon Abulfeda, la ville à cinq jours, vers le nord, de Bagdad, résidence d'été des Khalifes de l'Irak-Arabi; elle s'appelait en Syriaque *Halah*[1]. C'est probablement l'ancienne ville de *Chala*, capitale de la province de *Chalonitis*[2]. Holvân est mentionné dans une tradition postérieure[3] comme une ville à cinq

זו חמדן וחברותיה ואמרי לה נהר יווני [נהוונד] וחברותיה מאי חברותיה אמר שמואל כרך מושכי חזקי [חוסקי] ורומקי. Le même passage est cité ailleurs (Tal. de Bab., *Yebamoth*, 17 a) avec quelques variantes זו נהינוור [ניהר] וחברותיה ··· מושכי וחוסבי [חירקי] ורומקי]. Nous avons donné ce passage d'après la leçon du msc. d'Oxford (Bod. lib. Opp., 94, 248), et nous avons ajouté entre parenthèses la leçon du texte imprimé.

[1] Winer, *op. cit.*, t. I, p. 224.
[2] Ritter, *op. cit.*, t. VIII, p. 116.
[3] M. Rappoport, *Kerem hemed*, t. V, p. 207. Ce savant regretté a bien deviné qu'il faut lire dans le passage talmudique précité חלוון au lieu de חלוון. Le mot נהוונד après חלוון, dans nos éditions, est peut-être là pour indiquer de quelle Holvân on veut parler; il existe en effet trois villes de ce nom. Cf. le *Mouadjem el-Boldân* de Yacouth (éd. Wüstenfeld) s. v. *Holvân*.

Quant à l'identification de חלוון (d'après nos éditions) avec la province d'*Akiliséné* (l'Egkilis actuelle), au nord de Sophéné, comme la veut M. Wiesner (*Ben Hananya*, talm. fors., 1866, n° 39, p. 111), nous croyons qu'il faut l'abandonner, puisque nous avons jours de Babel (Bagdad), et qui donne annuellement cent cinquante pièces d'or à l'Exilarche. C'était donc une ville très-riche, puisqu'elle fournissait la cinquième partie du traitement de l'Exilarche, fixé à sept cents pièces d'or.

הדייב[1], Habor, est rendu par Hadaïb ou Hadyab; c'est sans doute la province d'Adiabène, sur les deux rives du Lycus. La province est surtout connue dans la tradition juive par la conversion de la reine Hélène et de ses deux fils au judaïsme[2]. Là, se trouvait la ville d'Arbela, dont le nom rappelle la défaite de Darius. Mar Oukba tenait son école dans cette ville[3]. Les scorpions de Hadaïb sont considérés comme très-dangereux[4]. Les géographes arabes mentionnent des scorpions venimeux à Nisibe[5].

R. Yohanan[6] applique le verset biblique[7] : « Et elle (la seconde bête) tient trois côtes entre ses dents, » à Holvân, Hadaïb et Nicibin, et il ajoute : « Tantôt elle les

---

la leçon correcte du manuscrit חלוון. Akilisèné est trop loin pour pouvoir être considéré par les talmudistes comme faisant partie de la Babylonie.

[1] Nous avons accepté l'orthographe syriaque ainsi que la leçon du msc. pour ce nom; on lit dans nos éditions הדייב, mais on sait que le ה et le ח se confondent volontiers dans les msc.. Nous n'insisterons pas sur l'explication du nom הדייב par le duel de דיב, nom du fleuve Zab, et comprenant le pays sur les rives du grand et du petit Zab; cf. Rosenmüller, Handbuch der bibl. Alterthumskunde, t. I, 2e partie, p. 13.

[2] Josèphe, Ant., XX, 11, 3.

[3] Tal. de Jér., Sotah, iv, 4.

[4] Même Tal., Sabbath, 121 b, עקרב שבהדייב

[5] Ritter, loc. cit., t. XI, p. 419.

[6] Tal. de Bab., Kiddouschin, 72 a ותלת עילעין בפומה בין שניהא אמר ר' יוחני וו חלוון הדייב ונציביז שפעמים בולעתן ופעמים פולטת

[7] Daniel, vii, 5.

LIVRE SECOND. PAYS HORS DE LA PALESTINE 375

engloutit, et tantôt elle les lâche. » En effet, dans leurs guerres, les Romains et les Perses se disputaient constamment ces trois provinces [1]. La seconde bête, qui est l'ours, représente les anciens Perses; mais le talmudiste rapporte l'allégorie aux Perses du temps et aux événements qui se passaient à son époque. C'est la méthode ordinaire des agadistes.

גנזק. Nehar Gozan, est expliqué par Guinzac, ce qui est sans doute la ville de Gaza chez Strabon, Gazaka chez Ptolémée; c'était la résidence d'été du roi de la Médie [2]. Là, se trouvait une communauté de Juifs d'une ignorance peu ordinaire : non-seulement ils ne connaissaient pas la tradition de la Halakha, chose pardonnable, puisque ce pays se trouvait loin du foyer talmudique, mais l'histoire du déluge et celle de Job, racontées par R. Akiba, étaient tout à fait neuves pour eux [3]. Cependant, dans la Mischna [4] déjà, on mentionne des docteurs de la Médie, sans dire de quelle partie du pays. On parle aussi de la cervoise provenant de cette contrée [5].

חמדן, Hamadan, est l'explication d'Aré Madaï (villes de Madaï). Hamadan est généralement identifiée avec

---

[1] Mannert, *op. cit.*, p. 338 et suiv.; cf. aussi Ritter, *l. c.*, p. 209.
[2] M. Forbiger, *loc. cit.*, t. II, p. 593. On cherche à expliquer le nom de cette ville par le mot arabe *Kenez*, « trésor » et par la terminaison *âk*, que nous avons déjà rencontrée (ci-dessus, p. 351); on traduit alors « ville de trésor » (Sir H. Rawlinson, *roy. Geog. soc.*, t. X, p. 135). Le nom talmudique גנזק exprime la même idée par la racine גנז « cacher; » on trouve même גנוך (I Paralipomènes, XXVIII, 11) pour dire « trésor. »
[3] *Bereschith* rabba, ch. 33; cf. M. Rappoport, dans le *Kerem hemed*, t. V, p. 215 et suiv.
[4] *Sabbath*, II, 1, נחום מדאה ; ר' יוסי מדאה; Tal. de Bab., *Holin*, 51 a.
[5] Tal. de Bab., *Pesahim*, 42 b, שכר חמדי.

376 LA GÉOGRAPHIE DU TALMUD

Ecbatana[1], capitale de la Médie et résidence d'été des rois perses ou parthes. Hérodote appelle cette ville *Agbatana;* sur les inscriptions achéménitiques, on la trouve sous le nom de *Hangmatâna*[2]. Il n'y a pas de doute que la ville biblique d'*Ahmetha*[3], où l'on conservait les archives de la Médie, ne soit la même que Hamadan (Ecbatana). En effet, ces quatre noms que nous avons cités, se ressemblent dans la prononciation; l'étymologie du nom d'Ecbatana est probablement : « endroit de rassemblement[4], ville d'amitié[5]. »

[1] Quatremère, *Mém.* de l'Acad. des Ins. et Belles-lettres, t. XIX, p. 419 et suiv.
[2] M. Spiegel, *die altpersischen Keilschriften*, p. 221.
[3] Esdras, VI, 2, אחמתא
[4] M. Spiegel, *loc. cit.*
[5] Nous croyons pouvoir expliquer le nom Hangmatâna par le mot *Hakhma* qui, dans la langue du Zend, signifie « amitié » (M. Justi, *Handw. d. Zendsprache*, p. 314), et par le mot *stâna* qui, en prakrit et en pâli, se dit pour *thâna*. Les Juifs, ou plutôt les indigènes, qui parlaient l'araméen, ont conservé le nom de la ville, tout en lui donnant une traduction dans leur langue, par une légère nuance dans la prononciation. Ainsi, אחמתא n'est autre que אח מתא « ville d'amitié. » Il est probable que les rois donnaient à Ekbatana des festins, auxquels on invitait les amis. C'était le Compiègne du temps.
  Nous avons vu le même cas pour Hidekel (Tigre, ci-dessus, p. 334), où le nom primitif est conservé en hébreu, tout en étant en même temps une traduction. Nous pouvons citer un autre exemple : Le mauvais esprit, appelé dans le Talmud, Aschmedaï (אשמדאי אשמדיי (cf. M. Rappoport, *Erekh Millin*, p. 242), n'est certainement autre que l'*Aëshma* des Iraniens (cf. Windischmann, *Abhandlungen z. K. d. Mg.*, I), et peut-être l'idole Ashima (אשימא) du peuple de Hamath (II Rois, XVII, 30). Les Juifs, tout en conservant la composition iranienne d'*Aëschma* et *Daeva*, ont exprimé en même temps, dans leur idiome, « le destructeur » par la racine שמד. Ces sortes d'étymologies populaires ne sont pas rares; nous renvoyons le lecteur à l'article de M. Foerstemann, dans le *Zeitschrift für vergl. Sprachkunde*, de M. Kuhn, t. I, p. 1 et suiv.

La prononciation grecque Ἄγβα ou Ἔκβα peut parfaitement être

נהוונד, Nehavend. Un autre docteur identifie les villes de Madaï (ou Hara) avec Nehavend, au sud de Hamadan, sur le fameux el-Wend [1].

Le Talmud prend ici la Médie dans sa plus grande étendue, jusqu'à la mer Caspienne, et presque jusqu'au Caucase; Samuel, ainsi que nous l'avons vu [2], compte Moschkhi comme la continuation de Hamadan.

כרך, Kherakh, est peut-être la ville de Charax, non loin des portes caspiennes [3].

מושכי, Moschkhi, désigne sans doute les *Moschi* dans la partie sud de Colchis. Les montagnes du même nom se trouvent en Ibérie et en Colchis [4]. Il ne faut

---

une nuance de dialecte; les syllabes *ma* et *va* se remplacent mutuellement dans les langues iraniennes. Les exemples nous feraient dévier de notre cadre; nous ne voulions que faire ressortir l'étymologie de אחמתא.

Quant aux étymologies que les Arabes donnent de Hamadân, nous renvoyons au savant ouvrage de M. Barbier de Meynard (Dict. geogr., hist. et litt. de la Perse, p. 597, 598). Nous en mentionnerons seulement une, qui est frappante pour l'orthographe talmudique de חמדן : « Plusieurs Persans instruits disent que Hamadân est un mot de l'ancienne langue, dont le sens est « la bien-aimée. » Ce serait alors de la racine sémitique חמד. Il est curieux que les Persans n'aient plus connu l'explication par les mots *ham* « ensemble » et *dân* « endroit, » endroit de rassemblement, qui appartiennent à leur propre langue.

[1] Pour les étymologies arabes de cet endroit, voir l'ouvrage précité, p. 573 et 574. Il est surprenant qu'on ne mentionne pas l'explication de *Nah* « ville, » ville sur le Wend. La leçon de ניהר, que nous avons vue (ci-dessus, p. 373) employée dans le Talmud, serait peut-être *Neh-ervend* ; on dit Ervend pour El-Wend. (M. Pott, dans le *Zschr.*, de M. Kuhn, t. VI, p. 255).

[2] Cf. ci-dessus, p. 373.

[3] Ritter, *op. cit.*, t. VIII, p. 118. Il est possible que le *Kerka* des inscr. achm. (M. Spiegel, *loc. cit.*, p. 192) soit identique avec le כרך du Talmud.

[4] Pline, *Hist. nat.*, VI, 4.

point confondre Moschkhi avec Moschkheni, que nous avons identifié avec les monts Moexéné, pays jusqu'où Samuel étend la Babylonie [1].

הווקי, חוסקי, Hoski ou Hozki ; ce sont probablement les Cosséens, peuplade dans la partie-nord de la Susiane [2]. *Osica* [3], ville albanienne, serait trop loin de Hamadan et de Nehavend pour pouvoir en être la continuation.

רומקי, רותקי, Romki ou Rothki ; nous ne trouvons aucun ancien nom avec lequel nous puissions les identifier.

Nous devrions nous occuper ici de l'Ibérie, province que quelques savants identifient avec l'Afriké du Talmud ; mais comme nous ne partageons pas leur opinion, nous en parlerons au chapitre de l'Áfrique.

Nous quittons les peuplades du voisinage de la mer Caspienne, parmi lesquelles le Talmud place une partie des dix tribus, pour nous rapprocher de la province de Kurdistan ; nous traiterons ensuite des autres provinces à l'est du Tigre jusqu'aux Indes. On comprend qu'il sera impossible de nous tenir strictement au système géographique actuel de ces pays, la plus grande incertitude régnant pour les différents noms talmudiques, et les notices y étant entremêlées. Nous ne nous occuperons pas ici des noms des peuples ; ce sujet trouvera sa place dans un chapitre spécial ; nous nous bornerons à ceux des pays et des villes.

קרדו, Kardou. Abraham, dit le Talmud [4], demeura emprisonné sept années à Kardou, et trois autres à

---

[1] Cf. ci-dessus, p. 334.
[2] Quatremère, *Mém. précité.*, p. 423 ; cf. aussi M. Rappoport, dans le *Kerem hemed*, t. V, p. 219.
[3] M. Forbiger, *op. cit.*, t. II, p. 615.
[4] Tal. de Bab., *Baba bathra*, 91 *a*, עשר שנים נחבש אברהם אבינו שלש שנים בכותי ושבעה בקרדו.

Couthé. Kardou est sans doute la province de Kurdistan. Les habitants de ce pays sont appelés, dans le Talmud, Kardouim ou Gardouim. « On n'accueille ni prosélytes Tadmoriim ni Kardouim [1]. » On parle aussi de la monnaie [2] et du froment de ce pays [3]. La tradition identifie le mont Ararat, où l'arche de Noé s'est arrêtée, avec le mont *Djoudi*, au sud-ouest du lac de Van, en Kurdistan. Au pied de cette montagne se trouve un village du nom de *Kariath Thamanin* (village des quatre-vingts) : « Noé, disent les Arabes, est sorti là avec quatre-vingts personnes qui s'étaient sauvées avec lui ; » sur le sommet du Djoudi se trouve aujourd'hui une mosquée. Les paraphrases syriaques et chaldaïques rendent « mont Ararat » par « mont Kardou [4]. »

Ce pays, où se trouve le mont Djoudi, s'appelle, chez les auteurs grecs et latins, Kordouéné ou Gorduéné. Les montagnes qui séparent l'Assyrie de l'Arménie, sont les monts Carduchi ou Cordueni ; chez Ptolémée Γορδιαῖον [5].

כותי, Couthé, mentionné conjointement avec Kardou [6], est probablement un pays voisin du Kurdistan ; c'est peut-être l'Ur Casdim de la Bible, sur la situation duquel les savants ne sont pas d'accord. Nous croyons

---

[1] Tal. de Jér., *Yebamoth*, 1, 6 ; Tal. de Bab., *même Traité*, 16 *a*, אין מקבלין גרים מן הקרדויין ומן התדמוריין.

[2] Tal. de Bab., *Holin*, 54 *b*, גורדייני ou דינרא קורדינאה ; cf. Buxtorf, *lex. talm.*, a. v. Il est possible que ces monnaies se rapportent à un des Gordiens, empereur romain.

[3] Même Tal., *Pesahim*, 7 *a*, חיטי קורדיניתא.

[4] Winer, *loc. cit.*, t. I, p. 82, הרי קרדו. Il est possible que le nom d'*Arakadris*, dans les inscr. achéménitiques (M. Spiegel, *op. cit.*, p. 184), soit les monts Kardou.

[5] *Ibidem*, p. 81.

[6] Cf. ci-dessus, p. 378.

que la province de Coutha[1], d'où Salmananar transplanta les habitants en Samarie, est identique avec le Couthé cité plus haut comme prison d'Abraham.

מרגוא, Margouan, patrie de plusieurs docteurs[2], est sans doute la province de Margiana, entre l'Oxus et la province d'Aria[3]. Les Talmuds ne disent rien de particulier de cette province.

בי חוזא, Bé Houza ou Houza. Un grand nombre de docteurs sont originaires de ce pays. C'est sans doute la province de Susiane (Chusistan), à l'est du Tigre et au nord du golfe Persique. On raconte que R. Beroka, de Houza, se trouva au marché de Bé Laft[4]; ce dernier n'est autre que la ville de Beth Lapetha, nom syriaque de la ville d'Ahwâz[5]. La pureté des familles dans cette province était assez douteuse, et les bonnes familles de la Babylonie contractaient rarement des mariages avec les femmes de Houza[6]. Les mulets de ce pays étaient renommés, à en juger d'après les sculptures de Kouyounjik, où l'on voit les rois s'en servir comme de montures[7]. Les Talmuds ont connaissance de ce détail : « Lévi avait envoyé à Bé-Houzaï pour acheter un âne (mulet) libyen[8]. »

---

[1] II Rois, XVII, 24, 30.

[2] Tal. de Bab., *Aboda zara*, 31 b et ailleurs.

[3] M. Forbiger, *op. cit.*, t. II, p. 565; cette province s'appelle *Margu* dans les inscr. achém. (M. Spiegel, *loc. cit.*, p. 212.)

[4] Tal. de Bab., *Taanith*, 22 a, ר' ברוקה חוזאה הוי שכיחא בשוקא דבי לפט.

[5] Ritter, *loc. cit.*, t. IX, p. 173.

[6] Tal. de Bab., *Kiddouschin*, 72 b.

[7] M. Layard, *Niniveh and Babylon*, 1853, p. 449.

[8] T. de Bab., *Sabbath*, 51 b, חמרא לוביא. Ane libyen est un terme général pour de bons ânes. Nous parlerons de la Libye dans le chapitre suivant.

On mentionne trois villes de ce pays dans un passage agadique. Les Israélites (les dix tribus), lorsqu'ils arrivèrent dans ce pays pour passer au mont Seloug [1], médirent de la Terre d'Israël [2]. « En arrivant à Schavasch [3], ils dirent : Ce pays vaut autant que le nôtre ; arrivés à Almin, ils dirent : Cette ville est aussi belle que Jérusalem [4] ; enfin, en arrivant à Schavasch-Thré, ils dirent : Ce pays vaut deux fois le nôtre. » On voit que ce récit n'est qu'un simple jeu de mots. Toutefois, les endroits portant les noms de Schavasch, d'Almin et de Schavasch-Thré, doivent avoir existé.

שוש, Schavasch, est peut-être la ville de Suze. Dans d'autres passages elle est appelée, comme dans la Bible, Schouschan. « Elle était fortifiée, dit le Talmud [5], depuis l'époque de Josué ; c'est pourquoi la lecture du Livre d'Esther doit s'y faire le quinzième jour d'Adar. »

עלמין, Almin, probablement la ville d'Elymaïs, nommée dans le Livre des Macchabées [6] et dans Josèphe [7]. Le docteur parle évidemment ici d'une ville, et non de la province d'Elam.

---

[1] Cf. ci-dessous, p. 386.
[2] Tal. de Bab., *Sanhédrin*, 94 *a*, לחיכא אגלי להו מר זוטרא אמר לאפריקי ור' חנינא אמר להרי סלוג אבל ישראל ספרו בגנותה של ארץ ישראל כי מטו שוש אמרי שויא כי ארעין כי מטו עלמין אמרי בעלמין כי מטו שוש תרי אמרי על חד תרין
[3] Il n'y a pas de doute qu'on n'avait prononcé le mot שוש comme *Schavasch*, puisqu'on veut faire un jeu de mots avec שויא, *Schavya*. La syllabe *av* dans les mots persans devient *os* en grec : ainsi de Daryavesch on dit Darios. Susa se prononçait en perse *Savsa*.
[4] Une allusion au nom de Beth Olamim (בית עולמים, ci-dessus, p. 134) que portait Jérusalem ou plutôt le Moriah.
[5] Tal. de Bab., *Meguillah*, 2 *b*.
[6] I Macchabées, vi, 1.
[7] Ant., XII, ix, 1 ; il se trouvait là un temple consacré à Diane, selon d'autres, à Aphrodite. Quelques savants croient que la ville

שוש תרי, Shavasch-Thré, peut-être identique avec le nom de Schuster, capitale actuelle du Chusistan. Elle s'appellle en syriaque Sustra, Susatra ou Schuschatra. On ne peut, en aucun cas, confondre Schuster avec Suze, qui s'appelle en syriaque Schouschan, et en arabe Sus. Celle-ci était située en Elam, tandis que Sustra se trouve en Chusistan. Chacune des deux villes était le siége d'un évêché, et les auteurs syriaques les distinguent très-bien l'une de l'autre [1].

מישן, Mésène. Nous avons parlé de cette province [2], dont la pureté genéalogique des habitants était également douteuse. Les Juifs babyloniens se trouvaient constamment en relations d'affaires avec Mésène [3]. On mentionne la ville de Perath-Meschon [4], probablement identique avec le *Pherath Mesène* des annales syriaques, et le *Pherat Maïssan* des Arabes [5]. On parle aussi du gouverneur de Meschon, qu'on appelle *Istandara* de Meschon; l'agadiste le dit gendre de Nabuchonosor [6].

---

d'Elymaïs n'a pas existé. La légende talmudique vient cependant à l'appui de Josèphe; cf. Winer, *op. cit.*, t. I, p. 313. D'après ce passage talmudique, Susa et Elymaïs ne peuvent être identiques, comme le pense Sir H. Rawlinson; cf. Ritter, *l. c.*, t. IX, p. 314.

[1] Assemani, *bibl. or.*, I, 3; III, 228; Ritter, *l. c.*, p. 178 et suiv.
[2] Cf. ci-dessus, p. 325.
[3] *Ibidem*.
[4] Cf. ci-dessus, p. 346, note 6.
[5] Ritter, *loc. cit.*, t. X, p. 181.
[6] Tal. de Bab., *Kiddouschin*, 72 *b*, איסתנדרי דמישן. La Mésène dépendait des rois des Sassanides (M. Reinaud, *Mém.* de l'Acad. des Inscr. et belles-lettres, t. XXIV, 2e partie, p. 170 et suiv.). Il n'est nullement certain que le nom de Mésène soit grec; il se pourrait qu'il vînt du peuple de Mescha (מישא Gen. x, 30); cf. M. Joël, dans le *Monatsschrift* de M. Frankel, année 1867, p. 339. Le nom *Mociya*, dans les insc. achém., signifie peut-être Mésène.

La Perse ne se trouve pas citée comme province dans le Talmud ; mais on parle quelquefois des Parsiim, ou peuple de la Perse, province considérée dans le sens de sa plus grande étendue. Nous reviendrons au peuple perse dans le chapitre des peuplades.

Avant de passser à la dernière province de l'Asie, c'est-à-dire les Indes, nous parlerons de l'Arabie.

ערביא, Arbia, est mentionnée quelquefois dans le Talmud ; mais il serait difficile de dire de quelle Arabie on veut parler, car il y en a trois, savoir : Arabia *deserta,* Arabia *petraea* et Arabia *felix.* Il est probable qu'on ne s'occupe point de cette subdivision dans le Talmud, et on parle de l'Arabie en général, c'est-à-dire de la péninsule qui comprend ces trois parties. Les chameaux et les parfumeries sont les produits les plus connus de l'Arabie[1], d'après le Talmud. Deux villes de l'Arabie y sont mentionnées.

בית גרם, Beth Garam, est le paradis de l'Arabie, dit le Talmud[2]. On peut identifier cette localité avec *Yerim* ou *Irem,* dont les jardins sont surnommés le paradis[3] par les Arabes. Niebuhr[4] ne trouva cependant pas la végétation de Yérim aussi riche que celle des autres districts de Yemen.

בשכר, Bascar. Ses habitants ont envoyé chez Lévi (qui résidait souvent en Arabie), pour le consulter sur

---

[1] Tal. de Jér., *Kethouboth,* xi, 1, et T. de B., *même Traité,* 67 *a*; Alexandre le Grand voulait se rendre en Arabie, le pays de la casia, de la myrrhe, de l'encens et d'autres parfums. Cf. Ritter, *loc. cit.,* t. X, p. 37.

[2] Tal. de Bab., *Eroubin,* 19 *a.*

[3] D'Herbelot, *bibl. orientale,* a. v., *Iram.*

[4] *Description de l'Arabie,* p. 206.

un point religieux[1]. Bascar de l'Arabie est encore mentionné, dans le Midrasch, comme ville ennemie des Juifs[2]. On veut identifier Bascar avec Baska ou Baskama, endroit situé dans la province de Guiléatide[3].

L'idole adorée en Arabie était, selon le Talmud, le Nischra (aigle)[4]. D'après les historiens arabes, la tribu himyarile, Dhou-l-Kela, adorait le *Nasr*[5]. L'aigle était aussi le symbole d'Ormuz[6].

קרמן, Karman. On parle des lits de Karman[7], et des gens de ce pays[8] qui viennent en Babylonie pour louer leurs bœufs aux laboureurs. Karman est probablement l'ancienne province de Carmania, aujourd'hui *Kerman*[9].

בי הנדאי, Bé Hindoué, signifie sans doute l'Inde, et probablement le pays de Paropamisadae, province qui touche à celle d'Aria[10]. Nous ne croyons pas que les talmudistes, et surtout les rédacteurs de la Mischna, aient connu le pays au delà de l'Indus, bien que les Juifs noirs de l'Inde se disent descendre des dix tribus, et qu'ils

[1] Tal. de Bab., *Sabbath*, 139 a.
[2] Midrasch, *Ekha*, III, 3. בסגר של ערביא
[3] M. Schwarz, *das heilige Land*, p. 188.
[4] Cf. ci-dessus, p. 305, note 2.
[5] M. Chwolsohn, *die Ssabier und der Ssabismus*, t. II, p. 405.
[6] Winer, *op. cit.*, t. II, p. 160.
[7] Tal. de Bab., *Sabbath*, 138 a, מטה קרמנאי
[8] Même Tal., *Nazir*, 31 a, תורא דקרמנאי
[9] M. Forbiger, *op. cit.*, t. II, p. 550.
[10] M. Forbiger, *op. cit.*, t. II, p. 480. La province d'Aria se trouve peut-être dans le Talmud sous le nom de אריא, qu'on rencontre souvent en composition avec בר qui alors ne veut pas dire « fils, » mais on exprime par là le lieu natal (cf. ci-dessus, p. 289). Nous n'avons pas mentionné tous les noms composés avec בר, qui pourraient être des localités, le point étant encore trop hypothétique. Nous avons cru néanmoins devoir les signaler.

identifient le Gange avec le Gozan de la Bible[1]. Nous trouvons même, vers la fin du cinquième siècle, un certain Joseph Rabban, qui émigra avec un grand nombre de familles juives à Malabar, où le roi les reçut et leur accorda une espèce d'autonomie[2].

La Mischna[3] parle des vêtements des Indes, dont le grand-prêtre se couvrait le jour de Kippour. « R. Meïr dit: Le grand-prêtre mettait le matin des vêtements de *Pelusium,* qui valaient douze *Manah,* et le soir, ceux des Indes, estimés huit cents *Zouz.* » Le Talmud[4] parle encore d'une espèce de confiture faite de miel et d'épices, appelée « Himlatha, » et qui vient de Bé Hindoué. » On nomme aussi un R. Yehouda de Bé Hindoué, qui était un prosélyte[5].

Le nom biblique de Cousch[6] est rendu dans le Targoum par *Hindoué.* Le Talmud appuie cette traduction dans un passage agadique. « Ahasverus, dit la Bible[7], a régné depuis Hodou jusqu'à Cousch. » Les deux docteurs Rab et Samuel diffèrent dans l'explication de ce nom : L'un dit que Hodou se trouvait à une extrémité du monde, et Cousch à l'autre; Hodou, dans ce sens, signifierait les Indes, et Cousch, l'Ethiopie. L'autre dit que Hodou et Cousch étaient voisins[8]; dans

---

[1] Cf. Hough, *Hist. of Christianity in India,* p. 464 et suiv.

[2] Jews intelligence, année 1840; cf. aussi M. Graetz, *Gesch. der Juden,* t. IV, p. 406.

[3] *Yoma,* III, 8. ובין הערבים הנדוין

[4] Tal. de Bab., *même Traité,* הימלתא דהנדראי

[5] Même Tal., *Kiddouschin,* 22 *b.*

[6] Isaïe, XI, 11; le Targoum du Pseudo-Jonathan rend הידלה (Gen., II, 11) par הנדראי.

[7] Esther, I, 1.

[8] Tal. de Bab., *Meguillah,* 11 *a.* La même divergence d'idées entre Rab et Samuel existe pour le verset biblique (I Rois, v, 4):

ce sens, Cousch doit représenter la province de Houzistan, qui, peut-être à l'époque de ces deux docteurs (commencement du troisième siècle), s'étendait jusqu'aux Indes.

R. Hanina fait aller les dix tribus dans les montagnes de Seloug[1]. Un fleuve de ce nom se trouve à l'est de Sindjar ; mais nous ne croyons pas que R. Hanina ait pu faire allusion au fleuve Salouk[2], dont les rives étaient habitées par des Juifs. Il serait encore plus hasardeux de prendre le mot Seloug dans le sens de *Scheleg* « neige, » et de vouloir comprendre sous ce nom les montagnes de l'Himalaya, qui signifie en sanscrit « la demeure de neige. » Nous n'avons pas à nous occuper ici de la légende postérieure au Talmud, qui place les dix tribus sur le fleuve Sambation, qu'on veut identifier avec le Gange. Les Bané Israël, tribu juive aux Indes, prétendent, avons-nous dit, descendre des dix tribus ; cette tradition mériterait un sérieux examen.

Des localités douteuses que nous croyons cependant situées en Asie, mais hors de la Palestine.

Nous donnons ces localités, comme dans la première partie, selon l'ordre de l'alphabet hébreu.

« Salomon régnait de Thiphsah jusqu'à Aza : » L'un dit que cette expression signifie d'un bout du monde à l'autre : Thiphsah serait Thapsaque, et Aza, la ville de Gaza en Palestine. L'autre dit que ces deux localités doivent se trouver l'une près de l'autre. Il aurait alors fait une allusion à l'endroit Thiphsah, en Palestine (II Rois, xv, 16).

[1] Cf. ci-dessus, p. 381.
[2] Ritter, *op. cit.*, t. XI, p. 458.

LIVRE SECOND. PAYS HORS DE LA PALESTINE   387

אוירא, Aviria, lieu natal de R. Aschi[1].

אחא, Aha, patrie de R. Aha[2].

איגר, Egar, mentionné pour ses olives[3] (qui n'étaient ni petites ni grandes) et pour son froment[4]. M. Rappoport veut l'identifier avec *Agra*[5], sur le golfe Élantique, au nord de l'Arabie heureuse. Il est possible qu'Egar soit identique avec Egra[6], à l'intérieur de ce même pays.

אספורק, Aspork, lieu de naissance de Goriyon[7].

אסתרקנית, Astrakanith. On mentionne un sel de ce nom[8]. On veut l'identifier avec *Astrakan*[9], ou, par transposition de lettre, avec Istakar, nom de Persepolis[10].

אקרא דשנוותא, Akra de Sehenouatha, endroit qui produisait beaucoup de vin. Rabina avait des relations fréquentes avec les habitants[11]. On veut l'identifier[12] avec Sesina, en Mésopotamie; mais c'est un peu trop loin de Soura.

אקרוניא, Akrounya, lieu natal de R. Samuel-bar-Aba[13].

---

[1] Tal. de Bab., *Schebouoth*, 24 b.

[2] Même Tal., *Kiddouschin*, 22 b et ailleurs, ר' אחי דמי אחא. Les msc. lisent ר' אחדבוי בריה דר' אחא

[3] Tal. de Bab., *Berakhoth*, 39 a, זית אגורי

[4] *Bamidbar* rabba, ch. 4 חטים אגורי

[5] *Op. cit.*, p. 14. La Guémare, cependant, ne prend pas איגר comme nom propre, mais dans le sens de « ramasser. »

[6] Pline, *Hist. nat.*, VI, 32.

[7] Tal. de Bab., *Themourah*, 30 b et ailleurs; Ritter (*loc. cit.*, t. X, p. 272) mentionne un endroit d'*Ispera* en Arménie.

[8] Tal. de Bab., *Beçah*, 39 a.

[9] M. Schwarz, *das heilige Land*, p. 277.

[10] M. Rappoport, *Erekh Millin*, p. 163.

[11] Tal. de Bab., *Baba mecia*, 73 b.

[12] M. Rappoport, *loc. cit.*, p. 190.

[13] Tal. de Bab., *Baba kama*, 7 b.

אַרְגִיזָא, Arguiza, lieu natal de R. Guebihah. R. Houna, dont l'école se trouvait à Soura, se rendit à Arguiza[1]. Il est possible qu'Arguiza soit identique avec Argaz, près duquel se trouve Hartha (dans les environs de Soura)[2].

בב נהרא, le fleuve Bab. Dans ce fleuve se jettent, d'après le Talmud, le Nahar Goza et le Nahar Gamda[3]. Nous ne trouvons aucun fleuve du nom de Bab. S'il était permis de corriger בב en כבר, ce serait le *Khabour* (Chaboras de Ptolémée); Gamda pourrait représenter le Mygdonia, et Goza, le Gozan, qui se jettent dans le Chaboras[4].

בי כתיל, Bé-Kethil, d'où R. Guébihah était originaire[5].

ביתרבו, Bé-Tarbo. R. Yoseph avait permis aux habitants de cet endroit de passer l'eau le jour de sabbath pour se rendre à l'école[6].

בי מכסי, Bé-Makhsé, endroit où se faisait un grand commerce d'une espèce de vêtements appelés *Tothbé*[7]. On peut identifier Bé-Makhsé avec la localité de Makhsin sur l'Euphrate[8].

---

[1] Tal. de Bab., *Zebahim*, 18 *b*.

[2] Cf. ci-dessus, p. 348.

[3] Talmud de Bab., *Abodah zarah*, 39 *a*. הַאי צַחֲנָתָא דְּבַב נַהֲרָא שַׁרְיָא... וְהָאִידְנָא דְּשָׁפְכֵי נַהֲר גּוָא וְנַהֲר גַּמְדָא לְהָתָם אֲסִירָא Ce même passage se trouve également T. de B., *Soucca*, 18 *a*; nos éditions y ont au lieu de גּוָא le mot אִיתָן, mais le msc. (Opp. Add., fol. 23) porte גּוָא.

[4] Mannert, *op. cit.*, t. V (2ᵉ partie), p. 497.

[5] Tal. de Bab., *Holin*, 64 *b*.

[6] Tal. de Bab., *Yoma*, 77 *b*.

[7] Même Tal., *Kethouboth*, 67 *a*, הוֹתְבֵי.

[8] Ritter, *op. cit.*, t. X, p. 270.

גווניא, Goznia[1], est sans doute la ville de Gauzania, dans la Médie Atripatène[2].

דויל, Devil. « Samuel et les élèves de Rab étaient assis, quand R. Yoseph passa, se rendant de Devil à Apeh-Bali[3]. » Devil est peut-être une localité sur le Dyalah.

אפיה באלי, Apeh-Bali, se trouve probablement dans la Babylonie proprement dite. Nous ne connaissons aucune localité avec laquelle nous puissions l'identifier[4].

דיסקרתה, Diskartha, patrie de R. Yehouda[5], pourrait représenter la ville des Sassanides de *Dastagerd*[6], non loin de Ctesiphon. Le nom de Diskartha est aussi employé pour une ville (d'importance pour la résidence d'un grand homme); on dit ainsi dans le Talmud : « Diskartha de l'Exilarche, Diskartha de Natouzaï[7]. » Nous ne croyons pas que Diskartha soit une composition du mot *Dios* et du mot araméen Kartha (ville);

---

[1] Tal. de Bab., *Sabbath*, 152 a. אמר ליה ההוא גוואה [סריס] לר' יהושע בן קרחה מהכא לקרחינא כמה הוי א"ל כמהכא לגווניא [לנוחניא] « Un eunuque demanda à R. Yehoschoua ben Karha : « Quelle distance y a-t-il d'ici à Karhina? Celui-ci lui répondit : Aussi loin que d'ici à Goznia. » On voit que c'est un jeu de mots sur קרחה « chauve » et גווא « eunuque ; » mais les interlocuteurs jouent certainement sur des noms de provinces. M. Rappoport (*Kerem hemed*, t. V, p. 216) croit qu'il faut lire R. Akiba au lieu de R. Yehoschoua. Cette discussion n'entre pas dans notre cadre. Les mots entre parenthèses sont les leçons du msc. Opp. Add., fol. 23.

[2] Mannert, *op. cit.*, t. V, 2e partie, p. 106.

[3] Tal. de Bab., *Niddah*, 26 b.

[4] Nous ne croyons pas que באלי puisse signifier ici « forêt » comme באלא (Tal. de Bab., *Holin*, 80 a) ou בי עילעי (*ibid.*, 59 b); cf. M. Levysohn, *die Zoologie des Talmud*, p. 71 et 114.

[5] Même Tal., *Nazir*, 35 a.

[6] M. Wiesner, *Scholien, etc.*, fasc. II, p. 191.

[7] Tal. de Bab., *Eroubin*, 59 a, דסקרתא דריש גלותא ; même Tal., *Meguillah*, 16 a, חדא דסקרתא. On écrit aussi האסקרתא

en ce cas Diskartha aurait la signification de Diospolis, nom de Lydda en Palestine [1].

דמחריא, Damharia [2].

דפתי, Defthi, lieu natal de R. Aha [3]; peut-être identique avec la localité de *Dibitach*, sur le bas Tigre, ou *Debba*, sur le haut Tigre [4].

דראי, Deraï, endroit où les habitants étaient considérés comme des Nethinim. R. Hamnouna s'y rendait quelquefois [5].

דרוקרת, Derokereth, ville où séjournait R. Houna. « Lors d'un incendie qui éclata dans cette localité, la maison de R. Houna fut épargnée ; Derokereth comptait cinq cents habitants [6]. » Cette localité était réputée comme un lieu impur [7]. On veut l'identifier avec *Tekrit* [8], ville sur le Tigre, entre Mossul et Bagdad, mais nous croyons que Derokereth était situé en Babylonie proprement dite.

הינצבו, Hincebo, séjour de R. Idi bar Abin [9]; probablement dans la Babylonie proprement dite [10].

---

[1] Cf. ci-dessus, p. 76. Il est possible que l'endroit de דיספורא (Diosphora), où Rabbi se rendait quelquefois, soit également Lydda (Diospolis); les lettres *l* et *r* sont souvent confondues.

[2] Tal. de Bab., *Rosch haschana*, 21 *a*.

[3] Tal. de Bab., *Holin*, 87 *b*. et ailleurs.

[4] Ritter, *loc. cit.*, t. X, p. 1124; t. XI, p. 161.

[5] Tal. de Bab., *Kiddouschin*, 70 *b*; cf. ci-dessus, p. 367.

[6] Même Tal., *Taanith*, 21 *b*.

[7] *Ibid.*, *Niddah*, 58 *b*; cf. aussi l'*Arouch*, a. v.

[8] M. Wiesner, *loc. cit.*, f. II, p. 193.

[9] Tal. de Bab., *Yebamoth*, 85 *a*. Un msc. de Munich (je dois les variantes de ce msc. important du Tal. de Bab. à MM. Merzbacher et Rabbinowitz) porte ici נציבין, l'autre היצניה. Dans celui d'Oxford (Opp. 4°, 248) on lit הצרבי

[10] M. Wiesner propose pour l'identification de cette localité l'endroit d'*Anzeba* (Ritter, *loc. cit.*, t. XI, p. 173).

וֹוסתינא, Vasthina, lieu natal de H. Hiya [1], est très-probablement la localité de Vasit en Chaldée. On lit dans un autre passage, R. Hiya de Youstinia [2], ce qui est sans doute une faute de copiste, pour Vasthina. La ville de Justiniapolis, nom que l'empereur Justinien donna, au sixième siècle, à Édesse [3], ne peut avoir été la ville natale de ce même R. Hiya qui était mort antérieurement.

זפירין, Zefirin, endroit où R. Akiba se trouvait quelquefois [4]. On connaît une douzaine de localités dans les différentes parties de l'Europe et de l'Asie qui portent le nom de Zefirin [5]. Nous croyons que R. Akiba se trouvait à Zephirium en Chypre (non loin de Paphos). Ce cap est appelé aujourd'hui *Cap Pafo*. L'île de Chypre, comme nous l'avons vu, renfermait de grandes communautés juives [6].

זרקינא, Zerkina, lieu natal d'un certain R. Samuel [7].

חצרמות, Haçar Maveth, fils de Yoktan [8], est expliqué dans le Midrasch [9] par un endroit où les habitants mangent des poireaux, s'habillent avec des vêtements de *papyrus* [10] et attendent journellement la mort. Il est certain que le Midrasch veut parler ici d'un endroit

---

[1] Tal. de Bab., *Taanith*, 9 *a*.
[2] Même Tal., *Zebahim*, 112 *a*. ר' חייא מיוסתיניא
[3] Ritter, *op. cit.*, t. XI, p. 322.
[4] Tal. de Bab., *Baba Kama*, 113 *a*, et ailleurs.
[5] Cf. Pauly, *Realenc. d. cl. W.*, a. v.
[6] Cf. ci-dessus, p. 369.
[7] Tal. de Bab., *Holin*, 111 *b*.
[8] Genèse, x, 26.
[9] *Bereschith* rabba, ch. 37, ואת חצרמות רי'ה אמר מקום ששמו חצרמות שהן אוכלים כרישים לובשים כלי פפיר ומצפים למיתה בכל יום.

[10] Le mot אפיפייר signifie en général vêtements; cf. Tal. de Jér., *Sotah*, à la fin.

Hadramaut, mais qui est très-douteux ; si ce nom se rapporte au Hadramaut, sur le golfe Arabique, attendu que cette province était très-fertile [1], et que ses habitants pouvaient vivre d'autre chose que de plantes potagères. Les vêtements de papyrus sont sans doute une allusion aux étoffes dans lesquelles on enveloppait les morts pour les embaumer.

חתר, Hathar, endroit où Tanhoum, fils de R. Ami, se rendit une fois [2] ; on peut l'identifier avec Hatra [3].

טטלפוש, Tatlapos, où le peuple était si ignorant en matière religieuse, que Rab entendit une femme demandant à sa voisine combien il fallait mettre de lait avec une quantité déterminée de viande [4]. Les tables de Peutinger mentionnent une localité de Thallaba en Mésopotamie ; mais elle est bien loin d'avoir quelque ressemblance avec notre Tatlapos [5].

טיבה, Tiba ou Taïba, lieu natal de R. Zerika [6] ; peut-être Taïba en Syrie [7]. Mais il se peut que cet endroit soit une des localités de la Palestine, dont le nom était composé avec le mot Taïb ; le Talmud de Jérusalem cite le plus souvent des endroits situés en Palestine.

טמדוריא, Tamdouria, où R. Aschi se trouva un jour, et où il émit une opinion concernant une cérémo-

---

[1] Winer, *op. cit.*, t. I, p. 496.
[2] Tal. de Bab., *Sanhédrin*, 5 b.
[3] Ritter, *op. cit.*, t. XI, p. 287.
[4] Tal. de Bab., *Holin*, 110 a.
[5] On parle (T. de B., *Baba mecia*, 73 b) d'un endroit de Zoulschaphat (וולשפט), où se faisait un grand commerce de vin. La leçon du *Arouch* est ici לולשפט ; peut-être la meilleure leçon était-elle טולשפט, et on veut alors parler de Thilsaphata dans la haute Mésopotamie. (Ritter, *loc. cit.*, t. X, p. 160.)
[6] Tal. de Jér., *Yebamoth,* xii.
[7] M. Fürst, *Culturgeschichte, etc.*, p. 68.

nie religieuse [1]. R. Aschi n'était pas voyageur et habitait la Babylonie proprement dite; Tamdouria doit conséquemment se trouver dans ce pays. Il serait peut-être trop hasardeux de l'identifier avec Tamora sur le Nahrvan [2].

יאו, Yao. R. Zera et R. Asi se sont rendus à l'auberge de Yao [3].

יאסיניא, Yasinia, lieu natal d'un certain R. Simon [4]; peut-être identique avec le village de Yasimah, sur l'Euphrate [5].

כוחלית, Kohlith (dans le désert), endroit d'où le roi Jannée revint victorieux [6]. On mentionne aussi l'hysope de Kohlith [7]. L'identification avec Chalcis est plus que douteuse [8].

כפיסא, Cafisa. L'expression biblique : « Un pays d'une grande étendue, » est expliquée dans le Midrasch [9] par Cafisa.

כרכוז, Carcuz. On mentionne une espèce de chèvres de ce nom [10]. On l'explique par Kerkusia [11], la ville biblique de Karkemisch; nous croyons plutôt devoir lire

---

[1] Tal. de Bab., *Abodah zarah*, 39 *a*. Le msc. de Munich a ici בירתא ou ביר; nous avons vu que אביי איקלע לטמו בירי entre dans un grand nombre de noms de localités; il se place presque toujours en tête du mot.

[2] Ritter, *loc. cit*, t. XI, p. 954.
[3] Tal. de Bab., *Holin*, 6 *a*.
[4] Même Tal., *Bekhoroth*, 47 *b*.
[5] Ritter, *loc. cit.*, t. X, p. 923.
[6] Cf. ci-dessus, p. 312.
[7] Mischna, *Negaïm*, XIV, 6.
[8] M. Schwarz, *das heilige Land*, p. 273.
[9] *Vayikra* rabba, ch. 5. ארץ רחבת ידים זו כפיסא
[10] Tal. de Bab., *Holin*, 59 *b*. עיזא כרכוז
[11] Cf. M. Levysohn, *op. cit.*, p. 126.

394

Karkin[1], et l'identifier avec la province de Kherakh, mentionnée dans le Talmud[2].

כרמי, Karmi. Un homme se noya dans ce fleuve; on le retira à *Bé Hedya*, trois jours après[3]. R. Duni de Nehardaa avait permis à la femme de ce noyé de se remarier. Karmi est peut-être identique avec le fleuve de Corma, sur la rive-est du Tigre[4].

לוז, Louz. Nous avons vu[5] dans la Palestine un endroit de ce nom, où l'ange de la mort est impuissant. M. Wiesner[6] croit que ce Louz est identique avec la localité de Lizan, en Kurdistan, sur le Zab supérieur. Là, en effet, comme les voyageurs le racontent, on trouve un des meilleurs climats du pays. On montre à Lizan une place sur un rocher, d'où les habitants, quand ils étaient encore païens, précipitaient leurs parents vieux et faibles, afin de les délivrer des misères de la vie[7]. Il est possible que le Talmud fasse allusion à cette tradition populaire, quand il dit que les vieillards de Louz sortent des portes de la ville pour mourir. Par suite de la ressemblance des noms, on a peut-être attribué ce fait au Louz en Palestine.

משרוניא, Meschrounya; dans le voisinage se trouvait un bois[8]. On pourrait l'identifier avec Maschur[9].

---

[1] Les commentaires portent כרכות ou כרכין
[2] Cf. ci-dessus, p. 377.
[3] Tal. de Bab., *Yebamoth*, 121 a. ההוא גברא דטבע בכרמי ואסקוה אבי הדיא
[4] Ritter, *op. cit.*, t. IX, p. 374.
[5] Cf. ci-dessus, p. 156.
[6] *Ben Hananya* (talm. fors.), 1867, p. 75.
[7] Ritter, *op. cit.*, t. XI, p. 611.
[8] Tal. de Bab., *Baba mecia*, 107 b.
[9] Ritter, *op. cit.*, t. IX, p. 158 et 162.

נאומא, Naousa, lieu natal de R. Modia [1].

נהר בול, Nehar Boul, ville natale de R. Asi [2] ; peut-être une localité sur le canal de Diyalah, appelée aussi Nahr Bull [3].

נהר יופטי. Nehar Yophti. Deux docteurs se sont séparés au passage de ce canal [4]. Benjamin de Tudèle mentionne une localité d'Aïn-Yophata, au nord de Koufa. On y montre le tombeau du prophète Nahum [5]. Il est possible qu'un canal se soit trouvé en cet endroit.

נהר פניא, Nehar Panya, localité riche en vins [6]. Il faudrait peut-être lire הרפניא, et penser à Harpanya (Hipparenum).

נהר פפיתא, Nehar Papitha. Deux miches de pain de Nehar Papitha forment un repas [7].

נהר פפא, Nehar Papa. Un berger conduisait son troupeau sur les bords de ce canal [8]. Nehar Papa est peut-être le même que Nehar Papitha.

נשיקיא, Neschikiya, lieu natal d'Abin [9].

סמקי, Samki, lac où un homme s'est noyé ; on s'occupe de savoir si on devait permettre à sa femme de se remarier [10] ; Rab, Samuel et R. Schila se mêlèrent

---

[1] Tal. de Bab., *Eroubin*, 83 *a*.
[2] Même Tal., *Holin*, 87 *b*.
[3] Ritter, *loc. cit.*, t. X, p. 200. Il est possible que le mot בול dans les noms des endroits babyloniens, signifie le dieu *Bel*.
[4] Tal. de Bab., *Eroubin*, 64 *a*; יופתי dans les *Hal. G.*, p. 5.
[5] *The Itinerary of B. d. T.*, t. I, p. 110.
[6] Tal. de Bab., *Guittin*, 65 *b*.
[7] Même Tal., *Eroubin*, 82 *b*.
[8] Ibid., *Baba mecia*, 83 *a*.
[9] Tal. de Bab., *Sabbath*, 121 *a*.
[10] Même Tab., *Yebamoth*, 121 *a*. Le fleuve de *Sindjar* (Ritter, *loc. cit.*, t. XI, p. 257) s'appelle aussi Samaki ; mais c'est trop loin de la Babylonie proprement dite, où demeuraient ces docteurs.

à cette discussion. Samki était probablement un des lacs de la Chaldée.

פרהטיא, Parhetya, lieu natal de R. Nahman [1].

פרויקא, Porsika, patrie d'un certain Rabba [2]. Ptolémée connaît un endroit de Porsika sur l'Euphrate, entre Samosata et Zeugma [3]. On parle dans le Talmud d'une forêt près de Bé Parsak [4], qui pourrait être identique avec Porsika.

פרק אונסין, Perak-Onsin [5]. Le roi Asverus, dit le Midrasch, avait fait prendre là le marbre pour son palais. M. Rappoport [6] identifie cette localité avec l'île de Proconnesus dans le Propontis [7]. On trouve en cet endroit le marbre blanc, et le nom de « mer de Marmara » provient de là.

פרשניא, Fersenya, qui vit naître Rabbah [8]; c'est probablement le château de *Fissenia*, que Zosime mentionne sur l'Euphrate, à l'embouchure du canal royal [9].

צוציתא, Çocitha. On avait surnommé l'Exilarche Oukban bar Nehemya, Nathan de Çocitha [10].

צוצינא, Çocenya, mentionné à propos de ses

---

[1] Tal. de Bab., *Kiddouschin*, 81 a. Nous ne croyons pas qu'on puisse identifier פרהטיא avec la province de *Parthie*.

[2] Même Tal., *Themoura*, 30 a; פרקין (*Yebamoth*, 59 b) est une faute de copiste.

[3] Ritter, *loc. cit.*, t. X, p. 923.

[4] Tal. de Bab, *Baba mecia*, 107 b בי פרוק.

[5] Midrasch, *Esther*, I, עמודים של שיש מיפרק אונסין.

[6] *Op. cit.*, p. 150.

[7] Cf. Pauly, *Realencyclopedie* a. v.

[8] Même Tal., *Pesahim*, 76 a.

[9] Mannert, *loc. cit.*, t. V, 2ᵉ partie, p. 285. Pline y place l'endroit de Massice; cf. aussi M. Wiesner, *Scholien, etc.*, f. III, p. 143.

[10] Tal. de Bab., *Sabbath*, 56 b.

pigeons[1]. Çocenya est peut-être identique avec la localité précédente, et toutes les deux, avec l'endroit de Sittacène sur l'Euphrate.

ציקוניא, Cikonya. Des Arabes avaient amené du bétail dans cette localité[2]. On pourrait peut-être l'identifier avec Zekia[3] sur le bas Tigre.

קובי, Cobi, lieu natal d'un certain Rabba[4].

קולוניא, Colonia. On a trouvé une lettre de divorce dans laquelle le nom de cette localité était inscrit[5]. Colonia est peut-être identique avec le château de Colonia, sur l'Euphrate[6].

קטרויא, Ketarzia, patrie de R. Schescheth[7].

קמחי, Kamhi. On y faisait grand commerce de cordages[8]. On pourrait l'identifier avec Gamach dans la haute Arménie[9].

קרחי, Karhi, lieu natal de R. Ada[10]; peut-être identique avec la localité actuelle de Carcha[11].

כפר קרצום, Kefar Karçom, où, d'après la légende, Haman avait exercé l'état de barbier, avant de devenir ministre; probablement en Médie[12].

---

[1] Même Tal., *Holin*, 62 *b*; cf. M. Levysohn, *op. cit.*, p. 204.

[2] *Ibidem*, 39 *b*, הני טעיי דאתו לציקוניא; un chameau arabe est appelé dans le Talmud (T. de B., *Baba kama*, 55 *a*), גמלא טעייא

[3] Ritter, *op. cit.*, t. XI, p. 943.

[4] Tal. de Bab., *Kiddouschin*, 8 *a*.

[5] Même Tal., *Yebamoth*, 115 *b*, בצד קולוניא מתא

[6] Ritter, *op. cit.*, t. XI, p. 730.

[7] Tal. de Bab., *Meguillah*, 24 *b*.

[8] Tal. de Bab., *Kethouboth*, 67 *a*, אשלי דקמחניא

[9] M. Wiesner, *Ben Han.* (talm. f.), 1867, p. 128.

[10] Tal. de Bab., *Sanhédrin*, 92 *a*, ר' אדא קרחינאי

[11] Ritter, *op. cit.*, t. XI, p. 151. Nous avons rencontré (ci-dessus, p. 389) un nom de קרחינא, que M. Rappoport (*K. hemed*, t. V, p. 217) veut expliquer par la province de *Carina* en Médie.

[12] Tal. de Bab., *Meguillah*, 16 *a*. Il est possible que le pays Obilo

קרקוניא, Kerkounya, où se trouva une fois R. Hiya bar Aschi[1]. On connaît Kerkounah dans le pays des Kurdes[2].

רוגנג, Roghnag. Un mauvais esprit[3] s'était élancé d'une rive de ce fleuve sur la rive opposée ; ces rives étaient assez distantes l'une de l'autre[4].

רכים נהרא, Rakhis Nahra, le fleuve Rakhis, mentionné pour une décision concernant une formalité relative à une lettre de divorce. Sur ce fleuve se trouvait une ville *Scheviri*[5]. Rakhin est peut-être le fleuve Araxe ; mais il y en a trois du même nom.

ריפע, Ripha, mentionné dans le Talmud comme de très-hautes montagnes. On veut les identifier avec les monts Riphae[6].

שאונא, Scheona, ville natale de R. Hana[7].

תואב, Touâb, où R. Papa se rendait quelquefois[8]. On mentionne, entre la Babylonie proprement dite et le Huzistân, une localité du nom de Touakh[9], que M. Rappoport[10] veut identifier avec *Taoke*, ville en Persis. Il est possible que Touâb soit une faute de copiste, pour Touakh.

Kourça (אבילו קורצא, *Aboth de R. Nathan*, ch. 16) ait quelque rapport avec Kefar Karçom.
[1] Même Tal., *Abodah zarah*, 15 b.
[2] Ritter, *op. cit.*, t. X, p. 886.
[3] Tal. de Bab., *Baba bathra*, 73 b.
[4] Même Tal., *Baba mecia*, 18 a, שוירי מתא דעל רכים נהרא
[5] *Arouch et Moussaffia*, a. v.
[6] Cf. Landau, *Maarchké Laschon*, a. v.
[7] Tal. de Bab., *Niddah*, 65 b.
[8] *Ibidem*, 33 b.
[9] Tal. de Bab., *Baba Kama*, 104 b. תואך
[10] *Kerem hemed*, t. V, p. 228.

תוסניא, Thosanya, où demeurait R. Mescharscha [1].

תלבוש, Talbosch, ville que le géant Talmaï doit avoir construite [2].

תמוד, Thamoud. Ce pays « fut dévasté avant Tharmoud, » dit un talmudiste [3]. Il est possible que Thamoud est un nom imaginaire, créé pour produire un jeu de mots avec Tharmoud.

Nous donnerons encore quelques localités situées en Babel, que le Talmud mentionne dans un seul et même passage. Mais nous avons vu que Babel peut aussi bien signifier la Babylonie proprement dite, que la Mésopotamie, et même qu'une grande partie de la rive-ouest de l'Euphrate et de la rive-est du Tigre. Ces localités sont: Pasgira, Birtha-de-Neda et Birtha-de-Satya [4]; toutes ces trois localités, ainsi que celle de Humenya, étaient connues pour la dissolution des mœurs.

---

[1] Tal. de Bab., *Yebamoth*, 21 *b*.

[2] Tal. de Bab., *Yoma*, 10 *a*.

[3] *Ibidem*, 17 *a*. והא חריב האי תמוד הוי M. Wiesner (*Ben Han.*, talm. forsch., n° 39, p. 111) pense que le talmudiste a en vue la tribu de Thamod, mentionnée dans le Coran.

[4] Tal. de Bab., *Kiddouschin*, 72 *a* (d'après la leçon du msc. Opp 4°, 248) פסגירא [מסגריא] איכא בבבל כלה דממוזרין היא בירתא דנדה [בירקא] איכא בבבל שני אחין יש בה שמחליפין נשותיהן זה לוה בירתא דסטיא איכא בבבל היום סרו מאחרי ה'. Les mots entre parenthèses représentent la leçon de nos éditions. Nous ne croyons pas que Pasgira soit identique avec la ville de *Pasargadae* en Persis; la Babylonie talmudique ne s'étendait pas aussi loin vers l'est. La Pesiktha (msc., ch. שובה) mentionne un Samuel Patigrisah (שמואל פטיגריסה), le seul nom dans ce traité agadique qui semble être babylonien. Peut-être Patigrisah représente-t-il la province-est sur le Tigre, où ce fleuve prend le nom de *Pasitigris* (auprès de Basra; cf. M. Forbiger, *op. cit.*, t. II, p. 68). Pasgira pourrait être une corruption de Pasitigris, sinon une abréviation. Nous avons vu que גירא signifie une flèche, ce que le mot Tigre signifie également.

CHAPITRE V

L'AFRIQUE ET L'EUROPE.

§ 1ᵉʳ. — L'Afrique.

אפריקא[1], Africa. Cette dénomination est peu usitée chez les anciens géographes ; on se sert presque toujours du nom de Libye pour désigner l'Afrique. *Africa* fut mis en usage par les Romains seulement. Josèphe[2], qui se sert de ce nom, l'a certainement pris des Romains, qui désignent par « Africa » la province sur la côte-nord de la Méditerranée, ou l'ancienne province de Carthage. *Libya* est la partie inconnue de l'Afrique, opposée à l'Égypte, à l'Éthiopie et à la province sur la côte-nord[3]. On ne peut douter que les talmudistes ne prennent « Africa » dans la même acception, et, comme ce pays était le moins connu pour eux, ils emploient également ce mot « Africa » dans des passages agadiques, pour désigner un pays lointain et presque légendaire. Il faut bien se garder, selon notre avis, de vouloir tirer un résultat géographique

---

[1] On trouve quelquefois אפריקא et d'autres fois אפריקי ; nous ne croyons pas devoir faire une distinction entre Africa et Afriki.

[2] *Ant.*, I, xv.

[3] M. Forbiger, *op. cit.*, t. II, p. 764.

quelconque des passages talmudiques où se trouve le nom d'*Africa*. Nous mentionnerons tous ces passages sans formuler aucune conclusion, laissant au lecteur la liberté d'en tirer telle conjecture qu'il lui plaira.

Le Targoum rend le mot Tarschisch[1] par Africa; ce qui se rapporte certainement à la partie de l'Afrique, au delà de Carthage, presque en face de l'Espagne.

Ailleurs, le Targoum de Jérusalem, ainsi que le Midrasch[2], traduisent Gomer[3], peuplade japhétique, par *Afriki*. Africa devrait nécessairement représenter ici un pays en Asie. Quelques savants veulent y voir la Phrygie[4], d'autres l'Ibérie[5]. Mais la leçon du Midrasch est-elle positive[6], et le talmudiste ne peut-il pas vouloir traduire simplement *Gomra*[7] « charbon » par une analogie d'un nom facile, Afriki « habitant des cendres, » de la racine *éfer*, cendre[8] ?

---

[1] Les Septante rendent ce mot par Καρχηδών; la Vulgate par *Carthaginenses*. Cf. Winer, *loc. cit.*, t. II, p. 603.

[2] Genèse, x, 2.

[3] *Bereschith* rabba, ch. 37.

[4] M. Rappoport, *Erekh Millin*, p. 187; mais nous avons vu (ci-dessus, p. 315) que le Talmud écrit le nom de la Phrygie פרוגתייא

[5] M. S. Cassel, *magyarische Alterthümer*, typ. III, p. 270 et suiv.; M. Harkavy, dans le *Zeitschrift* de M. Geiger (année 1867, p. 34 et suiv.). Nous ne voyons pas pourquoi les talmudistes n'auraient pas choisi plutôt l'orthographe עברִיקא du mot connu עבוֹר pour désigner l'Ibérie.

[6] Nous verrons (ci-dessous, p. 422) qu'Africa se trouve seulement dans le Midrasch et non pas dans les Guémares.

[7] גומרא ; cf. Buxtorf, lex. tal., a. v.

[8] Quelques savants veulent trouver dans la peuplade de Gomer « les Cimmeriens » qu'Homère (Odyssée, XI, 14-19) mentionne comme un peuple enveloppé dans les ténèbres et le brouillard, et chez lequel Hélios n'envoie pas ses rayons. Peut-être trouverait-on une analogie quelconque entre le peuple « enveloppé de té-

402 LA GÉOGRAPHIE DU TALMUD

Nous avons vu [1] que le Talmud fait aller les dix tribus en Afrique. « Sanhérib promet au peuple d'Israël un pays comme le leur; ce pays, dit le Talmud, est « Africa [2]. » Dans ce même passage, on veut encore expliquer Africa par Ibérie. Nous ne croyons pas que les docteurs en Babylonie aient eu des connaissances géographiques des pays presque inconnus à cette époque. En outre, on raconte que R. Akiba se rendit en Afrique [3], d'où il rapporta une expression tirée de l'idiome du pays, au moyen de laquelle on expliqua un mot biblique. Si « Africa » signifiait, dans le voyage de R. Akiba, l'Ibérie et Ziphrin [4], le promontoire Zephirium (en Pontus), ce docteur aurait pu renseigner ses disciples sur la population des dix tribus en Ibérie. Pourquoi R. Akiba, voyageant partout où il y a des communautés juives, ne serait-il pas venu en Afrique, en face de la côte espagnole, où se trouvaient des communautés à l'époque talmudique [5], et où elles se sont maintenues jusqu'à l'époque des *Guéonim* (dixième siècle), à Kaïrowan [6], à Fez et ailleurs?

Ce qui est plus étonnant, c'est que dans des passages purement agadiques, quelques savants donnent au mot

nèbres » et le peuple de « charbon » ou de « cendres. » Nous ne croyons pas que la racine χίνος ou *cinus* « cendre » se trouve dans le nom de « Cimmerius. » Les Cimmeriens habitaient une partie de l'Asie mineure et auraient pu être connus des talmudistes.

[1] Cf. ci-dessus, p. 372.

[2] Tal. de Jér., *Schebiith*, VI, 1. ארץ כארצכם זו אפריקא

[3] Cf. ci-dessus, p. 306.

[4] Cf. ci-dessus, p. 391.

[5] Les Juifs faisaient le quart de la population de Cyrène (I Macch., XV, 23; Josèphe, *c. Ap.*, II, 4). Il y avait à Jérusalem une synagogue des Juifs de Cyrène (Actes, II, 10; VI, 9).

[6] M. Rappoport, *op. cit.*, p. 185.

« Africa » une signification authentique, au lieu de le considérer comme une expression vague de l'agadiste. « Guirgassi, dit un agadiste[1], avait confiance en Dieu, et émigra en Afrique, quand Josué le somma de quitter le pays. »

Dans un autre passage on dit[2] : « Les enfants d'Afrique se sont présentés devant Alexandre le Grand pour disputer la Palestine aux Juifs, disant que leur père était Chanaan, et possesseur de ce pays. » Comment peut-on supposer que l'agadiste ait pris le rôle d'historien, en faisant allusion à la colonie phénicienne de Carthage, descendant de Chanaan[3], ou aux Ibériens[4], qui se disent être la postérité du roi David et de sa femme Bath Seba? L'agadiste, dans le dernier passage, veut probablement parler de la dispute entre les Samaritains et les Juifs[5], à l'époque d'Alexandre le Grand, et ne se souciant pas de parler ouvertement contre les Samaritains, dans la crainte d'attiser leur haine contre les Juifs, il se sert de l'expression vague : « les enfants d'Africa. »

Alexandre le Grand est souvent le sujet de la légende talmudique. On lui fait tenir une conversation avec les sages de l'Orient : « Entre autres questions, il
» leur demande par quel chemin il pourrait se rendre
» en *Africa*. Les sages lui répondent qu'il serait ar-

---

[1] Tal. de Jér., *Schebiith*, vi, 1. גרגשי פינה והאמין לו להקב״ה
והלך לו לאפריקא
[2] *Meguillath Taanith*, ch. ii; Tal. de Bab., *Sanhédrin*, 91 *b*.
[3] M. Rappoport, *op. cit.*, p. 184.
[4] M. Harkavy, *art. précité*, p. 36. Vouloir trouver dans גרגשי le nom *Géorgoï* (nom du peuple aborigène d'Ibérie), c'est pousser plus loin l'Agadah que l'agadiste lui-même.
[5] M. Munk, *la Palestine*, p. 483.

» rêté par les « montagnes pleines de ténèbres[1]. »
» Mais comme il insista, on lui conseilla de prendre
» des mules libyennes, qui ont l'habitude de marcher
» dans l'obscurité. Attache, ajoute-on, des cordes[2] au
» point de départ, et déroule-les, afin que tu saches
» par quel chemin revenir. Après avoir suivi le conseil
» des sages, il arriva ainsi au royaume des femmes[3]
» auxquelles il voulait faire la guerre. Ces femmes lui
» dirent : Si tu nous tues, tu auras tué des femmes; si
» nous te tuons, le grand roi aura été tué par une
» femme. Apportez-moi du pain, leur dit-il; elles lui
» apportèrent du pain en or sur une table en or.
» Mange-t-on donc de l'or chez vous? leur demanda-
» t-il. Mais si tu avais voulu manger du pain ordi-
» naire, tu aurais pu rester dans ton pays, lui répondit-
» on. Quand Alexandre quitta cette ville des femmes, il
» écrivit sur la porte de la ville : Moi, Alexandre, j'étais
» un insensé, et j'avais besoin que les femmes m'ap-
» prissent comment vivre. »

Peut-on douter que l'agadiste ne veuille parler ici
d'une contrée peu connue[4]? On racontait les expéditions

---

[1] Tal. de Bab., *Thamid*, 31 *b*; *Vayikra* rabba, ch. 37 et Pesiktha (msc.) sect. שור או כשב :

אלכסנדרוס מקדון אזל לגבי מלכא קציי׳ לאחור הרי החושך אזל
לחדא מדינתא דשמא קרטיגנא והוות כולה דנשין ... אזל לחדא מדינתא
דהב. Cette agadah הורי דשמה אפריקי ונפקון קדמיניה בחרין דדהב ...
est aussi ancienne (peut-être même plus ancienne) que celle du
Talmud de Babylone.

[2] Rappelle le fil d'Ariane.

[3] Le royaume des Amazones n'est pas seulement sur la mer
Noire, mais aussi en Libye. N'oublions pas que Carthage fut fondée par une femme.

[4] Le mot קרטיגנא dans la Pesiktha militerait pour l'idée de
M. Rappoport (*Erekh Millin*, p. 185) qu'Alexandre, d'après la lé-

LIVRE SECOND. PAYS HORS DE LA PALESTINE 405

d'Alexandre, et quoi d'étonnant qu'on l'envoyât dans le pays le plus reculé, qu'on désigne par Africa?

Nous allons énumérer les pays et les villes mentionnés dans le Talmud et qui se trouvent actuellement en Afrique.

מצרים, Miçraïm. L'Égypte était le pays de l'Afrique avec lequel on communiquait le plus fréquemment. Ce pays avait de grandes communautés juives et même un temple fondé par Onias[1]. D'après quelques docteurs, les prêtres en fonction dans ce temple pouvaient passer au Temple de Jérusalem[2]. Un passage agadique donne à l'Égypte une étendue exagérée[3]. « Miçraïm a une étendue de quatre cents[4] *parsa* carrées. Miçraïm fait la soixantième partie de Cousch, qui est lui-même une soixantième partie du monde; le monde forme la soixantième partie du jardin, qui est lui-même la

gende, a voulu se rendre du temple d'Ammon à Carthage. Les montagnes obscures sont peut-être les monts *Anagombri*, à l'ouest d'Ammonium, qu'on traverserait nécessairement pour se rendre d'Ammonium à Cyrène et à Carthage. Il est possible que le mot קציי soit une corruption de קרניי (le ר s'il devient plus petit peut former un צ si le copiste le rapproche trop du נ), et signifie la ville ou le royaume de *Kyréné*. Nous savons que les Cyréniens avaient envoyé des présents et leur soumission à Alexandre, quand celui-ci se rendit au temple d'Ammon. Il est possible aussi que l'agadiste connaissait, au moins de nom, le *ater* ou *niger mons*, au nord de Phazania (Fezzan; Pline, *H. N.*, v, 5; vi, 35. Cf. Ritter, *op. cit.*, t. I, p. 988). Quant aux monts Caucase, que M. Harkavy veut entendre par les « monts obscurs » du Talmud, c'est chose inadmissible. Quand on se rend des Indes en Ibérie, ce n'est pas le Caucase qu'on traverse.

[1] Josèphe, *Ant.*, XII, ix, 7.

[2] Tosiftha, *Menahoth*, ch. 13.

[3] Même Tal., *Taanith*, 10 *a*; cf. aussi T. de J., *Berakhoth*, i, 1.

[4] La même étendue est donnée à la Palestine; cf. ci-dessus, p. 4.

soixantième partie d'Eden, lequel fait la soixantième partie du Gué-Hinnom (Géhenne). Calcul fait, le monde est, comparativement à ce dernier, grand comme le couvercle d'un pot. »

On ne dit rien de particulier de l'Égypte, si ce n'est qu'elle est remplie de sorciers [1]. Nous avons vu [2] qu'on disait proverbialement : « Apporter de la sorcellerie en Égypte, » comme on dit aujourd'hui : « Porter de l'eau à la rivière. » Le Talmud mentionne souvent l'Égypte à propos de ses végétaux, tels que le concombre, la moutarde [3]. Cette dernière est remarquée également par Pline [4]. Les échelles, ainsi que les fenêtres, étaient petites en Égypte [5]. « Les mouches de l'Égypte sont très-dangereuses, » dit le Talmud [6]. Parmi elles, il en est une qui est probablement l'insecte désigné par Philon et Origènes [7], sous le nom de *Iknips*, et qui est très-incommode. Le Midrasch [8] parle une fois de l'inondation du Nil. « Tout le monde était allé voir le débordement du Nil, excepté Joseph (et la femme de Potiphar. »)

אלכסנדריא [9], Alexandrie possédait dès l'époque dite de son fondateur, une grande communauté juive. Dans les Talmuds on en compte la population par millions, par suite de cette habitude d'exagération

---

[1] Midrasch, *Esther*, i, 1 : « De dix parts de sorcelleries pour toute la terre, l'Egypte à elle seule en avait neuf. »

[2] Cf. ci-dessus, p. 226.

[3] Mischna, *Kilaïm*, i, 1. חרדל המצרי

[4] *Hist. nat.*, xix, 54.

[5] Mischna, *Baba bathra*, iii, 8.

[6] Tal. de Bab., *Sabbath*, 121 b.

[7] Cf. M. Levysohn, *die Zoologie d. T.*, p. 313.

[8] *Bereschith* rabba, ch. 87 ; au lieu de נבול il faut lire מבול.

[9] Cf. M. Rappoport, *Erekh Millin*, p. 98 et suiv.

que nous avons souvent mentionnée[1]. Les Juifs d'Alexandrie se trouvent constamment en rapport avec leurs frères de la Palestine, malgré le temple qu'Onias avait élevé en Égypte. Ils apportent leurs offrandes à Jérusalem[2]; les docteurs s'y réfugient contre les persécutions des rois-tyrans[3]. Alexandrie possédait un tribunal comme celui de la Palestine [4], et un temple gigantesque[5], où l'on voyait soixante-dix siéges revêtus d'or et de diamants, probablement pour les membres du tribunal, au nombre de soixante-dix. La valeur de chaque siége est estimée vingt-cinq *ribbo Dinar* en or. On ajoute dans le Talmud, qu'au milieu de ce temple se trouvait une *Bima* (espèce de chaire), sur laquelle se tenait le *Hazan* chargé de faire signe à l'assistance, quand elle devait répondre par le mot *Amen*[6]. Telles étaient ses dimensions, que la voix de l'officiant qui lisait le Pentateuque, n'arrivait pas à tous les assistants. On dit encore que les fidèles dans ce temple, étaient assis par groupes, selon leurs professions[7]. La réputation des Juifs d'Alexandrie n'était pas des meilleures, on leur reprochait d'être irréfléchis, audacieux et dissolus[8].

Le Talmud confond les Alexandrins avec les Babylo-

---

[1] Tal. de Bab., *Guittin*, 57 *b*.
[2] Mischna, *Hallah*, IV, 11.
[3] M. Graetz, *Gesch. der Juden*, t. III, p. 15.
[4] Tal. de Bab., *Kethouboth*, 25 *a*.
[5] Tal. de Jér., *Soucca*, v, 1. כל שלא ראה דיפלי איסטבי של אלכסנדריאה לא ראה כבוד ישראל מימיו כמין בסילקי גדולה היה דיופלוסטון של אלכסנדריאה. Cf. aussi T. de B., *même Traité*, 51 *b*.
[6] *Ibidem*.
[7] Les Juifs d'Alexandrie s'occupaient de travaux manuels et d'art. On les appelait souvent à Jérusalem pour exécuter des travaux dans le Temple; cf., par exemple, Tal. de Jér., *Yoma*, III, 9, et ailleurs.
[8] M. Rappoport, *op. cit.*, p. 99.

niens[1], probablement à cause de la ville égyptienne qui portait aussi le nom de Babylone[2]. Le Midrasch[3] rend le nom biblique de No-Amon par Alexandria *rabtha* « la grande Alexandrie. »

פלוסא, Pelousa. Nous avons déjà dit[4] que le grand-prêtre portait des vêtements qui provenaient de Pelousa. On apportait des poissons de Pelousa[5] à Césarée et jusqu'à Acco. Pelousa est sans doute la ville de Peluse à l'embouchure orientale du Nil.

פיתום, רעמסם, Pithom et Raamsés, villes aux fortifications desquelles les Israélites durent travailler, sont considérées par Rab et Samuel comme une seule et même ville[6]. Selon l'un, le nom primitif était Pithom et selon l'autre, Raamsés ; chacun de ces docteurs donne aux deux noms une étymologie hébraïque, mais qui est de pure fantaisie. Les savants ne sont pas d'accord sur l'emplacement actuel de Pithom et Raamsès. De ce point jusqu'à Souccoth, endroit où les Israélites campèrent pour la première fois après leur sortie de l'Égypte, on compte dans le Talmud cent vingt milles[7]. L'emplacement de Souccoth n'est pas identifié jusqu'à présent.

La Pesiktha rabbathi[8] donne les cinq villes égyptiennes, dont Isaïe dit[9], sans toutefois les nommer, qu'on y parlera la langue chananéenne :

---

[1] Tal. de Bab., *Menahoth*, 100 *a*.
[2] Josèphe, *Ant.*, II, xv, 1.
[3] *Bereschith* rabba, ch. 1.
[4] Cf. ci-dessus, p. 385.
[5] Tal. de Bab., *Abodah zarah*, 39 *a*.
[6] Même Tal., *Sotah*, 11 *a*.
[7] Mekhiltha, § 14 (éd. Weiss, p. 18 *a*).
[8] *Pesiktha rabbathi*, ch. 17. נון [נא אמון 1.] אלכסנדריא, נוף מנפוח תחפנס חופינס. ועיר ההרס סרק אני, ועיר שמש אילו פולים.
[9] Isaïe, xix, 18.

LIVRE SECOND. PAYS HORS DE LA PALESTINE   409

No-Amon, qui est Alexandrie[1].

Noph, c'est Menphith (Memphis) [2].

Tahpenes, expliqué par Hofeïnos, est peut-être la ville de Hafi (Apis) [3]. Peut-être faut-il lire dans la Pesiktha, *Thofeïnos* [4], nom donné par les septante, et qu'on croit identique avec *Daphnae Pelusiae* [5].

Ir Haheres, expliqué par Sark-Ané, est sans doute *Ostrakené* [6], ville des tessons.

Ir Haschemesch, rendu par Elo-polis (Héliopolis), est appelé aujourd'hui *Matara* [7].

שור, Schour. Avant de quitter l'Égypte, nous dirons quelques mots sur le nom de Schour, souvent mentionné dans la Bible. C'est un désert au sud-ouest de la Palestine, vers l'Égypte; les Israélites y passèrent en se rendant de la mer Rouge vers Elim. La Bible connaît des tribus arabes dans ce désert [8]. Dans les Talmuds, on rend le mot Schour par Coub[9], et aussi par Halouçah[10]; le Targoum du Pseudo-Jonathan [11] a également ce dernier nom. Le Coub du Talmud est sans doute identique avec le pays du même nom mentionné par Ezéchiel [12],

---

[1] Cf. ci-dessus, p. 408.
[2] Il faut sans doute lire מנפוח pour מנפות.
[3] חפי est le nom d'Apis; cf. M. M. A. Levy, *Z. d. deutschmorg. Gesellschaft*, t. XI, p. 70.
[4] תופינם. M. Graetz (*Ztsch.* de M. Frankel, année 1853, p. 201) propose la leçon de תובינם et traduit Thèbes.
[5] Winer, *op. cit.*, t II, p. 597.
[6] Traduction littérale de עיר החרם ; M. Graetz, *art. précité*.
[7] Cf. ci-dessus, p. 114.
[8] Winer, *op. cit.*, t. II, p. 435.
[9] Mekhiltha, *sect. Beschalah*, 1 (éd. Weiss, p. 52 *a*) כוב,
[10] *Bereschith* rabba, ch. 45. באורחא דחלוצה
[11] Genèse, xxv, 18.
[12] Ezéchiel, xxx, 5.

et se trouve par conséquent entre l'Égypte et la Palestine, vers le sud-ouest. Le Talmud[1] donne à ce désert une étendue de neuf cents parsa carrées. Les interprètes modernes de la Bible disent que pour traverser le désert de Schour, il faut un voyage de sept jours[2].

חלוצה, Halouçah est probablement la ville d'Elusa, dans la *Palæstina tertia;* Ptolémée la compte comme ville iduméenne[3]. Nous avons vu que le désert de Schour s'étend de l'Égypte au sud-ouest de la Palestine; on peut alors rendre Schour par Halouçah, en parlant du côté de la ville où l'on arrive quand on sort de Hebron, comme l'a fait Agar.

Le Targoum d'Onkelos rend Schour par *Hagra*[4], qui signifie « pierre, » et par conséquent, l'Arabie Pétrée. Peut-être le désert de Schour s'étendait-il jusqu'à ce pays.

כוש, Cousch. Nous avons vu que ce nom signifie, dans le Talmud, un pays à l'extrémité du monde[5]. Cousch est très-souvent mentionné dans la Bible, et on est d'accord pour l'identifier avec l'Ethiopie[6]. Le mot Cousch est aussi employé dans le Talmud pour « noir; » le vin noir s'appelle « vin couschi[7]. »

---

[1] Mekhiltha, *passage précité*.
[2] Winer, *ibidem*.
[3] Reland, *Palæstina*, t. II, p. 755. On identifie dans le *Seder Olam rabba* (ch. 6) le désert de *Sin* avec אלוש (Alusch), qui est probablement identique avec Elusa; le désert de Schour s'étendait vers le sud jusqu'au désert de Sin (Exode, xv, 22; xvi, 1). Le Tal. de Babylone (*Yoma*, 10 a) prétend savoir que le géant Schéschaï avait construit la ville d'Alousch (אלוש).
[4] Winer, *ibidem*.
[5] Cf. ci-dessus, p. 385.
[6] Winer, *op. cit.*, t. I, p. 235 et suiv.
[7] Tal. de Bab., *Baba bathra*, 97 b יין כושי.

לוֹב, Loub, province souvent mentionnée dans la Bible, est, d'après l'acception générale, la Libye, pays du nord de l'Afrique chez les anciens géographes. Chez les Romains, la Libye est une expression vague pour désigner les pays inconnus en Afrique[1]. Le Talmud identifie Loub avec l'Égypte (Miçri)[2]. On parle souvent des ânes libyens[3]; c'est une expression devenue générale pour dire des ânes des plus forts et des plus durs à la fatigue. Les ânes libyens sont peut-être les mêmes que les ânes des forêts, dont Pline[4] dit qu'ils se trouvent en grand nombre en Afrique.

Sur la côte-nord de la Méditerranée, on mentionne : קרטיגנא, Carthagena, lieu natal de plusieurs docteurs[5]; c'est probablement la ville de Carthage. Il est possible pourtant que ce soit Carthagène, en Espagne, où il aurait pu exister une communauté juive au deuxième siècle.

ברבריא, מרטניא, Berberia, Mauretania. « Les gens de ce pays vont tout à fait nus, » dit le Talmud[6]. Une glose, qui s'est introduite dans le texte du Siphré, ajoute encore « les habitants de Tunis[7]. »

---

[1] Cf. ci-dessus, p. 380.

[2] Tal. de Jér., *Sabbath*, v, 1; on y parle des prosélytes qui viennent des *Loubim* גר מלובי.

[3] T. de B., *Bekhoroth*, 5 b; Tal. de Jér., *Sabbath*, v, 1, ליבדקם; cf. aussi ci-dessus, p. 380.

[4] *Hist. nat.*, viii, 30, 46; cf. M. Levysohn, *op. cit.*, p. 143 et 373.

[5] Tal. de Jér., *Demoï*, v, 2, רבי אבא קרתגנייא ; Tal. de Bab. *Baba Kama*, 114 b. רבי חנא קרטיגנא.

[6] Tal. de Bab., *Yebamoth*, 63 b, אנשי ברבריא ואנשי מריטניא שהולכין ערומים. Le nom ברטניא qui se trouve (*Pes. rabbathi*, ch. 15) à côté de ברבריא, doit sans doute être lu מרטניא (M. Sachs, *Beiträge*, fasc. I, p. 23).

[7] Sect. *Haazinou* (éd. Friedmann, p. 137 a, § 120), אלו הבאים מברבריא ומטונם וממוורטטניא שמהלכים ערומים בשוק. On voit par

Il est question dans les Talmuds des côtes de la Berbérie. « La grande mer (la Méditerranée) est sortie deux fois de ses limites, pour se rendre, la première fois, jusqu'aux côtes de la Calabre, et la seconde fois, jusqu'à celles de la Berbérie; telle opinion est rapportée par R. Eléazar, au nom de R. Hanina. R. Aha rapporte le fait d'une manière différente : la première fois, elle est sortie jusqu'aux côtes de la Berbérie, et la seconde, jusqu'à Acco et Yaffo [1]. » Les anciens géographes s'imaginaient, en effet, que l'Océan, mer dont ils ne se faisaient pas une idée nette, s'écoulait dans la mer Méditerranée [2]. Le Talmud s'accorde ici avec l'opinion moderne, d'après laquelle la Méditerranée est formée par l'Océan; celui-ci serait allé la première fois jusqu'à la Berbérie, et se serait étendu plus tard jusqu'à la Palestine.

cette glose que la Berberica du Talmud est à peu près la Berberie actuelle. C'est la province que les Romains appellent *Marmaritica*. Nous avons vu que le *m* et le *b* sont souvent confondus.

[1] Tal. de Jér., *Schekalim*, vi, 2. הים הגדול... כנגד שני פעמים שיצא אחד בדור אנוש ואחד בדור הפלגה רבי לעזר בשם רבי חנינה בראשונה יצא עד קלבריאה ובשנייה יצא עד כיפי ברבריאה רב אחא בשם רב חנינה בראשונה יצא עד כיפי ברבריאה ובשנייה יצא עד עכו ועד יפו; cf. M. Katzenellenbogen, *Oçar Hokhmah*, 1ʳᵉ année, p. 51.

[2] Pauly, *Realencyclopedie* a. v. Ocean.

LIVRE SECOND. PAYS HORS DE LA PALESTINE   413

§ 2. — L'Europe.

Le nom *Europe* ne se trouve pas dans les Talmuds. Les notices sur cette partie du monde sont des plus insignifiantes. Les talmudistes connaissent la Grèce, l'Italie, l'Espagne, et peut-être aussi la France[1] sur la côte de la Méditerranée (Gallia).

אתונא, Athouna[2]. On parle souvent dans l'Agadah de la sagesse des gens d'Athouna[3] ; on ne peut douter que ce ne soit la ville d'Athènes, capitale de la Grèce. Athènes, à l'époque de R. Yehoschoua ben Hananyah, qui est réputé d'avoir eu des discussions scientifiques avec les anciens d'Athènes, n'avait plus le prestige du temps de Socrate et de Platon. La tradition dure toujours longtemps, même quand elle est en contradiction avec la réalité des faits; on comprend ainsi pourquoi l'agadiste, en voulant parler d'un corps savant, cite les habitants d'Athènes.

איטליא, Italia. Ce nom, comme Afrique, est une expression très-vague. Le Targoum rend les noms de *Kithim*[4] et *Elischa*[5] par *Italia*, confondant les Grecs avec les Romains, et l'Italie avec la Grèce. On mentionne

---

[1] Cf. ci-dessus, p. 317.
[2] L'orthographe de ce nom varie dans les Talmuds; on l'écrit אתינא (Tal. de Bab., *Bekhoroth*, 8 *b*), אתונם et אחונא (Midrasch, *Ekha*, I, 1).
[3] Cf. M. Rappoport, *Erekh Millin*, p. 253.
[4] I Paralipomènes, I, 7 אטליון ; Ezéchiel, xxvii, 6 אלישא
[5] Genèse, x, 4.

dans les Talmuds des monnaies *italki*[1] et du vin de ce pays[2], ce qui se rapporte probablement à toutes les possessions des Romains.

L'Italia de la Grèce (*Italia schel Yavan*) est considérée comme un pays très-fertile. L'expression biblique : « Ta demeure sera dans les graisses de la terre, » est expliquée dans le Midrasch[3] par « Italia de la Grèce; » on nommait ainsi la partie méridionale de l'Italie, qui était la plus fertile de toute la Péninsule.

Un docteur explique l'expression « Italia schel Yavan » par « la grande ville de Rome. » « Cette ville, dit-il, a une superficie de trois cents *parsa* carrées; elle possède trois cent soixante-cinq places publiques, égales en nombre à celui des jours de l'année solaire; la plus petite place est celle où l'on vend de la volaille, et qui occupe une surface de seize milles carrés. Le roi prend chaque jour son repas sur une autre de ces places. Celui qui demeure dans cette ville sans y être né, ou celui qui y est né, et quoiqu'il n'y demeure pas, reçoit une rémunération de la part du roi. Cette ville possède trois mille bains, dont cinq cents envoient leur fumée hors des murs. Elle est entourée d'un côté par la mer; d'un autre, par des montagnes et des collines; d'un troisième, par des barres de fer; enfin, d'un

---

[1] Mischna, *Kiddouschin*, I, 1. איסר האיטלקי.

[2] Tal. de Bab., *Eroubin*, 64 *a*.

[3] *Bereschith* rabba, ch. 67. משמני הארץ יהיה מושבך זו אטאליאה [של יון]. Les mots entre parenthèses manquent dans nos éditions, mais Raschi et d'autres commentateurs les avaient dans leurs manuscrits du Midrasch ; cf. M. Rappoport, *op. cit.*, p. 43. Les écrivains hébreux du moyen âge comprennent sous la dénomination de איטאליא של יון, la *Græcia magna*.

quatrième côté, on trouve des endroits sablonneux et marécageux[1]. »

De toutes ces exagérations il résulte au moins qu'on parle d'une grande ville ; mais nous ne croyons pas que ce soit Rome. Cette capitale est trop bien connue par les Juifs, pour qu'on en fasse la description précitée, qui paraît se rapporter non à celle-ci, mais à une ville presque inconnue. Quelques savants inclinent à appliquer ce passage à Constantinople[2], appelée « la nouvelle Rome. » La description, abstraction faite de ces hyperboles, peut être attribuée à la nouvelle résidence de Constantin. Elle se trouve en effet sur la mer, elle renferme des montagnes, et il y avait alors probablement des marécages à proximité.

Cette grande ville de Rome se trouve, d'après un autre passage talmudique, dans une île. R. Lévi dit : « Au moment même où le roi Salomon avait épousé la fille du Pharaon Necho, l'ange Michaël descendit du ciel, enfonça un roseau dans la mer, fit surgir un lieu

---

[1] Tal. de Bab., *Meguillah*, 6 b. Nous citons le passage d'après le msc. de la Bodleienne (Opp. Add., fol. 23). אמר עולא איטליא של יון הוא כרך של רומי והויא שלש מאות פרסה על שלש מאות פרסה ויש בו שלש מאות וששים וחמשה שוקים כנגד ימות החמה וקטן שבכולן של מוכרי עופות היא ששה עשר מיל על ששה עשר מיל והמלך סועד בכל יום באחת מהן והדר בו אע"פ שלא נולד בו והנולד בו אע"פ שאין דר בו נוטל פרס מאת המלך ושלשת אלפים ביבניה יש בו חמש מאות מהם מעלין עשן חוץ לחומה צדו אחד ים וצדו אחד הרים וגבעות וצדו אחד מחיצה של ברזל וצדה אחת של חולצית ומצולה

[2] M. Rappoport, *op. cit.*, p. 43. Le Midrasch *Tilim*, ch. 9, appelle cette ville *Constantia*. קוסטנטינוס בנה קוסטנטיא פילוס בנה פוליא אנטיוכום בנה אנטוכיא אלכסנדרוס בנה אלכסנדריא סקילות בנה סציליא « Constantin construisit Constantia, Philos, Philia (cf. ci-dessous, p. 419); Antiochus, Antiochia ; Alexandre, Alexandria ; Séleucus, Séleucia (il faut sans doute lire סליקות בנה סליציא). »

sablonneux et bourbeux qui devint une immense plaine, où se trouve la grande ville romaine (dans la province de Rome). Le jour même où Jéroboam avait établi les deux veaux d'or (à Beth-El), Remus et Romulus élevèrent deux *Ceriphim* (palais ou idoles) à Rome[1]. »

Ces deux derniers passages, tout à fait agadiques, n'ont aucune valeur pour la géographie. L'agadiste attribue l'agrandissement de Rome, l'ennemie implacable des Juifs, aux crimes de l'idolâtrie, représentés par le mariage de Salomon avec une femme païenne, ou par l'établissement des idoles par un roi d'Israël.

רומי, Romi (Rome) est souvent mentionnée dans les Talmuds, mais on n'en dit rien de particulier sous le rapport géographique. Rome était le séjour de beaucoup de docteurs[2], comme nous le verrons dans la partie historique. On l'appelle quelquefois « ville[3] » par excellence, ou « la grande ville de Rome[4]. » Quelques tal-

---

[1] Tal. de Jér., *Abodah zarah*, I, 3. אמר ר' לוי יום שנתחתן שלמה לפרעה נכה מלך מצרים ירד מיכאל ונעץ קנה בים והעלה שלעטיט ונעשה חורש גדול וזה היא כרך גדול שברומי יום שהעמיד ירבעם שני עגלי זהב באו רומס ורומילוס ובנו שני צריפים ברומי. Cf. aussi Sifré, sect. *Ekeb*, § 52 (éd. Friedmann, p. 86). Le Tal. de Bab. (*Sabbath*, 56 *b*), ainsi que le Midrasch *Schir haschirim*, I, 6, ont quelques variantes pour la même agadah. Nous ne les croyons pas assez importantes pour les reproduire ici; cf. M. Oppenheim dans le *Monatsschrift* de M. Frankel, année 1860, p. 436 et 437. M. Oppenheim a la singulière idée de rendre le mot שרטון (variante pour שלעטיט) par *stratonis turris*; ce savant croit que cette agadah de la fondation de Rome (ou de Constantinople, d'après M. Rappoport) est appliquée dans le Tal. de Babylone et le Midrasch à la fondation de Césarée, surnommée la « petite Rome » (רומי זעירא) dans les sources rabbiniques du moyen âge.

[2] Tal. de Bab., *Yoma*, 54 *b*; 86 *a*. Tosiftha, *Beçah*, ch. 2.

[3] M. Wiesner, *Scholien*, fasc. III, p. 175.

[4] Cf. ci-dessus, note 1.

mudistes prétendent avoir vu à Rome un certain nombre d'ustensiles qui avaient jadis appartenu au Temple de Jérusalem [1].

קלבריא, Calabria ; la côte de Calabre est mentionnée une fois à propos de la mer Méditerranée, qui arrivait jusque dans ce pays [2].

ברטניא, Britania, qu'on trouve dans la Pesiktha rabbathi, est une faute de copiste [3] pour Mauretania (מרטניה).

אספמיא. Aspamiya. Le Targoum [4] rend le nom biblique Sepharad par Aspamya. Nous avons trouvé ce nom employé pour l'Apamée en Syrie [5], et aussi en Babylonie [6] ; dans ces cas nous avons fait remarquer qu'il faut lire *Apamya* et non *Aspamya*. Ce dernier nom signifie, dans le Talmud, l'Espagne. Quand on veut parler d'un pays très-éloigné de la Babylonie, on nomme Aspamya [7]. On dit par exemple que « l'enfant avant d'être né, voit ce qui se passe d'une extrémité du monde à l'autre. Un docteur paraissant surpris de cet axiome, on lui dit : Pourquoi s'étonner ? un homme peut dormir ici (en Babylonie) et voir en rêve ce qui se passe en Aspamya [8]. » La Mischna compte une année de voyage, du pays d'Israël jusqu'à Aspamya [9].

---

[1] Tosiftha, *Yoma*, ch. 2; *Aboth de R. Nathan*, à la fin.
[2] Cf. ci-dessus, p. 412.
[3] Cf. ci-dessus, p. 411.
[4] Obadias, 20 ; cf. M. Rappoport, *op. cit.*, p. 156.
[5] Cf. ci-dessus, p. 304.
[6] Cf. ci-dessus, p. 355.
[7] *Pesiktha rabbathi*, ch. 30.
[8] Tal. de Bab., *Niddah*, 30 *a*.
[9] *Baba bathra*, III, 2.

Noms douteux.

אכרמוניא, Acarmonia. Les bateaux venant de ce pays, dit le Midrasch, ont trois cent soixante-cinq cordages, nombre égal à celui des jours de l'année solaire [1]. On veut l'identifier avec la province d'Acarnania [2], en Grèce.

טרבנת, Terbenth, lieu natal de R. Saphra [3]. Plusieurs endroits, soit en Europe, soit en Asie, portent ce nom ; il serait difficile de dire duquel R. Saphra était originaire.

כתפי, Katfi. R. Akiba dit que pour deux on dit à Katfi *tat* et en Afriki *fat* [4] ; M. Rappoport [5] a déjà fait l'ingénieuse conjecture de lire כתפי | pour כפתי, et de comprendre sous ce nom la province de Copte. Mais alors il y a une autre erreur de copiste dans le passage talmudique en question, car c'est en Copte que *aft* signifie deux, et il faudrait lire : « à Kopti *fat* est deux et *tat* en Afriki. » Le célèbre voyageur Barth [6] rapporte que dans l'idiome de fulfulde en Afrique, *didi* signifie

---

[1] Midrasch *Tilim*, ch. 19.

[2] M. Rappoport, *op. cit.*, p. 59.

[3] Tal. de Jér., *Meguillah*, iv, 5. Il est très-rare que dans ce Talmud on cite un endroit hors de la Palestine ; on y mentionne des pays, mais non pas des villes.

[4] Tal. de Bab., *Sanhédrin*, 4 *b*; *Menahoth*, 34 *b*, טט בכתפי שתים פת באפריקי שתים.

[5] *Der Orient* ; cette langue est peut-être identique avec celle que Talmud (T. de B.), *Meguillah*, 18 *a*) appelle *Guiphtith* (גיפטית).

[6] *Sammlung und Bearbeitung centralafrikanischer Vocabularien*, Gotha, 1862, 1re partie, p. 8.

deux ; il y a quelque ressemblance entre *tat* et *didi*, le *t* pouvant toujours passer pour *d*.

סיאן, Sian. On mentionne une monnaie de cette province « Dinré Sianki [1]. » On veut l'identifier avec la province de *Zingis* en Éthiopie. Le Targoum du Pseudo-Jonathan rend en effet la peuplade couschite sabtakha [2] par Zangaï. Nous croyons que Sian est plutôt la ville de Syéné, dernière ville de l'Égypte vers l'Éthiopie. L'Assoan actuel se trouve au nord-est de l'ancienne Syéné [3].

פוליא, Pholia. Le Midrasch dit qu'un certain Philus a construit Pholia [4] ; ce dernier représente probablement la ville forte de Phialia en Arcadie, qui doit ce nom à Phialus, fils de Bucolion. La ville s'appelait aussi Phigalia ; aujourd'hui c'est Paolitza.

פרנדסין [5], Parendesin, port où quelques docteurs firent escale en se rendant à Rome. C'est sans doute le port de Brundusium (Brindisi), en Calabre [6]. On s'y arrêtait quand de l'Asie ou de la Grèce on voulait se rendre à Rome.

---

[1] Tal. de Bab., *Kethouboth*, 67 *b*, דינרי סיאנקי
[2] Kaplan, *Ereç Kedoumim* a. v. Sabthakha.
[3] Winer, *loc. cit.*, t. II, p. 547.
[4] Cf. ci-dessus, p. 415.
[5] Telle est l'orthographe du *Mischnayoth* (*Eroubin*, iv, 1). On écrit ce nom aussi פלנד[ר]סין (Tal. de Bab., *Eroubin*, 40 *b*) dans nos éditions ; le manuscrit de Munich porte בלדרסין, celui d'Oxford פלדנסין.
[6] Strabon, *Geogr.*, vi, 3 ; M. Derenbourg (*Essai, etc.*, p. 337) veut identifier cette localité avec *Celendris* en Cilicie. Mais aucun manuscrit n'a קלנדרסין. Les voyageurs qui d'ordinaire se rendaient à Rome ne touchaient pas ce port ; ce serait un trop grand détour. Hérode s'y arrêta pour des raisons particulières.

APPENDICE

I

LES PEUPLADES MENTIONNÉES DANS LES LIVRES TALMUDIQUES.

Nous ne donnerons pas ici tous les passages relatifs à ce sujet; nous les réservons pour le prochain volume, où nous rapporterons même les passages agadiques. Nous nous bornerons simplement à mentionner les noms des peuples, qui sont le complément nécessaire de ce volume.

En première ligne doit venir l'explication que donnent le Talmud [1] et les Targoumim de quelques peuples énumérés dans la Genèse, ch. x, et I Paralipomènes, ch. i. (*V. le tableau ci-contre.*)

Gomer est rendu dans les deux Talmuds par Germamia, sans doute les *Garamaei* demeurant en Assyrie, entre les fleuves Gorgos et Capros. Ce pays est appelé, chez les Syriens, Beth-Garmé, et chez les Arabes, Djerma [2]. Le Midrasch, ainsi que les Targoumim,

---

[1] Tal. de Jér., *Meguillah*, i, 11 ; Tal. de Bab., *Yoma*, 10 *a*.
[2] Cf. Pauly, *Realencyclopedie*, a. v. Il est possible que le mot גרממיא של אדום (Tal. de Bab., *Meguillah*, 6 *b*) se rapporte au même peuple.

rendent Gomer par Africa, ce qui nous semble une faute de copiste. Nous avons rapporté que quelques savants expliquent, dans ce passage, Africa par la Phrygie ou par l'Ibérie [1].

Magog est rendu dans le Tal. de Jér. par *Gothia*, ce qui se rapporte à l'invasion des Goths, que la tradition juive identifie avec celle du peuple Gog et Magog [2]. Le Tal. de Bab. rend Magog par *Kandia*, ce qui est sans doute une faute de copiste [3]. Quant au Targoum du Pseudo-Jonathan, qui lit ici *Germania*, il faut le faire rapporter au mot Gomer.

Madaï, c'est la *Médie*. L'explication *Mekedonia* du Tal. de Bab., se rapporte au mot suivant [4].

Yavan, c'est *Éphèse* ou *Makedonia*. Le Midrasch l'explique par *Isenia*, que M. Rappoport [5] identifie avec *Ausonia*.

Thoubal est rendu dans le Tal. de Jér., ainsi que dans le Midrasch et les Targoumim, par *Vithinia*, ce qui est sans doute la province de Bithynie. Le Tal. de Bab. lit ici Beth Oneïké, qui représente le mot *Bithinica*. Nous avons rencontré [6] le même mot dans la Mischna, où

---

[1] Cf. ci-dessus, p. 401.

[2] Saint Jérôme, *Comm. ad Gen.* : « Scio quendam Goget Magog ad Gostorum nuper in terra nostra vagautium historiam retulisse; » cf. M. Graetz, dans le *Monatsschrift* de M. Frankel, année 1853, p. 199.

[3] Le msc. (Opp. Add., fol. 23) porte en effet נִיתִינְיָא, qu'on doit sans doute lire בִּיתִינְיָא. Il est possible que dans quelques msc. on lisait סְקִידְיָא, et on le faisait rapporter aux Scythes (Gètes), nom que portent également les Goths; cf. Pauly, *Realencyclopedie*, a. v. Gothi. Josèphe (*Ant.*, I, vi, 3) rend Magog par Σκύθαι.

[4] Cf. M. Graetz, *loc. cit.*; les Targoumim ont Hamadan, capitale de la Médie.

[5] *Op. cit.*, p. 28.

[6] Cf. ci-dessus, p. 263.

il est question de fromage provenant de cet endroit, situé, croyons-nous, en Palestine. Il est possible, toutefois, que la Mischna veuille parler du fromage de la Bithynie, que Pline [1] mentionne comme très-renommé. On le préparait avec du vinaigre.

Meschekh est rendu par *Mosia* [2], probablement la province de Mysie dans le voisinage de la Bithynie et de Troas [3].

Thiras. R. Siméon l'explique par Paras (Persis) ; les autres docteurs (ainsi que les Targoumim), par Tharka, ce qui est probablement la Thrace [4].

Aschkenaz, c'est *Asia* ; nous en avons déjà parlé [5].

Riphath est expliqué par *Hadaïb* (Adiabène), sans doute par similitude avec la prononciation *Diphath*, dans les Paralipomènes. Les Targoumim l'expliquent par Parsoï (Perses) [6].

Togarmah est expliqué par *Germanikia*, probablement la ville du même nom dans la province de Commagène, à la frontière de la Cappadocie [7]. Le Midrasch rend encore Togarmah par *Germania*, probablement le pays de ce nom en Europe ; les Targoumim l'expliquent par Barbariah, sans doute allusion à la Germania Barbara [8].

---

[1] *Hist. nat.*, xi, 97 ; cf. aussi M. Wiesner, *Ben Hananyah* (talm. forsch.), 1866, col. 75.

[2] אנסיא et אוסיא, dans les Targoumim, sont sans doute une faute de copiste ; le Midrasch n'a pas d'explication pour ce nom.

[3] Actes des Apôtres, xvi, 7.

[4] Quelques commentateurs expliquent le mot חורק (Cant. des Cantiques, i, 3) par le nom d'un endroit ; on traduirait alors : « Ton nom est l'huile de la Thrace. » Cf. Ibn. Esra, au passage.

[5] Cf. ci-dessus, p.

[6] פרכוי est une faute de copiste.

[7] M. Forbiger, *op. cit.*, t. II, p. 653.

[8] M. Graetz, *loc. cit.*, cite un passage intéressant du Midrasch

Elischa est rendu par *Elis* ou *Æolis*.

Tarschisch par *Tarsos* en Asie.

Kittim par *Achaïa* [1], nom que les Romains donnaient à toute la Grèce ; les Targoumim le rendent par *Italia* (peut-être Graecia magna).

Dodanim est rendu par *Dardania*, probablement la ville de Dardanus en Troas, sur la côte de l'Hellespont.

Le Talmud de Babylone explique encore Sabtha Raama et Sabtakha par « *Sakistan* intérieur et extérieur. » Ils sont distants l'un de l'autre de cent parsa, et leur étendue est de mille parsa [2]. Peut-être comprend-on sous le nom de Sakistan, la province de la Scythie, dont les habitants sont appelés *Sakaï*. Ptolémée parle de la Scythie « *intra* et *extra Imaum* [3]. »

Le Midrasch rend Pathrosim par *Parvitoth*, et Kaslouhim par *Pakosim* [4]. Ce ne sont pas des noms propres de peuplades ; mais ils signifient peut-être « brigands (pirates) et hommes forts [5]. »

Nous avons déjà parlé de l'explication talmudique sur les peuplades Arvadi [6], Cemari et Hamathi. Quant à Tilim, où l'on nomme les Barbares à côté des Goths ; sous la dénomination de Barbares, on comprendrait ici, selon l'opinion de M. Graetz, les Teutons.

[1] Il faut lire אביה au lieu de אביה dans le T. de J., et אביא pour אביא dans le Targ. du Pseudo-Jonathan ; M. Rappoport (*op. cit.*, p. 3) propose encore Euboea.

[2] *Yoma*, 10 *a*, סקיסתן גווייתא וסקיסתן ברייתא בין חדא לחדא מאה פרסי והקיפה אלפי פרסי.

[3] M. Forbiger, *op. cit.*, t. II, p. 462.

[4] *Bereschith* rabba, ch. 37,

[5] Le Midrasch prend peut-être פקוסים dans le sens de « cèdre » (tr. targ. de האשור), gens de haute taille ; un autre docteur dit que les Kaslouhim étaient au contraire des nains.

[6] Cf. ci-dessus, p. 300. Le mot רודום dans le Tal. de Jér., *Yebamoth*, VIII, 1, est une faute de copiste, Rhodes ne paraissant

APPENDICE 425

l'explication des autres peuplades dans les Targoumim, nous ne devons pas nous en occuper ici, puisque les Talmuds n'en parlent pas.

אדום, Edom est une dénomination pour les Romains [1]. On trouve cependant aussi l'expression רומיים pour désigner ce peuple.

ארמאי, Armaï est une expression vague dans le Talmud; on ne pourrait pas dire qu'on désigne le peuple syrien par ce nom; c'est plutôt une dénomination pour désigner un habitant de la Babylonie (Mésopotamie) et d'origine araméenne (Syrie de l'est). Dans le Talmud de Babylone, on oppose un Parsaah (Persan) à un Armaah (Araméen) [2]. Dans quelques passages talmudiques, Armaï signifie un non-israélite [3], comme, chez les lexicographes syriens, *Armaya* est devenu synonyme de « païen [4]. »

Par la langue *arami*, on comprend quelquefois la langue syrienne littéraire, qu'on désigne dans le Talmud aussi par langue *soursi* [5]. Quand on dit [6] que la Thora était donnée en quatre langues, « en hébreu, en romain, en arabe et en arami », ce dernier signifie certainement la langue syrienne; car on dit dans un autre passage pas dans les Talmuds; il faut le lire דרום. Quant au passage du Tal. de Jér. (*Abodah zarah*, III, 13) צלמא דרודום, la leçon de l'édition de Venise, אדורי צלמא, est préférable; Adoré est peut-être la divinité Adar (M. Chwolsohn, *die Ssabier und der Ssabismus*, t. II, p. 782) ou la statue d'Adonis.

[1] Cf. M. Rappoport, *Erekh Millin*, p. 14 et suiv.
[2] *Baba Kama*, 59 a. דקלא ארמאה ... פרסאה.
[3] Tal. de Bab., *Yebamoth*, 45 b et ailleurs.
[4] Cf. *Thesaurus syriacus*, par M. Payne Smith, col. 388 et suiv.; M. Renan, *Histoire des langues sémitiques* (3e éd.), p. 232.
[5] M. Renan, *loc. cit.*
[6] Siphré, *Deutéronome*, § 343 (éd. Friedmann, p. 142 b).

talmudique[1] : « Ne méprise pas la langue *soursi*, puisqu'elle se trouve dans le Pentateuque, dans les Prophètes et dans les Hagiographes. » La langue araméenne ne signifie certainement pas la langue vulgaire dans le passage où l'on dit[2] : « Celui qui demande à Dieu le nécessaire, en araméen, sa prière va directement vers Dieu, sans l'intervention des anges; car ceux-ci ne comprennent pas l'araméen. »

Ailleurs, on dit que l'araméen était parlé en Babylonie (Mésopotamie). Rabbi dit : « A quoi sert la langue soursi en Palestine? on devrait parler ou l'hébreu (la langue sainte) ou le grec. » R. Yosé dit : « Pourquoi l'araméen en Babylonie? on devrait parler ou l'hébreu ou le perse[3]. » On mentionne encore une langue vulgaire que les Juifs d'Alexandrie aurait employée dans leurs contrats de mariage[4]. Nous ne pouvons discuter ici à quelle classe appartiennent les langues des différents livres talmudiques; nous y reviendrons dans un autre volume.

יוני, Yavani. Sous ce nom, on comprend ordinairement le syro-grec, car Alexandre n'est jamais appelé

---

[1] Tal. de Jér., *Sotah*, VII, 2. שלא יהא סורסי קל בעיניך שבתורה ובנביאים ובכתובים הוא אמור בתורה כתיב יגר שהדותא בנביאים כתיב כדנה תימרון להון בכתובים כתיב וידברו הכשדים למלך ארמית.
On mentionne dans ce même paragraphe la langue romaine.

[2] Tal. de Bab., *Sabbath*, 12 b.

[3] Même Tal., *Baba Kama*, 83 a.

[4] ἰδιωτῶν γλῶσσα; cf. M. Renan, *loc. cit.*, p. 159. Tal. de Jér., *Yebamoth*, xv,... לשון הדיוט היו כותבין באלכסנדריאה לכשתיכנסו לביתי תהויין לי לאינתו כדת משה ויהודאי. Ce langage était peut-être un mélange d'hébreu et d'arménien, tel qu'on le trouve dans le Targoum samaritain. L'*Ellenisthon* (אניסתון) Tal. de Jér., *Sotah*, VII, 1), que les Juifs parlaient à Césarée, était probablement aussi un mélange de grec et d'hébreu.

Yavani, mais Mokdon (Macédonien)[1]. L'écriture, la langue et les sciences grecques sont mentionnées dans les Talmuds, mais nous ne nous en occuperons pas dans ce volume.

כלדאי, Kaldoï. Les Chaldéens sont mentionnés dans le sens d'astrologues[2].

מדי, Madi, sont les Mèdes. R. Akiba dit[3] : « J'aime les Mèdes à cause de trois choses : 1° ils coupent la viande sur la table; 2° quand ils embrassent, ils le font sur la main; et 3° pour discuter les affaires de l'Etat, ils s'assemblent en pleine campagne[4]. »

נבטיא, Nabhatiya. Le Talmud de Jérusalem[5] rapporte l'explication des peuples Keni, Kenizi et Kadmoni par différents docteurs. « R. Youda dit : Ce sont les Arabes, les Schalmia et les Nabhatiya; R. Siméon les explique par Asia, Aspamya et Dameschek; R. Eliézer ben Yakob, par Asia, Kartaguéna et Tarki. » Nabhatiya signifie, sans doute, les Nabatéens, qui demeuraient, d'après les auteurs grecs et romains, depuis l'Euphrate jusqu'à la mer Rouge[6]. Le Talmud distingue, comme on voit, les Arabes des Nabatéens; telle est aussi l'opinion des historiens arabes et des savants

---

[1] Tal. de Bab., *Meguillah*, 11 *a*. בימי יוונים

[2] Même Tal., *Yebamoth*, 21 *b* et ailleurs. Nous ne nous occuperons pas ici des Guèbres que le Talmud mentionne sous le nom de חבר

[3] Tal. de Bab., *Berakhoth*, 8 *b*. La Pesiktha (msc.) porte au lieu de מדיים, מורחיים « les orientaux. »

[4] Cf. Mannert, *op. cit.*, p. 102.

[5] Tal. de Jér., *Schebiith*, VI, 1. Même Tal., *Kiddouschin*, I, 9, נוטיי (ch. 44) *Bereschith* le Midrasch ; שמלאי שכייה נבטיה le Tal. de Bab., *Baba bathra*, 56 *a*, נפתוחא

[6] Winer, *op. cit.*, t. II, p. 130.

modernes [1]. Le Targoum rend Kedar [2] par Nabat, et le distingue également des Arabes. Il est encore très-douteux si le nom biblique *Nebhoyoth* doit être appliqué aux Nabatéens [3].

סרקיא, Sarkiya [4], signifie sans doute les Saracènes, une tribu des Arabes. Le Targoum [5] traduit « Ismaélites » par Sarkoyin.

פרסאי, Parsii. Par ce nom on désigne les Perses, mais il n'est pas certain que le Talmud comprend sous ce nom les peuples de tout le royaume des Sassanides ou seulement de la province de *Persis*. Le jugement sur cette nation varie selon les circonstances : « Rabban Gamaliel dit [6] : J'aime les Perses à cause de leur décence en toutes choses; R. Yoseph dit : Cette nation est destinée pour la Géhenne. »

En général, on représente les Perses, dans le Talmud, comme des gens sauvages : « C'est encore R. Yoseph qui dit [7] : Les Perses mangent et boivent comme les ours, et sont gras comme eux; ils laissent pousser leurs cheveux longs comme ces animaux, et comme eux, ils sont errants. » On dit cependant que les Perses sont très-vaillants [8].

« La régence des Perses, dit le Talmud, est une régence indigne; car elle n'a ni écriture ni langue [9]. »

[1] M. Renan, *op. cit.*, p. 243.
[2] Ezéchiel, xxvii, 21.
[3] M. Chwolsohn, *op. cit.*, t. I, p. 698, 703.
[4] Tal. de Jér., *Demoï*, i, 3; *Bereschith* rabba, ch. 48.
[5] Genèse, xxvii, 25.
[6] Tal. de Bab., *Berakhoth*, 8 b.
[7] Même Tal., *Kiddouschin*, 72 a.
[8] *Ibidem*.
[9] Même Tal., *Guittin*, 80 a; *Abodah zarah*, 2 b.

APPENDICE

Nous développerons plus amplement, dans notre partie historique, les relations entre les juifs de la Babylonie avec les Perses.

קרתויי, Karthoii. Le Talmud [1] distingue ce peuple de *Kardoï* (Kurdes [2]). Nous croyons que par Karthoii on pourrait comprendre les *Kurtioï*, peuplade persique [3].

שלמאי, Schalmoï, mentionné conjointement avec les Nabatéens [4], désigne sans doute les Salmani ou Salmioï, peuplade arabe [5] dans le voisinage de la Mésopotamie.

---

[1] Tal. de Bab., *Yebamoth*, 16 *a*. קרתויי לחוד וקרדויי לחוד
[2] Cf. ci-dessus, p. 379.
[3] Cf. Quatremère, *Mémoire* de l'Académie des Inscr. et Belles-Lettres, t. XIX, p. 443.
[4] Cf. ci-dessus, p. 427.
[5] Pline, *Hist. nat.*, vi, 26, 30; cf. Pauly, *loc. cit.*, a. v.

APPENDICE

II

FRONTIÈRES BIBLIQUES DE LA PALESTINE D'APRÈS LE TARGOUM DU PSEUDO-JONATHAN ET CELUI DE JÉRUSALEM (NOMBRES XXXIV, 3 — 13[1]).

La rédaction de cette partie dans le premier Targoum est très-embrouillée ; nous préférons donner la traduction du texte du Targoum de Jérusalem, et nous mettrons les variantes de l'autre Targoum dans les notes.

VERSET 3. Vous aurez pour frontière-sud le désert de Rekem[2], sur la lisière d'Edom ; cette limite aura son commencement à la pointe orientale de la mer salée ;

4. Cette limite méridionale s'infléchira vers la montée d'Akrabbim, touchera la montagne de fer et aboutira au sud de Rekem de Gaya[3], sortira vers Dirath Adraya[4] et ira jusqu'à Kesam[5] ;

---

[1] Le texte hébreu se trouvant dans de nombreuses éditions, et surtout dans la Bible polyglotte, nous nous dispenserons de le répéter ici.

[2] Pseudo-Jonathan a ici le désert de Ciné-Touré-Parsela ; cf. ci-dessus, p. 40.

[3] Cf. ci-dessus, p. 21.

[4] Pseudo-Jonathan lit Tirath ; Saadyah a ici רפח (Raphia ; cf. ci-dessus, p. 20.).

[5] Saadiah a ici מאזל (Mazel). קיסם est peut-être le mot samaritain קיצם pour עץ (Nombres, XIX, 6) ; le Targoum aurait alors pris עצמוי dans le sens de עץ.

APPENDICE 431

5. De Kesam, la ligne frontière déviera vers le Nil d'Égypte[1], puis s'étendra jusqu'à la frontière-ouest.

6. Cette frontière sera formée par la grande mer qui est l'Océan, avec les îles[2], les ports et les navires qui en dépendent; telle est la frontière-ouest.

7. Pour la frontière-nord, vous vous dirigerez de la grande mer vers le mont Amanus;

8. De là, vous continuerez jusqu'au-dessus d'Antioche[3], et l'aboutissement sera à Avlos de Kilkaï[4].

9. Elle se dirigera vers Zafirin, aboutira à Dirath Aynoutha; voilà la frontière-nord.

10. Les bornes de l'Orient sont de Dirath Aynoutha vers Apamiah[5];

---

[1] C'est le fleuve d'Egypte; cf. ci-dessus, p. 20. Saadiah a ici ואדי אלעריש (ouadi el-Arisch).

[2] Pour les îles de l'Océan, cf. ci-dessus, p. 7. On ajoute encore dans les Targoumim « avec les eaux primitives de la création. »

[3] Le Tal. du Pseudo-Jonathan a ici « au-dessus de Tibériade » (cf. ci-dessus, p. 8), qui est sans doute une faute de copiste, puisqu'on fait aboutir la ligne à Ahlas de Kilkaï. Les noms כרכור y דבר ועמה ולכרכוי דבר סניגורא ודיוקנים ותרנגולא עד קיסרין sont introduits par l'ignorance d'un copiste; ils appartiennent au verset 15.

[4] C'est sans doute l'Aulon cilicus, entre Chypre et la Cilicie (Pline, *Hist. nat.*, v, 25); il faut probablement lire אולם au lieu de אולם. Mais il faut bien se garder de vouloir identifier le אולם רבתא des Talmuds (ci-dessus, p. 18) avec cet Aulon ou avec 'Aulon regius, vallée au-dessus de la plaine de Marsyas en Cœlesyrie, vers la province de Damascène; la frontière de la Palestine, d'après les Talmuds, ne pouvait pas être aussi loin.

[5] Le Targ. du Pseudo-Jonathan lit ici: « la ligne s'infléchira vers Keren Zacoutha et Guibtha de Hatmona, et elle sortira vers Caria beth Sebel (cf. ci-dessus, p. 20) et le milieu de Dartha rabtha, entre Tirath Invatha et Darmeschek. » Ce serait perdre du

11. De là elles se dirigent vers Daphné, à l'est d'Aynoutha ; la ligne descend et arrive près de la mer Guinosar, vers l'est [1] ;

12. Elle descend encore vers le Jourdain, et aboutit à la mer salée. Tel sera votre territoire circonscrit par les limites mentionnées [2].

Ce Targoum donne encore une vaste description du pays des deux tribus et demi au delà du Jourdain (verset 15), qu'il étend jusqu'à l'Euphrate. Nous ne donnerons pas ce passage tout à fait inutile pour la géographie de la Palestine. D'ailleurs les noms propres de ce passage sont connus [3], sauf le mot שוקמוי (Schokmezaï) [4].

temps que de vouloir faire des conjectures sur ces noms étranges; nous ferons seulement observer qu'Eusèbe (*Onom*, s. v. Hénan) désigne également la frontière-nord de la Palestine par ὅριον Δαμασκοῦ.

[1] Nous croyons que, dans le Targ. du Pseudo-Jonathan, tout ce qui suit les mots וממערת פניאם, appartient au verset 15.

[2] Le Targ. du Pseudo-Jonathan précise ici en peu de mots les frontières de la Palestine : Rekem Gayé (Kadesch Barnéa) vers le sud, l'Amanus vers le nord, la grande mer vers l'ouest, et la mer salée verst l'est.

[3] Pour טור תלגא il faut y lire הרנגולא

[4] M. Schwarz (*das h. Land*, p. 188) veut l'identifier avec la localité Aschmiskin (?), à trois heures et demie au sud-est de Naveh.

NOTES SUPPLÉMENTAIRES

ET

ERRATA

Page 9, note 5. M. Graetz (dans une communication particulière) nous propose d'expliquer le nom קפלריא par le grec Κεφαλή, *caput*; on pourrait donc accepter la leçon de קפלודיא, ce qui représenterait le mot grec Κεφαλώδης. S'il était permis d'employer le mot « cap » pour *caput*, on pourrait identifier קפלודיא avec le promontoire de Laodicée, en Syrie, mentionné par Pline (*Hist. nat.*, v, 18).

Page 76, ligne 19. Nous avons traduit les mots כרם רבעי par « vignoble carré; » on l'explique ordinairement par « jardin des fruits de la quatrième année, » allusion au précepte mosaïque d'après lequel les fruits produits par les arbres dans la quatrième année de leur plantation, sont consacrés à Dieu. Nous croyons toutefois que la surface de ces sortes de jardins était carrée.

Page 87, note 1. Il faut lire (Καβαρσαβᾶ) ἡ.

Ibidem, note 2. Il faut lire τῷ πεδίῳ.

Page 247, ligne 18. Ajouter après le mot « suivantes » les mots בית הרם, בית נמרה, סכות, צפון.

Chapitre VII. Les mots שפבוני et קרובה, גווריא, בי קצרא ne sont pas des noms propres d'après les commentateurs.

Page 293. A l'appui de notre supposition qu'il y avait peu de Juifs en Sourya, on pourrait encore citer le passage du Talmud de Jérusalem (*Demoï*, vi, 1) מקום שאין ישראל מצויין כהדא סוריא « un endroit où il ne se trouve pas d'Israélites, comme, par exemple, la Sourya. »

Page 298; Balbek. M. Oppenheim (*Hamaguid*, année 1867, p. 29), croit que l'endroit בכי (Bekhi), où le Talmud de Babylone (*Pesaḥim*, 117) place l'idole de Micha (Juges, xvii, § 9), est également Balbek.

Page 302, dernière ligne. Il faut lire סרקיא au lieu de סריא.

Page 305, note 4. M. Oppenheim (*Monatsschrift* de M. Frankel, année 1854, p. 351) croit que le nom תרעתא est le même que תרקתא, *Atergatis*, le ע et le ק se remplaçant mutuellement dans ארעא et ארקא (Jérémie x, 11).

Page 348, ligne 6. Il faut lire « résidence de Rabbi Hamnouna. »

INDEX FRANÇAIS

A

	Pages
Abdastard	11
Abel	258.259
— beth Maakha	258
— Keramim	258.260
— Mehola	258
Abila	260
Abilene Lysaniae	260
Abilin	259
Ablonim	37.260
Aboulin	259
Abusata	348
Acarmonia	418
Acarnania	418
Acco	15.53.231
Achaïa	424
Actipous	233
Adarin	297
Adasa	99
Adatha	86
Addaya	353
Ader (tour)	152
Adiabène	374.423
Aditha	86
Adosa	98
Aeïpolis	353
Aeolis	424
Afra	155
Afraïm	155
Afrel	155
Africa	3.400
Afriké (dix tribus)	372

	Pages
Afsatya	348
Agbatana	376
Agma	368
Agnia de Kadesch	224
Agra	387
Agranum	347
Aha	387
Ahab (puits)	34
Ahmetha	376
Ahwâz	380
Aï	157
Aïn-et-Tin	224
Aïna	157
Aïnousch	23
Aïn Soufsafeh	271
— Tab	267.272
— Taraa	23
— Yophata	395
— Zeïtoun	15
Akad	346
Akbi	274
Akhbara	226
Akhzib	233
Akiliséné	373
Akkareïm	132
Akra	368
Akrabah	159
Akrabatena	159
Akrabbim	430
Akrabeh	159
Akraboth	170
Akra d'Agma	368
Akrounya	387
Alemon	18

INDEX FRANÇAIS

	Pages		Page
Alep.	2.293	Aram Nahrəïm.	292
Alexandrie.	406	Ararat.	379
Alma.	18	Araxe.	398
Almin.	381	Arbel (Pal.).	219
Amaïk.	53	Arbela (Bab.).	374
Amanin.	431	— (Pal.).	220
Amanus.	5.6.7	Arbia.	383
Amateh.	249	Arcesicerta.	360
Amathitis.	249	Arderikka.	345
Amatho.	249	Ardeschir.	358
Amazones.	404	Ardiska.	196
Amiouka.	273	Areka.	343
Amka.	273	Arekemé.	20
Ammon.	23	Aré Madaï.	375
Anagombri.	405	Argob.	247
Anath.	154	Arguiza.	388
Anathoth.	154	Aria (prov.).	384
Anjar.	296	Arkath lebana.	33.299
Anouath.	57	Arké.	299
Antaradus.	299	Arkim.	299
Anthedon.	273	Armaï.	425
Anthodriya.	273	Armalchar.	338
Antikiyeh.	314	Arménie.	370
Antioche.	8.314.431	Arminia.	370
— (Holath).	312	Armon.	371
Antipatris, 73, 86; pas identique avec Kefar Saba, 87; nitre d'Ant.	90	Arnon.	255
		Arrabeh.	204
Anzeba.	390	Arrabouneh.	42
Apamée (Bab.).	325.355	Artibana.	363
— (Syrie).	29.304	Ascalon.	11.21.70.71
Apamya (Bab.).	355	Ascania.	310
Apeh-Bali.	389	Aschkenaz.	423
Apheca.	239	Aschima (idole).	376
Apis (ville).	409	Aschmedaï.	376
Arab (Galilée).	204	Aschmiskin.	432
Arabah.	175.205	Aschour (ville).	346
Arabia.	383	Asgar.	169
Arabie.	2.3.383	Asie. La langue grecque prédomine chez les Juifs, 290; expression vague, 308; différence entre Asia et Esya, 309; Sardes, 311; Asia proconsularis.	
Aradus.	298		
Arakadris.	379		
Aram Çoba.	292		
Arami (langue).	425		310

INDEX FRANÇAIS

	Pages		Pages
Asireh	261	Bagdel de Yo	295
Asochis	202	Bagraudanéné	332
Aspamya (Espagne)	417	Baïma	235
Aspamya (Syr. et Bab.), v. Apamée.		Baïna	235
		Baïschan	174
Asphar	17	Balbek	298
Aspork	387	Baneh	236
Assya, v. Essa		Banyas	237
Astharoth Karnaïm	246	Barada	32
Astrakanith	387	Bar Aschtor	300
Astrakan	387	Barbalissus	301
Asy (lac)	29	Baris	36
Atergatis	305.334	Barkatha	173
Ater mons	405	Barin	90
Athènes	413	Barthotha	264
Athlith	197	Bascar	346.383
Atischiya	273	Baska	384
Atribolis	298	Baskama	384
Aulon cilicus	431	Bassa	22
— regius	432	Batneh	262
Ausonia	422	Bé-Agoubar	358
Aviria	387	— Cintha	367
Avlos de Kilkaï	431	— Cokhé	358
Ayalon	224	— Doura	347
Azarieh (el)	152	— Hedya	394
Azazel	44	— Hindoué	384
		— Houza	380
B		— Kaçra	262
		— Kethil	388
Baalath	99	— Kipi	347
Baal Schalischa	97	— Koubé	350
Bab-ed-Darom	68	— Laft	380
Babel (ville)	344	— Makhsé	388
Bab (fleuve)	388	— Parsak	396
Babylone (Égypte)	408	— Perath	329
Babylonie, 320; frontières talm., 324; fleuves, 33; canaux, 337; fertilité	342	— Tarbo	388
		— Tarfa	268
		— Thortha	363
Bacouba	350	Beçaananim	225
Baçath	22	Becer	55.254
Badan	261	Bedyeh	22
Bagdath	360	Beer Scheba	86
Bagda-Vauna	331	Beït Dedjan	81

INDEX FRANÇAIS

	Pages		Pages
Beïth Djibrin	124	Beth-Haram	247
— el-Maa	303	— Havrathan	50
Beïtin	156	— Hayeschimoth	251
Beït Lahm	191	— Hidoud	45
— Nettif	128	— Horon	154
— Our	154	— Ilanim	263
— Sahour	279	— Kharia	301
— Schifouriyeh	81	— Laban	82
— Tamr	133	— Laphetha	380
Bekiin	81	— Lehem (Gal.)	189.191
Belus	32	— — (Judée)	133
Bené Berak	82	— Maguinya	117
Beror Haïl	68	— Makleh	264
Bernisch	345	— Maon	218
Berberia	411	— Maüs	219
Berberie (côte)	412	— Mazal	23
Bethacharma	131	— Mekoschesch	263
Betania, v. Jérusalem.		— Namar	248
Betanim	262	— Nebo	346
Betarus	90	— Netopha	128
Beth-Akhmaï	264	— Nimrah	20.248
— Arabah	133	— Nimri	248
— Aven	155	— Nimrod	345
— Badya	22	— Oneïké	422
— Baltin	42.354	— Ouneïki	262
— Bersenah	263	— Peor	252
— Ceboïm	263	— Phagué, v. Jérusalem.	
— Cozeba	264	— Ramatha	160
— Dagan (Gal.)	231	— Ramtha	247
— Dagon (Judée)	81	— Rimah	82
— Deli	263	— Rimmon (plaine)	106.108
— El	115.155	— Sabal	20.431
— Elohim	263	— Saïda	225
— Gadar	244	— Schean	174
— Gadya, v. Jéricho.		— Schearim	200
— Galia	301	— Scheri	264
— Garam	383	— Schiryon	264
— Garmé	421	— Simuth	251
— Gofnin	157	— Thopheth	264
— Goubrin	122	— Yaazek	42
— Haacel	152	— Yerah	31.215
— Hakerem	131	— Yeriho	31
— Haram	160	— Zabdé	296

INDEX FRANÇAIS

Betogabra.................. 124
BETTAR. Bitri, 103; données talm., 104; n'est pas Barin, 107; n'est pas Beth Soura, 109; Betar hors de la Palestine, 110; différentes identifications, 110; n'est pas Petra, 112; Bettar, près de Beth Schemesch............ 113
Betuloua................... 83
Bezuchis................... 356
Bir (Bab.)................. 354
— (el)................ 329.339
Biram......... 36.42.328.354
Birat...................... 354
Birath Arabah.............. 133
— ha-Peli............. 262
— Malka............... 133
— Sarikah............. 173
Biria rabtha............... 16
Biri....... 15.16.230.260.365
Bir Kherazeh............... 220
Birket er-Ram.............. 28
Bir-oun-nous............... 346
Birs Nimroud............... 345
Birtha-de-Neda............. 399
Birtha-de-Satya............ 399
Bithinica.................. 422
Bithra..................... 363
Boçrah..................... 255
Boli....................... 262
Borgatha................... 173
Borkëos................ 57.173
Borni...................... 262
Borsip................. 327.346
Borsippa................... 346
Borsippon.................. 346
Botnah..................... 262
Bouzeïr.................... 69
Bouzeïrah.................. 254
Brindisi................... 419
Britania................... 417
Brundusium................. 419
Buria...................... 265
Burkin................. 57.173

C

Caboul (ville)............. 205
— (pays)............... 205
Çafisa..................... 393
Çaïda...................... 294
Çaïdatha................... 225
Calabre (côte)......... 412.417
Calamon.................... 275
Callirhoë.............. 37.254
Çalmon (mont).............. 44
— (ville)............. 275
Calvaria................... 276
Canath..................... 20
Cap Blanc.................. 39
Capercotia................. 57
CAPERNAUM. Nom, 221; identification, 221 et 222; l'Évangile pas d'accord avec le Talmud, 222 et.. 223
Capharabis............. 71.274
Çaphon..................... 249
Çaphri..................... 364
Cappadocie................. 317
Capri...................... 364
Çarah...................... 115
Carcha..................... 397
Carcuz..................... 393
Caria Beth Sebel........... 431
Carina..................... 397
Carmania................... 384
Carmel..................... 39
Carthage................... 411
Cartara.................... 355
Carthagena................. 411
Carthagène................. 411
Cassius (mont)............. 8
Castra..................... 196

Cefath.	227
Castra de Cippori, v. Sepphoris.	
Castrum Peregrinorum.	197
Caucase (Juifs du).	372
Celendris.	419
Cenabri.	215
Cemari.	300
Cer.	24.207
Ceredah.	275
Cereth Haschahar.	277
Cerieh.	189.190
Cerifa.	368
Césarée de la Cappadocie.	318
CÉSARÉE MARITIME. Frontière, 11; tour de Straton, 91; Ces. de Straton, Kisri, Ekron, 91; capitale, 92; siége du gouverneur, 93; ports, côtes, caves, 93; synagogue de révolte, 95; séjour des docteurs, 95; ville de vie, d'abomination.	96
Césarée de Philippe.	238
Ceyar.	24
Chaboras.	388
Chafat.	151
Chala.	373
Chalcis.	296.393
Chaldaea, v. Hebil Yama.	
Chaldéens.	427
Charax.	377
Chusistan.	380
Chypre.	369
Cicaeri.	327
Çiçora.	326
Cihour.	257
Cikonya.	397
Cilicie.	314
Cimmeriens (les).	401
Ciné-Touré-Parzela.	430
Ciphia.	227
Cippori, v. Sepphoris.	
Circessium.	354
Çoar.	256
Cobi.	397
Çocenya.	396
Çocitha.	396
Çohar.	293
Cokhé.	356.358
Colonia (Pal.).	153
— (Bab.).	397
Constantinople.	415
Çophim, v. Jérusalem.	
Copte.	418
Çor.	293.294
Coreae.	83
Corma (fleuve).	394
Cosséens (les).	378
Coub.	409
Çouk.	44
Çour.	294
Cousch.	385.410
Coutha (prov.).	380
Couthé.	379
Ctesiphon.	346.359
Cyrène.	405

D

Dabathartha.	265
Dabaritha.	265
Dabirah.	265
Dabrath.	265
Dahmaria.	390
Damas.	293.296
Dameh.	225
Damin.	225
Dan.	86.236
Daphné.	313.432
Dardania.	424
Darom (plaine).	46.63
Dartha rabtha.	432
Dastagerd.	389
Debba.	390

INDEX FRANÇAIS

Debir....................	127
Debouriyeh	265
Defthi	390
Degab Horbateh..........	24
Deïr-el-Baaschtar........	300
Denna..................	188
Deraï...................	390
Derii	255
Derokereth..............	390
Devil....................	389
Dhikrin..................	71
Diakara.................	353
Dibitah..................	390
Diglath, v. Tigre	
Dioknis..................	431
Diosphora...............	390
Diphath	423
Dirath Adraya............	431
— Aynoutha.........	431
Diskartha................	389
Djebel Akhra.............	8
— Akkar.............	9
— Kuruntul	44
— Nouria.............	9
— Theldj.............	39
Djedour.................	245
Djefat	204
Djerasch.................	250
Djerbouiyeh.............	358
Djerma	421
Djich (el)................	231
Djifneh..................	158
Djimzu	98
Djoudi (mont)............	379
Dodanim................	424
Dor.....................	13.15
Dormaskin, v. Damas.	
Doufneh.................	16
Dyalah..................	389

E

Eber hayarden, v. Pérée.	
Ecbatana	376
Ecdippa	233
Echelle de Tyr	39
Edèse....................	391
Edom....................	425
Egar.....................	387
Egkilis	373
Egra.....................	387
Égypte...................	405
Elaïs	120
Elam....................	325
Elath (mer)..............	27
— (ville).............	119
Eleutheropolis............	120
Elischa...................	422
Elis	424
Elo-Polis.................	409
Elusa....................	119.410
Elymaïs	325.381
Emèse...................	29.300
Emmaüs.................	100
En Bekhi................	298
En Boul	271
En Damin	368
En Etam.................	132
En Gannim..............	33
En Gedi.................	160
En Keni.................	276
En Khos.................	301
En Kouschin..........	169.173
En Tab..................	271
En Teenah...............	221
Enaïm...................	127
Ephes Damim............	158
Ephèse	422
Ephrath	275
Epiphania (Bab.).........	360
Epiphania (Syrie).........	304
Erekh	346

442 INDEX FRANÇAIS

Erika, v. Jéricho.
Ervend 377
Eski Bagdad 360
Espagne 417
Essa (eaux thermales) 38
— (ville) 273
Essasayoth 273
Estaol 115
Éthiopie 410
Euboea 424
Euphrate 333.336

F

Feïk 239
Ferath 275
Ferathi 275
Ferka 275
Fersenya 396
Fidjeh 32
Figah 32
Firouz-Schabor 351
Fissenia 396
Fluvius regius 338
Fontakomiyeh 172
Fondeka 179
Fukin 81
Funduk 172

G

Gaasch 43
Gaathon 16
Gabalena 66
Gabiané 325
GADARA. Eaux thermales, 35; mont, 40; ville 243
Gaïba 198
Galata 317
Galatia 317
Galed 21
GALILÉE, 55, 177; frontières, 178; division, 178; ferti-

lité, 180; habitants, 181; mœurs, 182; supériorité de la Judée, 183; mauvaise prononciation des Galiléens, 184; sont plus portés vers les légendes, 185; noyau de l'Agadah, 186; réserves pour les données talmudiques 187
Gallia 317
— (France) 413
Gamach 397
Gamala 240
Ganoth hacerifin 81
Garamaei 421
Gareb, v. Jérusalem.
Garis 265
Garsis 265
Gath 3
— hefer 201
Gauzania 389
Gaza (Pal.) 67
— (Médie) 375
Gazaka 375
Gazorus 265
Gebath 86
Géhénne (porte de la) ... 36.37
Genezareth, v. Guinusar.
Geraritica 65
Gerasa 250
Germania 422.423
Germanikia 423
Ghouta 17
Ghouzé 68
Gibeath Pinhas 168
Gibéon 158
Gibthon 72.86
Ginaï 32
Ginnabris 215
Giskala 231
Gitta 17
Gizama 330
Gobath Schammaï 235

	Pages		Pages
Gobya	327	Hadramaut	392
Gog	422	Hadrakh	297
Golan	55	Hadyab	374
Gomer	421	Hagra	410
Gophna	157	Hagrounya	347
Gophnitica	158	— (Akra)	347
Gorduéné	379	Halah	373
Gothia	422	Halamisch	246
Goub	69	Halil	126
Goubtha de Ariah	216	Hallah	5
Gousch halab	230	Halouçah	410
Gozan (rivière)	388	Hamah	8
Goznia	389	Hamaç (mer)	29
Gozria	265	— (ville)	299
Graecia magna	414	Hamadan	375
Grande mer	24	Hamath (Syrie)	304
Grande tombe	69	Hamdakh	362
Guéba	264	Hammon	23
Gubabtha, v. Sepphoris.		Hamoça	152
Guederoth	245	Hamtha, v. Tibériade, Gadara et	207
Guerasch	250		
Guérufnia	42	Hamtha de Fahal	274
Guezer	265	Hamthan	115
Guezib	233	Hanaveih	22
Guibtha de Hatmona	432	Hanekeb	225
Guimzo	98	Hangmatâna	376
Guinussar (mer), 251, 432; plaine, 45; ville	214	Hanouath	22
		Hantoun	22
Guinzac	375	Haran	293
Guipti	363	Haraschim (vallée)	86
Guizma	329	Har Ceboïm	153
		Haroub	265
H		Harouç (vallée)	54
		Harpanya	352
Habartha	15	Hartha de Argaz	348
Habor	374	Hasbeyah	23
Habtha	265	Haspiyah	23
Haçar Maveth	391	Hathar	392
Hacidim	207	Hatra	392
Hadaïb	374	Hattin	207
Hadassah	98	Hauran	43
Hadid	85	Hebil Yama (Chaldée)	327. 328
Hadithé	86	Hebron	55. 125

444 INDEX FRANÇAIS

	Pages
Hefer	200
Heïfa	197
Helbon	307
Helef	224
Héliopolis	409
Helle (Hilleh)	345
Hermon	39
Heroubin (caverne)	265
Hesbon	21
Hethoulim	82
Hibtha	265
Hidekel, v. Tigre.	
Hiérapolis	305
Hieromax	31
Hilzon, v. Pourpre.	
Himalaya	386
Hincebo	390
Hini	362
Hinnom (vallée)	36
Hipparenum	328.352
Hippos	23.197.239
Hiriyeh	189
Hirr (el)	348
Hit	336
Hoçal (Bab.)	356
— (Pal.)	152
Hoci	265
Hodou	385
Hoems	300
Hofeïnos	409
Holvân	373
Hor hahar	5.8.9
Hormiz-Ardeschir	359
Hosn (el)	240
Hotra	265
Houleh (lac)	28
Hourbatha saguirtha	68
Hourmini	371
Housban	21
Houza	380
Hozki	378
Hultha (mer)	27

	Pages
Humania	367
Hymenia	367

I

Ibelin, v. Yabneh.	
Ibérie	401
Ibn Ibrak	82
Idikara	353
Ihi d'Akira	331.336.353
Iles (de la Pal.)	7.431
Inde (l')	384
Indes (vêtements, confiture)	385
Irbid	220
Irem	383
Ischthatith	348
Isenia	422
Iskarioth	171
Istakar	387
Italia	413.424
Italia schel Yavan	414
Iturea	16
Iyoun	18.23

J

Jamnia, v. Yabneh.

Jarmouk	31
Jedeïdeh	23

Jéricho. Clef de la Pal., 161; nom, 161; Beth Gadya (école), 162; fertilité, 163; Riha, Erika 163

Jérusalem. Pays à part, 55; nom, 134; mœurs des habitants, 135; synagogues et écoles, 135; fourneau, tanneries et tombeaux, 136; tombeau de Kalba Scheboua, 137; Bezetha, 138; portes, 139; Akra, 140; Ophel,

140; Moriah et Temple, 140 et suiv.; Siloah, 145; aqueducs, 146; torrent de Kidron, 147; mont des Oliviers, 147; Beth-Phagué, 147 et suiv.; Beth Hini, Betania, 150; Thophet, 150; Gareb, 150; Çophim, 151; arche sainte.................. 158
Joppé.................. 13.83
Josaphat (vallée).......... 51
JOURDAIN. Source, 29; nom, 30; cours, 30; Yarden, au delà de Beth Yerah, 31; plante du Jourdain, 31; canots, 31; Esch-Scharieh, el-Ourdan, 31; eaux impures.. 31
Judée. Désert, 53; pays, 55; districts............ 62
Julias.................. 17
Justiniapolis............ 390

K

Kabarzaba.............. 87
Kaboul................ 205
Kabusia................ 8
Kaçra de Cippori...... 15.193
— Guelila......... 15
Kadesch Barnéa.......... 21
Kady (lac).............. 29
Kafrah................ 277
Kalaat ez-Zerka.......... 20
Kalboutha (idole)........ 301
Kaldoï................ 427
Kamhi................ 397
Kanawath.............. 20
Kandia................ 422
Kan Nischraya.......... 305
Kaplaria......... 7.8.9.433
Kapoutkia.............. 317

Karçion................ 277
Kardou................ 378
Karhi.................. 397
Karhina................ 389
Kariath Thamnîn........ 379
Karman................ 384
Karmi.................. 394
Karnaïm................ 246
Karthoii................ 429
Kaslohim.............. 424
Kasmeya.............. 280
Katath................ 189
Katfi.................. 418
Kaukab................ 269
Kedesch (Naphthali)... 55.225
Kefar Acco............ 232
— Aguin......... 260.265
— Ahim............ 220
— Akabyah......... 273
— Amiko........... 272
— Aryeh........... 261
— Aziz............ 117
— Bisch........... 71
— Cemah........... 23
— Darom........... 68
— Datiyeh.......... 265
— Dikrin........... 71
— Ekos............ 270
— Emra............ 261
— Emi............. 261
— Enaïm........... 128
— Etam............ 132
— Goun............ 265
— Hananyah...... 178.226
— Hanin........... 226
— Haroub........ 18.23
— Hatya........... 207
— Ikos............ 270
— Imi............. 261
— Imra............ 261
— Karçom.......... 397
— Karnaïm......... 276
— Koureïnos..... 259.276

446 INDEX FRANÇAIS

	Pages		Pages
Kefar-Lekitia	115	Kefr Tab	80
— Lodim	80	— Yamah	225
— Mandon	270	Kelah	346
— Mendi	269	Kelanbo	276
— Nahum, v. Capernaüm.		Kematriya	277
		Kenath	20
— Nebouriya	270	Keniseth-el-Avamid	300
— Ouziel	117	Kennisrin	307
— Paguesch	173	Kerak	216
— Parschaï	173	Kerakh	394
— Schahra	279	Keren Zacoutha	432
— Schalem	173	Kerioth	171.277
— Schihlim	71	Kerka	377
— Sekhanyah	234	Kerkounya	398
— Signah	82	Kerkusia	393
— Sihia	202.279	Kerman	384
— Sihin	202	Keroba	277
— Sihon	202	Kerobaç	277
— Simaï	234	Kerouhim	82
— Sipouriya	81	Kerouthim	82
— Saba	86	Kesam	430
— Suba	88	Kesouloth	50
— Subti	218	Ketarzia	397
— Tabi	80	Keteïneh	189
— Tanhoum	221	Ketonith	175
— Tehoumin	221	Kezib	5.6.233
— Thamratha	280	Khabartha	15
— — (Judée)	133	Khabôlô	205
— Yama	225	Khabour	388
— Yethmə	268	Khalkis	296
Kefra	277	Khalné	346
Kefr Anan	179.226	Khalneh	360
— Auneh	86	Khan Birnus	346
— Bureïm	23	— Minyeh	221
— Hatla	83	Kharabé	17
— Hattin	207.265	Kharkor de bar Sanigora	431
— Koud	57	— — Zaama	431
— Lukiyeh	115	Kharmion	32
— Menda	270	Khaslan	50
— Outheni	56	Kherakh	377
— Sabs	218	— de bar hazereg	24
— Samekh	23	— beth Horeb	24
— Soumeïa	235	Khireh	189

INDEX FRANÇAIS

	Pages		Pages
Khorazim	220	Kouyounjik (bas-relief)	380
Khrakha rabba de bar Sangora	18	Ksaloth	179
		Kurdistan	379
Khulaza	119	Kurtioï	429
Kibutiyeh	8	Kûza	266
Kidron (val.)	51		
Kilikia	314	**L**	
Kinnereth	175		
Kini	276	Lablabo	232
Kippath hayarden, v. Jourdain.		Laha	43
		Lakoum	225
Kipris	369	Laodicée (Asie min.)	319
Kipros	369	— (Syrie)	299
Kirkesiyeh	354	Lehi	116
Kirkesiyon	354	Liban	38
Kirtoba	355	Libya	400
Kiryath Arba	127	Libye	411
Kiryava	277	Lithoprôsopon	9
Kiryath Sanna	127	Lizan	394
Kischon	32	Lod. Lydda, Diospolis, 76; forteresse, 77; école, 77; Ben Stada exécuté, Ben-Pandera, 78; fertilité, 78; marchands, 78; ville ennemie d'Ono, 79; Beth Nitza, Libza, Aroun (siége des docteurs), 79; habitants ignorants et orgueilleux, 80; pont de Lod	80
Kisma	280		
Kisrin	19		
Kisrion (grotte)	237		
— (ville)	237		
Kittim	424		
Koché	358		
Kohlith	393		
Kokhba	269		
Kordouéné	379		
Kortoba (Bab.)	355		
Kongitun	324	Lodkia	319
Koubéa	15	Loub	411
Koubeh	76	Loubân	83
Koubi	76	Loud	216
Koufa	327	Loukim	225
Koufeïr	269	Loulschaphat	392
Koufra	269	Louz (Bab.)	394
Koulat Ibn Maûn	219	— (Pal.)	156
Koulonieh	153	Lydie, v. Loud.	
Kouriyet de Moab	16	Lykus	9
Kouriyoth	83		
Kourn Sourtabah	42		
Kouthiim (pays des)	56. 84		

M

Maale-Adumim	53.158	Matara	409
Maan	279	Mətha Mehasya	344
Maasoub	22	Mauretania	411
Mabarakhtha	357	Mazaga	318
Mabartha	169	Méalon	224
Mabog, v. Manbedj	40	Medaba	252
Machaerus	40	Medbha	251
Madaï	422	Mèdes	427
Madaïn (el)	360	Médie	325.422
Madon	270	Medinath Abyadh	85
Madona (cap)	9	Méditerrannée	25
Magdala	216	Mediyeh	99
Magog	422	Medjdel Yon	295
Mahartha de Yashir	16	Meguiddo	16
Mahlal	189	Mehuza (el)	357
Mahloul	189	Meïs	23
Mahnaïm	250	Mellaha	269
Mahouza	356	Mellah de Zerkaï	20
Maïn	121	Memci	16
Maïs	21	Mé-Mischra	28
Makedonia	422	Memphis	409
Makhsin	388	Menphith	409
Makhtesch	116	Mer Morte	26
Malabar (juifs de)	385	— Rouge	29
Malhiya	269	— Salée	26
Maliha	269	Merdj ibn Amr	189
Malûl	189	Merom (lac)	25
Mamci d'Abhatha	16	Meron	228
Mamci de Guitta	16	Meroth	229
Manbedj	293.305	Mesa, v. Mésène.	
Maogamalcha	356	Meschad	201
Maon	121	Meschekh	423
Mapeg, v. Manbedj.		Mé-Sefar	17
Maresa	17	Mésène	325.329.382
Margiana	380	Meson, v. Mésène.	
Margouan	380	Mésopotamie	2.320
Margu	380	Mezarib	16
Marhescheth	17	Mezi	23
Marmara (396)	396	Mezi raabtha	16
Maschrounya	394	Miçpah	21.270
		Miçpeh	248
		Miçraïm	405
		Migdal Ceboya	217

INDEX FRANÇAIS

	Pages		Pages
Migdal Eder	152.244	Nahar Boran	341
Migdal-El	217	— Borniç	341
Migdal Gadar	244	— Boul	395
Migdal Haroub	17	— Danak	341
Migdal Nassi	14	— Gamda	388
Migdal Nounya	217	— Goza	388
Mikhmasch	154	— Malka	337.341
Miltha debir	15	— Yazek	324
Minas Sabytha	362	Naharra	350
Minni	371	Nahla d'Abcéel	17
Moab	21	— de Zered	21
Mociya	382	Nahraban	342
Modeïn	99	Nahras	365
Modiim	99	Nahravan	324
Modiith	99	Nahr-Bull	395
Moexene	331	— Isa	340
Mokdon	427	— el-Kelb	9
Mokhmasch	154	— Sar	365
Montagnes obscures	405	— Youani	424
Montagnes de fer	37.40	Naïm	188
Mont Ephraïm	41	Naïn	188
Mont Royal	41	Nakoura (cap)	39
Moschkeni	331	Namri	248
Moschkhi	332.377	Naousa	395
Moschi	377	Naplouse	171
Mosia	423	Narmalches	339
Morte (mer)	26	Narraga	340
Mygdonia	388	Nasirah (en)	191
Mysie	423	Nasr (idole)	384
		Nazareth	85.190
N		Néapolis	168
		Nearda	350
Naaran	163	Nebo	253
Naarda	350	Neboï	23
Naarmalcha	338	Neboureteïn	270
Naarsès	345	Necibin	370
Nabatéens	427	Nehardaa	350
Nabhatiya	427	Nehar-Gozan	375
Naguiner	270	— Pakod	363
Nahar, v. Euphrate.		— Pakor	363
Nahar Aba	341	— Panya	395
— Anak	341	— Papa	395
— Azek	324	— Papitha	395

29

INDEX FRANÇAIS

Nehar-Yophti............ 395
Nehawend............... 377
Neïn................... 188
Neresch................ 365
Nerwad................. 270
Neschikiya............. 395
Neveh.................. 243
Nevi................... 23
Nezoni................. 361
Niffer................. 346
Niger mons............. 405
Nil d'Égypte.,......... 431
Nimrin................. 20
Ninphé................. 346
Niniveh......... 346.360.361
Nischra (idole)........ 384
Nisibe................. 370
No-Amon................ 409
Nob................. 23.158
Nokbatha d'Youn........ 18
Noukrah (en)...........
Novah.................. 244
Noweh.................. 23
Nusariyeh (mont)....... 9

O

Obila-Kourça........... 398
Océan............... 28.431
Ogdor.................. 173
Ohliya................. 260
Okbara................. 361
Om Keïs, v. Gadar.
Ono.................... 86
Orchoë.............. 343.346
Orikhoth............... 346
Ornithopolis........... 19
Osica.................. 378
Ostrakéné.............. 409
Ouady-el-Arisch...... 7.431
— Asha................ 67
— Ayoun............... 18
— Badyah.............. 261

Ouady-Dalieh........... 263
— Djinin............. 32
— Hodh............... 45
— Kanah.............. 276
— Kerek........... 21.256
— Modieb............. 255
— Rouboudiyeh....... 2771
— Schagguir.......... 84
— Zerka.............. 21
Oubal.................. 259
Oublin................. 260
Oukrith................ 18
Oulam.................. 261
Oulam rabtha........ 18.431
Oulaschtha............. 17
Oulatha................ 17
Ourdan, v. Jourdain.
Ouscha................. 198
Ouza................... 117

P

Pacora................. 365
Pafo (cap)............. 391
Pagida,................ 32
Pagoutiyah............. 274
Pakosim................ 424
Palatatha.............. 218
Palestine.............. 2.3
Pallakopas............. 335
Palmyre, v. Tharmod.
Panéas (front.) 9 ; source du
  Jourdain, 29; eaux th.,
  37 ; ville, 236........ 237
Paphounya (Bab.)....... 360
Paphounya (Syr.)....... 304
Paras.................. 423
Parendesin............. 419
Parhetya............... 396
Parpar................. 32
Parsii................. 428
Parthie................ 396
Parvitoth.............. 424

INDEX FRANÇAIS

	Pages		Pages
Paslon (plaine)........	50	Pourpre à Heïfa, 197; à la	
Pasgira...............	399	côte phénicienne......	295
Pathrosim.............	424	Proconnesus..........	396
Patigrisah.............	399		
Patris................	90	**R**	
Pekiin................	81		
Pella.................	274	Raama...............	424
Peluse................	408	Raamsès.............	408
Pentacomia...........	172	Rabitha..............	277
Pené Keleb...........	9.301	Radjib...............	247
Pené Manon..........	274	Ragaba...............	247
Pené Melekh.........	9.301	Rakhis-Nahra.........	398
Perak-Onsin..........	396	Rama................	23
Perath (ville).........	275	Ram-Berin...........	23
Perath, v. Euphrate.		Ramoth-Gilad........	55.251
Perath de Borsip......	346	Rani.................	277
Perat Maïssan........	382	Raphanée............	303
Perath de Méson......	346	Raphia...............	20.431
Pérée, 55; Eber hayarden, 241; frontières, 241; négligé dans le Tal., 242; distribution.........	242	Ras-el-Aïn............	22
		Rasch-esch-Schaka....	9
		Rasch-Maya..........	22
		Reciphtha............	278
Perekh...............	275	Regueb..............	84.247
Perod................	275	Rehoboth-Ir..........	346
Perved...............	275	Rekem...............	430
Persepolis.............	387	Rekem-de-Gaaya......	21.431
Perses (les)...........	428	Rekem-de-Hagra......	20
Persis................	423	Resapha..............	303
Petra................	20.110	Resen................	346
Pherath-Meschon......	382	Riblab...............	314
Phialé (lac)..........	28	Rigobaah.............	247
Phialia...............	419	Riha, v. Jéricho.	
Pholia................	419	Rikhba...............	303
Phrogthia, v. Phrygie.		Rimmon..............	118
Phrygie..............	100.315	Rimos...............	250
Piktha d'Arboth.......	348	Ripha (mont).........	398
Pi Maçâba............	22	Riphath..............	423
Pithka...............	274	Ritmos...............	250
Pithom...............	408	Roghnag.............	398
Pome-Beditha.........	349	Romains.............	425
Pome-el-Celhi.........	362	Romaine (langue).....	426
Pome-Nahra..........	366	Romanah.............	278
Porsika...............	396	Rome (grande ville de)	425.416

	Pages		Pages
Romki	378	Sarkiya	428
Rothki	378	Sartaba (mont)	42
Rouge (mer)	29	Schaab	278
Rouma	203	Schaaraïm	70
Roumia	357	Schabor	336.351
		Schafir	81
S		Schaf-Yathib	350
		Schalmoï	429
Sabtha	362.424	Schalnia	362
Sabtakha	424	Schanaç	22
Saccada	346	Scharon (plaine), 47; beauté, 48; maisons, 49; Sharon (Galilée)	49
Sacoutha	248		
Sacoutha (Bab)	362		
Safed	227	Schat-el-Arab	338
Safieh (ès-)	257	Schavasch	381
Safiriyeh	81	Schavasch-Thré	382
Safsoufa	271	Schaveh (vallée)	51
Sakaï	424	Schayerah (esch)	200
Sakistan	424	Schebesthana (pont)	337
Salamen	246	Schefa-Amr	199
Salée (mer), v. Sodome.		Schefaram	198
Salkha	271	Schehin	368
Salkhath	271	Schekencib	363
Salmani	429	Schelyath (lac)	28
Salmioï	429	Schenouatha (Akra)	387
Salikha	271	Scheriah (esch), v. Jourdain.	
Saliya	362	Scheriath-el-Mandour	31
Salouk	386	Scheviri	398
SAMARIE, 55, 165. Opinion des docteurs sur les Samaritains, 166; vexations des Sam. contre les Juifs, et vice versâ	167	Schifkhouni	279
		Schiklaïm	72
		Schikmonah	197
		Schilhin	72
		Schili	362
Sambatyon (fleuve), 33, 299; coule six jours, 34; Nahr-el-Arus	33	Schilo	158
		Schimron	189
		Schizar	278
Samki (lac)	395	Schoaïb	278
Samochnide (lac)	25	Schokmezaï	432
Samosata	331.354	Schomron	170
Sanaftha	16	Schot-Mischot	330.354
Saracènes	428	Schoulami	248
Sardes	310.316	Schounya	326
Sarfend	81	Schour	409

INDEX FRANÇAIS 453

	Pages		Pages
Schouschan	381	Sokho	121
Schuschatra	382	Souccoth (Égypte)	408
Schuster	382	Souccoth (Pérée)	248
Scythie	424	Soufsaf	271
Scythopolis	175	Soukkoth	20.175
Sebousthieh	172	Soukneh	84
Seffurieh, v. Sepphoris.		Souknin	204
Seïlun	159	Soura	343
Séleucie	346	Soura de Perath	343
Séleucie (Akra)	359	Soura-Soura	343
Séléucie (Bab.)	359	Soursi (langue)	425
Séleucie (Pal)	271	Sourya	9.292
Seloug (montagnes)	386	Sousitha	23.238
Semané	327	Ssalt (es-)	251
Semunieh	189	Stratonis turris	11
Sennabris	215	Suffa	90
Seph	227	Sukhar	169
Sepphoris. N'est pas Kittron, 191; Cippori, 192; Kaçra, Castra, Goubabtha, 193; grande ville, 193; rôle dans la guerre, 194; synagogue; meuniers, Justus, 194; Dio-Césarée, 195; Seffurieh	195	Susiane	380
		Sustra	382
		Suze	381
		Sycamion	197
		Syéné	419
		Syn	304
		Syria Palaestina	3
		Syrie	1.3
Sesina	387	Syro-Grecs	426
Sian	419		
Sib (es-)	363	**T**	
Sichem	55.168		
Sidon	294	Tabariyeh, v. Tibériade.	
Sihin	202	Tabor	39
Sikhnin	204	Taboun	195
Sikhra	361	Tafnis	16
Simonia	189	Taïba	392
Sindjar (fleuve)	395	Taibiyeh	267
Sinéar	293	Takeh (lac)	29
Sinn	264	Tak Kesri	360
Sirbonis (lac)	27	Talbosch	399
Sitha	353	Taliman (caverne)	268
Sittacène	397	Talmia	120
Soba	153	Tamo Birya	393
Sodome (mer)	26	Tamdouria	392
Soganeh	204	Tamora	393

454 INDEX FRANÇAIS

	Pages
Tamra (sans épithète)	280
Tanath Schilo	159
Taoke	398
Tarala	248
Tarichéa	216. 261
Tarin	70
Tarlousa	268
Tarnegola	19. 431
Tarses	315
Tarsos	424
Tatlapos	392
Tehoum Aryeh	216
Tekoua	132
Tekrit	390
Tel Balkis	354
Telbekané	330
Telem	120
Tell Arza	280
— Astareh	246
— el Kady	236
— houm	179. 221
— Haran	248
— Houreibeh	18
Temple de Bel	345
Terbenth	418
Terre (Pal.)	1
— de Chanaan	2
— (hors de la Pal.)	1. 289
— d'Israël	1. 7
— promise	2
— sainte	2
Thallaba	392
Thamnitique (prov.)	97. 102
Thamoud	399
Tharathan (idole)	305
Tharka	423
Tharschisch	424
Tharsilla	249
Thèbes	409
Thecoa	128
Theman	279
Theoprosôpon	9
Thilsaphata	392

	Pages
Thimna	98. 102
Thiphsah	386
Thiran	172
Thiras	423
Thirça	172
Thofeïnos	409
Tholebanké (Akra)	352
Thormasia	279
Thosanya	399
Thosphaa	370
Thospitis	332. 370
Thoubal	422
Thourmous-Aya	279
Thrace	423
Tiba	392
Tibériade (mer), 25; poissons, 25; eaux thermales, 35; deux bassins, 35; saison des baigneurs, 35; ville, 208; identifiée avec Raccath, Hamath et Kinnereth, 208; construite par Hérode Antipas, 210; abhorrée par les Juifs, 211; libre d'impôts, 211; Siméon ben Yohaï à Tib., 212; ancienne Tib., synagogue, situation, 212; rôle dans la guerre, 213; fortification, sanhédrin, rédaction de la Mischna, 213; Tabariyeh	214
Tibneh	102
Tiboun	195
Tigre. Nom, 334; digues, 335; navigation, 335; dérivation	337
Tinaam	188
Tirath Invatha	432
Tob (pays)	239
Togarmah	423
Tokereth	18
Tolebanké (Akra)	329

INDEX FRANÇAIS 455

	Pages		Pages
Tombeau de Rachel	133	des docteurs, 74; vignoble	
Torrent d'Égypte	7.431	(école), 74; Ibelin	75
Touab	398	Yadaïm (plaine)	
Touakh	398	Yadma	268
Toubakat fahil	274	Yaffo	81
Toubin	240	Yagri hatam	24
Toubnia	266	— tab	24
Toulam	121	Yagour	69
Touria	267	Yano	268
Tour Malka	267	Yanoah	268
— Siméon	267	Yanoua	268
Tourya	267	Yao	393
Trablos	299	Yasimah	393
Trachonide	19	Yasinia	393
Tripolis	298	Yassouf	90
Tubun	196	Yavan	422
Turan	200	Yavani	426
Turopoia	52.268	Yizréel (plaine)	50
Tyr	294	Yegar Sahdutha	21
		Yerim	383
U		Yetma	269
		Yischoub	90
Um-er-Roumamim	118	Yodaphath	203
Ur Casdim	379	Yotabat (plaine)	203
Usa	200	Youstinia	391
V		**Z**	
		Zagdor	173
Vardina	366	Zanoha	155
Vasit	391	Zebdani	295
Vasthina	391	Zeboud	295
Veneca	263	Zefirin	391
Vithinia	422	Zafirin	431
Vulgaire (langue)	426	Zehereh	293
		Zekia	397
Y		Zephyrium	319.391
		Zered	33
Yaadout	23	Zerkina	391
Yaazer (lac)	28	Zib	233
Yabbok	21.33	Zingis	419
Yabnéel (Gal.)	225	Ziphtha	363
— (Judée)	73	Zoulschaphat	392
Yabneh. Jamnia, 73; séjour		Zouveireh	257

INDEX HÉBREU

א

Pages		Pages	
258	אבל	418	אברמיניא
259	אבל ערב	406	אלכסנדריא
268	אגמא	424	אלם
224	אגניא דקדש	100	אמאוס
111.254	אדום	23	אמון
260	אהליא	8	אמנון
398	אובילו קורצא	7	אמנים
260	אובלים	6	אמנה
173	אוגדר	311	אנטוכיא
423	אווסים	86	אנטיפטרס
387	אוריא	308.423	אס־א
261	אולם	261	אסירי
18.431	אולם רבחא	387	אסוורק
86	אוני	304.417	אסמ׳א
303	אורהוסיא	387	אסתרקנית
199	אושא	389	אפיה באלי
387	אחא	326.355	אפמיא
376	אחמתא	29	אפמיא (ם)
298	אטריבוליס	348	אפסטיא
387	אינר	400	אפריקא
331.353	אידי דקרא	102	אפרת
413	איטליא	359	אקטיספן
224	אילן	368	אקרא
120	אילותרופוליס	368	— דאגמא
76.119	אילת	387	— דשנוותא
424	אכיה	330.352	— דתולבנק
		387	אקרוניא
		374.219	ארבל

INDEX HÉBREU

Pages		Pages	
380	בי לפט	388	ארגיזא
388	—מכסי	358	ארדשיר
330	—פרת	363	ארטיבנא
262	—קצרא	346	אריכות
336	—שבור	425	ארמאי
363	—תורתא	371	ארמון
388	—תרבו	370	ארמיניא
206.230.365	בירי	11.21.69	אשקלון
354.36	בירם	115	אשתאול
262	בירת הפליא	348	אשתטית
133	בירת מלכא	413	אתונא
173	בירת סריקא		
133	בירת ערבה		ב
399	בירתא דנדה		
399	בירתא דסטיא	235	באימה
155	בית אל	235	באינה
115	בית אל דיהוד	320.344	בבל
155	—און	388	בב נהרא
263	—אילנים	331	בגדא ואוונא
266.422	—אוניי״קי	295	בגדל דיו
263	—אלהים	360	בגדת
22	—בדיא	261	בדן
263	—בוקיא	262	בוטנה
42.354	—בלתין	262	בולי
263	—כרסנא	255	בוצרה
244	—גדר	173	בורגתה
123	—גוברין	262	בורגי
157	—גופנין	634	בורסיף
383	—גרם	358	בי אגובר
231	—דגן (גליל)	347	—דורא
81	—דגן (יהודה)	344	—הנדאי
263	—דלי	380	—חוזא
150	—היני	350	—כובי
251	—הישימות	358	—כוכי
131	—הכרם	347	—כיפי
296	—זבדין	388	—כתיל

INDEX HÉBREU

Pages		Pages	
15	בית זניתא —	55.254	באר
45	חדוד —	22	בצח
50	חוורתן —	81	בקיעין
154	חורן —	268	בקעא בי טרפא
163	טברינות —	264	— בית כוזבא
42	יעזק —	128	— נטופה
31.215	ירח —	106.118	— רמון
82.85	לבן —	81	— שפורייא
189	לחם צרייה —	264	— חופה
117	מגנייא —	106	בקעת ידים
23	מזל —	203	— יטבת
147	ממל —	274	— פני מנון
218	מעון —	411.412	ברבריא
263	מקושש —	300	ברברית
264	מקלה —	417	ברטניא
248	נמרין —	345	ברניש
20.431	סבל —	300	בר עשתור
20	סוכות —	173	ברקתא
133	ערבה —	264	ברחותא
147	פאגי —	346.383	בשכר
252	פעור —		
263	צבאים —		ג
82	רמה —		
247	רמחה —	325	גבכאי
174	שאן —	66	גבלא
200	שערים —	264	גבע
264	שרי —	168	גבעת פנחס
264	שריון —	72.100	גבתון
103	ביתרי	35 243	גדר
103	ביתתר (bb)	69	גוב
298	בלבק	327	גוביא
2	בלסטיני	193	גובבתא (צפורי)
82	בני ברק	216	גובתא דאריח
298	בעל בכי	235	גובת שמאי
97	בעל שלשה	389	גוזניא
99	בעלה	265	גוזריא

INDEX HÉBREU

Pages		Pages	
55	גול	314	דפני
157	גיפנא	390	דפתי
130.230	גוש חלב	390	דראי
422	גותיא	424	דרדניא
233	גוב	390	דרוקרת
86	גיא החרשים	255	דרי
330	גיזמא	46	דרום

ה

347		הגרוניא
374.423		הדייב
367		הומניא
152 350		הוצל
359		הורמיז ארדשיר
362		היני
390		הנצבו
362		המדך
375		המדן
152		המוצא
147		הר הזתים
404		הרי החשך
88		הר המלך
328.352		הרפניא
153		הרצבעים

Pages	
25.45.214	גינוסר
375	גינוק
363	גיפטי
317	גליא
177	גליל
240	גמלא
81	גנות הצריפי
16.17	געתון
150	גרב
42	גרופניא
421	גרממיא
423	גרמניקיה
265	גרסיס
65	גרריקו
250	גרש

ד

127	דביר
265	דבתרחה
24	דגב חורבתיה
334	דגלת
389	דויל
13.15	דור
296	דורמסקן
389	דיסקרתה
390	דמהריא
225	דמין
236	דן

ו

422	ויתיניה
391	וסתיניא
366	ורדינא

ז

295	זבוד דגלילה
173	זנדור
363	זיפתא
155	זנחא

INDEX HÉBREU

Pages		Pages	
266	חרוב	391	זפירין
348	חרתא דארגז	21	זרד
21	חשבון	391	זרקינא
392	חתר		

ט

195	טבען		
208	טבריא		
239	טיב		

ח

		327	חביל ימא
		55.125	חברון
		266	חבחה
		85	חדיד
266	טיבניא	297	חדרך
411	טונס	98	חדשה
267	ט ר א	266	חוטרא
267	טיר שמעון	27	חולחא
39	טור חלגא	312	חולה אנטיביא
392	טיכה	378	חוסקי
120	טלמיא	266	חוצי
392	טמדוריא	68	חורבתא סנירתא
393	טמו בריא	197	חיפה
418	טרבנת	189	חיריי
19	טרכונא	373	חלון
268	טרלוסא	410	חלוצה
315.424	טרסס	373	חלון
		246	חלמיש
		224	חלף

י

		299	חמץ
393	יאו	35.207	חמתא
393	יסיניא	274	חמתא דפהל
21	יבוק	115	חמתן
78	יבנה	22	חנותא
69	יגור	22	חנתן
24	יגרי הטם	23	חספיה
24	יגרי טב	200	חפר
21	יגר שהדוחא	155	חפרים
268	ידמא	391	חצר מוח
203	יודפת הישנה	140	חקרא

INDEX HÉBREU

Pages		Pages		Pages	
391	יוסתיניא	71	כפר ביש		
18	יוקרת	265	— גון		
50	יזרעאל	265	— דטיא		
90	יישוב	71	— דכרין		
25	ים הגדול	68	— דרום		
26	ים המלח	207	— חטיא		
25	ים טבריא	226	— חנניה		
26	ים סדום	18.23.110 266	— חרובא		
28	ים יעזר	80	— טבי		
23	יערוט	268	— ידמא		
268	ינוח	225	— ימא		
81	יפו	115	— לקוטיא		
29	ירדן	269	— מנדי		
131	ירושלם	270	— נבוריא		
161	יריחו	221	— נחום		
31	ירמוך	87	— סבא		
		82	— סגנא		
	כ	234	— סימאי		
		81	— סיפורייא		
205	כבול	56	— עותני		
15	כברתה	117	— עזיז		
393	כוחליה	271	— עיכום		
269	כוכבא	272	— עמיקו		
269	כופרא	273	— עקביה		
410	כוש	173	— פגש		
379	כותי	81	— פקיעין		
233	כזיב	173	— פרשאי		
427	כלדאי	23	— צמח		
296	כלקים	276	— קוריינס		
50	כסלן	397	— קרצים		
398	כפיסא	218	— שובתי		
260	כפר אגין	71	— שחלים		
220	— אחים	279	— שחרא		
261	— אימי	202	— שיחיא		
261	— אימרא	173	— שלם		
261	— אריה	221	— תחומין		

INDEX HÉBREU

Pages		Pages	
280	כפר תמרתא	189	מהלול
133	— תמרתא (יהודה)	99	מודיעים
221	— תנחומן	99	מודיעית
361	כפרי	423	מוסיא
220	כרזים	377	מושכי
377	כרך	331	מושכני
24	כרכה דבית הרב	23	מוי
24	— דבר הורג	356	מחוזא
18.431	— רבה דבר סנגורא	16	מחרתא דייתיר
393	כרכוז	252	מידבא
394	כרמי	28	מי משרה
418	כחפי	17	מי ספר
		21.325	מישא
ל		382	מישן
		40	מכוור
233	לבלבי	154	מכמם
411	לוב	20	מלח דזרכאי
76.316	לוד	269	מלחיא
299.319	לודקיא	15	מלתא דביר
156.394	לוז	16	ממציא דאבהתא
325	לוקים	16	ממציא דגתא
116	לחי	293	מנבג
		409	מנפות
מ		121	מעון
		158	מעלה אדומים
357	מברכתא	268	מערת טלימאן
145	מגדון	305	מפג
216	מגדלא	16	מצי רעבתה
17	מגדל חרוב	270	מצפה
269	— מלחא	405	מצרים
217	— נוניא	380	מרגזאן
14	— נשיא	228	מרון
152.244	— עדר	17	מרחשת
217	— צבעא	411	מרטניא
11	— שדשונא	394	משרוניא
318	מגיזה של קפודקיא	344	מתא מחסיא
325.422	מדי		

INDEX HÉBREU

נ

נא אמון	409
נאוסא	395
נבו	253
נבוי	23
נבטיה	427
נגנינר	270
נהוונד	377
נהר אבא	341
— אנק	341
— בול	395
— בורן	341
— גוזא	488
— גמדא	388
— דנק	341
— יואני	324
— יופטי	395
— מלכא	337
— מלכא סבא	341
— עוק	324
— פניא	395
— פפא	395
— פפיתא	395
— פקוד	363
נהרדעא	350
נוב	23
נוה	245
נוי	23
נוקבתא דעיֵּ	18.23
נזוניא	361
נחלא דאבצא	17
נינוה	360
נינפי	346
ניפולים	169
נימרן	20

נעורין	163
נעים	188
נערן	163
נפ־	346
נציבין	370
נצרת	85.190
נרווד	270
נרש	365
נשיקיא	395

ס

סבסטי	171
סבתא	362
סוכו	121
סוסיתא	23.238
סופני	16
סורא	343
סורא דפרה	343
סיריא	292
סחרתא דייתיר	16
סטנריסא	399
סיאן	419
סיכנין	204
סיכרא	361
סימוניא	189
סביתא	21.248.362
סלוקיא	359
סליכא	271
סליקא	346
סמבטיון	33.386
סמקי	395
סנפתא	16
ספסופא	271
סקיסחן	424
סרוניא	264

INDEX HÉBREU

Pages		Pages	
42	סרטבא	76.159	עקרבה
409	סרק אני'	204	ערב
302.428	סרקיא	175	ערבה
		2.383	ערביא
	ע	196	ערדיסקא
		172	ערו נברכהא
241	עבר הירדן	299	ערקת לבנה
17	עולשתא	246	עשתרות קרנים
67	עזה		
273	עטישיא		**פ**
157	עי		
23	עיינוש	90	פטרים
325	עילם	274	פגוטיא
368	עינא דמים	419	פוליא
34	עין אהאב	349	פום בדיתא
271	—— בול	366	פום נהרא
298	—— בכי	172	פונדקא
160	—— גדי	22	פי מצבה
271	—— טב	408	פיהום
173	—— כושיח	274	פיתקא
170	—— סוכר	218	פלטחה
132	—— עיטם	408	פלוסא
23	—— תרע	3	פלסטיני
226	עכברה	236	פניאם
15.231	עכו	2	פנקי'
381	עלמין	399	פסגירא
53	עמאיק	50	פסלן
51	עמק חרוץ	16	פסנחה
51	עמק יהושפט	303.360	פפוניא
249	עמתו	348	פקהא דערבות
127	ענים	396	פרהטיא
154	ענת	315	פרוגתייא
273	ענתודריא	215	פרוד
38.308	עסיא	396	פרוזקא
273	עססיות	275	פרך
154	עפריים	419	פרנדסן

30

INDEX HÉBREU

Pages		Pages	
423	פרס	55	קדש
428	פרסאי	76.397	קובי
396	פרק אונסין	15	קובעיא
396	פרשניא	153.397	קולוניא
275.332	פרת	415	קוסטנטיא
237.346	פרת דבורסיף	189	קטנית
346	פרת דמישן	359	קטיספון
		397	קטרזיא
		276	קיני
	צ	91	קיסרי
293	צהר	318	קיסרי שבקפודקיא
256	צוער	369	קיפריס
396	צוציינא	355	קורטבא
396	צוציתא	415.417	קלבריא
293	צור	314	קליקי
294	צידן	276	קלנבו
257	ציהור	254	קלרהי
24	צייד	397	קמחי
225	ציידתא	277	קמטריא
24	צייר	422	קנדיאה
327	ציצורא	305	קן נשריא
397	ציקוניא	20	קנת
275	צלמון	196	קסטרא
215	צנברייִ	193	קסטרא (צפורי)
191	צפורי	237	קסריון
227	צפת	132	קעילה
24.207	צר	317	קפודקיא
275	צרדה	8.433	קפלריא
368	צריפא	277	קפרא
115	צרעה	15	קצרא דגלילא
		15.193	קצרא דצפורי
	ק	378	קרדו
		277	קרובה
8	קבותיא	397	קרחי
17	קבצאל	389	קרחינא
69	קבר גדול	411	קרטגינא

INDEX HÉBREU

Pages		Pages	
277	קריוה		ש
32	קרמיון	278	שאב
384	קרמן	398	שאונא
277	קרציון	351	שבור
398	קרקוניא	337	שביסתנא
354	קרקסיון	51	שוה
429	קרתויי	158	שילה
		145	שילוח
	ר	248	שולמי
277	ראני	331.354	שוט מישוט
22	ראש מיא	327	שוניא
277	רביתא	409	שור
247	רגב	381	שוש
398	רוגנג	382	שוש תרי
203	רומא	368	שחן
416	רומי	278	שיזור
278	רומנה	202	שיחין
378	רומקי	362	שילי
378	רוחקי	55.168	שכם
250	ריטמיש	363	שכנציב
398	ריפע	294	שלמיא
303	רכבה	362	שלניא
398	רכיס נהרא	171	שמרון
23	רם ברין	22	שנן
119	רמון	350	שף יתיב
55.250	רמות גלעד	128.279	שפכוני
23	רנב	198	שפרעם
408	רעמסס	197	שקמונה
20	רפיח דחגרא	48	שרון
278	רציפתא		
20	רקם דגעיה		ת
20	רקם דחנגרה	159	האנת שילה
		398	תואב
		398	תואך

INDEX HÉBREU

Pages		Pages	
399	תוסניא	102	המנה
370	תוספאה	188	תנעם
409	תופינים	16	תפנים
18	הוקרת	150	תפת
279	חורמסיא	128.131	תקוע
216	החום אריח	301	תרמוד
279	תימן	19.432	תרנגולא
172	תירען	69	תרעין
280	תל ארזא	248	תרעלה
309	תלבוש	172	תרצה
399	תמוד	423	תרקא

Paris. — Typ. de L. Guérin, 26, rue du Petit-Carreau

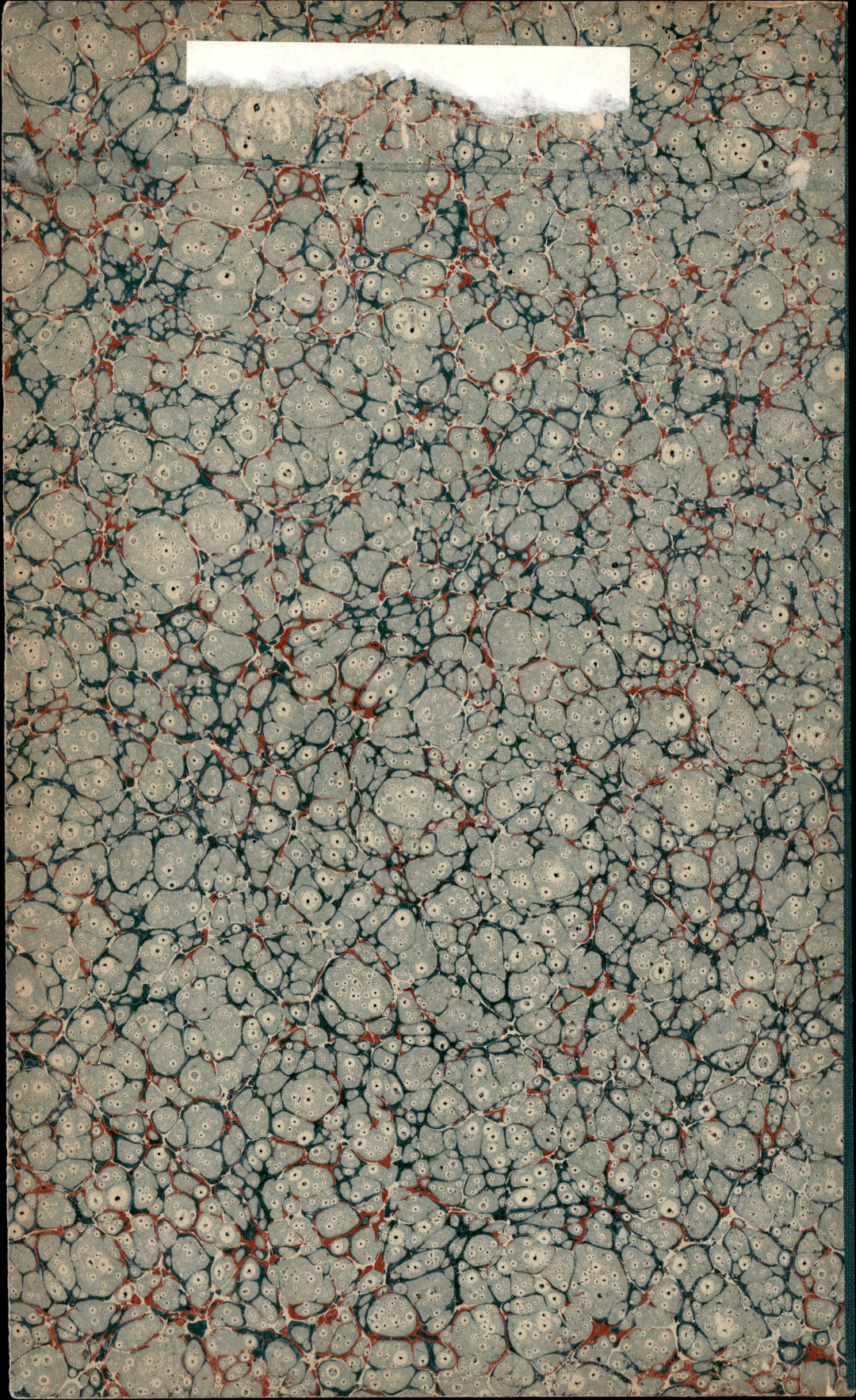